Les Réseaux

12e édition

Doug Lowe

Les réseaux pour les nuls

12e édition

FIRST
INTERACTIVE

Les réseaux pour les Nuls (12e édition)

Titre de l'édition originale : *Networking For Dummies®*

Pour les Nuls est une marque déposée de Wiley Publishing, Inc.
For Dummies est une marque déposée de Wiley Publishing, Inc.

Collection dirigée par Jean-Pierre Cano
Traduction : Jean-Louis Gréco
Mise en page : maged

Edition française publiée en accord avec Wiley Publishing, Inc.

Éditions First, un département d'Édi8
92 avenue de France 75013 PARIS
75013 Paris
Tél. : 01 44 16 09 00
Fax : 01 44 16 09 01
E-mail : firstinfo@efirst.com
Web : www.editionsfirst.fr
ISBN : 978-2-412-07738-2
Dépôt légal : 1er trimestre 2022

Imprimé en Italie par La Tipografica Varese Srl, Varese

Sommaire

Partie 3 Jouer dans la cour des grands

Introduction

Bienvenue dans la onzième édition des *Réseaux pour les Nuls*, livre spécialement écrit à l'intention des personnes qui partagent la certitude qu'elles devraient mettre en réseau leurs ordinateurs, mais qui ne savent absolument pas par où commencer.

Copiez-vous souvent une feuille de calcul sur un CD pour partager vos données avec votre collègue du bureau voisin ? Êtes-vous frustré parce que vous ne pouvez pas vous servir de la superbe imprimante laser connectée à l'ordinateur du comptable ? Faites-vous la queue pour utiliser l'ordinateur qui contient la base de données des clients ? Vous avez besoin d'un réseau !

Ou peut-être avez-vous déjà un réseau qui est aussi un problème : on vous a promis que le réseau vous rendrait la vie plus facile mais il a, en fait, bouleversé votre vie informatique. À peine aviez-vous enfin compris à quoi servait votre ordinateur que quelqu'un a fait irruption dans votre bureau, a branché un câble et vous a lancé un « Bienvenue sur le réseau ! » qui vous a donné envie de hurler.

Dans un cas comme dans l'autre, réjouissez-vous, vous venez de trouver le livre qui vous sauvera. L'aide que vous cherchez est ici même.

Ce livre traite des réseaux avec un langage simple et souvent irrévérencieux ; pas besoin d'avoir fait des études poussées pour le comprendre. Il bouscule un peu les sacro-saintes traditions en introduisant un peu d'humour dans un sujet plutôt austère. L'objectif est de ramener sur terre l'orgueilleux vocabulaire réseau, là où vous pourrez le toucher, le manipuler et enfin déclarer : « Qu'y a-t-il de compliqué là-dedans ? Puisque je peux le faire ! ».

À propos de ce livre

Ce livre n'est pas du genre à être lu du début à la fin comme s'il s'agissait d'un roman. Si je vous vois le lire à la plage, je risque de vous jeter du sable à la figure. En effet, ce livre est plutôt une référence, le genre que vous attrapez, feuilletez rapidement et commencez à lire. Chaque chapitre traite d'un aspect différent du réseau, comme l'impression sur le réseau, la connexion des câbles du réseau ou la configuration de la sécurité de sorte que les « méchants » ne puissent pas pénétrer par effraction. Reportez-vous simplement au chapitre qui vous intéresse et lisez-le.

Chaque chapitre est divisé en plusieurs sections dont les sujets sont en relation avec le thème du chapitre. Par exemple, le chapitre qui traite de la connexion de câbles réseau contient des titres de section comme :

- Qu'est-ce qu'Ethernet ?
- Tout sur les câbles.
- Blindé ou non ?
- Prises murales et panneaux de raccordement.
- Commutateurs (ou switchs).

Vous n'avez rien à mémoriser de ce livre. Vous le prenez juste quand vous avez besoin d'un renseignement. Vous voulez savoir ce qu'est le 100BaseT ? Ouvrez le livre. Vous voulez savoir comment créer de bons mots de passe ? Ouvrez le livre. Sinon, laissez-le de côté et continuez à vivre normalement.

Comment utiliser ce livre ?

Ce livre s'utilise comme une référence. Commencez par le sujet sur lequel vous recherchez des explications. Reportez-vous à la table des matières ou à l'index pour vous y retrouver. La table des matières est suffisamment détaillée pour que vous puissiez localiser la plupart des sujets qui vous intéressent. Si elle ne vous donne pas entière satisfaction, référez-vous à l'index, qui est encore plus précis.

Après avoir localisé votre sujet dans la table des matières ou dans l'index, rendez-vous aux pages concernées.

Bien entendu, ce livre regorge d'informations et je vous invite donc à aller directement vers le sujet qui vous préoccupe. Si vous voulez avoir une vue générale de la sécurité, lisez tout le chapitre qui traite de la sécurité. Si vous voulez simplement savoir comment générer un mot de passe correct, ne lisez que la section qui traite des mots de passe. Il me semble que vous avez compris.

Si vous devez entrer quelque chose sur votre ordinateur, vous verrez le texte à saisir apparaître ainsi : **Tapez ceci**. Dans cet exemple, vous devez donc taper **Tapez ceci**, puis appuyer sur la touche Entrée. Une explication suit généralement, au cas où vous seriez en train de vous gratter la tête en vous demandant de quoi il retourne.

De plus, dès que je décris une information ou un message affiché à l'écran, je le présente ainsi :

```
Un message de votre ami le réseau
```

Ce livre vous renvoie rarement vers d'autres sources d'information ; presque tout ce que vous devez savoir sur les réseaux y figure. Toutefois, si vous avez besoin de plus d'informations, reportez-vous à d'autres ouvrages *Pour les Nuls*. Au cas où vous auriez une question sur les réseaux qui n'est pas traitée dans ce livre, je vous conseille *Networking All-in-One Desk Reference For Dummies*, édité chez Wiley, un ouvrage de référence plus complet qui étudie des systèmes d'exploitation réseau et des protocoles TCP/IP spécifiques. Vous trouverez aussi d'autres livres de la collection *Pour les Nuls* consacrés aux différents systèmes d'exploitation et programmes d'application qui existent à ce jour.

Ce que vous n'avez pas besoin de lire

Une bonne partie de ce livre peut ne pas être lue. J'ai soigneusement placé les digressions techniques dans des encarts clairement mis en évidence afin que vous puissiez les éviter. Ne les lisez pas, à moins que vous ayez besoin d'explications techniques et vouliez en savoir plus sur ce qui se passe en coulisses. Ne vous inquiétez pas, je ne serai pas du tout vexé si vous n'en lisez pas un mot.

Hypothèses vous concernant

Je vais émettre deux hypothèses vous concernant : vous travaillez avec un PC et vous disposez d'un réseau ou vous pensez en installer un. J'espère que vous connaissez quelqu'un plus à l'aise que vous en informatique (avec qui vous êtes en bons termes). Mon objectif est de vous détacher de cette personne (du point de vue informatique, bien sûr). Mais ne jetez pas encore son numéro de téléphone !

Ce livre peut-il intéresser un utilisateur Macintosh ? Absolument ! Bien que l'essentiel de ce livre soit consacré à vous expliquer comment connecter des ordinateurs sous Windows pour former un réseau, vous y trouverez aussi des informations sur la mise en réseau d'ordinateurs Macintosh.

Les icônes utilisées dans ce livre

Ces petites icônes ne sont pas placées dans la marge pour faire joli. Elles ont une fonction pratique :

Attention ! Il est maintenant question de technique. À ne lire que si vous avez votre capuchon protecteur.

Aux États-Unis, les fondus d'informatique sont appelés *geeks* ou *nerds* (s'ils sont vraiment fondus). Un *geek/nerd* se sert toujours d'un stylo qu'il accroche à sa poche de chemise grâce au capuchon. Ce capuchon est tout un symbole.

Faites attention à cette icône ; elle vous indique qu'une astuce est à portée de main, peut-être un raccourci ou une commande peu employée mais très utile.

Vous ai-je déjà parlé des cours de mémorisation que j'ai suivis ?

Levez les mains du clavier ! Cette icône vous signale quelque chose qui peut vous éviter un désastre.

À présent, par où commencer ?

Vous avez déjà commencé. Maintenant, vous êtes paré pour traverser la jungle des réseaux. Consultez la table des matières et décidez du sujet par lequel vous voulez débuter. Soyez courageux ! Audacieux ! Téméraire ! Et, par-dessus tout, amusez-vous bien !

Partie 1
Tous en réseau !

Dans cette partie :

Apprendre ce qu'est un réseau et ce que l'on peut faire avec.

Comparer les ordinateurs serveurs et les ordinateurs clients.

Accéder aux ressources réseau telles que le stockage partagé et les imprimantes en réseau.

Utiliser Microsoft Office et d'autres logiciels en réseau.

DANS CE CHAPITRE

Qu'est-ce qu'un réseau ?

Pourquoi s'encombrer avec un réseau ?

Serveurs et clients.

Serveurs dédiés et pairs.

Qu'est-ce qui fait marcher un réseau ?

Ce n'est plus un ordinateur personnel !

Devenir administrateur réseau.

Qu'auraient-ils donc que vous n'auriez pas ?

Chapitre 1
Toute la vérité sur les réseaux

Les réseaux informatiques jouent les mauvais rôles dans la plupart des films où ils apparaissent. Dans la série des Terminator, un réseau informatique du futur, nommé Skynet, prend le contrôle de la planète, construit des robots terminator effrayants et les envoie dans le passé pour assassiner toute personne ayant la malchance de porter le nom de Sarah Connor. Dans Matrix, un réseau très puissant transforme des êtres humains en esclaves en les enfermant dans une simulation du monde réel. Et dans War Games, l'un des premiers films de Matthew Broderick, un adolescent, génie de l'informatique, manque de déclencher la Troisième Guerre mondiale en piratant un jeu (la « guerre thermonucléaire totale ») après s'être connecté au réseau du ministère américain de la Défense.

Ne craignez rien ! Ces méchants réseaux n'existent (pour l'instant !) que dans l'imagination des auteurs de science-fiction. Dans la réalité, les réseaux sont bien plus posés. Ils ne pensent pas par eux-mêmes, ils ne peuvent pas mal tourner sans votre consentement et ils ne vous feront aucun mal, même si vous vous appelez Sarah Connor.

Maintenant que vous avez surmonté votre peur des réseaux, vous êtes armé pour attaquer ce chapitre. Il s'agit d'une introduction aux réseaux informatiques, parfois superficielle, mais qui aborde sous un angle nouveau les concepts vous permettant de vous servir d'un ordinateur connecté à un réseau. Ce chapitre n'entre pas trop dans les détails ; ces derniers (ennuyeux, il est vrai) figurent plus loin.

Qu'est-ce qu'un réseau ?

Un *réseau* n'est rien de plus que deux ordinateurs (ou plus) reliés par un câble (ou dans certains cas par ondes radio) afin de pouvoir échanger des informations.

Bien entendu, il existe d'autres moyens d'échanger de l'information entre des ordinateurs sans avoir recours à des réseaux. La plupart d'entre nous a déjà utilisé ce que les mordus d'informatique appellent le *réseau itinérant* : c'est-à-dire lorsque vous copiez un fichier sur un CD, un DVD ou une clé USB pour transférer des données sur un autre ordinateur. Le terme *réseau itinérant* est un magnifique trait d'humour caractéristique des mordus d'informatique.

Le principal problème du réseau itinérant est sa lenteur, sans compter qu'il use la moquette ! Un jour, un fondu d'informatique radin découvrit qu'il était moins coûteux de relier les ordinateurs entre eux par des câbles que de remplacer la moquette tous les six mois. C'est ainsi que le concept moderne de réseau informatique est né.

Pour créer un réseau, vous devez relier tous les ordinateurs de votre bureau avec des câbles et utiliser une *carte réseau* (une carte dotée d'un circuit électronique à intégrer dans votre ordinateur et qui dispose d'une prise spéciale à l'arrière de l'ordinateur). Ensuite, vous configurez votre système d'exploitation pour que le réseau fonctionne. Et voilà, vous disposez d'un réseau opérationnel.

Si vous ne voulez pas vous encombrer de câbles, vous pouvez opter pour un *réseau sans fil*. Chaque ordinateur est doté d'un adaptateur spécial équipé d'antennes en forme d'oreilles de lapin. Les ordinateurs peuvent ainsi communiquer entre eux sans l'aide de câbles.

La Figure 1.1 représente un réseau type composé de quatre ordinateurs. Vous pouvez voir que les quatre ordinateurs sont connectés via un câble à un appareil central nommé *switch* ou *commutateur*. Vous pouvez aussi remarquer que l'ordinateur de Lucien est connecté à une superbe imprimante laser. Grâce au réseau, Julie, Gilbert et Jean-Jacques peuvent utiliser cette imprimante laser. Notez que Jean-Jacques a collé le chewing-gum qu'il mâchait hier à l'arrière de son ordinateur. Bien qu'elle ne soit pas recommandée, la présence d'un chewing-gum ne devrait pas affecter le bon fonctionnement du réseau.

Figure 1.1

Exemple de réseau type.

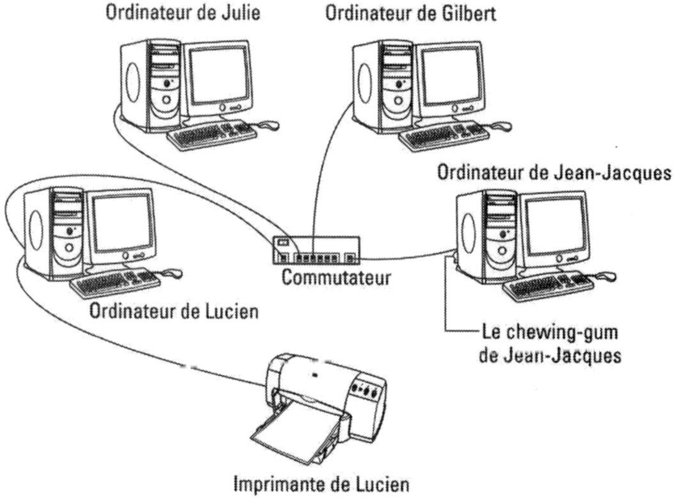

L'univers des réseaux informatiques requiert un vocabulaire étrange. Vous n'avez, fort heureusement, pas à connaître tous les termes obscurs. En voici quelques-uns :

- **LAN :** les réseaux sont souvent appelés LAN. LAN est un acronyme qui signifie *Local Area Network* (réseau local). C'est le premier *STL*, ou *Sigle de Trois Lettres* – différent d'un ATL (Abréviation de Trois Lettres ; l'acronyme étant un sigle qui se prononce comme un mot), que vous rencontrerez dans ce livre. Vous n'avez pas besoin de vous en souvenir, pas plus que des nombreux STL qui vont suivre. En fait, le seul sigle de trois lettres dont vous devez vous souvenir est STL.

- **Sur le réseau :** chaque ordinateur connecté au réseau est dit *sur le réseau*. Le terme technique (que vous pouvez oublier) désignant un ordinateur sur un réseau est *nœud*.

- **En ligne, hors ligne :** quand un ordinateur est allumé et peut accéder au réseau, l'ordinateur est dit *en ligne*. Quand un ordinateur ne peut pas accéder au réseau, il est *hors ligne*. Un ordinateur peut être hors ligne pour plusieurs raisons : il est éteint, un utilisateur l'a déconnecté du réseau, il est cassé, le câble qui le relie au réseau est débranché ou un morceau de chewing-gum est coincé dans le disque dur.

- **Mettre en route :** quand un ordinateur est allumé et fonctionne correctement, il est dit *en route*. Allumer un ordinateur se dit le *mettre en route*.

- **Internet :** ne confondez pas les réseaux locaux avec *Internet*. Internet est un énorme regroupement de réseaux informatiques répartis sur toute la planète. Mettre en réseau les ordinateurs de votre domicile ou du bureau afin de pouvoir partager de l'information et connecter votre ordinateur au réseau mondial Internet sont deux tâches bien distinctes, mais liées.

Pourquoi s'encombrer avec un réseau ?

Franchement, les réseaux informatiques sont assez pénibles à mettre en place. Alors, pourquoi le faire ? Parce que les avantages que procure un réseau annulent largement la peine que représente son installation.

Nul besoin de faire une thèse sur les réseaux pour comprendre leurs avantages. En fait, vous le savez depuis la maternelle : les réseaux sont synonymes de partage. Pour être plus précis, les réseaux permettent de partager trois éléments : les fichiers, les ressources et les programmes.

Partage de fichiers

Les réseaux vous permettent de partager de l'information avec d'autres ordinateurs connectés au réseau. Vous pouvez partager les fichiers de plusieurs manières, en fonction de la configuration de votre réseau. Le moyen le plus direct consiste à envoyer un fichier en pièce jointe à un courrier électronique, depuis votre ordinateur sur l'ordinateur de votre ami. Ce dernier peut aussi accéder à votre ordinateur par le réseau et récupérer le fichier sur votre disque dur. Vous avez également la possibilité de copier le fichier sur le disque dur d'un autre ordinateur puis d'indiquer son emplacement à votre ami pour qu'il puisse le récupérer plus tard. D'une manière ou d'une autre, les données circulent jusqu'à l'ordinateur de votre ami via le câble réseau et non pas via un CD, un DVD ou une clé USB comme dans le réseau itinérant.

Partage de ressources

Vous pouvez configurer certaines ressources informatiques comme un lecteur ou une imprimante pour que tous les ordinateurs du réseau puissent y accéder. Par exemple, l'imprimante laser reliée à l'ordinateur de Lucien dans la Figure 1.1 est une ressource partagée, ce qui signifie que n'importe qui sur le réseau peut s'en servir.

Sans le réseau, Julie, Gilbert et Jean-Jacques devraient acheter leur propre imprimante laser.

Les lecteurs peuvent aussi être des ressources partagées. En fait, vous devez configurer un lecteur en tant que ressource partagée pour pouvoir partager des fichiers avec les autres utilisateurs. Supposez que Gilbert veuille partager un fichier avec Jean-Jacques et qu'un lecteur partagé ait été installé sur l'ordinateur de Julie. Gilbert n'a qu'à copier le fichier sur le lecteur partagé de l'ordinateur de Julie puis indiquer à Jean-Jacques où il l'a stocké. Alors, quand Jean-Jacques sera disponible, il pourra copier le fichier depuis l'ordinateur de Julie vers le sien (à moins bien sûr que le fouineur de service ne l'ait supprimé).

Vous pouvez aussi partager d'autres ressources, par exemple une connexion Internet. En fait, le partage d'une connexion Internet est l'une des principales motivations pour la mise en place d'un réseau.

Partage de programmes

Au lieu de conserver des copies distinctes de programmes sur chaque ordinateur, il est parfois conseillé de stocker le logiciel sur un ordinateur partagé auquel chacun peut accéder. Par exemple, dans le cas de dix utilisateurs qui choisissent tous le même programme, vous pouvez soit acheter et installer dix exemplaires du programme (un par utilisateur), soit acheter une licence pour dix utilisateurs et installer le logiciel une seule fois, sur le disque partagé. Chacun des dix utilisateurs peut alors accéder au programme depuis le disque dur partagé.

Cependant, dans la plupart des cas, il est très lent de faire fonctionner un logiciel sur le réseau. Une solution plus communément adoptée pour partager des programmes via un réseau consiste à copier le logiciel sur un disque partagé puis à l'installer sur le disque local de chaque utilisateur. Par exemple, Microsoft Office vous permet d'opter pour cette solution si vous achetez une licence

Microsoft pour chacun des ordinateurs sur lesquels vous installez Office.

L'installation d'Office depuis un disque partagé présente un avantage évident : vous n'êtes pas obligé de balader les CD d'installation sur chaque poste. De plus, l'administrateur système peut personnaliser l'installation réseau, de sorte que le logiciel s'installe de la même manière sur tous les ordinateurs. Notez toutefois que cette solution est surtout intéressante pour les grands réseaux. Si le vôtre compte moins de dix ordinateurs, il vaut mieux installer Office sur chaque machine à partir des CD d'installation.

Rappelez-vous qu'il est illégal d'acheter un exemplaire d'un programme pour un seul utilisateur si c'est pour le stocker sur un lecteur partagé afin que tous les utilisateurs du réseau puissent y accéder. Si cinq personnes veulent utiliser un logiciel, vous devez acheter soit cinq exemplaires du programme, soit une licence réseau qui autorise cinq utilisateurs (ou plus).

Cela dit, beaucoup de fabricants vendent leurs logiciels avec une *licence multiutilisateur*. Dans ce cas, vous pouvez installer le logiciel sur autant de postes que vous voulez, mais son utilisation simultanée est limitée à un certain nombre de personnes. Généralement, un logiciel à licence spéciale, exécuté sur l'un des serveurs du réseau, surveille le nombre de personnes qui utilisent le logiciel en même temps. Ce type de licence est couramment utilisé pour des logiciels spécialisés (et chers) tels que des programmes de comptabilité ou d'infographie.

Autre avantage du réseau : il permet aux utilisateurs de communiquer entre eux, surtout par l'intermédiaire de messageries électroniques ou de services de messagerie instantanée. Cependant, le réseau offre également d'autres moyens de communication : il peut vous servir à organiser des réunions en ligne. Les utilisateurs disposant de caméras vidéo sur leur ordinateur (*webcams*) peuvent participer à des visioconférences. Vous pouvez même jouer à la « dame de pique » via le réseau, pendant votre pause déjeuner, bien évidemment.

Serveurs et clients

L'ordinateur du réseau qui possède les disques, l'imprimante et les autres ressources partagées avec les autres ordinateurs du réseau est un *serveur*. Ce terme sera souvent utilisé, vous devez vous en souvenir. Écrivez-le au dos de votre main gauche.

Tout ordinateur qui n'est pas un serveur est un *client*. Vous aurez aussi à vous souvenir de ce terme. Écrivez-le sur le dos de votre main droite.

Il n'y a que deux types d'ordinateurs sur un réseau : des serveurs et des clients. Regardez votre main gauche puis votre main droite ; ne vous lavez pas les mains tant que vous n'avez pas mémorisé ces termes.

La distinction entre un client et un serveur sur un réseau serait quelque chose d'amusant à étudier en sociologie. C'est le type de différence qui existe entre ceux qui ont des biens et ceux qui n'en ont pas.

» **Les ordinateurs les plus puissants et les plus coûteux dans un réseau sont généralement les serveurs. C'est logique, car chaque utilisateur du réseau a recours à leurs ressources.**

» **Les ordinateurs les moins chers et les moins puissants sont les clients. Ce sont les ordinateurs utilisés pour le travail quotidien. Les clients n'ayant pas à partager de ressources, ils n'ont pas besoin d'être très performants.**

» **La plupart des réseaux comportent plus de clients que de serveurs. Par exemple, un réseau de dix clients comptera probablement un seul serveur.**

» **Sur de nombreux réseaux, il existe une véritable ségrégation entre les serveurs et les clients. Autrement dit, un ordinateur est un serveur ou un client, mais pas les deux à la fois. Un serveur ne peut pas devenir client et un client ne peut pas devenir serveur.**

» D'autres réseaux, généralement de plus petites tailles, sont plus progressistes. Ils autorisent n'importe quel ordinateur du réseau à devenir serveur et à être simultanément serveur et client.

Serveurs dédiés et pairs

Dans certains réseaux, un ordinateur serveur est un ordinateur serveur et rien d'autre. Il est affecté à la seule tâche de partager des ressources, comme des disques et des imprimantes, afin qu'elles soient accessibles aux clients du réseau. Un tel serveur est nommé *serveur dédié* car il ne peut effectuer d'autres tâches que celles liées au réseau.

L'approche moderne des réseaux autorise chaque ordinateur d'un réseau à fonctionner à la fois comme client et comme serveur. Ainsi, n'importe quel ordinateur peut partager son imprimante ou ses disques avec les autres ordinateurs du réseau. Et tandis qu'un ordinateur se comporte en serveur, vous pouvez continuer à l'utiliser pour faire du traitement de texte. Ce type de réseau est nommé *réseau pair à pair* (*peer-to-peer* en anglais) car tous les ordinateurs sont des pairs, c'est-à-dire qu'ils sont égaux.

Voici quelques réflexions sur les différences entre les réseaux à serveurs dédiés et les réseaux pair à pair. Pensez-y demain matin, pendant que vous promènerez votre chien ou votre chat :

» Les fonctionnalités de réseau pair à pair sont intégrées à Windows. Si votre ordinateur fonctionne sous Windows, vous n'aurez donc pas à acheter d'autres logiciels pour transformer cet ordinateur en serveur. Vous devrez tout simplement activer les fonctionnalités serveur de Windows.

» Les fonctionnalités serveur des versions grand public de Windows (comme Windows 7, 8 ou 10) ne sont pas très efficaces car ces versions n'ont pas été conçues pour être des serveurs de réseau.

Si vous projetez de transformer un ordinateur en serveur permanent, vous devez avoir recours à un système d'exploitation spécial à la place de Windows. Un système d'exploitation réseau, aussi nommé *NOS* (*Network Operating System*), est spécialement conçu pour gérer efficacement les fonctions liées au réseau.

- Les systèmes d'exploitation réseau les plus employés sont les versions serveur de Windows.

  À l'heure où j'écris ce chapitre, la dernière version serveur de Windows est *Windows Server 2016* et une nouvelle version, Windows Server 2019 est prévue pour la fin de l'année 2018. Toutefois, de nombreuses entreprises utilisent encore la version précédente (Windows Server 2012) et certaines ne parviennent pas à se défaire de leur prédécesseur, Windows 2012 Server.

- Il existe d'autres systèmes d'exploitation réseau tels que *Linux* qui est gratuit et *Apple*.

» De nombreux réseaux sont à la fois des réseaux pair à pair *et* des réseaux à serveurs dédiés. Ces réseaux disposent :

- d'au moins un ordinateur *serveur* qui utilise un NOS tel que Windows Server 2016 ;

- d'ordinateurs *clients* qui utilisent les fonctionnalités serveur de Windows pour partager des ressources avec le réseau.

» Vos serveurs doivent non seulement être dédiés, mais aussi sincères.

Qu'est-ce qui fait marcher un réseau ?

Pour vous servir d'un réseau, vous n'avez pas vraiment besoin de savoir comment il fonctionne. Cependant, vous pourriez vous sentir mieux si vous réalisiez qu'il ne fonctionne pas par magie. Un réseau peut sembler magique mais il ne l'est pas. Voici la liste des différents éléments qui composent un réseau :

» **Carte réseau.** Elle se trouve dans un ordinateur connecté au réseau ; c'est une carte électronique qui porte le nom de *carte réseau* mais elle est aussi appelée *NIC* (pour *Network Interface Card*). Bien que la carte réseau soit en général intégrée à la carte mère de votre ordinateur, sur les ordinateurs récents, vous avez la possibilité d'utiliser une interface réseau externe reliée à l'ordinateur par le port USB de ce dernier.

- **Câble réseau.** Le câble réseau relie les ordinateurs. Il se branche dans le port de la carte réseau, à l'arrière de la tour de votre ordinateur.

  La plupart des réseaux utilisent un type de câble qui ressemble à un câble de réseau téléphonique. Mais les apparences sont trompeuses. Le câble pour le téléphone est de moins bonne qualité et ne fonctionnera pas avec un réseau informatique. Sur ce dernier, chaque paire de fils du câble doit être inversée d'une certaine manière. C'est pourquoi ce type de câble est aussi appelé *câble à paires torsadées*. Les fils des câbles téléphoniques standard ne sont pas inversés.

  Rendez-vous au Chapitre 6 pour tout savoir sur les câbles réseau.

  Vous pouvez vous passer de câbles en installant un réseau sans fil. Les réseaux sans fil sont détaillés au Chapitre 9.

- **Commutateur réseau.** Si votre réseau utilise un câble à paires torsadées, il aura probablement aussi besoin d'un *commutateur* (appelé également *switch*). Le commutateur est une petite boîte avec plein de connecteurs. Chaque ordinateur du réseau est connecté au commutateur par un câble. Le commutateur connecte ainsi tous les ordinateurs entre eux.

  Au début des réseaux à paires torsadées, on utilisait des dispositifs appelés *concentrateurs* (*hubs*), dont les performances ont été largement dépassées par les commutateurs. Les concentrateurs ont cessé d'être utilisés après l'an 2 000 !

  Dans les réseaux constitués de quelques ordinateurs, le commutateur réseau est souvent combiné avec un autre périphérique réseau appelé *routeur*. Un routeur est utilisé pour relier deux réseaux ; en règle générale, un routeur est utilisé pour connecter votre réseau à Internet. En combinant un routeur et un commutateur dans un seul boîtier, vous pouvez facilement connecter plusieurs ordinateurs entre eux et à Internet.

- **Logiciel réseau.** Bien entendu, il faut installer plusieurs logiciels pour faire fonctionner un réseau. Pour un réseau pair à pair tournant sous Windows, vous devrez passer par le Panneau de configuration. Des systèmes d'exploitation réseau, tels que Windows Server 2016 (et bientôt Windows Server 2019), requièrent une longue configuration avant de pouvoir fonctionner convenablement.

Ce n'est plus un ordinateur personnel !

S'il y a bien une chose dont je voudrais que vous vous souveniez avant tout, c'est qu'une fois que vous avez connecté votre ordinateur personnel (PC) au réseau, ce n'est plus un ordinateur personnel. Vous faites maintenant partie d'un réseau d'ordinateurs et, d'une certaine manière, vous avez dépouillé votre PC de l'attrait qui l'a rendu si populaire : l'indépendance.

J'ai commencé à faire de l'informatique à l'époque où les ordinateurs mainframes étaient ce qu'il y avait de mieux. Les *ordinateurs mainframes* étaient des machines énormes et complexes qui remplissaient des pièces entières et nécessitaient un système de climatisation très important. Mon premier ordinateur était un Hex Core Model 2000 de chez Binford à refroidissement liquide. Si, si, je vous assure ! Je n'invente pas cette histoire d'eau froide. Il fallait souvent avoir recours à un plombier pour installer un ordinateur mainframe. En fait, les plus gros d'entre eux étaient refroidis par de l'azote liquide. En revanche, j'ai inventé ce que j'ai dit à propos du Binford 2000.

Il fallait des équipes de programmeurs et d'opérateurs rien que pour veiller au bon fonctionnement des ordinateurs mainframes. Ils devaient être gérés avec soin. Toute une bureaucratie s'est bâtie autour de la gestion des mainframes.

Les ordinateurs mainframes dominaient le monde du travail. Les ordinateurs personnels ont tout changé. Ils ont déplacé la puissance informatique de la pièce où s'entassaient les gros ordinateurs vers le bureau d'un utilisateur, où elle est restée. Les PC ont coupé le lien avec le contrôle centralisé qu'exerçait l'ordinateur mainframe. Un utilisateur de PC peut regarder son ordinateur et se dire : « C'est le mien... rien que le mien ! ». Les mainframes existent toujours, mais ils ne sont plus autant utilisés qu'auparavant.

Les réseaux ont à leur tour tout bouleversé. D'une certaine manière, c'est un retour en arrière, vers la pensée mainframe. Il est vrai que le réseau n'est pas hébergé au sous-sol et qu'il n'y a pas besoin d'un plombier pour l'installer. Mais votre PC ne vous appartient plus totalement. Vous faites partie d'un réseau et, tout comme un mainframe, un réseau doit être géré avec soin.

Voici comment un réseau vous vole votre indépendance :

» **Vous ne pouvez pas supprimer des fichiers aveuglément sur le réseau.** Ils pourraient ne pas vous appartenir.

» **Avec le réseau, la sécurité est toujours un souci.** Par exemple, avant de vous permettre d'accéder aux fichiers du réseau, le serveur doit pouvoir vous identifier. Pour cela, vous devez saisir votre nom d'utilisateur et votre mot de passe. Le but est d'éviter qu'un gamin de quinze ans ne pénètre par effraction sur le réseau de votre entreprise via sa connexion Internet et dérobe tous les jeux installés sur votre ordinateur.

» **Il faut parfois attendre pour accéder aux ressources partagées.** Que Gilbert ait envoyé quelque document à l'imprimante de Lucien ne signifie pas que le document va être imprimé immédiatement. Jean-Jacques peut avoir commandé auparavant une impression qui va durer deux heures. Gilbert devra attendre.

» **Il faut parfois attendre pour accéder à des documents.** Lorsque vous tentez d'accéder à un document Excel stocké sur le réseau, il se peut que vous découvriez qu'il est déjà ouvert par Julie et qu'il vous faut attendre qu'elle ait terminé.

» **L'espace de stockage n'est pas illimité.** Si vous copiez un fichier de base de données de 80 Go sur le disque du serveur, des collaborateurs mécontents risquent de vous appeler pour se plaindre parce qu'il ne leur reste plus assez d'espace disque sur le serveur pour sauvegarder leurs fichiers importants.

- **Vos fichiers peuvent être infectés par un virus transmis par un autre utilisateur du réseau.** Puis, à votre tour, vous pouvez infecter accidentellement d'autres utilisateurs.

- **La sauvegarde de fichiers sensibles sur le serveur doit être une décision mûrement réfléchie.** Si vous sauvegardez sur le disque dur du serveur une note dans laquelle vous exprimez toute la haine que vous ressentez pour votre patron, sachez que ce dernier pourrait facilement la trouver et donc la lire.

- **Le serveur doit être allumé et opérationnel en permanence.** Si l'ordinateur de Lucien est un serveur, Lucien ne peut pas éteindre son ordinateur quand il quitte le bureau. S'il le fait, vous ne pouvez pas accéder aux fichiers stockés sur son ordinateur.

- **Si votre ordinateur est un serveur, vous ne pouvez pas l'éteindre sans prévenir.** Quelqu'un d'autre pourrait être en train d'accéder à un fichier sur votre disque dur ou d'imprimer un document avec votre imprimante.

Devenir administrateur réseau

Vous n'êtes pas à l'abri de tout un tas de problèmes, même avec un réseau simple ; il est donc important de nommer un *administrateur réseau* qui sera chargé de veiller à ce que le réseau ne « tombe » pas ou ne devienne incontrôlable.

L'administrateur réseau n'a pas besoin d'être un génie de la technique. En fait, quelques-uns des meilleurs administrateurs réseau se révèlent être dénués de toutes connaissances techniques. Ce qui est important, c'est que l'administrateur soit bien organisé. Son travail est de s'assurer qu'il reste plein d'espace libre sur le serveur de fichiers, que ce dernier soit sauvegardé régulièrement, que les nouveaux employés puissent accéder au réseau, etc.

Il incombe aussi à l'administrateur réseau de résoudre les problèmes de base que les utilisateurs ne peuvent pas traiter par eux-mêmes et de savoir quand il convient d'appeler un expert si quelque chose de grave survient. C'est un métier difficile mais quelqu'un doit le faire. Voici quelques conseils :

» La quatrième partie de ce livre est entièrement consacrée au malheureux administrateur réseau. Si vous êtes concerné, lisez les chapitres de cette partie. Si vous êtes assez chanceux pour que la tâche soit affectée à quelqu'un d'autre, fêtez cela en lui offrant un exemplaire de ce livre.

» Dans les petites structures, il arrive souvent que l'administrateur réseau soit choisi à la courte paille. La personne qui tire la paille la plus courte perd et devient l'administrateur réseau.

» Bien entendu, l'administrateur réseau ne peut pas être totalement *incompétent* techniquement parlant. J'ai un peu exagéré pour vous faire sentir combien les capacités organisationnelles sont plus importantes que les capacités techniques. L'administrateur doit être en mesure d'effectuer divers travaux de maintenance du réseau. Dans la pratique, il faut un minimum de savoir-faire technique, mais l'essentiel tient aux capacités d'organisation.

Qu'auraient-ils donc que vous n'auriez pas ?

Au vu de tout ce qu'il faut prendre en compte, vous devez vous demander si vous êtes assez futé pour manipuler votre ordinateur après l'avoir connecté au réseau. Bien sûr que vous l'êtes ! Si vous êtes assez rusé pour acheter ce livre parce que vous savez que vous avez besoin d'un réseau, vous avez tout ce qu'il vous faut pour utiliser le réseau après l'avoir mis en place. Vous pourrez aussi l'installer et le gérer vous-même. Ce n'est pas de la recherche fondamentale.

Je connais certaines personnes qui se servent de réseaux à longueur de journée. Elles n'ont rien d'exceptionnel mais elles possèdent quelque chose que vous n'avez pas : un *certificat*. Donc, en vertu des pouvoirs qui me sont conférés par la Société des diminués de l'informatique, je vous remets le certificat de la Figure 1.2, vous confirmant que vous avez accédé au titre convoité de Nullité Réseau Certifiée ou NRC. Dans certains cercles, ce titre est bien plus prestigieux que l'indigeste badge CNE qu'arborent les véritables experts en réseau.

Félicitations et partez l'esprit tranquille !

Figure 1.2

Certificat officiel NRC.

Chapitre 2

La vie sur le réseau

DANS CE CHAPITRE

Différence entre les ressources locales et les ressources réseau.

•

Qu'est-ce qu'un nom ?

•

Se connecter au réseau.

•

Les dossiers partagés.

•

Quatre bonnes utilisations d'un dossier partagé.

•

Explorer le réseau.

•

Mapper des lecteurs réseau.

•

L'imprimante réseau.
Se déconnecter du réseau.

Une fois que votre PC aura été connecté au réseau, il ne sera plus une île séparée du reste du monde par quelque fanatique isolationniste brandissant un drapeau « Ne me marchez pas dessus ». La connexion au réseau change votre PC pour toujours. Votre ordinateur fait maintenant partie d'un « système », connecté aux « autres ordinateurs » sur le « réseau ». Vous devez alors vous préoccuper des détails ennuyeux de la vie en réseau comme avoir recours à des ressources locales ou partagées, vous connecter et accéder à des disques réseau, utiliser des imprimantes en réseau, vous déconnecter et qui sait quoi encore.

Quel ennui !

Ce chapitre veut vous montrer en quoi consiste la vie en réseau. Malheureusement, il devient parfois technique, si bien que vous risquez d'avoir besoin de votre capuchon de stylo.

Différence entre les ressources locales et les ressources réseau

Au cas où vous ne l'auriez pas compris dans le Chapitre 1, l'une des différences fondamentales entre un ordinateur isolé et un ordinateur en réseau est la distinction entre les ressources locales et les ressources réseau. Les *ressources locales* sont des choses telles que les disques, les imprimantes et les lecteurs de CD-ROM ou DVD qui sont connectés directement à votre ordinateur. Que vous soyez connecté ou non au réseau, vous pouvez toujours vous servir des ressources locales. Les *ressources réseau* sont les disques, les imprimantes et les lecteurs de CD-ROM qui sont connectés aux ordinateurs serveurs du réseau. Vous ne pouvez travailler avec les ressources réseau qu'une fois votre ordinateur connecté au réseau.

Toute l'astuce pour utiliser un ordinateur en réseau consiste à distinguer les ressources *locales* (qui vous appartiennent) des ressources *réseau* (qui appartiennent au réseau). Dans la plupart des réseaux, votre lecteur C: est un disque local, comme votre dossier Mes documents. Si une imprimante se trouve à côté de votre PC, c'est probablement une imprimante locale. Vous pouvez faire tout ce que vous voulez avec ces ressources sans affecter le réseau ou les autres utilisateurs du réseau (du moment que ces ressources locales ne sont pas partagées sur le réseau).

» **Vous ne pouvez pas dire d'une ressource qu'elle est locale ou réseau au premier coup d'œil. L'imprimante qui se trouve à côté de votre ordinateur est probablement votre imprimante locale mais, encore une fois, il peut s'agir d'une imprimante réseau. La même chose pour les lecteurs : le disque dur qui se trouve dans votre PC est probablement le vôtre, mais il peut aussi être un disque réseau, employé par d'autres utilisateurs du réseau.**

» **Puisque les serveurs de réseau dédiés contiennent des ressources, vous pouvez dire qu'ils sont non seulement dédiés, mais également un lieu de ressource.**

Qu'est-ce qu'un nom ?

À peu près tout ce qui se trouve sur un réseau informatique porte un nom : les ordinateurs portent un nom, les utilisateurs portent un nom, les imprimantes et les disques partagés sur le réseau portent un nom et le réseau lui-même porte un nom. Il n'est pas essentiel de connaître chacun des noms utilisés sur le réseau, mais il est important d'en connaître certains.

Voici quelques détails concernant les noms réseau :

» **Toute personne qui peut se servir du réseau dispose d'un** *identifiant utilisateur* **(***ID utilisateur***, pour abréger).** Vous devez connaître votre ID utilisateur afin de vous connecter au réseau. Vous devez aussi connaître les ID de vos copains, tout particulièrement si vous voulez leur chiper des fichiers ou leur envoyer des vacheries.

  Nous reviendrons sur les ID utilisateur et la connexion dans la section suivante, intitulée « Se connecter au réseau ».

» **Il est tentant de laisser les utilisateurs du réseau se servir de leur nom comme ID utilisateur, mais ce n'est pas une bonne idée.** Vous irez droit dans le mur, même dans une petite structure : souvenez-vous de cette Mme McCave qui eut vingt-trois enfants et les prénomma tous Dave.

  Je suggère que vous adoptiez une méthode rigoureuse pour créer les ID utilisateur. Par exemple, vous pourriez choisir votre prénom et les deux premières lettres de votre nom de famille. L'ID de Gilbert serait alors *gilbertcl* et celui de Jean-Jacques *jeanjacquescl*. Vous pourriez aussi prendre la première lettre de votre prénom suivie de votre nom en entier. L'utilisateur Gilbert sera alors identifié par *gcleaver* et Jean-Jacques deviendra *jjcleaver* (notez que la casse importe peu dans la plupart des réseaux ; par conséquent, *jjcleaver* est identique à *JJcleaver*).

» **Chaque ordinateur sur le réseau doit disposer d'un nom unique de machine.**

  Vous n'avez pas à connaître le nom de tous les ordinateurs du réseau mais il peut être nécessaire de connaître le nom de votre ordinateur ainsi que les noms des ordinateurs serveurs auxquels vous devez accéder.

Le nom d'un ordinateur est souvent identique à l'ID de la personne qui utilise cet ordinateur. Cette pratique n'est pas recommandée car, dans beaucoup d'entreprises, les personnes vont et viennent plus rapidement que les ordinateurs. Le nom reflète parfois une localisation géographique telle que *bureau-12* ou *arrière-boutique*. Les ordinateurs serveurs portent des noms qui correspondent au groupe d'utilisateurs se servant le plus souvent du serveur comme *serveur-dao* ou *serveur-dev*.

Ici encore, certains fondus d'informatique se plaisent à se distinguer en utilisant des noms bizarroïdes tels que *BL3K5-87a*. Vous pourriez aussi préférer des noms tirés de la science-fiction. *HAL*, *Colossus*, *M5* et *Data* viennent à l'esprit. Les noms mignons comme *Herbie* ne sont pas autorisés. Cependant, *Tigrou* et *Winnie* sont parfaitement acceptables, même recommandés ; les tigres aiment les réseaux...

La technique la plus sensée consiste à attribuer des noms contenant des chiffres tels que *ordinateur001* ou *ordinateur002*.

» **Les ressources réseau telles que les disques et les imprimantes portent aussi un nom.** Par exemple, un serveur réseau peut disposer de deux imprimantes, nommées *laser* et *jetdencre* (pour indiquer le type d'imprimante) et de deux disques, nommés *donnees-comptables* et *donnees-ventes*.

» **Les serveurs réseau disposent d'un ID utilisateur réservé à l'administrateur.**

Si vous vous connectez avec l'ID de l'administrateur, vous pourrez faire tout ce que vous voulez : ajouter de nouveaux utilisateurs, définir de nouvelles ressources réseau, changer le mot de passe de Gilbert, bref : tout. L'ID de l'administrateur réseau est parfois très subtil, du genre *administrateur*.

» **Le réseau lui-même a un nom**.

L'univers Windows comprend deux types de réseaux de base :

- Les *réseaux de domaines* sont la norme pour les grands environnements d'entreprise qui ont les serveurs consacrés et le personnel informatique pour les maintenir.
- Les *réseaux de groupes de travail* sont plus communs dans la sphère privée ou les petits bureaux qui ne possèdent pas de serveurs dédiés ou d'administrateurs.

Un réseau de domaine est représenté par un *nom de domaine* tandis qu'un réseau de groupe de travail est identifié par un *nom de groupe de travail*. Indépendamment du type de réseau que vous employez, vous devez connaître ce nom pour accéder au réseau.

Se connecter au réseau

Pour utiliser des ressources réseau, vous devez connecter votre ordinateur au réseau et passer par un processus confidentiel nommé *identification*. Le but de l'identification est de faire savoir au réseau qui vous êtes, de sorte qu'il décide si vous êtes un gentil ou un méchant.

S'identifier, c'est un peu comme encaisser un chèque. Le processus requiert deux types d'identification :

» **Votre** *ID utilisateur* **: le nom sous lequel le réseau vous connaît. Votre ID utilisateur est généralement une variante de votre vrai nom, comme jjacques pour Jean-Jacques. Toute personne qui se sert du réseau doit disposer d'un ID utilisateur.**

» **Votre** *mot de passe* **: un mot secret que seuls vous et le réseau connaissez. Si vous tapez le bon mot de passe, le réseau croit que vous êtes qui vous dites être.**

Chaque utilisateur a un mot de passe spécifique et ce mot de passe doit rester confidentiel.

Dans les premiers temps de l'informatique en réseau, vous deviez taper une commande d'identification à une invite MS-DOS puis saisir votre ID utilisateur et votre mot de passe. À l'heure de Windows, vous vous connectez au réseau via une boîte de dialogue spécialisée qui apparaît lorsque vous démarrez votre ordinateur. La Figure 2.1 représente la version Windows 8 de cette boîte de dialogue.

Figure 2.1

Vous devez saisir votre ID et votre mot de passe pour accéder au réseau.

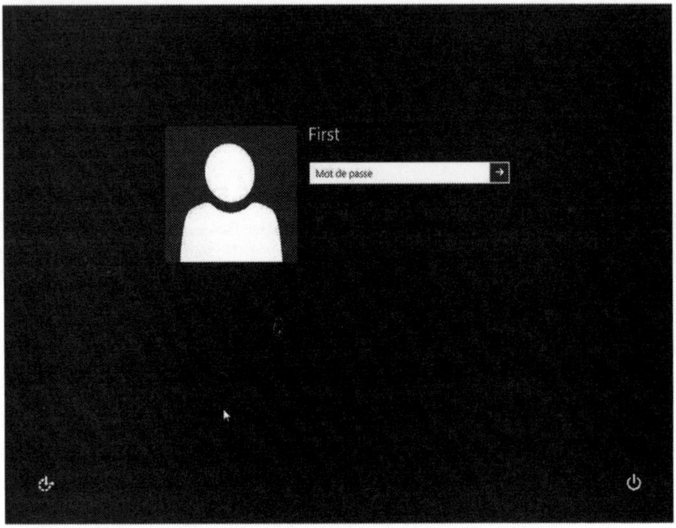

Voici quelques remarques à méditer :

» Les termes *nom d'utilisateur* et *nom de login* sont parfois employés à la place d'ID utilisateur. Ils signifient la même chose.

» Tant que nous parlons de mots qui signifient la même chose, sachez que *se connecter* et *se logger*, c'est pareil.

» En matière de réseau, vous et votre ordinateur êtes deux entités distinctes. Votre ID utilisateur se réfère à vous et non à votre ordinateur. C'est pourquoi vous avez un ID utilisateur tandis que votre ordinateur a un nom d'ordinateur. Vous pouvez vous connecter au réseau au moyen de votre ID utilisateur depuis n'importe lequel des ordinateurs connectés au réseau. De même, les autres utilisateurs peuvent se connecter au réseau depuis votre ordinateur avec leur propre ID.

Quand les autres se connectent à votre ordinateur à l'aide de leur propre ID, ils ne peuvent pas accéder à vos fichiers réseau si ces derniers sont protégés par un mot de passe. Cependant, ils *ont la possibilité* d'accéder aux fichiers locaux que vous n'avez pas protégés. Faites donc attention à bien choisir les personnes que vous autorisez à utiliser votre ordinateur.

» Si vous vous connectez à un réseau avec nom de domaine, vous devez indiquer le nom du domaine, suivi de votre ID, en les séparant par une barre oblique inversée. Par exemple :

```
persepolis\jjacques
```

Ici, le nom de domaine est *persepolis* et le nom d'utilisateur est *jjacques*.

Notez que Windows retient les noms de domaine et d'utilisateur saisis lors de la précédente connexion. Il ne vous reste alors qu'à taper votre mot de passe. Pour vous connecter à un autre domaine ou comme autre utilisateur, cliquez sur Changer d'utilisateur. Cliquez ensuite sur l'icône Autre utilisateur et entrez un autre nom de domaine et d'utilisateur ainsi que le mot de passe approprié.

» Sur les anciens systèmes Windows XP, la boîte de dialogue de connexion possède un champ dans lequel vous pouvez spécifier le nom du domaine auquel vous souhaitez vous connecter.

» Votre ordinateur peut avoir été configuré pour vous connecter automatiquement dès que vous le mettez sous tension. Dans ce cas, vous n'avez pas à saisir votre ID utilisateur et votre mot de passe. Cette configuration rend la connexion plus conviviale mais elle en retire toute la saveur. Sans oublier que c'est carrément stressant si vous êtes un tant soit peu inquiet à l'idée que des méchants puissent accéder à vos fichiers personnels.

» Conservez votre mot de passe jalousement. Je vous dirais bien le mien, mais je serais obligé de vous faire disparaître !

Les dossiers partagés

Avant l'ère des réseaux (Av. Rx), votre ordinateur ne disposait probablement que d'un disque nommé C. Peut-être deux, C et D, le second pouvant être un autre disque ou un lecteur de CD-ROM ou de DVD-ROM. Quoi qu'il en soit, ces disques sont physiquement présents dans votre PC. Ce sont des *disques locaux*.

Maintenant que vous êtes sur un réseau, vous aurez probablement accès à des disques qui ne sont pas sur votre PC mais qui se trouvent plutôt dans d'autres ordinateurs connectés au réseau. Ces disques réseau peuvent se situer sur un ordinateur serveur dédié ou, dans le cas d'un réseau pair à pair, sur un autre ordinateur client.

Vous pouvez, dans certains cas, accéder à l'intégralité d'un disque réseau via le réseau. Mais, dans la plupart des cas, vous ne pouvez accéder qu'à certains dossiers (*répertoires* dans le jargon MS-DOS) de ces disques réseau. D'une manière ou d'une autre, les disques ou les dossiers partagés sont désignés dans la terminologie Windows par *dossiers partagés*. Un dossier partagé est généralement appelé *disque réseau* parce qu'il est possible d'accéder au dossier partagé comme si c'était un disque séparé, avec sa propre lettre d'identification.

Il est possible de limiter l'utilisation des dossiers partagés. Par exemple, vous pouvez avoir un accès total à certains dossiers partagés, si bien que vous pouvez copier les fichiers qu'ils contiennent, les supprimer, créer ou déplacer des fichiers, etc. Dans les autres dossiers partagés, votre accès peut être limité de diverses manières. Par exemple, vous pouvez copier des fichiers depuis et vers un dossier partagé mais n'avez pas l'autorisation de supprimer, de modifier des fichiers ou de créer de nouveaux dossiers. Un mot de passe peut aussi être exigé pour vous autoriser à accéder à un dossier protégé. L'espace disque utilisable pour un dossier partagé peut également être limité. Pour plus d'informations sur les restrictions relatives au partage de fichiers, reportez-vous au Chapitre 12.

Gardez à l'esprit qu'en plus de pouvoir accéder aux dossiers partagés qui résident sur d'autres ordinateurs, vous pouvez aussi désigner votre ordinateur comme serveur afin de permettre aux utilisateurs du réseau d'accéder aux fichiers que vous partagez. Pour savoir comment partager des dossiers sur votre ordinateur avec les autres utilisateurs du réseau, reportez-vous au Chapitre 3.

Quatre bonnes utilisations d'un dossier partagé

Une fois que vous savez quels dossiers partagés sont à votre disposition sur le réseau, il faut réfléchir à ce que vous pouvez en faire ! Cette section décrit quatre bonnes raisons d'utiliser un dossier partagé.

Stocker des fichiers dont tout le monde a besoin

Un dossier partagé en réseau est un bon endroit pour entreposer des fichiers auxquels plusieurs utilisateurs doivent avoir accès. Sans réseau, vous devez stocker une copie des fichiers sur chaque ordinateur et veiller à ce que les copies soient correctement synchronisées. Vous pouvez aussi les transférer sur un support amovible, clé ou disque USB, CD-ROM ou DVD-ROM et les faire passer d'un utilisateur à l'autre ou encore conserver les fichiers sur un ordinateur et inviter les utilisateurs à venir les consulter sur place !

En réseau, il suffit de placer les fichiers dans un dossier partagé pour que toute personne autorisée puisse y accéder.

Stocker ses propres fichiers

Vous pouvez également considérer un dossier partagé comme une extension de votre disque dur local. Par exemple, si vous avez téléchargé sur Internet tant d'images, de musiques et de films qu'il n'y a plus d'espace disponible sur votre disque dur et si le serveur réseau possède des milliards et des milliards de gigaoctets d'espace libre, n'hésitez pas, déplacez vos données sur le disque réseau !

Voici quelques directives pour stocker dans de bonnes conditions des fichiers sur des disques réseau :

» **Une zone réseau peut être configurée pour un usage privé pour vos données personnelles de sorte qu'aucun autre utilisateur ne puisse y accéder.** De cette façon, vous n'aurez pas à craindre un collègue fouineur susceptible de venir fourrer son nez dans vos dossiers confidentiels.

» **N'abusez pas du stockage sur les disques réseau.** Il est probable que d'autres utilisateurs commencent à saturer leur disque dur local et qu'ils seraient heureux de pouvoir bénéficier comme vous d'espace sur les disques réseau.

» **Avant de stocker des fichiers personnels sur un disque réseau, assurez-vous que vous en avez la permission.**

» **Sur les réseaux de domaine, la lettre H est généralement affectée aux dossiers personnels des utilisateurs (H pour *home*).** Ce *dossier home* est spécifique à chaque utilisateur ; vous pouvez le considérer comme la version réseau du dossier *Mes Documents* de votre disque local. Si un dossier home est à votre disposition sur le réseau, utilisez-le pour tous les fichiers importants plutôt que le dossier local Mes Documents. En effet, les zones réseau des utilisateurs (dossiers home) sont, en général, incluses dans les procédures de sauvegarde quotidiennes du réseau. En revanche, les données des dossiers locaux Mes Documents *ne sont pas* prises en compte dans les sauvegardes.

Partager des informations avec d'autres utilisateurs

« Hé, Lucien, peux-tu me donner les statistiques sur les équipes de rugby de la Coupe du monde ? ».

« Bien sûr, Gilbert ! ». Mais comment faire ? Si le fichier se trouve sur le disque local de Lucien, comment celui-ci peut-il en donner une copie à Gilbert ? Lucien peut le faire en copiant le fichier sur un disque réseau. Ensuite, Gilbert n'aura plus qu'à le recopier sur son disque dur.

Voici quelques directives à garder à l'esprit lorsque vous utilisez un disque réseau pour échanger des fichiers avec d'autres utilisateurs :

» **N'oubliez pas de supprimer les fichiers que vous avez stockés dans le dossier réseau après qu'ils aient été récupérés.** Sinon, ce dernier risque de se remplir rapidement de fichiers inutiles.

» **Créez sur le disque réseau un dossier destiné spécifiquement au partage de fichiers entre plusieurs utilisateurs.** Nommez-le PARTAGE ou choisissez un nom qui décrit clairement sa fonction.

Dans la plupart des cas, il est plus facile d'envoyer des dossiers avec la messagerie plutôt qu'en faisant appel à un dossier réseau. Pour ce faire, il suffit d'envoyer un message au destinataire et d'insérer le fichier à partager ; vous n'avez pas alors à vous inquiéter de l'endroit où déposer le fichier sur le serveur ni à savoir qui le supprimera ensuite.

Sauvegarder le disque dur local

Si la taille du serveur de fichiers est suffisamment importante, vous pouvez sauvegarder, dans un dossier partagé, les données sensibles de votre disque dur local. Il suffit de copier les fichiers à sauvegarder dans un dossier partagé.

Évidemment, si vous recopiez la *totalité* de votre disque local (et si vos collègues ont les mêmes habitudes), vous risquez rapidement de saturer les disques réseau. Contactez l'administrateur réseau avant de vous lancer dans une telle opération ; il se peut que celui-ci ait déjà installé un disque réseau destiné spécialement aux copies de sauvegarde. Si vous êtes chanceux, votre administrateur aura peut-être même mis à votre disposition un programme de sauvegarde automatique pour vos données importantes, de sorte que vous n'ayez plus rien à faire !

J'espère que votre administrateur réseau a également l'habitude de sauvegarder les disques réseau sur bande. De cette façon, si quelque chose arrive au serveur réseau, les données pourront être récupérées à partir des bandes de sauvegarde.

Explorer le réseau

Windows vous permet d'accéder à des ressources réseau, telles que les dossiers partagés, en parcourant le réseau. Sous Windows 7, sélectionnez Réseau dans le menu Démarrer. Sous Windows 8 et Windows 10, sélectionnez l'Explorateur de fichiers à partir du menu Démarrer puis cliquez sur la rubrique Réseau. La Figure 2.2 représente la version Windows 10 de l'explorateur de réseau.

Figure 2.2

Observation du réseau sous Windows 10.

Le réseau illustré par la Figure 2.2 compte cinq ordinateurs ; il suffit de double-cliquer sur l'une des icônes pour découvrir une liste des ressources partagées, disponibles sur l'ordinateur. Par exemple, la Figure 2.3 montre la liste des ressources partagées.

Figure 2.3

Ressources disponibles sur un ordinateur serveur.

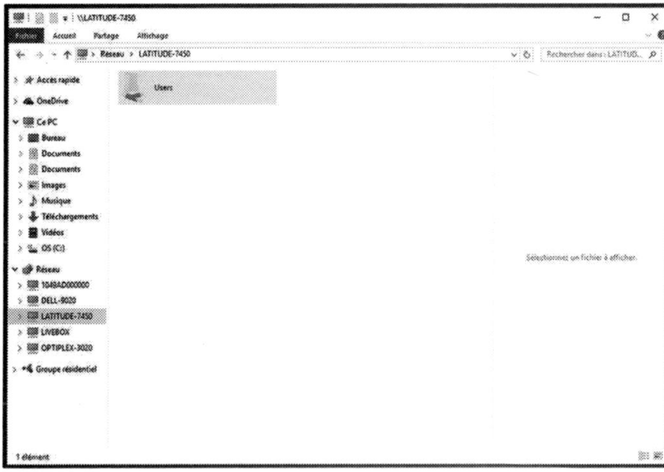

Vous pouvez également explorer le réseau à partir de n'importe quelle application Windows. Par exemple, vous travaillez avec Microsoft Word 2016 et voulez ouvrir un fichier stocké dans un dossier partagé de votre réseau. Pour ce faire, utilisez la commande Ouvrir pour accéder à la boîte de dialogue du même nom. Sélectionnez Réseau dans la liste qui apparaît dans la partie gauche de la boîte de dialogue et parcourez le réseau pour accéder au fichier recherché.

Connecter (mapper) des lecteurs réseau

Si vous devez accéder très fréquemment à un dossier partagé, il pourrait être utile de recourir à une petite astuce nommée *connexion* ou *mappage* pour accéder au dossier partagé plus rapidement. La connexion ou mappage consiste à attribuer une lettre de lecteur au dossier partagé. Vous pouvez alors employer cette lettre pour pénétrer dans le dossier partagé, comme s'il s'agissait d'un lecteur local. De cette manière, vous pouvez accéder au dossier partagé depuis n'importe quel programme Windows, sans avoir à naviguer dans le réseau.

Par exemple, vous pouvez mapper le dossier partagé nommé Fichiers sur le serveur SERVEUR-2BIG avec le lecteur K de votre ordinateur. Ainsi, pour accéder aux fichiers stockés dans le dossier partagé Fichiers, vous consultez simplement le lecteur K.

Procédez comme suit pour connecter un dossier partagé à une lettre de lecteur sous Windows 10, Windows 8 ou Windows 7 :

1. **Accédez à l'explorateur de fichiers.**

   Windows 7 : choisissez Démarrer puis Ordinateur.

   Windows 8, 8.1 et 10 : accédez au Bureau puis cliquez sur l'icône Explorateur de fichiers dans la barre des tâches et sélectionnez Ce PC dans la partie supérieure du volet de gauche.

2. **Ouvrez la boîte de dialogue Connecter un lecteur réseau.**

   Windows 7 : accédez à la boîte de dialogue à partir du bouton Connecter un lecteur réseau dans la barre de menu.

   Windows 8 et 8.1 : cliquez sur le bouton Connecter un lecteur réseau dans le ruban.

   Windows 10 : cliquez l'onglet Ordinateur puis le bouton Connecter un lecteur réseau.

   La boîte de dialogue Connecter un lecteur réseau s'ouvre, comme le montre la Figure 2.4.

3. **Si vous le souhaitez, vous pouvez modifier la lettre du lecteur dans la liste déroulante Lecteur.**

   Vous n'aurez certainement pas à modifier la lettre de lecteur proposée par Windows (Z dans la Figure 2.4). Toutefois, si vous êtes exigeant, vous pouvez choisir une autre lettre disponible dans la liste déroulante Lecteur.

Figure 2.4

Boîte de dialogue Connecter un lecteur réseau.

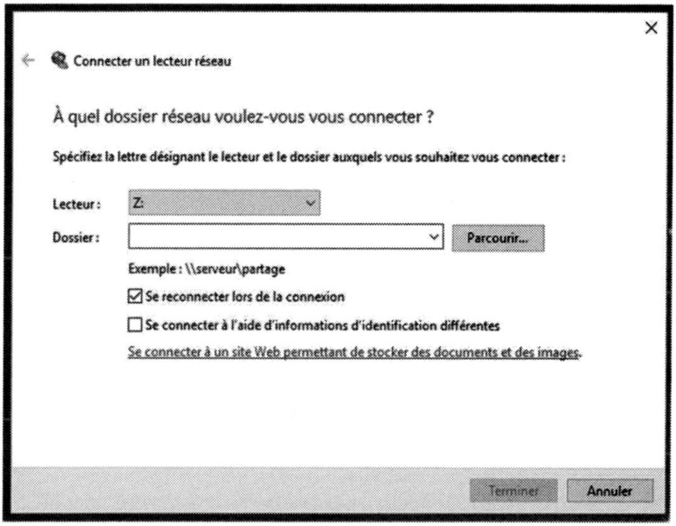

4. **Cliquez sur le bouton Parcourir.**

   Une boîte de dialogue similaire à celle de la Figure 2.5 apparaît.

5. **Utilisez la boîte de dialogue Rechercher un dossier pour rechercher et sélectionner le dossier partagé que vous voulez utiliser.**

   Vous pouvez parcourir tous les dossiers partagés de tous les ordinateurs du réseau.

6. **Cliquez sur OK.**

   La boîte de dialogue Rechercher un dossier se ferme et vous rebasculez dans la boîte de dialogue Connecter un lecteur réseau.

7. **Si vous voulez que ce lecteur réseau soit automatiquement mappé dès que vous vous connectez au réseau, cochez la case Se reconnecter lors de la connexion.**

Figure 2.5

Recherche du dossier à connecter.

Si vous ne cochez pas la case Se reconnecter lors de la connexion, la lettre de lecteur est uniquement disponible jusqu'à ce que vous quittiez Windows ou que vous vous déconnectiez du réseau. Si vous cochez cette option, le lecteur réseau est automatiquement mappé à chaque fois que vous vous connectez au réseau.

Assurez-vous que l'option Se reconnecter lors de la connexion est bien cochée, si vous avez souvent recours à ce lecteur réseau.

8. **Cliquez sur Terminer.**

   Vous rebasculez dans la fenêtre Ordinateur, illustrée par la Figure 2.6, dans laquelle apparaît désormais le lecteur réseau que vous venez de mapper.

Votre administrateur réseau a peut-être déjà configuré votre ordinateur avec un ou plusieurs lecteurs réseau mappés. Si tel est le cas, demandez-lui de vous indiquer quels sont les lecteurs qui ont été mappés. Autre alternative : ouvrez simplement la fenêtre Ordinateur pour y jeter un œil.

Figure 2.6

Le lecteur réseau mappé figure dans la fenêtre Ordinateur.

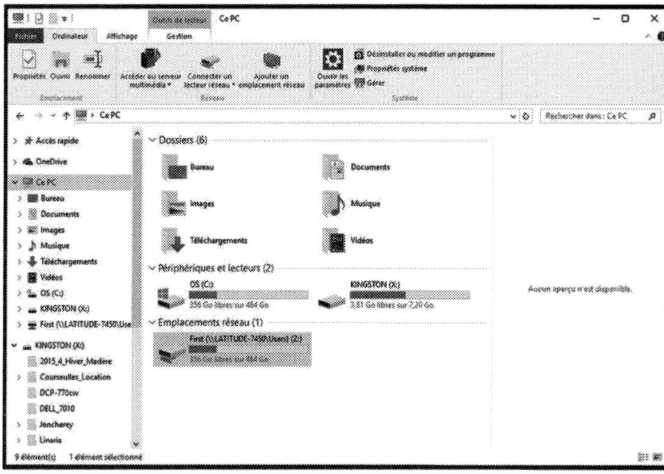

Voici quelques astuces supplémentaires :

» **Associer une lettre de lecteur à un dossier partagé correspond à** *associer un lecteur* **ou** *mapper un lecteur.* On dit que « le lecteur H est mappé à un disque réseau ».

» **Les lettres de lecteur réseau n'ont pas besoin d'être attribuées de la même manière sur tous les ordinateurs du réseau.** Par exemple, un lecteur réseau auquel est assignée la lettre H sur votre ordinateur peut se voir attribuer la lettre Q sur un autre ordinateur. Dans ce cas, le lecteur H et le lecteur Q de l'autre ordinateur sont un seul et même lecteur. Cela peut prêter à confusion. Si votre réseau est organisé de cette manière, mettez du poivre dans le café de l'administrateur.

» **L'accès à un dossier partagé est beaucoup plus rapide par le lecteur mappé que par les Favoris réseau.** Cela est dû au fait que, lorsque vous ouvrez les Favoris réseau, Windows doit parcourir l'intégralité du réseau pour identifier tous les ordinateurs reliés au réseau, opération que Windows n'a pas à effectuer pour accéder à un lecteur mappé.

» **Si vous activez l'option Se reconnecter à l'ouverture de session, vous recevez un message d'avertissement si le lecteur n'est pas disponible au moment de la connexion.** La plupart du temps, cela signifie que le serveur n'est pas allumé. Quelquefois c'est aussi dû à une rupture de la connexion réseau. Pour de plus amples informations sur les solutions aux problèmes réseau de ce genre, reportez-vous au Chapitre 19.

L'imprimante réseau

Travailler avec une imprimante en réseau, c'est comme travailler avec un disque réseau. Vous pouvez imprimer sur une imprimante réseau à partir de n'importe quelle application Windows en choisissant une imprimante réseau disponible.

Rappelez-vous cependant qu'imprimer sur une imprimante réseau et imprimer sur une imprimante locale sont deux choses différentes. Avec une imprimante locale, vous êtes le seul à pouvoir l'utiliser alors que vous partagez l'imprimante réseau avec les autres utilisateurs. Cela complique les choses de plusieurs manières :

» **Si plusieurs utilisateurs impriment sur l'imprimante réseau en même temps, le serveur doit bien distinguer les différents travaux d'impression.** S'il ne le faisait pas, il en résulterait un véritable cafouillis, votre rapport de 268 pages serait mélangé avec les fiches de salaire. Heureusement, le serveur fait attention que cela ne se produise pas, et ce grâce à une fonctionnalité amusante nommée *spooling*.

» **L'impression en réseau fonctionne sur le principe du premier arrivé, premier servi (à moins que vous ne connaissiez les astuces présentées dans le Chapitre 3).** Invariablement, quand je me rends dans une grande surface, la personne qui se trouve devant moi à la caisse a choisi un produit qui n'a pas de code-barres et je reste là à attendre des heures que quelqu'un aille vérifier le prix. L'impression en réseau peut ressembler à cela.

Si quelqu'un envoie un travail d'impression de deux heures à l'imprimante avant que vous puissiez transmettre une note d'une demi-page, vous devrez attendre.

» **Vous pouvez avoir accès à l'imprimante locale ainsi qu'à plusieurs imprimantes réseau.** Avant que vous ne soyez forcé d'utiliser un réseau, votre ordinateur disposait probablement d'une imprimante à laquelle il était connecté. Vous pouvez vous servir de votre imprimante jet d'encre bon marché (heu ! je voulais dire... locale) pour imprimer quelques documents et utiliser l'imprimante laser réseau pour des travaux plus importants. Pour cela, vous devez trouver dans vos applications le moyen de basculer d'une imprimante vers une autre.

Ajouter une imprimante réseau

Avant de pouvoir imprimer sur une imprimante réseau, vous devez configurer votre ordinateur pour accéder à l'imprimante réseau que vous avez choisie. Dans le menu Démarrer, sélectionnez le Panneau de configuration et double-cliquez sur l'icône Imprimantes. Si votre ordinateur est déjà configuré pour fonctionner avec une imprimante réseau, une icône représentant cette imprimante apparaît dans le dossier Imprimantes. Vous pouvez distinguer une imprimante réseau d'une imprimante locale par la forme de son icône ; les imprimantes réseau ont un tuyau attaché à leur base.

Si aucune imprimante réseau n'est configurée sur votre ordinateur, vous pouvez en ajouter une avec l'Assistant Ajout d'imprimante :

1. **Accédez au Panneau de configuration.**

   Windows 7 ou toute autre version antérieure, choisissez Démarrer et sélectionnez le Panneau de configuration.

   Windows 8 à 11, pressez la touche Windows, entrez **Panneau**, puis cliquez Panneau de configuration.

2. **Sélectionnez Matériel et audio puis Périphériques et imprimantes dans la fenêtre qui apparaît.**

❸ **Cliquez sur le bouton Ajouter une imprimante dans la barre d'outils.**

L'Assistant Ajout d'imprimante s'ouvre, comme le montre la Figure 2.7.

Figure 2.7

La Fenêtre de l'Assistant Ajouter un périphérique.

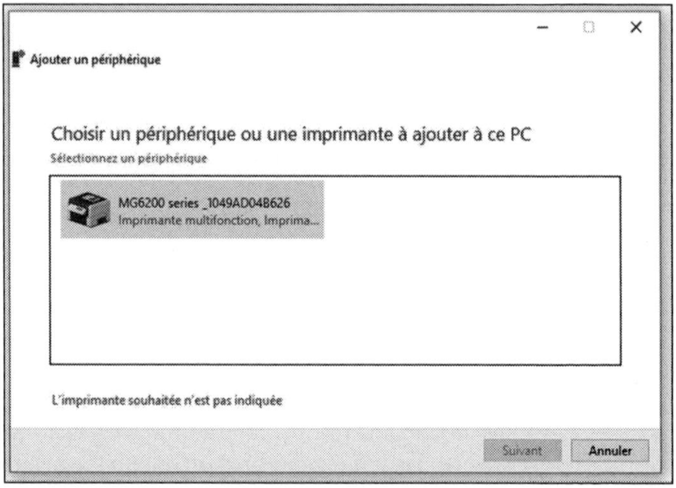

❹ **Sélectionnez l'imprimante de votre choix.**

Si vous ne parvenez pas à localiser l'imprimante, demandez à l'administrateur quel est le *chemin UNC* (*Universal Naming Convention*, convention de nom universelle qui l'identifie sur le réseau ou son adresse IP). Cliquez ensuite sur L'imprimante que je veux n'est pas répertoriée puis entrez le chemin UNC ou l'adresse IP quand vous y êtes invité.

❺ **Cliquez sur Suivant pour ajouter l'imprimante.**

L'assistant copie les pilotes d'impression de l'imprimante réseau sur votre ordinateur. Il se peut que l'assistant vous demande de confirmer ce choix. Dans ce cas, cliquez sur Installer le pilote.

L'Assistant Ajout d'imprimante affiche le nom de l'imprimante et demande si l'imprimante en cours d'installation doit devenir l'imprimante par défaut.

6. **Définissez l'imprimante comme votre imprimante par défaut, si vous le souhaitez.**

7. **Cliquez sur Suivant pour continuer.**

   Une dernière boîte de dialogue s'affiche.

8. **Cliquez sur Terminer.**

   Vous avez terminé !

Nombre d'imprimantes réseau, principalement les plus récentes, sont connectées directement au réseau via une carte Ethernet intégrée. La configuration de ces imprimantes peut s'avérer délicate. Vous devrez peut-être demander de l'aide à votre administrateur réseau. Certaines imprimantes directement connectées au réseau disposent de leur propre adresse Internet, par exemple *Imprimante.FamilleBrecat.com*. Dans ce cas, vous pouvez paramétrer l'imprimante en allant sur sa page Web à l'aide de votre navigateur. Pour installer l'imprimante, il suffit de cliquer sur un lien.

Imprimer sur une imprimante réseau

Une fois l'imprimante réseau installée sous Windows, rien de plus facile que d'imprimer. Vous pouvez imprimer sur l'imprimante réseau depuis n'importe quel programme Windows grâce à la commande Imprimer qui ouvre la boîte de dialogue Imprimer. Par exemple, la Figure 2.8 montre la boîte de dialogue Imprimer de Word 2016, le dernier programme de traitement de texte de Microsoft. Les imprimantes disponibles figurent dans la liste déroulante accessible à partir du bouton à droite du nom de l'imprimante en cours. Si besoin, sélectionnez l'imprimante réseau dans cette liste et cliquez sur OK pour imprimer votre document. C'est tout ce qu'il y a à faire !

Figure 2.8

La boîte de dialogue Imprimer type.

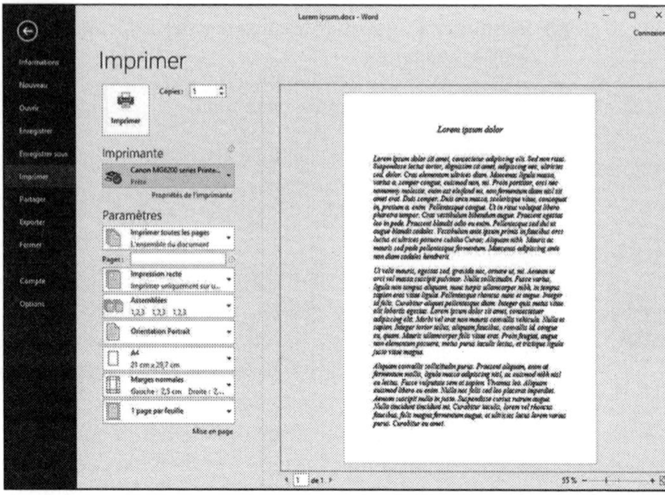

Gérer la file d'attente

En général, une fois le travail d'impression envoyé à l'imprimante réseau, vous n'avez plus à vous en soucier. Vous vous rendez simplement à l'endroit où se trouve l'imprimante et voilà, votre document imprimé vous attend.

C'est ce qui se passe dans un monde idéal. Dans le monde réel où nous vivons vous et moi, toutes sortes de choses peuvent arriver à votre travail d'impression entre l'instant où vous l'avez envoyé à l'imprimante réseau et l'instant où celle-ci commence effectivement l'impression :

» **Vous découvrez que quelqu'un a envoyé avant vous un rapport de 50 trillions de pages dont l'impression ne sera achevée que lorsque la dette nationale aura été remboursée.**

» **Le prix des vis platinées a augmenté de deux euros, rendant obsolètes les recommandations que vous formulez dans votre rapport.**

» **Votre chef vous appelle et vous dit que son beau-frère va assister à la réunion et que vous seriez bien aimable d'imprimer une version supplémentaire de la proposition à son intention. Une photocopie ne saurait convenir ; des originaux, s'il vous plaît !**

» **Vous avez décidé d'aller manger et vous ne voulez pas que votre document soit imprimé avant que vous soyez de retour.**

Heureusement, vous n'avez pas perdu tout contrôle sur votre travail d'impression. Vous pouvez facilement changer l'état des travaux d'impression que vous avez envoyés à l'imprimante. En effet, il vous est possible de modifier l'ordre dans lequel les travaux sont imprimés, de suspendre un travail de sorte qu'il ne soit pas imprimé tant que vous ne l'avez pas demandé ou carrément de le supprimer.

Nul doute que vous êtes assez doué pour apprendre à vos travaux à faire d'autres choses, comme se serrer les mains, se retourner et faire le mort. Mais les astuces de base (suspendre, annuler et changer l'ordre des impressions) suffiront pour débuter.

Pour gérer la file d'attente, ouvrez le Panneau de configuration : Démarrer/Panneau de configuration pour Windows 7 et les versions antérieures ; ou bien, pour les versions postérieures à Windows 7, activez la touche Windows, entrez **Panneau**, et sélectionnez le Panneau de configuration. Puis cliquez sur Périphériques et imprimantes et sélectionnez l'imprimante que vous voulez gérer. Une fenêtre s'ouvre, semblable à celle représentée dans la Figure 2.9. Un seul document est en attente.

Voici quelques astuces pour gérer les travaux d'impression qui figurent dans la file d'attente ou dans l'imprimante elle-même :

» **Pour suspendre temporairement un travail**, sélectionnez-le et utilisez la commande Document/Suspendre l'impression. Cette commande relance aussi l'impression.

Figure 2.9

Gestion de la file d'attente des impressions.

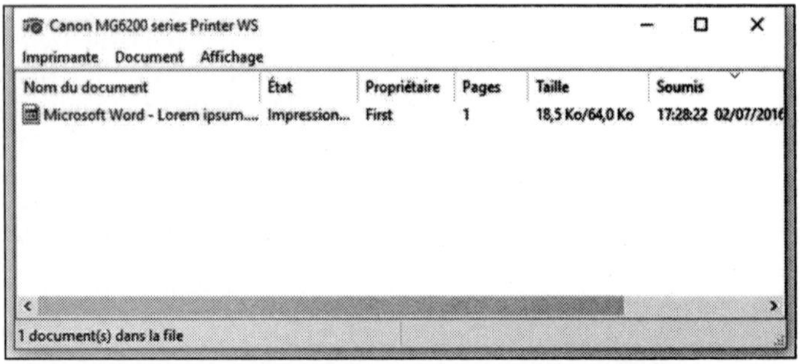

- **Pour supprimer un travail d'impression**, sélectionnez-le et exécutez la commande Document/Annuler l'impression.

- **Pour arrêter l'imprimante**, exécutez Imprimante/Suspendre l'impression. Utilisez cette même commande pour la relancer.

- **Pour supprimer tous les travaux**, cliquez sur la commande Imprimante/Purger les documents d'impression.

- **Pour placer un travail en tête de la file d'attente**, glissez-le en haut de la liste.

Toutes ces astuces ne s'appliquent évidemment qu'à vos travaux d'impression. Vous ne pouvez heureusement pas supprimer ceux d'autrui (heureusement !).

Ce qu'il y a de bien dans la gestion de l'impression sous Windows, c'est qu'elle vous décharge de tous les détails inhérents aux différents systèmes d'exploitation réseau. Que vous imprimiez sur une imprimante NetWare, sur une imprimante sous Windows 2003 ou sur une imprimante partagée sous Windows, la fenêtre d'impression gère les travaux de la même manière.

Se déconnecter du réseau

Vous devriez vous déconnecter quand vous avez fini d'utiliser le réseau. Se déconnecter d'un réseau rend les disques et les imprimantes réseau indisponibles. Votre ordinateur est toujours physiquement connecté au réseau (à moins que vous n'ayez coupé le câble réseau avec des cisailles ; mauvaise idée, ne le faites pas !), mais vous ne pouvez plus accéder au réseau et à toutes ses ressources.

Voici quelques conseils à garder à l'esprit lorsque vous vous déconnectez :

» Après avoir éteint votre ordinateur, vous êtes automatiquement déconnecté du réseau. Lorsque vous démarrez votre ordinateur, vous devez vous reconnecter.

  C'est une bonne idée que de se déconnecter du réseau si vous comptez ne pas avoir besoin de votre ordinateur pendant un certain temps. Tant que votre ordinateur est connecté, n'importe qui peut s'en servir pour accéder au réseau. Alors, dans le cas où des utilisateurs non autorisés se serviraient de votre ID utilisateur, vous seriez responsable des éventuels dégâts.

» Sous Windows, cliquez sur le bouton Démarrer et sélectionnez l'option Se déconnecter pour mettre fin à votre session réseau. Cette action vous déconnecte du réseau sans redémarrer Windows.

  - *Sous Windows 7*, cliquez sur Démarrer puis sur la flèche qui apparaît à côté du petit cadenas.
  - *Sous Windows 8 à Windows 10, activez les touches Ctrl + Alt + Suppr et choisissez Se déconnecter.*

DANS CE CHAPITRE

Partager des ressources.

Partager un dossier.

Utiliser des dossiers publics sous Windows.

Partager une imprimante.

Utiliser Microsoft Office sur un réseau.

Travailler avec des fichiers hors connexion.

Chapitre 3

Utiliser pleinement le réseau

Le Chapitre 2 pose les bases de l'utilisation d'un réseau : connexion au réseau, accès aux données stockées dans des dossiers partagés, impression et déconnexion. Dans ce chapitre, je vous invite à aller au-delà de ces bases. Vous allez découvrir comment transformer votre ordinateur en serveur pour partager vos propres fichiers et imprimantes, comment utiliser l'une des applications informatiques les plus populaires, la messagerie, et comment travailler avec Office en réseau.

Partager des ressources

Comme vous le savez probablement déjà, il existe deux types d'ordinateurs sur un réseau : les ordinateurs clients et les ordinateurs serveurs. Dans le système économique du réseau, les *ordinateurs clients* sont les consommateurs, ceux qui utilisent les ressources du réseau telles que les imprimantes et les disques partagés. Les *serveurs* sont les fournisseurs, ceux qui mettent à disposition leurs propres imprimantes et leurs propres disques sur le réseau de sorte que les ordinateurs clients puissent y accéder.

Ce chapitre montre comment vous pouvez transformer votre ordinateur client Windows en un ordinateur serveur pour que les autres ordinateurs du réseau se servent de votre imprimante et de tous les dossiers que vous déciderez de partager. De cette manière, votre ordinateur fonctionne à la fois comme un client et comme un serveur :

» C'est un ordinateur **client** lorsque vous envoyez un document à une imprimante réseau ou quand vous accédez à un fichier stocké sur le disque d'un autre serveur.

» C'est un ordinateur **serveur** quand quelqu'un d'autre envoie un travail d'impression à votre imprimante ou accède à un fichier stocké sur le disque de votre ordinateur.

Activer le partage de fichiers et d'imprimantes

Avant que vous ne partagiez vos fichiers et votre imprimante avec les autres utilisateurs du réseau, vous devez activer une fonctionnalité Windows nommée *Partage de fichiers et d'imprimantes.* Si cette fonctionnalité n'est pas activée, votre ordinateur peut se comporter en client, mais pas en serveur.

Avec un peu de chance, le partage des fichiers et des imprimantes est déjà activé sur votre ordinateur. Pour le savoir, double-cliquez sur Poste de travail sur le Bureau, sélectionnez l'icône de votre lecteur C et cliquez sur le menu Fichier. Si ce dernier comporte une commande de partage, le partage des fichiers et des imprimantes est activé et vous pouvez sauter le reste de cette section. Si vous ne trouvez pas de commande de partage dans le menu Fichier, vous devrez installer le partage des fichiers et des imprimantes avant de pouvoir partager un fichier ou une imprimante avec les utilisateurs du réseau.

Suivez ces étapes pour activer le partage de fichiers et d'imprimantes :

❶ **Cliquez sur le bouton Démarrer, tapez** Panneau de Configuration **et appuyez sur Entrée.**

Cette étape ouvre la fenêtre Panneau de Configuration.

❷ **Double-cliquez sur Réseau et Internet puis sur Centre réseau et partage ; cliquez ensuite Modifier les paramètres de partage avancés, dans le volet de gauche.**

❸ **Cliquez sur la flèche en regard du réseau pour lequel vous voulez activer le partage de fichiers et d'imprimantes.**

Pour un ordinateur connecté à un réseau privé : cliquez sur la flèche qui pointe vers le bas, correspondant à Privé.

Pour un ordinateur connecté à un réseau public : choisissez Invité ou public.

Pour un ordinateur connecté à un réseau de domaine : cliquez sur la flèche en regard de Domaine.

La Figure 3.1 représente les paramètres d'un réseau Privé.

Figure 3.1

Activation du partage de fichiers et d'imprimantes.

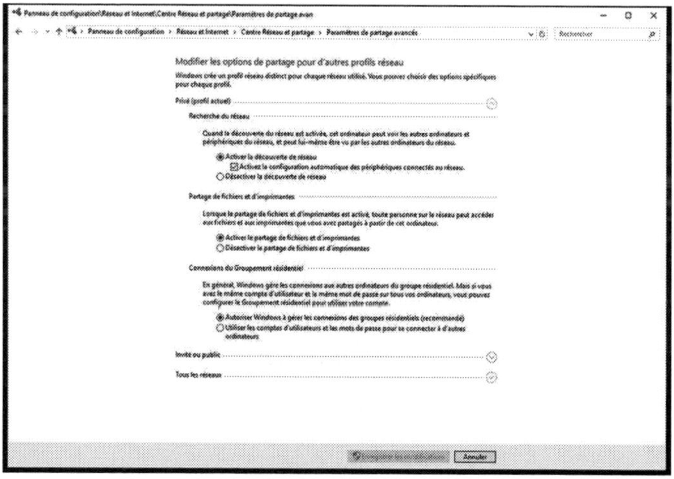

N'activez *surtout pas* le partage de fichiers ou d'imprimantes pour le réseau Public.

4. **Cochez l'option Activer le partage de fichiers et d'imprimantes.**

5. **Cliquez sur Enregistrer les modifications.**

   Cette action enregistre vos modifications et ferme la fenêtre Paramètres de partage avancés.

Partager un dossier

Pour permettre aux autres utilisateurs du réseau d'accéder aux fichiers stockés sur votre disque dur, vous devez partager le disque entier ou désigner un dossier du disque comme dossier *partagé*. Si vous partagez un disque entier, les autres utilisateurs du réseau pourront accéder à tous les fichiers et répertoires de ce disque. Si vous partagez un dossier, les utilisateurs du réseau ne pourront accéder qu'aux fichiers figurant dans le dossier que vous partagez (si le dossier que vous partagez contient d'autres dossiers, les utilisateurs du réseau pourront aussi accéder aux fichiers que contiennent ces dossiers).

Je vous recommande de ne pas partager votre disque dans sa totalité, à moins que vous ne vouliez permettre à *n'importe qui sur le réseau* de farfouiller dans vos fichiers. Vous devriez plutôt vous contenter de partager un ou des dossiers qui contiennent les documents spécifiques que vous voulez mettre à disposition des autres utilisateurs du réseau. Par exemple, si vous stockez vos documents Word dans le dossier Mes documents, vous pouvez partager ce dossier de sorte que les autres utilisateurs du réseau puissent accéder à vos documents Word.

Pour partager un dossier sur un ordinateur équipé de Windows, procédez comme suit :

1. **Ouvrez l'explorateur de fichiers.**

   - *Windows 7* : **exécutez Démarrer/Ordinateur.**

- *Windows 8 à Windows 10* : accédez au bureau puis ouvrez l'Explorateur de fichiers en sélectionnant son icône dans la barre des tâches.

2. **Repérez le dossier que vous souhaitez partager.**

3. **Effectuez un clic droit sur le dossier à partager et cliquez sur Propriétés.**

   La boîte de dialogue Propriétés s'ouvre.

4. **Cliquez sur l'onglet Partage puis sur le bouton Partager.**

   La boîte de dialogue Partage de fichiers s'affiche, comme le montre la Figure 3.2.

Figure 3.2

La boîte de dialogue Partage de fichiers.

5. **Cliquez sur la flèche de la liste déroulante, sélectionnez Tout le monde et cliquez sur Ajouter.**

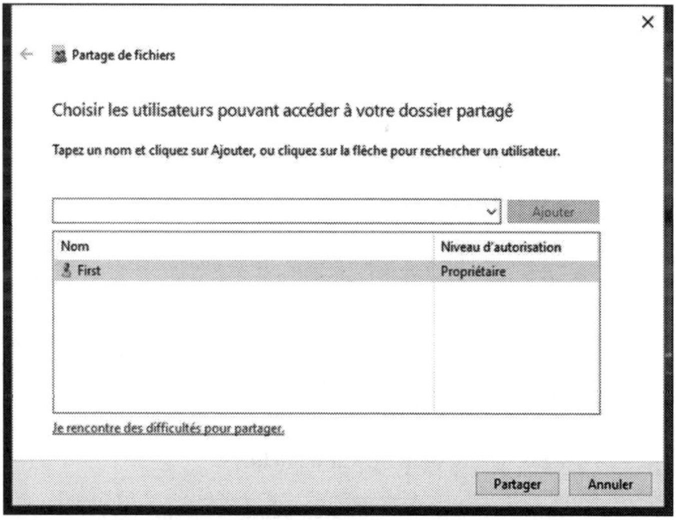

Cette action indique que n'importe qui sur votre réseau peut accéder au dossier partagé.

Si vous préférez, vous pouvez limiter l'accès à certains utilisateurs. Pour ce faire, sélectionnez chaque personne à qui vous accordez l'accès et cliquez sur Ajouter.

6. **Sélectionnez ensuite le niveau d'accès que vous affectez à chaque utilisateur.**

   Utilisez la liste déroulante de la colonne Niveau d'autorisation pour choisir l'un de ces trois niveaux d'accès :

   - **Lecture :** un lecteur peut ouvrir des fichiers ouverts mais ne peut pas modifier ou créer de nouveaux fichiers ou dossiers.
   - **Lecture/écriture :** un collaborateur peut ajouter des fichiers au dossier partagé et seulement modifier ou supprimer ses propres fichiers.
   - **Propriétaire :** un Propriétaire a l'accès total au dossier partagé. Il peut créer, modifier ou supprimer n'importe quel fichier du dossier.

7. **Cliquez sur Partager.**

   La boîte de dialogue qui s'affiche confirme que le dossier a été partagé.

Utiliser des dossiers publics sous Windows

Windows a introduit une nouvelle méthode de partage des fichiers sur le réseau : le dossier Public. Le *dossier Public* est simplement un dossier affecté à l'accès public. Les fichiers et sous-dossiers de ce dossier Public peuvent être consultés par d'autres utilisateurs du réseau et par n'importe quel utilisateur qui ouvre une session sur votre ordinateur.

Avant de pouvoir utiliser le dossier Public, vous devez l'avoir activé. Pour ce faire, reportez-vous à la section « Activer le partage de fichiers et d'imprimantes » présentée précédemment dans ce chapitre, mais sélectionnez l'option Activer le partage afin que toute personne avec un accès réseau puisse lire et écrire des fichiers dans les dossiers Public dans la zone Partage de dossiers publics.

Après avoir activé le partage du dossier Public, vous pouvez accéder à ce dossier sur votre ordinateur. Pour ce faire sous Windows 7, exécutez la commande Démarrer/Ordinateur puis cliquez sur le dossier Public dans la partie gauche de la fenêtre. Pour ouvrir un dossier Public sous Windows 7, cliquez sur Démarrer/Ordinateur puis sur Bibliothèques dans le volet de gauche. Vous avez alors accès aux dossiers Documents, Musique, Images ou Vidéos. Sous Windows 8 et versions ultérieures, accédez au bureau, ouvrez l'Explorateur de fichiers en sélectionnant son icône dans la barre des tâches, cliquez sur l'icône Bibliothèque dans le volet de gauche, puis sur Documents, Images, Musique et Vidéos.

La Figure 3.3 vous propose un exemple de dossier Public sous Windows 10.

Figure 3.3

Exemple de dossier Public sous Windows 10.

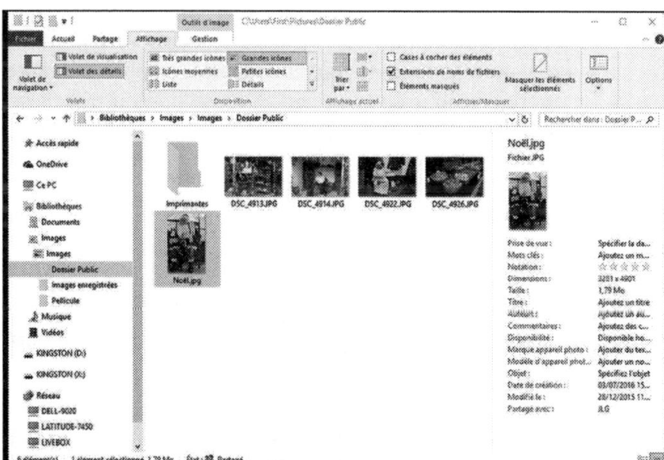

Comme vous pouvez le voir, le dossier Public comporte plusieurs sous-dossiers prédéfinis, destinés à partager des documents, des images, de la musique, des fichiers téléchargés et des vidéos. Vous pouvez les utiliser ou bien créer vos propres sous-dossiers pour organiser au mieux vos données dans votre dossier Public.

Pour accéder au dossier Public d'un autre ordinateur, utilisez les techniques décrites dans le Chapitre 2 pour parcourir le dossier Public ou le mapper au lecteur réseau.

Partager une imprimante

Partager une imprimante est bien plus traumatisant que de partager un disque. Quand vous partagez un disque, les autres utilisateurs du réseau accèdent à vos fichiers de temps en temps. Quand ils le font, vous entendez le clic-clic du disque pendant quelques instants et votre ordinateur peut se figer une demi-seconde. Les interruptions causées par les autres utilisateurs sont parfois perceptibles mais jamais gênantes.

Quand vous partagez une imprimante, votre collègue de l'étage du dessous peut commander l'impression d'un rapport de 140 pages à l'instant même où vous voulez imprimer cette note d'une page que votre patron veut voir sur son bureau dans deux minutes. L'imprimante peut se retrouver à court de papier ou, pire, être victime d'un bourrage pendant l'impression du travail de quelqu'un d'autre et vous serez chargé de régler ce problème.

Aussi importunes que ces interruptions puissent être, il est parfois très judicieux de partager une imprimante. Si vous disposez de la seule imprimante décente de votre bureau ou groupe de travail, tout le monde va vous ennuyer pour pouvoir l'utiliser. Vous feriez mieux de partager cette imprimante sur le réseau, de sorte que personne ne fasse plus la queue pour imprimer à partir de votre ordinateur.

Pour partager une imprimante exécutez ces étapes :

1. **Accédez au Panneau de configuration.**

Sous Windows 7 ou toute autre version antérieure, choisissez Démarrer et sélectionnez le Panneau de configuration.

Sous Windows 8 à Windows 10, pressez la touche Windows, entrez **Panneau**, puis cliquez Panneau de configuration.

2. **Sélectionnez Afficher les périphériques et imprimantes.**

3. **Faites un clic droit sur l'imprimante à partager et choisissez Propriétés de l'imprimante dans le menu contextuel.**

   La boîte de dialogue Propriétés de apparaît.

4. **Cliquez l'onglet Partage.**

   Dans l'onglet Partage, représenté dans la Figure 3.4, les options de partage d'imprimante sont grisées.

5. **Sélectionnez l'option Partager cette imprimante.**

6. **Modifiez le nom du partage si celui proposé par Windows ne vous convient pas.**

   Puisque d'autres ordinateurs utiliseront ce nom de partage pour identifier l'imprimante, faites en sorte qu'il soit suffisamment descriptif.

7. **Cliquez sur OK.**

   Vous rebasculez dans la fenêtre Imprimantes. L'icône de l'imprimante a été modifiée pour indiquer qu'elle est à présent partagée.

Pour désactiver le partage de votre imprimante, suivez les étapes 1 à 6 et décochez la case Partager cette imprimante avant de cliquer sur OK.

Utiliser Microsoft Office sur un réseau

Microsoft Office est de loin la plus populaire des suites d'applications utilisées sur les ordinateurs personnels et elle comprend les programmes les plus employés dans un bureau : un programme

Figure 3.4

Partage d'une imprimante sous Windows 10.

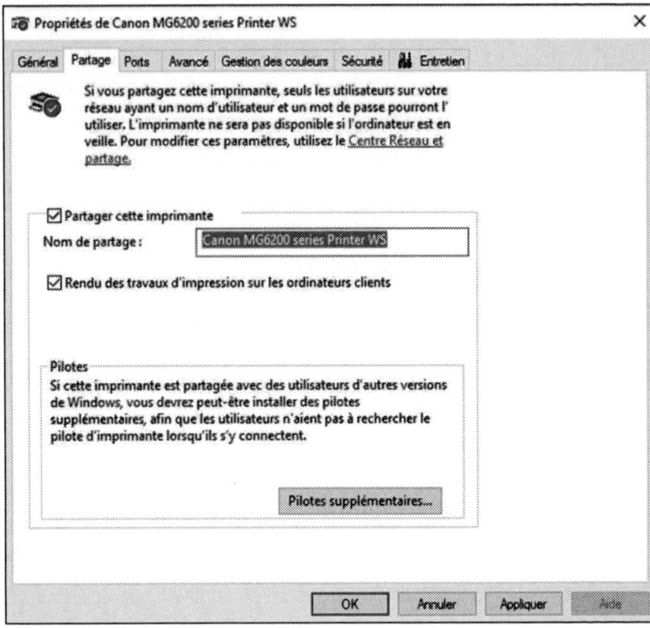

de traitement de texte (Word), un tableur (Excel), un programme de présentation (PowerPoint) et un excellent programme de messagerie électronique (Outlook). En fonction de la version d'Office achetée, vous aurez aussi droit à un programme de base de données (Access) et à un programme de PAO (Publisher).

Pour vous servir au mieux d'Office sur un réseau, je vous conseille d'acheter le Kit de ressources de Microsoft Office. Ce kit (aussi appelé *ORK – Office Resource Kit*) contient des informations relatives à l'installation et à l'utilisation d'Office en réseau et il est livré avec un CD comprenant de précieux outils. Si vous ne voulez pas acheter ORK, vous pouvez l'utiliser en ligne et télécharger les outils ORK sur le site TechNet de Microsoft (`technet.microsoft.com`).

Accéder aux fichiers réseau

Ouvrir un fichier stocké sur un disque réseau est presque aussi simple que d'ouvrir un fichier sur un disque local. Tous les programmes Office utilisent la commande Fichier/Ouvrir pour afficher la boîte de dialogue Ouvrir. La Figure 3.5 montre celle d'Excel (la boîte de dialogue est à peu près identique dans tous les autres programmes d'Office).

Figure 3.5

Boîte de dialogue Ouvrir d'Excel 2016.

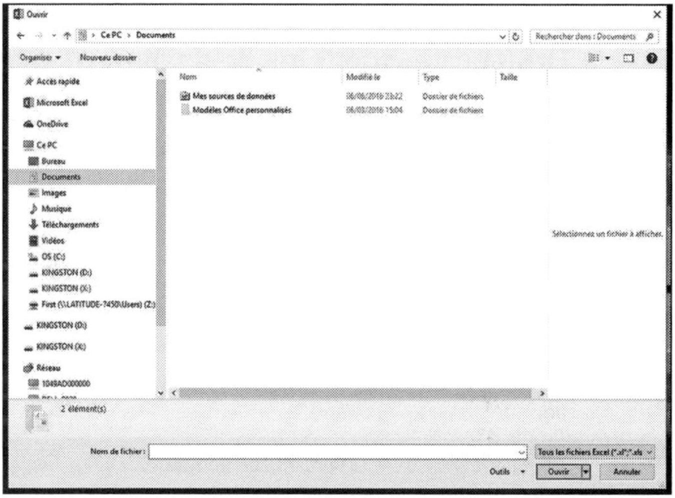

Pour accéder à un fichier stocké sur un volume réseau mappé à une lettre de lecteur, il suffit de choisir le lecteur réseau dans la liste déroulante en haut de la boîte de dialogue. Si le volume réseau n'a pas été mappé à un lecteur, cliquez sur Favoris réseau, dans l'angle inférieur gauche de la boîte de dialogue Ouvrir, sélectionnez Réseau et parcourez le réseau à la recherche du fichier que vous voulez ouvrir.

Vous pouvez mapper (connecter) un lecteur réseau directement depuis la boîte de dialogue Ouvrir. Pour ce faire, il suffit de localiser le dossier à mapper, d'effectuer un clic droit et de sélectionner la commande Connecter un lecteur réseau.

Si vous tentez d'ouvrir un fichier déjà ouvert par un autre utilisateur du réseau, Office vous signale que le fichier est utilisé et vous propose de l'ouvrir en lecture seule. Vous pouvez lire et imprimer un fichier ouvert en lecture seule, mais Office ne vous autorise pas à modifier cette version du fichier. Pour enregistrer vos modifications dans un nouveau fichier, vous devrez utiliser la commande Enregistrer sous.

Utiliser des modèles de document en réseau

Un *modèle* est un type particulier de document qui contient des informations de mise en forme, du texte standard et d'autres paramètres personnalisés que vous pouvez employer comme base d'un nouveau document.

Trois programmes Office (Word, Excel et PowerPoint) vous permettent de spécifier un modèle dès que vous créez un nouveau document. En utilisant la commande Fichier/Nouveau dans Excel, Word ou PowerPoint pour créer un nouveau document, vous voyez apparaître une boîte de dialogue qui permet de choisir un modèle pour ce nouveau document.

Office est livré avec un ensemble de modèles pour les types de documents les plus courants. Ces modèles sont regroupés dans les divers onglets qui apparaissent dans la boîte de dialogue Nouveau.

En plus des modèles livrés avec Office, vous pouvez créer vos propres modèles Word, Excel et PowerPoint. C'est notamment très utile pour homogénéiser l'apparence des documents créés par les utilisateurs de votre réseau. Par exemple, vous pouvez créer un modèle Lettre qui contient le papier à en-tête de votre entreprise ou un modèle Proposition qui affiche le logo de la société.

Office vous permet de stocker les modèles à deux endroits qui dépendent de ce que vous voulez en faire :

- **Dans le dossier Modèles utilisateur, généralement situé sur le disque local de l'utilisateur.** Si quelqu'un a besoin d'un modèle particulier, c'est là qu'il ira le chercher.
- **Dans le dossier Modèles groupe de travail, figurant normalement sur un disque réseau partagé.** Cela vous autorise donc à stocker sur un serveur des modèles que vous voulez mettre à disposition de tous les utilisateurs du réseau, tout en permettant à chaque utilisateur de créer ses propres modèles, inaccessibles aux autres.

Lorsque vous vous servez à la fois du dossier Modèles utilisateur et du dossier Modèles groupe de travail, Office mélange les modèles des deux dossiers et les affiche par ordre alphabétique dans la boîte de dialogue Nouveau. Par exemple, supposons que le dossier Modèles utilisateur contienne des modèles nommés Document vierge et Page Web et que le dossier Modèles groupe de travail comprenne un modèle nommé Lettre société. Alors, les trois modèles apparaîtront dans la boîte de dialogue Nouveau, dans l'ordre suivant : Document vierge, Lettre société et Page Web.

Pour définir l'emplacement des dossiers Modèles utilisateur et Modèles groupe de travail dans Microsoft Word, exécutez les étapes suivantes :

1. **Cliquez sur le menu Fichier puis sur Options.**

   La boîte de dialogue Options Word apparaît.

2. **Ouvrez Options avancées.**

   Vous accédez aux options avancées.

3. **Descendez jusqu'à la section Général et cliquez sur le bouton Emplacement des fichiers.**

   La boîte de dialogue Dossiers par défaut s'affiche, comme le montre la Figure 3.6.

Figure 3.6

Définition de l'emplacement des fichiers dans Word 2016.

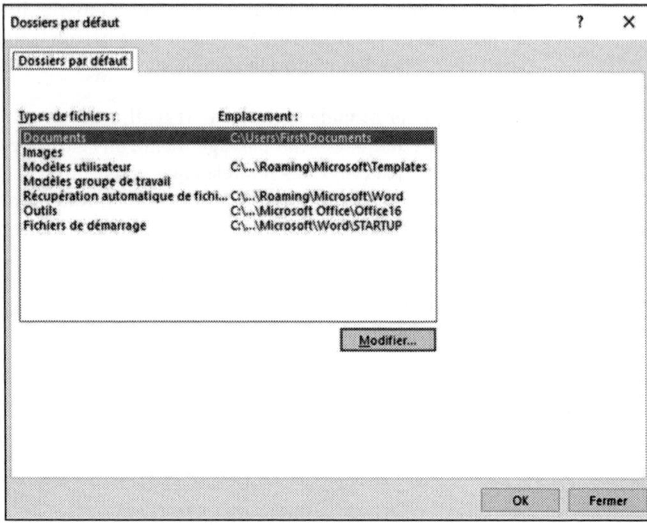

❹ **Double-cliquez sur Modèles groupe de travail.**

Cette étape ouvre la boîte de dialogue Changer de dossier.

❺ **Spécifiez l'emplacement des fichiers modèles puis cliquez sur OK.**

Vous revenez à la boîte de dialogue Dossiers par défaut.

❻ **Cliquez sur OK pour fermer la boîte de dialogue.**

Vous rebasculez dans la boîte de dialogue Options Word.

❼ **Cliquez encore une fois sur OK.**

La boîte de dialogue Options Word se ferme.

Bien que les paramètres des Modèles utilisateur et Modèles groupe de travail concernent Word, Excel et PowerPoint, vous ne pouvez les modifier que dans Word. Les boîtes de dialogue Options d'Excel et de PowerPoint ne proposent pas ces options.

Lorsque vous installez Office, les modèles standard, fournis avec Office, sont copiés dans un dossier, sur le disque local de l'ordinateur, et l'option Modèles utilisateur concerne ce dossier. L'option Modèles groupe de travail reste vide. Vous pouvez partager le dossier Modèles groupe de travail en cliquant sur Modèles groupe de travail puis sur Modifier et en spécifiant le dossier réseau partagé qui contient vos modèles de document.

Travailler en réseau avec une base de données Access

Si vous voulez partager une base de données Access entre plusieurs utilisateurs du réseau, vous devez être au courant de certaines choses. Voici les plus importantes :

» Quand vous partagez une base de données, plusieurs utilisateurs peuvent vouloir modifier un enregistrement en même temps. Cette situation peut engendrer des problèmes si deux utilisateurs tentent de mettre à jour l'enregistrement. Pour gérer cela, Access verrouille l'enregistrement si bien que seul un utilisateur peut y accéder à un instant T. Access emploie une des trois méthodes suivantes pour verrouiller des enregistrements :

- **Enr modifié** qui verrouille l'enregistrement dès qu'un utilisateur commence à le modifier. Par exemple, si un utilisateur récupère un enregistrement via un formulaire qui permet de le mettre à jour, Access verrouille l'enregistrement pendant l'édition, si bien que les autres utilisateurs ne peuvent pas modifier l'enregistrement tant que le premier utilisateur n'a pas terminé.
- **Aucun** qui ne signifie pas réellement que l'enregistrement n'est pas verrouillé. En fait, Aucun signifie que l'enregistrement n'est pas verrouillé tant qu'un utilisateur ne modifie pas le contenu de la base de données. Cette méthode peut induire en erreur les autres utilisateurs, car elle permet à un

utilisateur d'écraser les modifications apportées par un autre utilisateur.

- **Général** qui verrouille une table entière dès qu'un utilisateur modifie un enregistrement de cette table.

» Access vous permet de partager une table de sorte que les formulaires, les requêtes et les états soient stockés sur le disque dur de chaque utilisateur, mais que les données elles-mêmes demeurent sur le disque réseau. Cette fonctionnalité peut rendre l'accès à une base de données plus rapide sur le réseau, mais elle est un peu plus complexe à mettre en œuvre. Pour partager une base de données, exécutez la commande Outils de base de données/Base de données Access/Fractionner la base de données.

» Access dispose de fonctionnalités de sécurité intégrées à utiliser si vous partagez une base de données d'un ordinateur client Windows. Si vous la stockez sur un serveur de domaine, vous pouvez vous servir des fonctionnalités de sécurité du serveur pour protéger la base de données.

» Access rafraîchit automatiquement les formulaires et les feuilles de données toutes les soixante secondes. De cette manière, si un utilisateur ouvre le formulaire ou la feuille de données et qu'un autre utilisateur modifie les données quelques secondes plus tard, le premier voit les modifications dans la minute qui suit. Si vous trouvez que soixante secondes est un délai trop long (ou trop court), vous pouvez changer la vitesse de rafraîchissement grâce à la commande Avancé de la boîte de dialogue Options d'Access.

Travailler avec des fichiers hors connexion

Les ordinateurs de bureau sont par nature privés de pieds. Par conséquent, ils sont en permanence connectés à leurs réseaux. Les ordinateurs portables, quant à eux, peuvent se promener d'un endroit à l'autre sans obligation de connexion à un réseau. Si vous avez un réseau sur votre lieu de travail, vous vous y connectez lorsque vous êtes au travail. Mais quand vous vous trouvez à votre domicile avec votre portable, par exemple pour le week-end, vous n'êtes plus connecté à votre réseau.

Naturellement, votre patron préfère que vous passiez vos week-ends à travailler et que vous puissiez accéder de chez vous à vos fichiers réseau sans être connecté au réseau ! C'est là que le mécanisme des fichiers hors connexion entre en jeu. Il vous permet d'accéder à vos fichiers réseau même si vous êtes déconnecté du réseau.

Tout cela ressemble à de la magie mais il n'en est rien. En fait, comment cela se passerait-il si ce mécanisme n'existait pas ? Il faudrait copier les fichiers sur le disque dur de votre portable à partir du réseau, les modifier en local de retour à votre domicile puis les recopier sur le réseau une fois de retour sur votre lieu de travail.

C'est exactement de cette manière que fonctionne le dispositif de fichiers hors connexion sauf que Windows s'occupe de tout sans aucune intervention de l'utilisateur. Bien que vous soyez déconnecté du réseau, Windows vous donne l'impression d'être réellement sur le réseau. Par exemple, si vous mappez un lecteur réseau (le lecteur M, par exemple) et si vous le rendez disponible hors connexion, vous pouvez encore y accéder lorsque la connexion réseau est coupée. En fait, Windows détecte la déconnexion du réseau et réoriente l'accès au lecteur M vers sa copie sur le disque dur local.

Les complications surgissent lorsque des fichiers hors connexion ont été modifiés par plusieurs utilisateurs. Windows tente bien de remédier à ce désordre, mais il lui est quasiment impossible d'y parvenir. La solution consiste à n'utiliser le dispositif de fichiers hors connexion qu'avec des ressources réseau qui sont susceptibles de ne pas être modifiées simultanément par plusieurs utilisateurs. En d'autres termes, rendre votre disque personnel disponible hors connexion ne pose aucun problème quand vous êtes la seule personne à y avoir accès. En revanche, je ne vous conseille pas de le faire pour des ressources partagées, à moins qu'il s'agisse de ressources en lecture seule qui ne contiennent pas de fichiers susceptibles d'être modifiés.

Pour pouvoir accéder aux fichiers hors connexion, la fonctionnalité correspondante doit être activée. Pour ce faire, accédez au Panneau de configuration, affichez les éléments par icônes, puis double-cliquez l'icône Centre de synchronisation, et choisissez la commande Gérer les fichiers hors connexion. La boîte de dialogue Fichiers hors connexion apparaît, comme le montre la Figure 3.7. Cliquez sur le bouton Autoriser fichiers hors connexion, puis sur OK pour valider votre choix.

Figure 3.7

La boîte de dialogue Fichiers hors connexion.

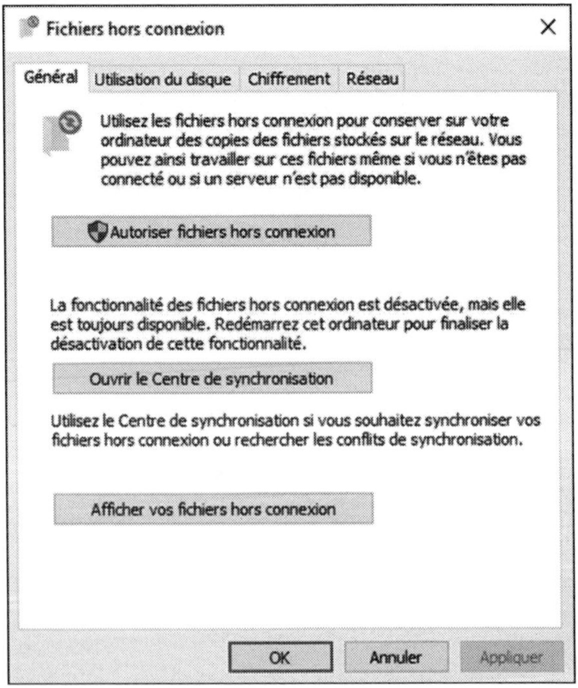

Si vous ne voulez pas rendre disponible l'intégralité du lecteur, vous pouvez désigner différents dossiers en utilisant la même technique : effectuez un clic droit sur le dossier souhaité puis sélectionnez Toujours disponible hors connexion.

Lorsque vous rendez un lecteur ou un dossier disponible hors connexion, Windows copie tous les fichiers du lecteur ou du dossier sur le disque local. La durée de ce processus dépend de la taille du lecteur ou du dossier.

Figure 3.8

Propriétés de l'onglet Fichiers hors connexion.

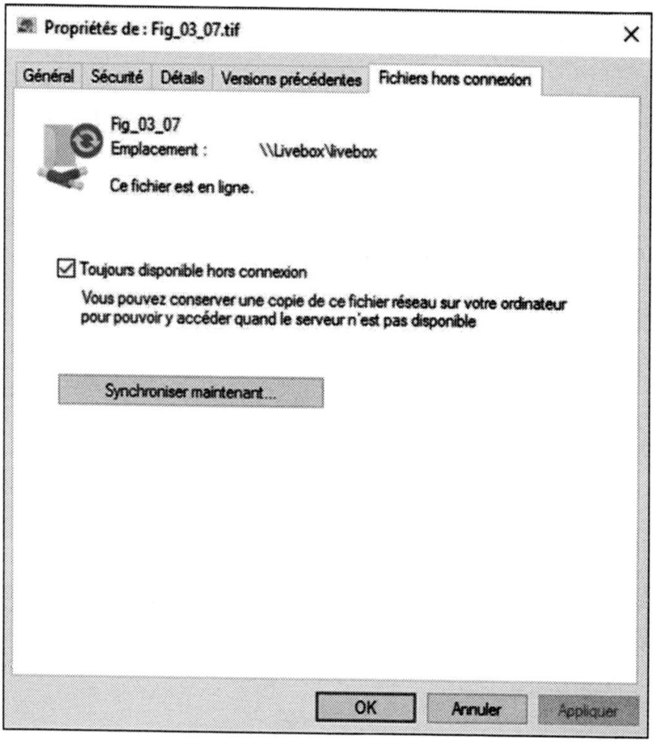

Une fois qu'un lecteur a été rendu disponible hors connexion, Windows s'occupe de tout : chaque fois que vous vous connectez ou déconnectez du réseau, Windows synchronise les fichiers hors connexion. Pour ce faire, il compare le couple date et heure de chaque fichier sur le serveur et sur la zone locale et conserve la version la plus récente.

Voici quelques autres remarques au sujet des fichiers hors connexion :

» Vous pouvez forcer la synchronisation des fichiers hors connexion. Effectuez un clic droit sur le lecteur ou le dossier et exécutez la commande Synchronisation.

» Assurez-vous que les fichiers du dossier que vous êtes en train de rendre disponible hors connexion sont bien fermés. Si un fichier est ouvert, vous allez recevoir un message d'erreur. Vous devrez alors fermer le fichier ouvert avant de pouvoir rendre le dossier disponible hors connexion.

» La boîte de dialogue Propriétés des lecteurs réseau mappés comporte un onglet Fichiers hors connexion, comme le montre la Figure 3.8.

Partie 2

Construire son propre réseau

Dans cette partie :

Concevoir un réseau.

Comprendre et mettre en œuvre TCP/IP.

Travailler avec des câbles, des adaptateurs réseau, des commutateurs et d'autres constituants importants du réseau.

Configurer des ordinateurs Windows et les mettre en réseau.

Se connecter à Internet.

Accéder à des périphériques sans fil sur le réseau.

Virtualiser des serveurs.

Chapitre 4

Concevoir son réseau

DANS CE CHAPITRE

Concevoir un réseau.

•

Être rationnel.

•

Faire l'inventaire.

•

Serveur dédié ou serveur non dédié, telle est la question ?

•

Choisir un système d'exploitation serveur.

•

Planifier l'infrastructure.

•

Dessiner les plans.

Bien, vous êtes convaincu que vous devez mettre vos ordinateurs en réseau. Et maintenant ? Allez-vous faire un saut à la boutique d'informatique en allant au travail, installer le réseau avant le café du matin et vous attendre à ce qu'il soit opérationnel vers midi ?

Je ne pense pas !

Mettre en réseau vos ordinateurs n'est pas une tâche comme les autres : il faut un peu de méthode. Ce chapitre vous aide à réfléchir sur votre réseau avant que vous ne commenciez à dépenser de l'argent. Il vous explique comment produire une spécification qui sera tout aussi valable que celle qu'un consultant réseau vous aurait facturée plusieurs milliers d'euros. Vous voyez ; ce livre vous fait déjà économiser de l'argent !

Concevoir un réseau

Avant de commencer ce projet de réseau, qu'il s'agisse d'une nouvelle installation ou d'une mise à niveau d'un réseau existant, commencez par établir un plan détaillé. Si vous prenez des décisions techniques trop rapidement, avant d'étudier toutes les conséquences qui risquent d'affecter le projet, vous le regretterez ! Vous découvrirez trop tard qu'une application majeure ne tourne pas en réseau ou bien que ses performances en réseau sont extrêmement dégradées ou encore que les éléments clés du réseau ne fonctionnent pas ensemble.

Voici quelques règles générales à garder à l'esprit pour vous aider à concevoir votre réseau :

» **Ne bâclez pas la phase de conception.** Les erreurs les plus coûteuses sont celles que vous faites avant d'installer le réseau. Accordez-vous le temps de la réflexion et imaginez plusieurs solutions.

» **Mettez par écrit la spécification de votre réseau.** Elle n'a pas besoin de faire 500 pages. Si vous voulez qu'elle ait l'air professionnel, reliez-la avec une spirale de 2 cm de diamètre. La spirale sera bien assez grosse pour contenir la totalité de votre spécification.

» **Avant d'acheter quoi que ce soit, demandez conseil.** Demandez, de préférence à quelqu'un qui connaît mieux l'informatique que vous, de lire votre spécification.

» **Actualisez la spécification.** Si un ordinateur vient s'ajouter au réseau, revoyez sa conception, dépoussiérez-la et procédez à la mise à jour.

Le schéma d'un réseau n'est pas gravé dans le marbre. Si quelque chose ne fonctionne pas comme prévu, vous pourrez toujours le corriger en fonction des circonstances.

Être rationnel

Lorsque vous préparez une mise en réseau, vous devez avant tout vous demander à quelles fins vous en avez besoin. Voici quelques-unes des raisons (toutes bonnes) qui justifient la création d'un réseau :

» Mes collègues et moi échangeons quotidiennement des données enregistrées sur des clés USB. Un réseau nous éviterait de les utiliser.

» Je n'ai pas l'intention d'acheter une imprimante laser à chacun alors que, la plupart du temps, la seule que nous ayons est sous-utilisée. Une mise en réseau permettra de la mettre à disposition de tout le monde.

» Je veux fournir un accès Internet à tous mes ordinateurs. C'est l'unique raison d'être de beaucoup de réseaux, notamment les plus petits.

» Les affaires vont si bien qu'une seule personne n'arrive plus à suivre les commandes. Avec un réseau, chacun entrera les commandes lui-même et je ne serai plus obligé de payer quelqu'un pour faire ce travail.

» Mon beau-frère vient de créer un réseau dans son bureau et je ne veux pas passer pour un ringard.

» Je possède déjà un réseau, mais il est tellement vieux que je ne me souviens plus quand il a été installé. Un nouveau réseau permettra d'accélérer l'accès aux fichiers partagés, d'assurer une meilleure sécurité et de pouvoir le gérer plus facilement.

Vérifiez bien que vous avez identifié les motifs qui vous poussent à envisager l'installation d'un réseau et écrivez-les noir sur blanc. Ne vous souciez pas d'obtenir le prix Goncourt pour votre prose. Inscrivez simplement ce que vous attendez de votre réseau.

Si vous rédigez une proposition de 500 pages, vous devriez placer les raisons pour lesquelles un réseau est nécessaire dans la section « Justification ».

Tandis que vous identifiez les raisons susceptibles de vous pousser à installer un réseau, vous pouvez très bien en arriver à la conclusion que vous n'avez pas besoin de réseau. Rien de grave ! Vous pouvez toujours employer le carnet à spirales pour votre collection de timbres.

Faire l'inventaire

L'une des phases les plus délicates de la spécification d'un réseau est de trouver le moyen de faire fonctionner ensemble les ordinateurs dont vous disposez déjà. Autrement dit, comment aller de A à Z ? Avant de parvenir à Z, vous devez savoir ce que vous possédez en A. En d'autres termes, vous devez faire un inventaire détaillé de votre matériel informatique.

Ce que vous devez savoir

Vous devez disposer des informations suivantes sur chacun de vos ordinateurs :

» **Le type de processeur et, si possible, sa fréquence d'horloge.** L'idéal serait que tous vos ordinateurs soient au moins équipés de processeurs Intel Core i7 équipés de huit cœurs et cadencés à 4 ou 5 GHz. Mais, dans la plupart des cas, vous trouverez un mélange d'ordinateurs : des neufs, des vieux, des prêtés. Vous pourriez même trouver quelques reliques appartenant à l'ère du pré-Pentium.

  Vous ne pouvez généralement pas deviner le type du processeur d'un ordinateur en observant la tour. Cependant, la plupart des ordinateurs affichent le type du processeur quand vous les allumez ou les redémarrez. Si cette information apparaît trop brièvement à l'écran pour que vous puissiez la lire, appuyez sur la touche Arrêt défil afin de suspendre l'affichage. Lorsque vous avez fini de lire l'information, appuyez de nouveau sur la touche Arrêt défil pour que votre ordinateur continue son initialisation.

» **La capacité du disque dur et la configuration de ses partitions.** Sur un ordinateur fonctionnant sous Windows, vous pouvez obtenir la taille du disque dur en ouvrant la fenêtre Ordinateur, en effectuant un clic droit sur l'icône d'un lecteur et en exécutant la commande Propriétés du menu contextuel. La Figure 4.1 représente la boîte de dialogue Propriétés d'un disque de 464 Go disposant de 354 Go d'espace libre.

  Si votre ordinateur dispose de plusieurs disques durs, Windows affiche une icône pour chacun d'eux ou pour les partitions dans

Figure 4.1

La boîte de dialogue Propriétés d'un disque indique sa capacité totale et la quantité d'espace disponible.

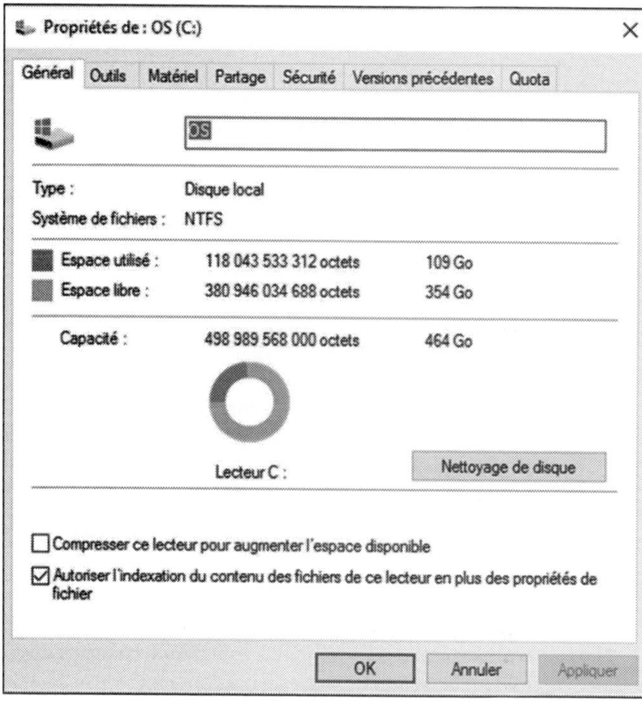

la fenêtre Ordinateur. Prenez note de la capacité totale et de l'espace disponible sur chaque disque dur. Une *partition* est une partie du disque dur considérée comme un lecteur à part. Nous n'y reviendrons plus.

» **La quantité de mémoire.** Sous Windows, vous pouvez obtenir cette information facilement : effectuez un clic droit sur Ordinateur et exécutez la commande Propriétés. La quantité de mémoire dont dispose votre ordinateur est affichée dans la boîte de dialogue qui apparaît. Par exemple, la Figure 4.2 présente la boîte de dialogue Système d'un ordinateur sous Windows 10 avec 16 Go de RAM.

Figure 4.2

Fenêtre Système d'un ordinateur avec 12 Go de RAM.

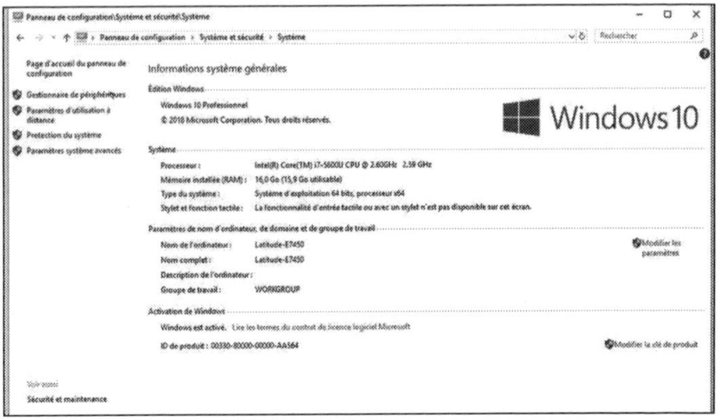

- **La version du système d'exploitation.** Elle figure dans la boîte de dialogue Système. En guise d'exemple, la Figure 4.2 représente la fenêtre Système d'un ordinateur équipé de Windows 10 Professionnel ; il est important que tous les ordinateurs du réseau disposent de la dernière mise à jour du service pack.

- **Le type de carte réseau installée.** Pour trouver le modèle exact, ouvrez le menu Démarrer, effectuez un clic droit sur Ordinateur, sélectionnez Propriétés puis Gestionnaire de périphériques. La boîte de dialogue Gestionnaire de périphériques s'ouvre et affiche le nom de la carte réseau de l'ordinateur.

  Le Gestionnaire de périphériques est aussi commode pour découvrir les autres périphériques installés dans l'ordinateur ou pour vérifier quels pilotes sont utilisés par tel ou tel matériel.

- **Le type d'imprimante connectée à l'ordinateur, s'il y en a une.** Généralement, il suffit de jeter un œil à l'imprimante. Vous pouvez également obtenir cette information dans la fenêtre Imprimantes.

- **Les autres périphériques connectés à l'ordinateur.** Un lecteur de DVD ou de Blu-ray ? Un scanner ? Un disque externe ou un lecteur de bandes ? Un caméscope ? Un androïde ? Un bain à remous ?

» **Les pilotes et les disques d'installation sont-ils disponibles ?** J'espère que vous savez où sont rangés les DVD ou CD nécessaires pour faire fonctionner des périphériques comme la carte réseau, les imprimantes, les scanners, etc. Dans le cas contraire, vous devriez les trouver sur Internet.

» **Les logiciels installés sur l'ordinateur.** Microsoft Office ? Auto-CAD ? Paint Shop Pro ? Dressez-en la liste complète, sans oublier les numéros de version.

» **Est-ce que l'ordinateur a des possibilités de connexion sans fil ?** La quasi-totalité des ordinateurs portables possèdent cette fonction. La plupart des ordinateurs de bureau ne la possèdent pas, mais vous pouvez, si vous le souhaitez, ajouter une clé USB WiFi si vous voulez que votre réseau soit entièrement sans fil.

Les programmes qui rassemblent les informations

C'est un long travail que de rassembler des informations sur vos ordinateurs quand ils sont nombreux. Heureusement, il existe plusieurs logiciels qui ont la faculté de rassembler automatiquement les informations à votre place. Ces programmes inspectent l'ordinateur sous tous les angles, déterminant le type et la fréquence du processeur, la quantité de RAM et la capacité des disques. Ils affichent ensuite ces informations à l'écran et vous permettent de les sauvegarder dans un fichier ou de les imprimer.

Windows est livré avec un programme de ce type nommé Informations système Microsoft. Ce programme rassemble et affiche des informations sur votre ordinateur. Pour le lancer à partir de Windows 10, faites un clic droit sur le bouton Démarrer, choisissez Exécutez et entrez la commande **msinfo32**.

La commande est exécutée et vous voyez apparaître une fenêtre Informations système, comme le montre la Figure 4.3. Elle n'affiche initialement que des informations élémentaires sur votre or-

Figure 4.3

Affichage des informations système.

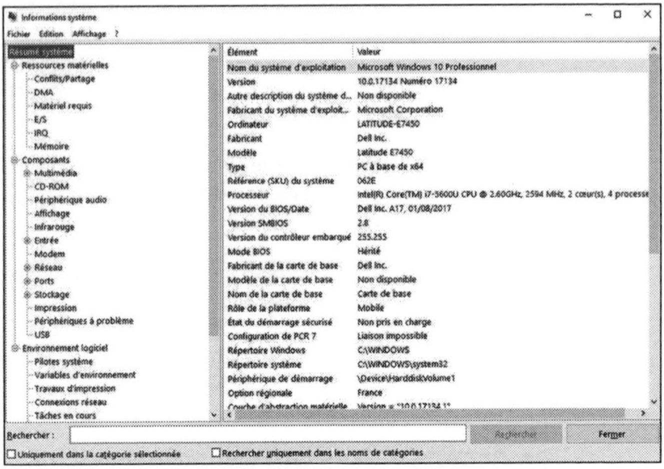

dinateur telles que la version de Windows que vous utilisez, le type de processeur, la quantité de mémoire et la quantité d'espace libre sur chacun des disques de l'ordinateur. Pour obtenir des informations plus détaillées, cliquez sur Ressources matérielles, Composants ou Environnement logiciel sur le côté gauche de la fenêtre.

Serveur dédié ou serveur non dédié, telle est la question ?

Une des questions les plus fondamentales que vous devez vous poser est : « Le réseau aura-t-il un ou plusieurs serveurs dédiés, s'appuiera-t-il sur un réseau pair à pair, le serveur sera-t-il dédié ? ». Si votre réseau ne sert qu'à partager une imprimante et à échanger un fichier de temps en temps, vous n'avez peut-être pas besoin d'un serveur dédié. Un simple réseau pair à pair reliant vos ordinateurs fera l'affaire. Cependant, disposer d'un serveur dédié est un avantage indéniable, à part peut-être pour les tout petits réseaux.

Voici quelques points à considérer :

- **Utiliser un serveur dédié permet de rendre le réseau plus rapide, le travail plus facile et le système plus fiable.** Imaginez ce qui se passe quand l'utilisateur d'un ordinateur serveur, doublé du rôle de station de travail, décide d'éteindre son ordinateur, sans réaliser que quelqu'un est en train d'accéder à des fichiers sur ses disques.
- **Vous ne devez pas obligatoirement utiliser votre ordinateur le plus puissant et le plus rapide comme serveur.** J'ai vu des réseaux où l'ordinateur le plus lent tenait le rôle de serveur. C'est particulièrement vrai quand le serveur est principalement utilisé pour partager une imprimante. Par conséquent, si vous devez acheter un ordinateur pour votre réseau, pensez à transformer en serveur une de vos anciennes machines et placez votre nouvel ordinateur en tant que client.

Partant du principe que votre réseau nécessitera un ou plusieurs serveurs dédiés, vous devrez déterminer le type de serveur(s) que vous devrez installer. Dans certains cas, un seul serveur pourra tenir un ou plusieurs de ces rôles. Chaque fois que c'est possible, il est recommandé de limiter chaque ordinateur serveur à une seule fonction de serveur.

Serveurs de fichiers

Les *serveurs de fichiers* fournissent un espace de stockage centralisé, commodément partagé par tous les ordinateurs du réseau. Leur tâche essentielle est le stockage des fichiers et des programmes. Par exemple, tous les membres d'un petit groupe de travail utiliseront l'espace de stockage du serveur de fichiers pour y placer leurs documents Microsoft Office.

Les serveurs de fichiers doivent s'assurer que deux utilisateurs n'essaient pas de mettre à jour le même fichier en même temps. Pour ce faire, les serveurs de fichiers *verrouillent* le fichier qui vient d'être ouvert et ne permettent qu'au premier utilisateur qui l'a ouvert de le modifier. Pendant ce laps de temps, toute autre personne qui y accède ne peut que le faire en mode lecture seule. Pour des documents (par exemple, traitement de texte ou fichiers tableur), le fichier entier est verrouillé. Pour des bases de données, le verrouillage peut être appliqué seulement à l'enregistrement en cours de modification.

Serveurs d'impression

Le partage d'imprimantes est l'une des principales raisons d'être des petits réseaux. Bien que cela ne soit pas une obligation, vous pouvez faire d'un ordinateur un *serveur d'impression* qui aura pour seule tâche de collecter les données transmises par les ordinateurs clients et les imprimer dans un ordre préétabli.

» Un seul ordinateur peut à la fois faire office de serveur de fichiers et de serveur d'impression, mais les performances seront meilleures si un ordinateur est réservé à chacune de ces tâches.

» Étant donné que l'on trouve des imprimantes à moins de 60 euros, il peut être tentant d'en installer une directement sur chaque ordinateur. Mais la qualité ne sera pas au rendez-vous ! Plutôt que d'acheter plusieurs imprimantes bas de gamme, il est préférable d'investir dans une bonne imprimante laser et de la partager.

Serveurs Web

Un *serveur Web* est un ordinateur équipé de logiciels lui permettant d'héberger un site Web. Les plus connus sont IIS (*Internet Information Services*), de Microsoft et Apache, un programme serveur Web open source géré par Apache Software Foundation.

Serveurs de messagerie

Un *serveur de messagerie* prend en charge la messagerie du réseau. Il est équipé de logiciels spécialisés comme Microsoft Exchange Server. Il doit être compatible avec le logiciel de messagerie. C'est le cas d'Exchange Server, conçu pour fonctionner avec Outlook, la messagerie client fournie avec Office.

La plupart des serveurs de messagerie font vraiment beaucoup plus que simplement envoyer et recevoir du courrier électronique. Par exemple, voici quelques-unes des fonctionnalités que Microsoft Exchange Server offre au-delà de simples courriers électroniques :

» **Des fonctions qui simplifient la gestion de projets collaboratifs.**

» **Des conférences audio et vidéo.**

» **Des services de messagerie instantanée.**

» **Des formulaires personnalisés destinés à des applications telles que des demandes de congés ou des bons de commande.**

Serveurs de bases de données

Un *serveur de bases de données* est un ordinateur équipé d'un système de gestion de bases de données comme Microsoft SQL Server 2016. Les serveurs de base de données sont généralement utilisés conjointement avec des applications d'entreprise (systèmes comptable, marketing, etc.).

Serveurs d'applications

Un *serveur d'applications* est un serveur qui exécute une application spécifique. Par exemple, vous pouvez utiliser une application de comptabilité qui exige son propre serveur dédié ; dans ce cas, vous aurez besoin d'affecter un serveur pour cette application.

Serveurs de licences

Certaines organisations utilisent des logiciels qui nécessitent des licences qui sont distribuées à partir d'un serveur de licences centralisé. Par exemple, les entreprises d'ingénierie utilisent souvent des logiciels d'aide à la conception sur ordinateur (CAD) tels qu'AutoCAD qui nécessite un serveur de licences. Dans ce cas, vous aurez besoin de configurer un serveur pour gérer les licences et les distribuer aux utilisateurs.

Choisir un système d'exploitation serveur

Après avoir déterminé la nécessité, pour le réseau, de recourir à un ou plusieurs serveurs dédiés, il vous faudra maintenant définir le type de système d'exploitation que ces serveurs utiliseront. Il est préférable que ce soit le même pour tous, si vous tenez à éviter les conflits qui peuvent surgir entre différents systèmes d'exploitation.

Bien que vous puissiez choisir l'un ou l'autre des nombreux systèmes d'exploitation, d'un point de vue pratique, vous vous en tiendrez à ceux-ci :

» Windows Server 2016 ou 2012 ;

» Linux ou une autre version d'Unix.

Pour plus d'informations, reportez-vous au Chapitre 11.

Planifier l'infrastructure

Il vous faudra aussi planifier en détail la manière dont les ordinateurs seront reliés entre eux. Cela consiste notamment à déterminer la topologie de réseau à adopter, les types de câbles à utiliser, comment ils seront routés et aussi les besoins matériels (commutateurs, routeurs...).

Bien que vous ayez le choix entre plusieurs options de câblage, vous choisirez sans doute le câble Cat5 (catégorie 5) ou mieux UTP, pour la liaison de la plupart des ordinateurs au réseau – voire de tous. Outre ces décisions élémentaires, vous devrez en prendre beaucoup d'autres :

» Où placerez-vous les commutateurs : sur le bureau entre les ordinateurs ou dans une armoire de câblage centrale ?

» Combien d'ordinateurs clients relierez-vous à chaque commutateur et de combien de commutateurs aurez-vous besoin ?

» **Si vous avez besoin de plusieurs commutateurs, par quel type de câble les relierez-vous ?**

Reportez-vous au Chapitre 6 pour en savoir plus sur les câbles de mise en réseau.

Si vous installez un nouveau câble de réseau dans un local, ne lésinez pas sur la qualité. Le coût du câble lui-même ne représente qu'une petite partie de tout le travail qu'exige son installation. En optant maintenant pour un câble de bonne qualité, vous n'aurez pas à le remplacer dans quelques années, lorsque le réseau devra être rénové.

Dessiner les plans

Tracer le schéma du réseau est très utile. Il peut s'agir d'un plan de l'étage indiquant l'emplacement de chaque élément du réseau. Ce schéma est parfois appelé *plan physique*, mais si vous le préférez, cela peut aussi être un *plan logique*, plus abstrait, qui ressemblerait à un tableau de Picasso, sans les couleurs. Actualisez-le dès que la configuration du réseau change. Précisez la nature des changements (date, raison de la modification...).

Un petit réseau peut être schématisé sur un feuillet de bloc-notes, mais si le réseau est plus vaste, un logiciel de tracé de diagrammes vous aidera. L'un des meilleurs est Microsoft Visio, illustré par la Figure 4.4.

Voici quelques-uns des avantages de ce logiciel :

» **Les formes automatiques et les connecteurs qui les relient peuvent être déplacés sans que les connexions soient rompues.**

» **Les gabarits contiennent des douzaines de formes pour représenter les composants d'un réseau : pas seulement des serveurs et des clients, mais aussi des routeurs, des commutateurs, bref tout ce dont vous avez besoin. Si vous avez des exigences particulières, il est même possible d'acheter des jeux de gabarits pour des équipements particuliers comme les routeurs Cisco ou des ordinateurs mainframes IBM.**

Figure 4.4

Utilisation de Visio pour créer un diagramme réseau.

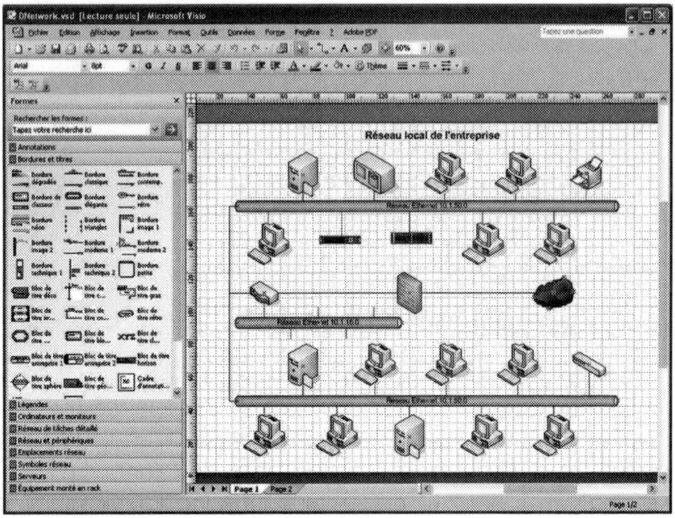

- » La possibilité d'ajouter des informations (numéro de série, emplacement physique...) à chaque ordinateur ou périphérique du diagramme. Vous pouvez aussi imprimer un inventaire qui regroupe toutes les informations de chaque élément du diagramme.

- » La création de vastes schémas s'étendant sur plusieurs pages.

DANS CE CHAPITRE

Système binaire.

Se familiariser avec les adresses IP.

Classes d'adresses IP.

Découpage en sous-réseaux.

Comprendre la traduction des adresses de réseau.

Configurer le réseau pour le service DHCP.

Gérer un serveur DHCP sous Windows Server 2016.

Utiliser le service DNS.

Travailler avec un serveur DNS sous Windows.

Configurer un client DNS sous Windows

Chapitre 5

Protocole TCP/IP

L'adressage IP est l'un des éléments fondamentaux du protocole TCP/IP. Chaque équipement, sur un réseau TCP/IP, doit avoir sa propre adresse IP. Dans ce chapitre, vous apprendrez de quoi il s'agit.

Ce chapitre est de loin le plus technique de ce livre. Nous étudierons le système binaire, nous détaillerons la structure des adresses IP et nous découvrirons le fonctionnement des sous-réseaux. Il n'est pas nécessaire d'avoir compris toutes les subtilités de l'adressage IP pour configurer un réseau TCP/IP simple. Mais si vous avez bien assimilé ce chapitre, la notion de protocole TCP/IP sera plus claire. Cela dit, au travail !

Système binaire

Pour bien comprendre le principe de l'adressage IP, vous devez comprendre ce qu'est le système de numération binaire, car il est le fondement de toute adresse IP. Si vous savez déjà de quoi il s'agit, vous pouvez sauter cette section et passer à la section « Adresses IP », plus loin dans ce chapitre. Je ne veux pas vous ennuyer avec ces notions vraiment élémentaires.

Compter avec des 1

Dans le système *binaire*, seuls deux chiffres sont utilisés : 0 et 1. Dans le système décimal, celui qui nous est familier, nous utilisons dix chiffres, de 0 à 9. Dans un nombre décimal ordinaire comme 3 482, le chiffre le plus à droite représente les unités, le chiffre situé juste à sa gauche les dizaines puis arrivent les centaines, les milliers et ainsi de suite. Ces chiffres sont tous des puissances de 10 : d'abord 10^0 (soit 1), puis 10^1 (10), puis 10^2 (100), puis 10^3 (1 000) et ainsi de suite.

En numération binaire, seuls deux chiffres sont utilisés au lieu de dix. C'est pourquoi un nombre binaire se présente d'une manière un peu particulière, comme 110011, 101111 ou 1000001.

La position d'un chiffre binaire (en informatique, il est appelé *bit*, contraction de l'anglais *binary digit*, chiffre binaire) représente une puissance de 2, d'où la progression 1, 2, 4, 8, 16, 32, etc. Pour représenter une valeur décimale sous une forme binaire, il faut multiplier chaque bit par sa puissance de 2 correspondante puis additionner tous ces résultats. Par exemple, la valeur décimale du nombre binaire 10101 est obtenue ainsi :

$$
\begin{array}{rrl}
 & 1 \times 2^0 = 1 \times 1 = & 1 \\
+ & 0 \times 2^1 = 0 \times 2 = & 0 \\
+ & 1 \times 2^2 = 1 \times 4 = & 4 \\
+ & 0 \times 2^3 = 0 \times 8 = & 0 \\
+ & 1 \times 2^4 = 1 \times 16 = & 16 \\
 & & 21
\end{array}
$$

Fort heureusement, la conversion entre des nombres décimaux et binaires est un art dans lequel les ordinateurs excellent. En réalité, vous n'aurez jamais à faire vous-même ce genre de gymnastique intellectuelle. Comprendre le système binaire ne consiste pas à lire un nombre comme 1110110110110 et s'écrier instantanément : « 7606 en décimal ! ». Mais si vous savez le faire, Barbara Walters se ferait sans doute une joie de vous interviewer et on tournerait même un film sur vous avec Dustin Hoffman et une vieille Buick.

En fait, il s'agit surtout pour vous d'acquérir des notions de base sur la manière dont les ordinateurs stockent les informations et, ce qui est plus important encore, de comprendre le principe du système hexadécimal, que nous aborderons dans la prochaine section.

Voici quelques caractéristiques intéressantes du système binaire, ainsi que ses similitudes et ses différences avec le système décimal :

» **Le nombre de bits alloué à un nombre binaire détermine la grandeur de ce nombre. Si vous lui allouez 8 bits, la valeur la plus élevée qu'il peut représenter est 11111111, soit 255 en décimal.**

  Pour vous rendre compte rapidement du nombre de valeurs que peut représenter un nombre binaire d'une longueur donnée, utilisez le nombre de bits comme exposant de deux. Par exemple, un nombre de 8 bits contient 2^8 valeurs. Comme 2^8 est égal à 256, un nombre à 8 bits peut représenter 256 valeurs, de 0 à 255.

» **C'est à cause de ces notions de puissance de 2 que la manière d'évaluer une taille de fichier ou la capacité d'un disque dur est un peu spéciale. En numération décimale, le kilo représente 1000. Mais en informatique (c'est-à-dire en numération binaire), le kilo représente 1024, c'est-à-dire 2^{10}. Par conséquent, un mégaoctet ne représente pas un million d'octets mais 1 048 576, c'est-à-dire 2^{20}.**

Un peu de logique

L'un des grands avantages du système binaire est qu'il se prête particulièrement bien à des opérations spéciales appelées *opéra-*

tions logiques. Il existe quatre opérations logiques de base, auxquelles s'ajoutent d'autres opérations qui découlent des quatre opérations de base. Trois opérations logiques, `ET`, `OU` et `XOR` (appelé `OU exclusif`), servent à comparer deux nombres binaires (bits). La quatrième, `NON`, n'agit que sur un seul bit.

Voici une brève description des opérations logiques de base :

» **`ET`. Une opération logique `ET` compare deux valeurs binaires. Si les deux sont 1, le résultat est 1. Si l'une des valeurs ou les deux sont 0, le résultat est 0.**

» **`OU`. Une opération logique `OU` compare deux valeurs binaires. Si au moins une des valeurs est 1, le résultat est 1. Si les deux valeurs sont 0, le résultat est 0.**

» **`XOR`. Une opération logique `OU exclusif` compare deux valeurs binaires. Si exactement l'une d'entre elles est 1, le résultat est 1. Si les deux valeurs sont 0 ou si les deux sont 1, le résultat est 0.**

» **`NON`. Une opération logique `NON` ne compare pas deux valeurs mais change celle d'un chiffre binaire. Si la valeur d'origine est 1, `NON` renvoie 0. Si la valeur d'origine est 0, `NON` renvoie 1.**

Les opérations logiques sont appliquées à des nombres binaires de plus d'un chiffre en appliquant l'opération à chacun de ses bits. La technique la plus simple est la suivante :

1. **Superposez les deux nombres.**
2. **Écrivez le résultat des opérations logiques sous chacun des nombres binaires.**

L'exemple ci-dessous montre le calcul de l'opération logique `10010100 ET 11011101` :

```
   10010100
ET 11011101
   10010100
```

Comme vous le constatez, le résultat est `10010100`.

Se familiariser avec les adresses IP

Une *adresse IP* est un ensemble de chiffres qui identifie chaque hôte d'un réseau IP (*Internet Protocol*) d'une manière unique. Comme les adresses IP opèrent au niveau de la couche réseau de la pile du protocole TCP/IP, elles sont indépendantes des adresses MAC de la couche de liaison de données qui se trouve dessous (comme les adresses MAC Ethernet).

Une adresse IP est un nombre binaire de 32 bits. Cela signifie qu'il est possible de définir plus de quatre milliards d'adresses d'hôtes différentes sur Internet. Vous pourriez penser que c'est plus qu'il n'en faut, mais le protocole TCP/IP impose certaines restrictions à l'allocation des adresses, qui limitent considérablement le nombre d'adresses IP utilisables. Aujourd'hui, environ la moitié de toutes les adresses IP disponibles a été attribuée. Toutefois, de nouvelles techniques ont réussi à contourner le problème. Un nouveau standard d'adresses IP codées sur 128 bits, appelé *IPv6*, est sur le point d'être adopté.

Réseaux et hôtes

La principale fonction de l'IP, dont les initiales signifient « protocole Internet », est de permettre l'établissement des communications entre des réseaux. C'est pourquoi une adresse IP est composée de deux parties :

» **L'identifiant de réseau (ou ID de réseau ou adresse du réseau)** spécifie le réseau sur lequel un ordinateur hôte peut être trouvé.

» **L'identifiant d'hôte (ou ID d'hôte ou adresse de l'hôte)** spécifie un périphérique présent sur le réseau selon son identifiant de réseau.

La complexité d'une adresse IP provient surtout du fait qu'il est difficile de déterminer, parmi ses 32 bits, ceux qui appartiennent à l'ID de réseau et ceux qui appartiennent à l'ID d'hôte. Un nouveau système, appelé *adresses IP sans classe*, est en train de supplanter le système à classes d'adresses. Nous reviendrons sur ces deux notions plus tard dans ce chapitre.

Décimales pointées

Une adresse IP est usuellement représentée sous une forme appelée *notation décimale pointée*. Grâce à cette notation, chaque groupe de huit bits, appelé *octet*, est représenté par son équivalent décimal. Prenons par exemple cette adresse IP :

```
11000000101010001000100000011100
```

L'équivalent en notation décimale pointée est :

```
192.168.136.28
```

Dans ce nombre, 192 représente les huit premiers bits (`11000000`), 168 le deuxième ensemble de huit bits (`10101000`), 136 le troisième ensemble de huit bits (`10001000`) et 28 le dernier ensemble de huit bits (`00011100`). Ce format est celui dans lequel les adresses IP sont généralement représentées.

Classes d'adresses IP

Lorsque les concepteurs du protocole IP ont développé le système de représentation de l'adressage IP, ils auraient pu affecter un nombre de bits arbitraire à un ID de réseau. Les bits restants auraient été affectés à l'ID d'hôte. Supposons par exemple que les concepteurs aient décidé que la moitié de l'adresse (16 bits) devait être utilisée pour le réseau et l'autre moitié (16 bits) pour l'ID d'hôte. Il en aurait résulté qu'Internet n'aurait pu comporter que 65 536 réseaux, chaque réseau ayant 65 536 hôtes.

Au commencement d'Internet (à la fin des années 1960), ces valeurs auraient semblé plusieurs fois supérieures aux besoins présents et à venir. Les concepteurs du protocole IP ont réalisé, dès le début, que peu de réseaux comporteraient des dizaines de milliers d'hôtes. Supposons qu'un réseau de mille ordinateurs se connecte à Internet et qu'il reçoive l'un de ces ID de réseau. Comme ce réseau n'utiliserait qu'un millier des 65 536 adresses d'hôtes, les 64 536 autres, non utilisées, seraient gaspillées.

C'est pour résoudre ce problème que la notion de *classe d'adresse* fut introduite. Le protocole IP définit cinq classes d'adresses : A, B, C, D et E. Pour les trois premières, de A à C, la taille des parties d'adresse réservées aux ID réseau et hôte est différente. La classe D est un type d'adresse spécial appelé *multidestinataire*. La classe E est une classe d'adresse expérimentale qui n'est pas utilisée.

Les quatre premiers bits d'une adresse IP sont utilisés pour déterminer la classe à laquelle appartient une adresse :

» **Si le premier bit est à 0, l'adresse est de classe A.**

» **Si le premier bit est à 1 et le deuxième à 0, l'adresse est de classe B.**

» **Si les deux premiers bits sont à 1 et le troisième à 0, l'adresse est de classe C.**

» **Si les trois premiers bits sont à 1 et le quatrième à 0, l'adresse est de classe D.**

» **Si les quatre premiers bits sont à 1, l'adresse est de classe E.**

Les classes D et E étant réservées à des usages particuliers, le reste de la discussion sera exclusivement consacré aux adresses de classes A, B et C. Le Tableau 5.1 récapitule les caractéristiques de chacune d'elles.

Adresses de classe A

Les adresses de classe A sont conçues pour des réseaux de très grande taille. Dans cette classe, le premier octet de l'adresse est l'identifiant de réseau, les trois autres octets sont ceux de l'identifiant d'hôte. Du fait que huit bits seulement sont alloués à l'ID de réseau et que le premier de ces bits indique que l'adresse est de classe A, seuls 126 réseaux de classe A peuvent exister sur la totalité d'Internet. En revanche, chaque réseau de classe A peut recevoir plus de 16 millions d'hôtes.

Tableau 5.1

Classes d'adresses IP.

Classe	Plage d'adresses	Bits de début	Longueur de l'ID réseau	Nombre de réseaux	Nombre d'hôtes
A	1 à 126.*x.y.z*	0	8	126	16 777 214
B	128 à 191.*x.y.z*	10	16	16 384	65 534
C	192 à 223.*x.y.z*	110	24	2 097 152	254

Seules 40 adresses de classe A sont actuellement attribuées à des entreprises ou à des organisations. Les autres sont soit réservées à l'usage de l'IANA (*Internet Assigned Numbers Authority*), soit affectées à des organisations qui gèrent les assignations d'adresses IP pour des régions géographiques comme l'Europe, l'Asie et l'Amérique latine.

Le Tableau 5.2 recense quelques sociétés possédant des adresses de classe A. Certaines sont très connues, d'autres moins. Si le sujet vous intéresse, vous trouverez toutes les assignations d'adresses sur le site `www.iana.org/assignments/ipv4-address-space`.

Adresses de classe B

Dans une adresse de classe B, les deux premiers octets de l'adresse IP sont utilisés comme identifiant de réseau, les deux autres comme identifiant d'hôte. Par conséquent, les adresses de classe B se rapprochent de la représentation consistant à scinder l'adresse en deux, une moitié étant utilisée pour l'ID de réseau, l'autre pour l'ID d'hôte. La représentation n'est toutefois pas complète car les deux premiers bits du premier octet doivent être à 1 et 0 pour indiquer que l'adresse est de classe B. De ce fait, 16 384 réseaux de classe B peuvent exister. Toutes les adresses de classe B se trouvent dans la plage de 128.x.y.z à 191.x.y.z. Une adresse de classe B peut recevoir jusqu'à 65 000 hôtes.

Tableau 5.2

Quelques réseaux de classe A.

Réseau	Description	Réseau	Description
3	General Electric Company	20	Computer Sciences Corporation
6	Army Information Systems Center	22,26	
29, 30	Defense Information Systems Agency		
9	IBM	34	Halliburton Company
11	DoD Intel Information Systems	38	Performance Systems International
12	AT&T Bell Laboratories	40	Eli Lilly and Company
13	Xerox Corporation	43	Administered by APNIC
15	Hewlett-Packard Company	45	Interop Show Network
16	Digital Equipment Corporation	47	Bell-Northern Research
17	Apple Computer, Inc.	48	Prudential Securities Inc.
18	MIT	54	Merck and Co., Inc.
19	Ford Motor Company	56	U.S. Postal Service

Le problème avec les réseaux de classe B est qu'en dépit de leur taille inférieure à celle de ceux de classe A, ils allouent de trop nombreux ID d'hôtes. Très peu de réseaux en comportent des dizaines de milliers. C'est pourquoi une assignation sans discernement d'adresses de classe B peut entraîner un gaspillage d'adresses d'hôtes par les organisations qui ne les utilisent pas.

Adresses de classe C

Dans une adresse de classe C, les trois premiers octets sont utilisés pour l'identifiant de réseau et le quatrième pour l'identifiant d'hôte. Ce dernier n'ayant que huit bits, chaque réseau de classe C ne peut recevoir que 254 hôtes. Toutefois, grâce à l'ID de réseau

Où en est l'IPv6 ?

La plus grande partie d'Internet est actuellement basée sur la version 4 d'Internet Protocol, appelée IPv4. Elle a rendu de bons et loyaux services pendant plus de vingt ans mais l'expansion du « réseau des réseaux » a démontré les limites d'un adressage sur 32 bits. Ce chapitre est consacré aux évolutions de l'IPv4 pour utiliser au mieux cet adressage, mais il est certain qu'à relativement brève échéance l'espace d'adressage de l'IPv4 sera saturé. D'ici là, Internet devra migrer vers la prochaine version d'Internet Protocol : IPv6.

IPv6 est aussi appelé *IP next generation* (IP de prochaine génération) ou *IPng*, en hommage à *Star Trek : The Next Generation.*

IPv6 offre bien des avantages par rapport à IPv4, le plus important étant un adressage Internet sur 128 bits au lieu de 32. Le nombre d'adresses autorisées est si élevé que même les « mille milliards de tonnerres de Brest » du Capitaine Haddock seraient loin du compte. Je vous livre ce nombre rien que pour mettre vos neurones à l'épreuve :

340282366920938463463
374607431768211456

Ce nombre défie l'entendement. Si l'IANA s'était mis en devoir d'attribuer des adresses IPv6 dès la création de l'univers, au moment du big bang (qui aurait eu lieu il y a quinze milliards d'années), et ce à raison de mille adresses par seconde, moins de 1 % des adresses disponibles serait alloué aujourd'hui.

La transition de l'IPv4 vers l'IPv6 n'est pas très rapide. Pendant quelques années encore, l'IPv4 continuera de régir Internet.

de 24 bits, les adresses de classe C autorisent jusqu'à 2 millions de réseaux.

Le problème des réseaux de classe C est leur petite taille. Bien que peu d'organisations aient besoin des dizaines de milliers d'adresses hôtes que fournit une adresse de classe C, beaucoup d'organisations en requièrent quelques centaines. Ce vaste écart entre les réseaux de classe B et de classe C a entraîné le développement de *sous-réseaux*, sujet abordé dans la prochaine section.

Découpage en sous-réseaux

Le découpage en sous-réseaux ou *sous-réseautage* est une technique qui permet à l'administrateur réseau d'utiliser plus efficacement les 32 bits d'une adresse Internet afin de créer des réseaux capables de s'affranchir des limites imposées par les adresses IP de classes A, B et C. Il est ainsi possible de créer des réseaux dont le nombre d'hôtes est mieux adapté aux besoins.

Le découpage en sous-réseaux procure plus de souplesse dans la définition de la partie de l'adresse IP qui représente l'identifiant de réseau et de celle qui représente l'identifiant d'hôte. Les classes d'adresses IP standard ne proposent que trois tailles : 8 bits pour la classe A, 16 bits pour la classe B et 24 bits pour la classe C. Le découpage en sous-réseaux permet de sélectionner arbitrairement le nombre de bits utilisables par l'ID de réseau.

Deux raisons militent en faveur du découpage en sous-réseaux. La première est l'allocation plus efficace de l'espace d'adressage IP. Si Internet était limité aux adresses des classes A, B et C, chaque réseau se verrait attribuer 254, 65 000 ou 16 millions d'adresses IP pour ses équipements hôtes. Bien que les réseaux à plus de 254 périphériques soient nombreux, ceux à 65 000 périphériques le sont beaucoup moins, sans parler des réseaux qui en comptent 16 millions. Malheureusement, tout réseau qui franchirait (de si peu soit-il) la barre des 254 périphériques devrait recevoir une allocation de classe B, ce qui entraînerait un gaspillage de dizaines de milliers d'adresses IP.

La seconde raison qui justifie le découpage en sous-réseaux est que, même si une organisation possède des milliers de périphériques de réseau, les faire fonctionner avec un même ID de réseau ralentirait terriblement le fonctionnement du réseau. Le protocole TCP/IP impose que tous les ordinateurs ayant un même identifiant de réseau soient présents sur le même réseau physique. Le réseau physique comprend un seul *domaine de diffusion*, ce qui signifie qu'une seule installation doit véhiculer tout le trafic du réseau. Pour améliorer les performances, les réseaux sont généralement divisés en domaines de diffusion bien plus petits que l'espace d'adressage d'une classe C.

Sous-réseaux

Un *sous-réseau* est un réseau qui fait partie d'un autre réseau (de classe A, B ou C). Les sous-réseaux sont créés en utilisant un ou plusieurs bits d'un hôte de classe A, B ou C pour étendre l'identifiant de réseau. Par conséquent, plutôt que d'avoir un identifiant de réseau standard de 8, 16 ou 24 bits, un sous-réseau peut avoir un identifiant de n'importe quelle longueur.

La Figure 5.1 montre un exemple de réseau avant et après le découpage en sous-réseaux. Dans le réseau découpé, le réseau a reçu l'adresse de classe B `144.28.0.0`. Tous les périphériques de ce réseau doivent partager le même domaine de diffusion.

Dans le second réseau, les quatre premiers bits de l'identifiant d'hôte sont utilisés pour diviser le réseau en deux petits réseaux, identifiés comme sous-réseaux 16 et 32. Dans le monde extérieur, c'est-à-dire de l'autre côté du routeur, ces deux réseaux apparaissent comme un seul réseau identifié par l'adresse IP `144.28.0.0`. Par exemple, pour le monde extérieur, le périphérique à l'adresse `144.28.16.22` appartient au réseau `144.28.0.0`. Par conséquent, un paquet envoyé à ce périphérique sera délivré au routeur avec l'adresse `144.28.0.0`. Le routeur considère ensuite la partie sous-réseau de l'identifiant d'hôte pour décider d'acheminer le paquet vers le sous-réseau 16 ou vers le sous-réseau 32.

Figure 5.1

Présentation d'un réseau avant et après son découpage en sous-réseaux.

Avant le découpage en sous-réseaux

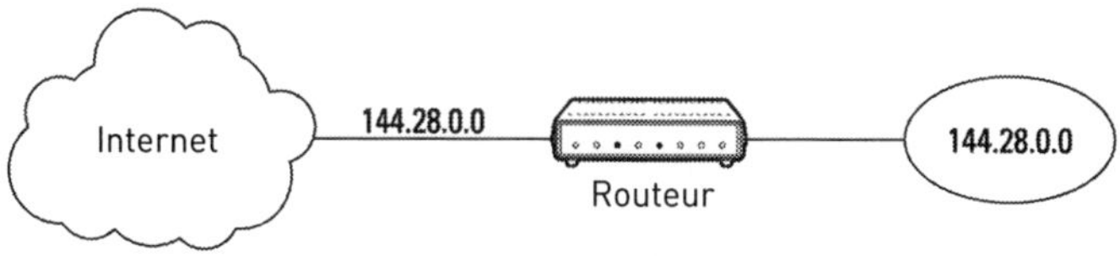

Après le découpage en sous-réseaux

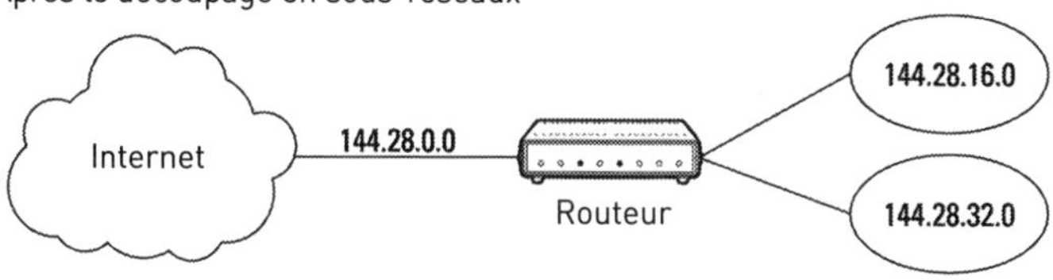

Masques de sous-réseau

Pour qu'un sous-réseau fonctionne, le routeur doit savoir quelle partie de l'identifiant d'hôte il doit utiliser pour l'identifiant de réseau du sous-réseau. Ce petit tour de passe-passe est accompli par un autre nombre de 32 bits appelé *masque de sous-réseau*. Ces bits d'adresse IP qui représentent l'ID de réseau sont représentés par un 1 dans le masque et ceux qui représentent l'ID d'hôte par un 0. Il en résulte qu'un masque de sous-réseau est toujours formé d'une chaîne de 1 à gauche, suivie d'une chaîne de zéros.

Par exemple, le masque de sous-réseau, dans lequel l'ID de réseau est constitué des 16 bits de l'ID de réseau, auxquels s'ajoute un ID de sous-réseau supplémentaire de 4 bits, se présenterait ainsi :

```
11111111 11111111 11110000 00000000
```

En d'autres termes, les 20 premiers bits sont des 1 et les 12 bits restants des 0. Par conséquent, la longueur de l'ID de réseau complet est de 20 bits, la longueur de la véritable partie de l'ID de l'hôte de l'adresse de sous-réseautage étant de 12 bits.

Pour déterminer l'identifiant de réseau d'une adresse IP, le routeur doit connaître à la fois l'adresse IP et le masque de sous-réseau. Il effectue ensuite, sur l'adresse IP, une opération au niveau des bits appelée *ET logique*, destinée à extraire l'identifiant de réseau. À cette fin, chaque bit de l'adresse IP est comparé au bit correspondant du masque de sous-réseau. Si les deux sont à 1, le bit de l'ID de réseau sera mis à 1. Si les deux bits sont à 0, le résultat est mis à 0.

Voici, par exemple, comment l'adresse de réseau est extraite d'une adresse IP à l'aide du masque de sous-réseau de 20 bits de l'exemple précédent :

```
                             144   .   28   .   16   .   17
            Adresse IP : 10010000 00011100 00100000 00001001
  Masque de sous-réseau : 11111111 11111111 11110000 00000000
  ___________________________________________________________
  Identifiant de réseau : 10010000 00011100 00100000 00000000
                             144   .   28   .   16   .   0
```

Résultat : l'ID de réseau de ce sous-réseau est `144.28.16.0`.

Le masque de sous-réseau lui-même est généralement représenté en notation décimale pointée. Il en résulte que le masque de sous-réseau de 20 bits de l'exemple précédent sera représenté sous la forme `255.255.240.0` :

```
  Masque de sous-réseau : 11111111 11111111 11110000 00000000
                            255   .  255   .  240   .   0
```

Ne confondez pas un masque de sous-réseau avec une adresse IP. Un masque de sous-réseau ne représente aucun périphérique ou réseau sur Internet. C'est juste une manière d'indiquer quelle partie de l'adresse IP doit être utilisée pour déterminer l'identifiant de réseau. Il est facile de repérer à coup sûr un masque de sous-réseau car le premier octet est toujours à 255. Or, 255 n'est pas un premier octet valide pour une classe d'adresse IP.

Limites des sous-réseaux

Vous devez connaître les quelques restrictions que subissent les masques de sous-réseaux, notamment :

- » Le nombre minimum de bits d'un identifiant de sous-réseau est 8. Par conséquent, le premier octet d'un masque de sous-réseau est toujours 255.
- » Le nombre maximum de bits d'un identifiant de sous-réseau est 30. Vous devez réserver au moins deux bits de la partie de l'identifiant d'hôte, dans l'adresse, afin d'autoriser au moins deux hôtes. Si vous utilisiez tous les 32 bits pour l'ID de réseau, il n'en resterait aucun pour l'ID d'hôte. Il va de soi que cela ne fonctionnerait pas. Ne laisser qu'un seul bit pour l'ID d'hôte ne fonctionnerait pas non plus. En effet, un ID d'hôte, composé uniquement de 1, est réservé pour l'adresse de diffusion, tandis que s'il ne comporte que des 0, il se réfère au réseau lui-même. C'est pourquoi, si vous utilisiez 31 bits pour l'ID de réseau en n'en laissant qu'un seul pour l'ID d'hôte, l'ID d'hôte 1 serait attribué à l'adresse de diffusion tandis que l'ID d'hôte 0 serait le réseau lui-même, ne laissant plus de place pour de véritables hôtes. Voilà pourquoi la taille maximale de l'ID de réseau est limitée à 30 bits.
- » Puisqu'un ID de réseau est toujours composé d'une succession de bits mis à 1, neuf valeurs seulement sont possibles pour chacun des octets d'un masque de sous-réseau, en comptant le 0. Ces valeurs sont représentées dans le Tableau 5.3.

Adresses privées et adresses publiques

Tout hôte directement connecté à Internet doit avoir une adresse IP globalement unique. Tous les hôtes ne sont cependant pas directement connectés à Internet. Certains sont cachés derrière un pare-feu, ainsi leur connexion à Internet est indirecte.

Plusieurs blocs d'adresses IP sont mis de côté à cette fin. Ils sont destinés à être utilisés sur des réseaux privés qui ne sont pas connectés à Internet ou sur des réseaux cachés derrière un pare-feu. Il existe trois plages de telles adresses, récapitulées dans le

Tableau 5.4. Dès que vous créez un réseau TCP/IP privé, vous devriez utiliser une adresse de l'une de ces plages.

Tableau 5.3

Les neuf valeurs des octets de sous-réseau.

Octet binaire	Décimal	Octet binaire	Décimal
00000000	0	11111000	248
10000000	128	11111100	252
11000000	192	11111110	254
11100000	224	11111111	255
11110000	240		

Tableau 5.4

Espaces d'adressage privé.

CIDR	Masque de sous-réseau	Plage d'adressage
10.0.0.0/8	255.0.0.0	10.0.0.1 à 10.255.255.254
172.16.0.0/12	255.255.240.0	172.16.1.1 à 172.31.255.254
192.168.0.0/16	255.255.0.0	192.168.0.1 à 192.168.255.254

Comprendre la traduction des adresses de réseau

De nombreux pare-feu font appel à une technique appelée *NAT* (*Network Address Translation*, traduction d'adresse réseau) pour cacher la véritable adresse IP d'un hôte au monde extérieur. Dans ce cas de figure, le périphérique NAT doit utiliser une adresse IP globalement unique qui représente l'hôte sur Internet mais, derrière le pare-feu, l'hôte peut utiliser n'importe quelle adresse IP.

Lorsqu'un paquet franchit le pare-feu, le périphérique NAT traduit l'adresse IP privée en adresse IP publique et inversement.

L'un des avantages du NAT est qu'il réduit la fréquence à laquelle l'espace d'adressage IP est assigné, car un périphérique NAT ne peut utiliser qu'une seule adresse IP publique pour plus d'un hôte. Pour cela, il garde une trace des paquets sortants afin de pouvoir faire correspondre les paquets entrants avec l'hôte approprié. Pour comprendre comment tout cela fonctionne, examinons les étapes suivantes :

❶ Un hôte dont d'adresse privée est `192.168.1.100` envoie une requête vers `216.58.192.4`, qui est l'adresse de `www.google.com`. Le périphérique NAT convertit l'adresse IP source du paquet en `208.23.110.22`, qui est l'adresse du pare-feu. De cette manière, Google renverra sa réponse au routeur pare-feu. Le NAT enregistre que `192.168.1.100` a envoyé une requête à `216.58.192.4`.

❷ À présent, un autre hôte à l'adresse `192.168.1.107` envoie une requête à `23.54.240.121` qui est l'adresse de `www.microsoft.com`. Le périphérique convertit l'adresse IP source de la requête en `208.23.110.22` afin que Microsoft puisse répondre au routeur pare-feu. Le NAT enregistre que `192.168.1.107` a envoyé une requête à `23.54.240.121`.

❸ Quelques secondes plus tard, le pare-feu reçoit une réponse de `216.58.192.4`. Dans cette réponse, l'adresse du destinataire est `208.23.110.22`, l'adresse du pare-feu. Pour déterminer à qui il doit acheminer la réponse, le pare-feu vérifie ses enregistrements afin de savoir qui attend une réponse de `216.58.192.4`. Il découvre que c'est `192.168.1.100`. Par conséquent, il remplace l'adresse de destination par `192.168.1.100` et transmet le paquet.

À vrai dire, le processus est un peu plus compliqué que cela, car il est fort probable que plusieurs utilisateurs attendent chacun une réponse de la même adresse IP publique. Dans ce cas, le périphérique NAT a recours à d'autres techniques pour déterminer vers quel utilisateur un paquet entrant doit être acheminé.

Configurer le réseau pour le service DHCP

Sur un réseau TCP/IP, chaque hôte doit avoir une adresse IP unique et être correctement configuré afin qu'il la connaisse. Lorsqu'un nouvel hôte se connecte, il doit recevoir une adresse IP correcte (c'est-à-dire qui n'a pas encore été attribuée), comprise dans la plage d'adresses du sous-réseau. Bien qu'il soit possible d'affecter manuellement des adresses IP à chacun des ordinateurs du réseau, cette tâche devient rapidement ingérable dès que le réseau compte un nombre important de machines.

C'est là qu'intervient le service *DHCP* (*Dynamic Host Configuration Protocol*, protocole de configuration dynamique de l'hôte). Il configure automatiquement l'adresse IP de chaque hôte d'un réseau, garantissant ainsi que son adresse est valide et unique. Le service DHCP parvient même à configurer les adresses selon que des hôtes se connectent ou se déconnectent. Comme vous l'imaginez, le DHCP peut faire gagner à l'administrateur de précieuses heures de travail de configuration.

Dans cette section, vous apprendrez les tenants et les aboutissants du DHCP : de quoi il s'agit, comment il fonctionne et comment le configurer.

Comprendre le DHCP

Le service DHCP permet à chacun des ordinateurs d'un réseau TCP/IP d'obtenir d'un serveur ses données de configuration (notamment son adresse IP). Le serveur DHCP conserve une trace des adresses IP déjà attribuées, de sorte que si un ordinateur en demande une, le serveur puisse lui affecter une adresse IP libre.

L'alternative au DHCP consiste à attribuer à chaque ordinateur du réseau une *adresse IP statique* :

» **Les adresses IP statiques sont parfaites pour les réseaux ne comportant qu'un très petit nombre d'ordinateurs.**

Dès que ce nombre augmente, cette solution n'est plus du tout adaptée. Si un administrateur pas très bien réveillé attribue la même adresse IP à deux ordinateurs, vous devrez contrôler manuellement l'adresse IP de chaque machine pour découvrir le conflit. C'est pourquoi le service DHCP est incontournable, sauf pour les très petits réseaux.

Bien que la tâche principale du DHCP consiste à attribuer des adresses IP, le service DHCP peut fournir plus d'informations à ses clients que cette adresse. Ces informations complémentaires sont appelées *options DHCP*. En voici quelques-unes :

» **L'adresse du routeur, appelée aussi adresse de la passerelle par défaut.**

» **La durée avant expiration de l'information par défaut.**

» **Le nom du domaine.**

» **L'adresse du serveur DNS.**

» **L'adresse du serveur WINS.**

Serveurs DHCP

Un serveur DHCP peut être un ordinateur serveur situé sur le réseau TCP/IP. Fort heureusement, tous les systèmes d'exploitation des serveurs modernes sont équipés de fonctionnalités de serveur DHCP. Pour configurer le service DHCP sur un serveur de réseau, il suffit d'activer sa fonction DHCP et de configurer ses paramètres. Dans l'une des prochaines sections intitulée « Gérer un serveur DHCP sous Windows Server 2016 », je vous montre comment configurer un serveur DHCP sous Windows Server 2016.

Il n'est pas nécessaire qu'un serveur hébergeant le service DHCP soit uniquement dédié à cette tâche, à moins que le réseau ne soit très étendu. Dans la plupart des cas, un serveur de fichiers peut aussi faire office de serveur DHCP. C'est notamment vrai lorsque les adresses IP sont fournies pour un bail à long terme (la notion de *bail* sera développée dans la section « Quelle durée de bail ? », plus loin dans ce chapitre).

Beaucoup de routeurs multifonctions sont équipés de serveurs DHCP intégrés. C'est pourquoi, si vous ne désirez pas surcharger l'un de vos serveurs de réseau en lui confiant les fonctions DHCP, vous activerez le serveur intégré au routeur. L'avantage de cette solution est qu'il est rarement nécessaire d'éteindre le routeur. En revanche, il vous arrivera parfois de devoir redémarrer un serveur de fichiers pour des raisons de maintenance, pour appliquer une mise à jour ou le dépanner.

La plupart des réseaux exigent seulement un serveur DHCP. La mise en œuvre de deux serveurs ou plus sur le même réseau exige que vous coordonniez soigneusement la plage d'adresses IP affectée à chacun des serveurs. Si vous installez accidentellement deux serveurs DHCP avec la même étendue, vous risquez d'attribuer aux machines qui se connectent des adresses en double. Pour éviter ce problème, installez un seul serveur DHCP, à moins que votre réseau soit si grand qu'un seul serveur ne puisse suffire.

Comprendre les étendues

Une *étendue* est une plage d'adresses IP pour laquelle le serveur DHCP a été configuré et qu'il peut attribuer. Dans le cas le plus élémentaire, où un seul serveur DHCP supervise la configuration IP de la totalité d'un sous-réseau, l'étendue correspond au sous-réseau. Mais si deux serveurs DHCP ont été configurés pour un sous-réseau, vous pouvez configurer chacun d'eux avec une étendue qui n'alloue qu'une partie de la plage complète des adresses IP du sous-réseau. De plus, un seul serveur DHCP peut servir plus d'une étendue.

Vous devez paramétrer l'étendue avant d'activer le serveur DHCP. Au cours de ce paramétrage, vous pouvez définir les propriétés suivantes :

» **Un nom d'étendue qui facilite son identification et indique sa fonction.**

- La **description de l'étendue** qui permet de détailler sa fonction.
- L'**adresse IP de début** de l'étendue.
- L'**adresse IP de fin** de l'étendue.
- Un **masque de sous-réseau** pour l'étendue. Il peut être spécifié en notation décimale pointée ou en notation CIDR.
- **Une ou plusieurs plages d'adresses exclues.** Ces adresses seront toujours affectées à un périphérique hôte particulier (pour plus de détails, reportez-vous à la prochaine section « Sentiment d'exclusion ? »).
- **Une ou plusieurs adresses réservées.** Ce sont des adresses qui seront toujours affectées à des périphériques hôtes particuliers (pour en savoir plus, reportez-vous à la section « Réservations recommandées », plus loin dans ce chapitre).
- La **durée du bail** qui indique la durée pendant laquelle l'hôte est autorisé à utiliser l'adresse IP. Le client tentera de renouveler le bail lorsque la moitié de sa durée sera écoulée. Par exemple, si vous définissez un bail de huit jours, le client tentera de le renouveler au bout de quatre jours. Cela laisse à l'hôte du temps pour renouveler le bail avant que l'adresse soit réaffectée à un autre hôte.
- L'**adresse du routeur** pour le sous-réseau. Cette valeur est appelée *adresse de la passerelle par défaut.*
- Le **nom de domaine et l'adresse IP** des serveurs DNS du réseau et des serveurs WINS.

Sentiment d'exclusion ?

Nous nous sommes tous sentis exclus à un moment de notre existence (avec une femme et trois filles, j'en sais quelque chose…). Mais c'est parfois une bonne chose. Dans le cas des étendues DHCP, les exclusions peuvent vous aider à prévenir des conflits d'adresses IP et vous permettre de répartir la charge de travail DHCP d'un seul sous-réseau entre plusieurs serveurs DHCP.

Une *exclusion* est une plage d'adresses qui n'est pas comprise dans l'étendue mais qui se trouve néanmoins entre son adresse de début et celle de fin. Une plage d'exclusion est comme une enclave dans l'étendue : toutes les adresses qui s'y trouvent ne seront pas attribuées.

Voici quelques raisons justifiant l'exclusion d'adresses IP de l'étendue :

» **L'adresse IP de l'ordinateur qui régit le service DHCP doit généralement être statique.** Par conséquent, l'adresse du serveur DHCP doit toujours être listée comme une exclusion.

» **Des adresses IP ont peut-être été affectées à d'autres serveurs.** Dans ce cas, chaque adresse IP de serveur doit être listée comme une exclusion.

Les réservations sont cependant une meilleure solution à ce problème, comme nous le verrons dans la prochaine section.

Réservations recommandées

Dans certains cas, vous voudrez affecter une adresse IP spécifique à un hôte donné. Une option consiste à configurer l'hôte avec une adresse IP statique afin qu'il n'utilise pas le service DHCP pour obtenir la configuration IP. Elle présente toutefois deux inconvénients majeurs :

» **La configuration TCP/IP ne se contente pas de fournir l'adresse IP.** Si vous utilisez une configuration statique, vous devez spécifier manuellement le masque de sous-réseau, l'adresse de la passerelle par défaut, l'adresse du serveur DNS et d'autres informations requises par l'hôte. Si une information change, vous devrez non seulement la modifier au niveau du serveur DHCP, mais aussi au niveau de chaque hôte dont la configuration est statique.

» **Vous devez garder en tête d'exclure l'adresse IP statique de l'étendue du serveur DHCP.** Dans le cas contraire, le serveur DHCP ne saurait pas que cette adresse est statique et pourrait l'affecter à un autre hôte, d'où un épineux problème : deux hôtes sur le réseau dont l'adresse est identique.

Un meilleur moyen d'affecter une adresse IP fixe à un hôte consiste à créer une *réservation* DHCP : dès qu'un hôte particulier demande une adresse IP au serveur DHCP, ce dernier lui fournit l'adresse spécifiée dans la réservation. L'hôte ne recevra pas l'adresse IP avant de l'avoir demandée au serveur DHCP mais quand il le fera, il recevra toujours la même adresse.

Pour créer une réservation, vous associez l'adresse IP à affecter à l'hôte à l'adresse MAC de l'hôte. Vous devez obtenir l'adresse MAC de la part de l'hôte avant de créer la réservation.

» Pour ce faire, exécutez la commande `ipconfig /all` à partir de l'invite.

» Si cette action échoue parce que le protocole TCP/IP n'a pas encore été configuré sur l'ordinateur, vous trouverez l'adresse MAC dans les informations du système.

  Exécutez Démarrer/Tous les programmes/Accessoires/Outils système/Informations système.

Si vous installez plus d'un serveur DHCP, vérifiez que chaque serveur possède les mêmes réservations. Si vous oubliez de répéter une réservation sur un des serveurs, celui-ci risque de l'attribuer à une machine qui se connectera.

Quelle durée de bail ?

L'une des décisions les plus importantes que vous aurez à prendre, quand vous configurerez un serveur DHCP, est la durée que vous accorderez au bail. La valeur par défaut est de huit jours, ce qui est généralement approprié. Mais, dans certains cas, vous opterez pour une durée plus longue ou plus courte.

» Plus le réseau est stable, plus le bail peut être long. Si de nouveaux ordinateurs ne sont ajoutés au réseau que de temps en temps (parfois pour en remplacer d'autres), la durée du bail peut excéder huit jours en toute sécurité.

» Plus le réseau est instable, plus le bail doit être court. Imaginez par exemple un réseau sans fil dans une bibliothèque universitaire fréquentée par des étudiants qui apportent leurs ordinateurs portables pour ne travailler que quelques heures. Pour un réseau de ce genre, un bail d'une heure est approprié.

Ne configurez jamais une durée de bail illimitée. Bien que des administrateurs estiment que cette option réduit la charge de travail sur un serveur DHCP stable, aucun réseau n'est stable en permanence. Chaque fois que vous rencontrez un serveur DHCP configuré avec des baux infinis, recherchez les baux actifs : vous trouverez assurément des adresses IP attribuées à des ordinateurs qui n'existent plus.

Gérer un serveur DHCP sous Windows Server 2016

La console de gestion DHCP octroie un contrôle complet sur la configuration et le fonctionnement du serveur DHCP. Voici quelques actions possibles grâce à la console DHCP :

» **Autoriser le serveur DHCP, soit lui permettre d'attribuer des adresses IP aux ordinateurs clients.** Pour autoriser un serveur, sélectionnez-le et choisissez Action/Gérer les serveurs autorisés/Autoriser.

» **Ajouter une nouvelle étendue.** Pour ce faire, effectuez un clic droit sur un serveur dans l'arborescence et, dans le menu contextuel, cliquez sur Nouvelle étendue. Cette action démarre l'Assistant Nouvelle étendue qui vous permettra de créer l'étendue.

» **Activer ou désactiver une étendue.** Effectuez un clic droit sur l'étendue concernée dans l'arborescence et exécutez la commande Activer ou Désactiver.

» **Modifier les paramètres d'étendue.** Effectuez un clic droit sur une étendue et sélectionnez Propriétés. La boîte de dialogue Propriétés d'Étendue qui apparaît permet de modifier les adresses de début et de fin de l'étendue, le masque de sous-réseau et la configuration DSN.

» **Modifier les exclusions d'étendue.** Cliquez sur Pool d'adresses, sous l'étendue présentée dans l'arborescence. Ainsi chaque plage d'adresses de l'étendue est affichée. Vous pouvez ajouter ou supprimer une plage. Pour ce faire, effectuez un clic droit sur la plage et exécutez la commande Supprimer. Vous pouvez aussi ajouter une plage d'exclusion : effectuez un clic droit sur Pool d'adresses dans l'arborescence et cliquez sur Nouvelle plage d'exclusion, dans le menu contextuel.

» **Voir ou modifier des réservations.** Cliquez sur Réservations, dans l'arborescence.

» **Voir la liste des adresses actuellement attribuées.** Cliquez sur Baux d'adresses, dans l'arborescence.

Les étapes à suivre pour configurer et gérer un serveur DHCP dépendent du système d'exploitation réseau ou du routeur utilisé. Les procédures qui suivent montrent comment travailler avec un serveur DHCP sous Windows Server 2016. Les procédures sont similaires pour les autres systèmes d'exploitation.

Pour afficher la console de gestion DHCP, exécutez Démarrer/Outils d'administration/DHCP ou cliquez sur Serveur DHCP dans le Gestionnaire de serveur.

Si vous n'avez pas encore installé le serveur DHCP sur votre serveur, démarrez l'application Gestionnaire de serveur (sélectionnez Démarrer/Outils d'administration/Gestionnaire de serveur), cliquez sur Ajouter des rôles, sélectionnez Serveur DHCP dans la liste des rôles, comme le montre la Figure 5.2.

Puis cliquez sur Suivant jusqu'à la page Ajouter ou modifier les étendues DHCP. Cliquez sur Ajouter afin de créer la première étendue du serveur DHCP. Pour ce faire, entrez le nom et la description de l'étendue ainsi que les informations d'adresse IP de base de

Figure 5.2

Console de gestion DHCP.

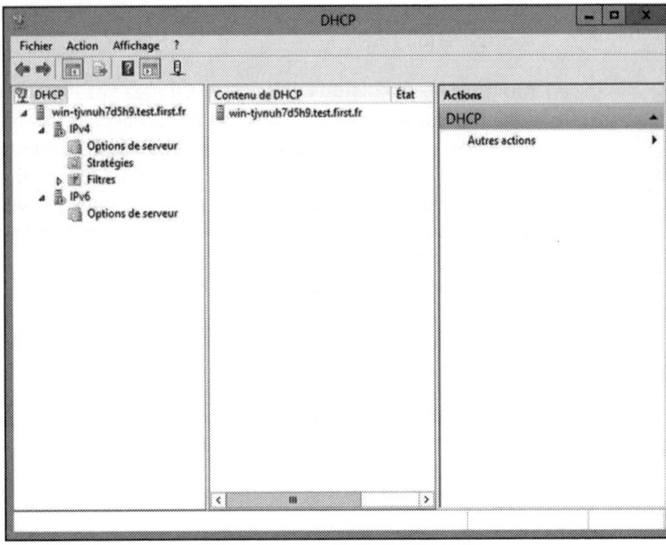

l'étendue, dans la boîte de dialogue Plage d'adresses IP, illustrée par la Figure 5.3.

Après avoir entré les adresses de début et de fin de la plage ainsi que le masque de sous-réseau, cliquez sur Suivant. L'assistant demande aussi les adresses à exclure de l'étendue, la durée du bail (6 jours, par défaut), l'adresse IP de votre routeur de passerelle, le nom de domaine du réseau et les adresses IP des serveurs DNS qui seront utilisés par les ordinateurs clients. Les tâches de l'assistant terminées, le serveur DHCP est correctement configuré. Il ne démarrera toutefois pas avant que vous l'ayez autorisé, comme je l'explique dans la prochaine section.

Figure 5.3

Spécification de la plage d'adresses de l'étendue et du masque de sous-réseau.

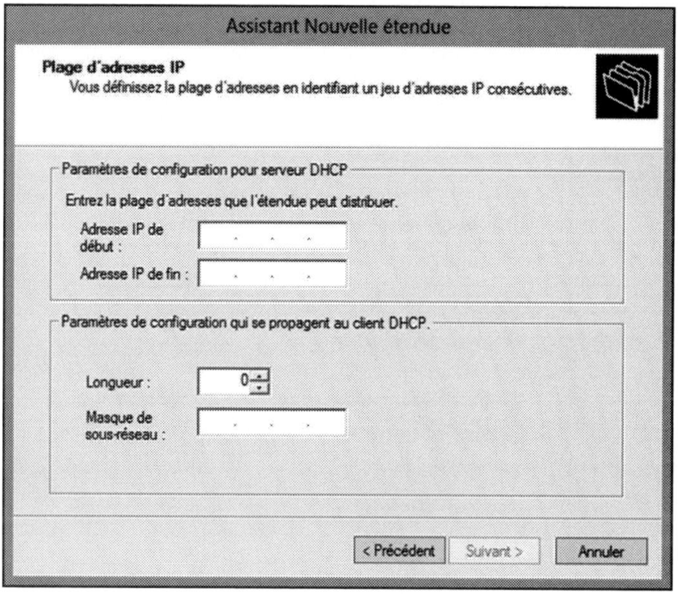

Configurer un client DHCP sous Windows

Configurer un client Windows pour le service DHCP est facile. En effet, il est automatiquement inclus lorsque vous installez le protocole TCP/IP. Il ne vous reste donc plus qu'à configurer TCP/IP pour qu'il utilise le service DHCP. Pour ce faire, ouvrez la boîte de dialogue Propriétés du réseau en sélectionnant Centre Réseau et partage ou Connexions réseau dans le Panneau de configuration, en fonction de la version de Windows installée sur le client. Sélectionnez ensuite le protocole TCP/IP et cliquez sur le bouton Propriétés. La boîte de dialogue Propriétés de Protocole Internet (TCP/IP) s'ouvre, comme le montre la Figure 5.4.

Figure 5.4

Configuration d'un client Windows pour utiliser le service DHCP.

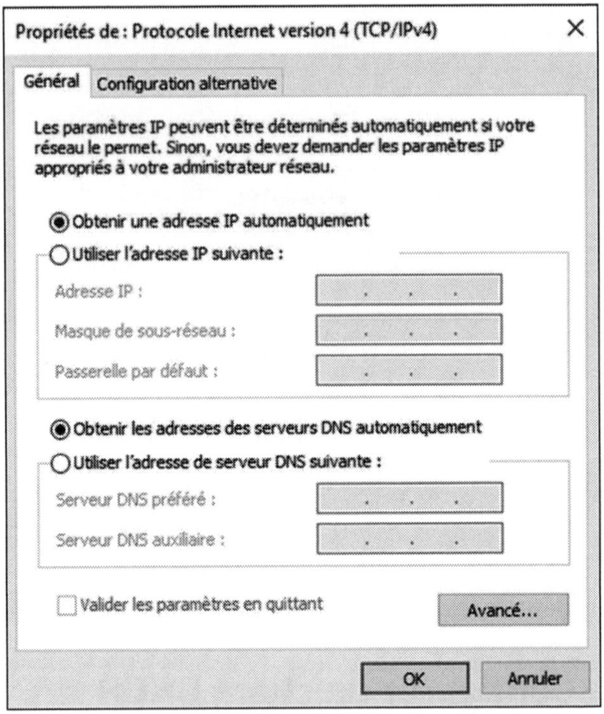

Pour configurer l'ordinateur de manière à ce qu'il utilise le service DHCP, activez les options Obtenir une adresse IP automatiquement et Obtenir les adresses des serveurs DNS automatiquement. Il ne vous reste plus qu'à cliquer sur OK et le tour est joué !

Utiliser le service DNS

Le service *DNS* (*Domain Name System*, système de noms de domaines) est un service TCP/IP permettant d'établir une correspondance entre une adresse IP et un nom de domaine et, plus généralement, de trouver une information à partir d'un nom de domaine. Sans DNS, vous achèteriez des livres sur `87.238.83.167` plutôt que sur `www.amazon.fr`, vous vendriez vos meubles d'occasion sur `66.135.200.28` plutôt que sur `www.ebay.fr` et vous lanceriez des recherches sur `209.85.229.103` plutôt que sur `www.google.com`.

La compréhension du fonctionnement du service DNS ainsi que sa mise en œuvre sont indispensables à la mise en place et à la gestion d'un réseau TCP/IP. La suite de ce chapitre présente les bases du DNS, son fonctionnement et la technique pour installer un serveur DNS.

Domaines et noms de domaines

Pour qu'un nom DNS unique corresponde à un seul ordinateur hôte sur Internet, le service DNS emploie une technique testée et fiable : diviser pour régner. Le service DNS utilise un système de nommage structuré semblable à la structure hiérarchique des dossiers sur un ordinateur Windows. À la place des dossiers, le service DNS organise les noms en *domaines*. Chaque domaine inclut tous les noms qui dépendent directement de lui dans la structure hiérarchique.

La Figure 5.5 illustre une petite partie de la structure arborescente du DNS. Au sommet de l'arbre, se trouve le *domaine racine* (*root*), c'est le point de départ de tous les domaines. Directement en dessous, on trouve quatre domaines : `edu`, `com`, `org` et `gov`.

En réalité, il existe beaucoup plus de domaines sous la racine d'Internet. Il doit y en avoir actuellement plus de 87 millions.

Sous le domaine `com` de la Figure 5.5, vous pouvez voir le domaine nommé `EFirst`, celui de l'éditeur des *Nuls*. Pour identifier ce domaine, vous devez le combiner avec le nom de son domaine parent (dans ce cas-ci, `com`) pour créer le nom de domaine complet : `EFirst.com`. Les composants du nom de domaine sont séparés par des points. Ainsi, lorsque vous lisez ce nom de domaine, vous prononcez « efirst point com ».

Figure 5.5

Noms DNS.

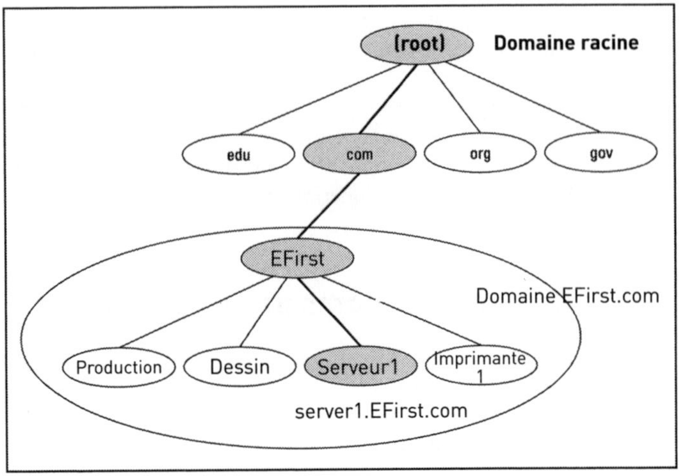

Sous le nœud `EFirst` se trouvent quatre nœuds de serveur : `production`, `dessin`, `serveur1` et `imprimante1`. Ces nœuds correspondent à trois ordinateurs et à une imprimante. Vous pouvez combiner le nom d'hôte avec le nom de domaine pour obtenir le nom DNS complet pour chacun des serveurs. Par exemple, `serveur1.EFirst.com` ou bien `imprimante1.EFirst.com`.

Voici des informations supplémentaires relatives aux noms DNS :

» Les noms DNS ne font pas de distinction entre les majuscules et les minuscules. Par conséquent, `EFirst`, `eFirst`, `eFIRST` et `efirst` sont traités de la même manière. Lorsque vous utilisez un nom de domaine, vous pouvez le mettre en majuscules pour faciliter sa lecture mais le service DNS ne fera pas la distinction.

» Le nom de chaque nœud de DNS peut compter jusqu'à 63 caractères (sans compter le point) et peut inclure des lettres, des chiffres et des traits d'union. Les caractères spéciaux sont interdits.

- Un *sous-domaine* est un domaine qui se trouve sous un domaine existant. Par exemple, le domaine `com` est un sous-domaine du domaine *racine* ; de même, `EFirst` est un sous-domaine du domaine `com`.

Le service DNS est un système de nommage hiérarchique semblable au système de nommage employé par Windows pour les dossiers et sous-dossiers. Cependant, une différence cruciale existe entre le service DNS et la convention de nommage de Windows. Quand vous construisez un nom DNS complet, vous commencez à partir du bas de la structure arborescente et vous remontez jusqu'à la racine. Ainsi, `production` est l'élément le plus bas dans le nom `production.EFirst.com`. En revanche, sous Windows, la méthode de nommage est inverse : le nom commence à la racine et se déplace vers le bas : dans le chemin d'accès `\Windows\System32\dns`, `dns` est le nœud le plus bas.

- La profondeur de la structure arborescente du DNS peut aller jusqu'à 127 niveaux. Cependant, dans la pratique, elle est relativement limitée. La plupart des noms DNS n'ont que trois niveaux (sans compter la racine) et rarement plus de quatre ou cinq.
- Bien que l'arbre du DNS soit peu profond, il est très large. En d'autres termes, chacun des domaines de haut niveau a un nombre important de domaines de niveau immédiatement inférieur. Par exemple, le domaine `com` recouvre actuellement plus de deux millions de sous-domaines.

Noms de domaines complets

Si un nom de domaine se termine par un point, celui-ci représente le domaine racine et le nom de domaine est dit *absolu* ou *Fully Qualified Domain Name* (*FQDN*). Un nom de domaine absolu est un nom de domaine non ambigu parce qu'il identifie les références du sous-domaine à partir de la racine. En revanche, si un nom de domaine ne se termine pas par un point, celui-ci peut être affecté à un autre domaine parent. Il s'agit alors d'un *nom relatif*.

Ce concept est semblable aux concepts de chemin relatif et de chemin absolu sous Windows. Si un chemin d'accès commence par une barre oblique inversée, par exemple `\Windows\System32\dns`, il s'agit d'un *chemin absolu*. Si le chemin d'accès ne commence pas par une barre oblique inversée, par exemple `System32\dns`, il s'agit d'un chemin relatif à partir du répertoire en cours. Si le répertoire courant est `\Windows`, `\Windows\System32\dns` et `System32\dns` renvoient au même emplacement.

Dans de nombreux cas, les noms de domaines absolus et relatifs sont interchangeables parce que le logiciel qui les interprète considère qu'ils sont des sous-domaines directs du domaine racine. C'est pourquoi, par exemple, vous pouvez saisir dans votre navigateur `www.wiley.com` (sans point final) plutôt que `www.wiley.com.` pour accéder à la page d'accueil de l'éditeur Wiley. Certaines applications, telles que les serveurs DNS, peuvent associer des noms de domaines autres que la racine à des noms relatifs.

Travailler avec un serveur DNS sous Windows

L'installation et la gestion d'un serveur DNS dépendent du système d'exploitation du serveur. Cette section décrit l'installation et l'utilisation d'un serveur DNS sous Windows Server 2016. La mise en œuvre sous Linux ou un environnement Unix avec BIND est semblable, mais sans l'aide d'une interface graphique utilisateur.

Pour installer le serveur DNS sur un serveur Windows Server 2016, exécutez la commande Démarrer/Outils d'administration/Gestionnaire de serveur. Cliquez sur Ajouter des rôles, sélectionnez Serveur DNS dans la liste des rôles puis cliquez sur Suivant pour installer le serveur DNS.

Une fois que le serveur DNS a été installé, vous pouvez l'administrer via la console de gestion DNS. Elle vous permet d'exécuter des tâches administratives communes comme ajouter des zones supplémentaires, modifier la configuration de zones ou ajouter des enregistrements A ou MX à une zone existante. La console d'administration du DNS masque les détails de commandes souvent rébarbatives et vous permet de travailler avec une interface graphique utilisateur conviviale.

Pour ajouter un nouvel hôte à une zone, effectuez un clic droit sur la zone dans la console d'administration du DNS et cliquez sur la commande Nouvel hôte. Cette action ouvre la boîte de dialogue Nouvel hôte, illustrée par la Figure 5.6.

Figure 5.6

Boîte de dialogue Nouvel hôte.

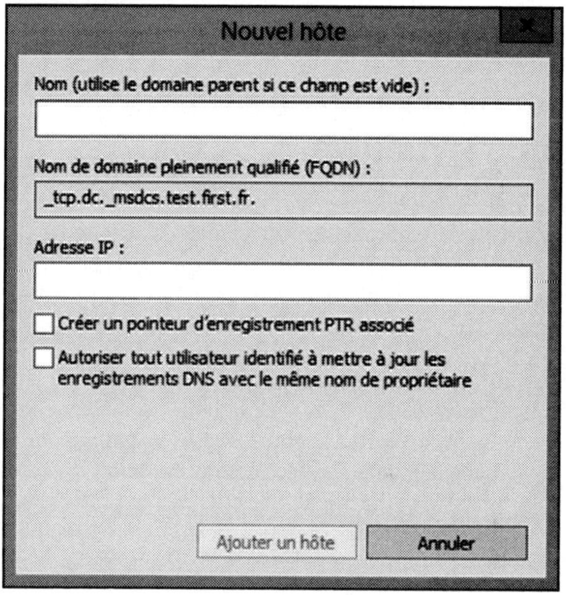

Dans la boîte de dialogue, spécifiez les informations suivantes :

» **Nom :** le nom d'hôte pour la nouvelle machine.

» **Adresse IP :** l'adresse IP de l'hôte.

» **Créer un pointeur d'enregistrement PTR associé :** crée automatiquement un pointeur associé à l'enregistrement dans le fichier de consultation inversé. Cochez cette option si vous voulez permettre des recherches inversées pour le serveur.

» **Autoriser tout utilisateur identifié à mettre à jour les enregistrements DNS avec le même nom de propriétaire :** cette option autorise la mise à jour par d'autres utilisateurs ; en général, elle n'est pas cochée.

» **Temps de vie :** la valeur de temps de vie (*Time to live*, TTL) pour cet enregistrement.

Vous pouvez ajouter d'autres enregistrements tels que MX ou CNAME de la même manière.

Configurer un client DNS sous Windows

Les ordinateurs clients n'ont pas besoin d'une configuration très élaborée pour fonctionner correctement avec le service DNS. Le client doit avoir l'adresse d'au moins un serveur DNS. Celle-ci est généralement fournie par le serveur DHCP en même temps que son adresse.

Pour qu'un ordinateur client obtienne l'adresse du serveur DNS à partir du service DHCP, ouvrez la boîte de dialogue Propriétés du réseau en sélectionnant Centre Réseau et partage ou Connexions réseau dans le Panneau de configuration, selon la version de Windows installée sur le client. Sélectionnez le protocole TCP/IP puis cliquez sur le bouton Propriétés. S'ouvre alors la boîte de dialogue Propriétés de Protocole TCP/IP, précédemment illustrée par la Figure 5.4. Pour configurer l'ordinateur de sorte à ce qu'il utilise le service DNS, activez les options Obtenir une adresse IP automatiquement et Obtenir les adresses des serveurs DNS automatiquement. Il ne vous reste qu'à cliquer sur OK. C'est terminé !

DANS CE CHAPITRE

Qu'est-ce qu'Ethernet ?

•

Tout sur les câbles.

•

Brocher un câble à paires torsadées.

•

Les commutateurs.

•

Les routeurs.

Chapitre 6

S'empêtrer dans la toile : câbles, cartes et autres matériels bizarres

Les câbles sont la plomberie de votre réseau. Leur utilisation ressemble beaucoup à celle des tuyaux d'un système d'arrosage : vous devez avoir le bon type de tuyaux (câbles), les bonnes valves et les bons répartiteurs (commutateurs et répéteurs) ainsi que les bonnes têtes d'arrosage (cartes réseau).

Les câbles réseau ont un avantage par rapport aux tuyaux d'un système d'arrosage : vous n'êtes pas mouillé s'ils fuient.

Ce chapitre vous en apprendra probablement plus que vous n'aurez jamais besoin d'en savoir sur les câbles réseau. Je vais vous présenter *Ethernet*, la technologie la plus répandue en matière de câble pour petits réseaux. Vous verrez ensuite comment vous servir des câbles servant à monter un réseau Ethernet. Vous découvrirez aussi comment choisir les bonnes cartes réseau qui vous permettent de connecter les câbles à vos ordinateurs.

Qu'est-ce qu'Ethernet ?

Ethernet est une technologie normalisée permettant de connecter des ordinateurs pour former un réseau.

Vous pouvez vous représenter Ethernet comme une espèce de manuel de construction pour réseaux : il spécifie le type de câbles à utiliser, la manière de les connecter entre eux, leur longueur, la façon dont les ordinateurs se transmettent des données via les câbles et j'en passe...

Voici quelques informations intéressantes au sujet des normes Ethernet :

» Ethernet est un ensemble de normes concernant l'infrastructure de base d'un réseau. Tous les systèmes d'exploitation réseau dont je parle dans ce livre (toutes les versions de Windows, NetWare, Linux et OS X de Macintosh) peuvent fonctionner sur un réseau Ethernet. Si vous bâtissez un réseau sur une base Ethernet solide, vous pourrez changer de système d'exploitation par la suite.

» Les spécialistes réseau se réfèrent souvent à Ethernet en parlant de 802.3 (prononcé *huit cent deux point trois*) qui correspond à la désignation officielle de l'IEEE (prononcé *itroizeu*). Ces spécialistes sont un groupe d'ingénieurs qui portent des nœuds papillons et n'ont rien de mieux à faire que de parler d'inductance toute la journée. Ce n'est pas plus mal car s'ils n'étaient pas là, vous ne pourriez pas mélanger des composants Ethernet fabriqués par des sociétés différentes.

» Le débit de l'Ethernet standard est de 10 millions de bits par seconde ou 10 Mbps. Puisque 8 bits forment un octet, ce débit correspond à peu près à 1,2 million d'octets par seconde. En pratique, Ethernet ne peut véhiculer les données aussi rapidement, car celles-ci doivent être transmises par *paquets* de 1 500 octets maximum. Un fichier de 150 ko doit donc être découpé en cent paquets.

Ce débit n'a rien à voir avec la vitesse à laquelle le signal électrique se propage dans le câble. Les signaux électriques circulent

Informations indispensables sur les topologies de réseaux

Un livre sur les réseaux ne serait pas complet s'il ne comprenait pas la sacro-sainte présentation des différentes *topologies de réseaux*. La première de ces topologies est le *bus*, dans lequel les nœuds du réseau (les ordinateurs) sont liés les uns aux autres en ligne, comme ceci :

Le *bus* est la plus simple des topologies, mais il a ses inconvénients. Si le câble se rompt, le réseau est coupé.

Le deuxième type de topologie est appelé *anneau* :

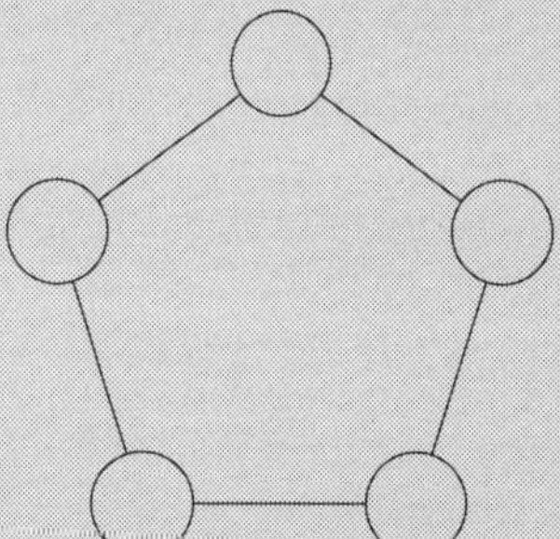

Un *anneau* ressemble beaucoup à un bus sans fin : le dernier nœud de la ligne est relié au premier nœud, formant ainsi une boucle infinie.

Le troisième type de topologie est l'*étoile* :

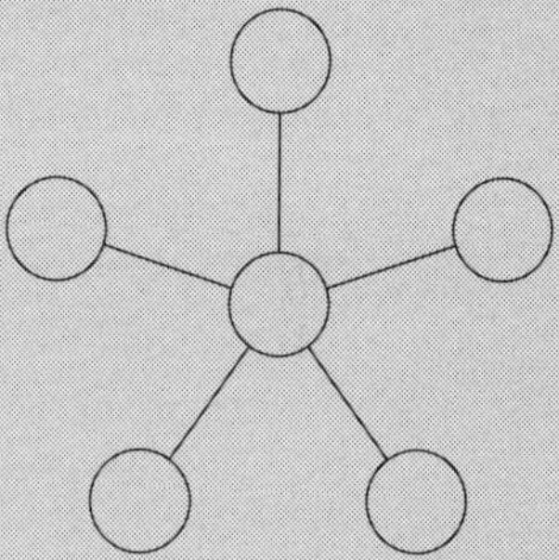

Dans un réseau *en étoile*, tous les nœuds sont connectés à un commutateur central. En réalité, chaque nœud dispose d'une connexion indépendante au réseau, donc lorsqu'un câble est rompu, cela n'affecte pas les autres.

Les réseaux Ethernet reprennent la topologie du bus. Cependant, quelques astuces de câblage permettent, lorsque l'on utilise du câble à paires torsadées, de donner au réseau Ethernet l'aspect d'une étoile.

à 70 % de la vitesse de la lumière, ce que le capitaine Picard appellerait : « Facteur warp point sept zéro. En avant. »

» La nouvelle version d'Ethernet, nommée *Fast Ethernet* ou *Ethernet 100 Mbps*, déplace les données dix fois plus vite que l'Ethernet classique. Dans la mesure où Fast Ethernet déplace les données à un débit de 100 Mbps et utilise du câble à paires torsadées, il est aussi appelé *100BaseT* (et parfois *100BaseTX*).

» La version d'Ethernet la plus communément utilisée de nos jours propose un débit au *Gigabit Ethernet*. Ce Gigabit Ethernet est la version la plus utilisée pour les nouveaux réseaux, même si beaucoup de réseaux existants fonctionnent encore en 100 Mbps.

» La plupart des composants réseau commercialisés aujourd'hui supportent les trois débits, 10 Mbps, 100 Mbps et 1000 Mbps. On les appelle souvent *composants 10/100/1000 Mbps*.

» Il existe également une version d'Ethernet encore plus rapide, le 10 Gigabit Ethernet, qui déplace les données à 10 000 Mbps (ou 10 Gbps). Ce type de connexions est généralement utilisé pour les connexions à haut débit entre les serveurs et les commutateurs réseau.

Tout sur les câbles

Bien que vous puissiez recourir aux technologies sans fil pour créer des réseaux sans tirer des câbles, la plupart des installateurs de réseaux préfèrent relier les ordinateurs physiquement par des câbles. Au fil des années, de nombreux types de câbles ont été utilisés pour les réseaux Ethernet. Aujourd'hui, presque tous les réseaux sont créés avec des *câbles à paires torsadées*. Dans ce type de câble, les deux brins sont enroulés l'un autour de l'autre afin de réduire les interférences électriques (comme il faut au moins un doctorat en physique pour comprendre comment des câbles torsadés réduisent les interférences, je ne m'attarde pas sur cette notion).

Vous trouverez aussi d'autres types de câbles sur les réseaux. Par exemple, sur les plus anciens, vous rencontrerez deux types de câbles *coaxiaux* (du *coax*, comme on dit dans les milieux branchés).

Le premier, qui ressemble à du câble d'antenne de télévision, est appelé « câble RG-58 ». Le second type de câble est un épais câble jaune qui n'était utilisé que pour Ethernet. Vous trouverez aussi des câbles en fibre optique qui relient à grande vitesse des sites très éloignés ou, dans les grands immeubles de bureaux, des gros câbles à multiples paires torsadées. Pour la plupart des réseaux, ce sont cependant des câbles à simple paire torsadée qui sont communément utilisés.

Le câble à paires torsadées est parfois appelé *UTP* (*Unshielded Twisted-Pair*, câble à paires torsadées non blindé). La Figure 6.1 montre un connecteur de câble à paires torsadées.

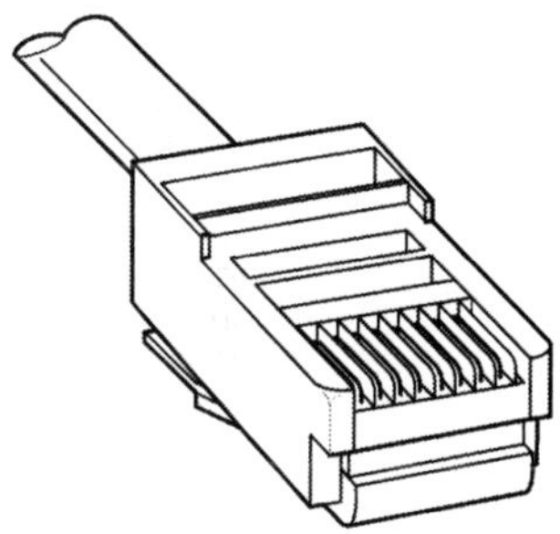

Figure 6.1

Connecteur de câble à paires torsadées.

Lorsque vous utilisez du câble UTP pour créer un réseau Ethernet, vous connectez les ordinateurs en étoile, comme le montre la Figure 6.2. Au centre se trouve le *commutateur*. Selon leur modèle, les commutateurs Ethernet permettent de connecter de quatre à quarante-huit (ou plus) ordinateurs au moyen de câbles à paires torsadées.

L'avantage de la répartition en étoile réside dans le fait que si un câble pose problème, seul l'ordinateur relié par ce câble est affecté. Le reste du réseau continue de fonctionner normalement.

Différentes catégories de câbles

Les câbles à paires torsadées sont proposés en différentes qualités ou *catégories*. Ces catégories sont spécifiées par le standard ANSI/EIA 568 (ANSI sont les initiales d'*American National Standards Institute*, EIA celles d'*Electronic Industries Alliance*). Ces standards indiquent le débit (ou *bande passante*) de ces câbles. Le Tableau 6.1 liste les différentes catégories de câbles à paires torsadées.

Figure 6.2

Exemple de réseau avec des câbles à paires torsadées.

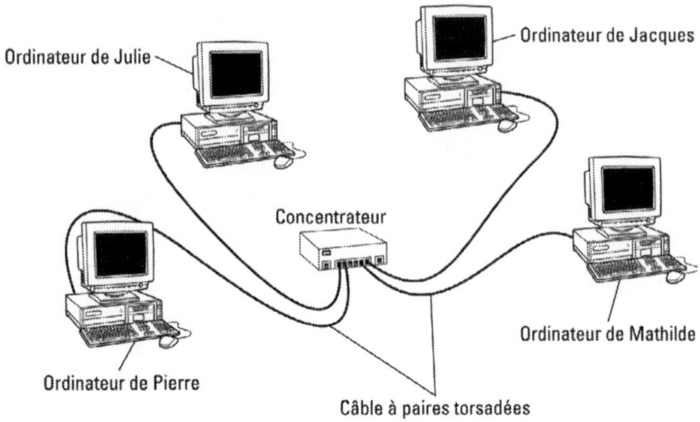

Tableau 6.1

Catégories de câbles à paires torsadées.

Catégorie	Débit maximal	Utilisation
1	1 Mbps	Voix uniquement
2	4 Mbps	Token Ring 4 Mbps
3	16 Mbps	Ethernet 10BaseT
4	20 Mbps	Token Ring 16 Mbps
5	100 Mbps (2 paires)	Ethernet 100BaseT
	1 000 Mbps (4 paires)	1000BaseTX
5e	1 000 Mbps (2 paires)	1000BaseT
6	1 000 Mbps (2 paires)	1000BaseT et applications à plus gros débits
6a	10 000 Mbps (2 paires)	Le futur standard destiné à l'Ethernet 10 Gbps

Bien que les câbles de catégorie supérieure soient plus chers, le véritable coût d'installation d'un réseau Ethernet est le travail fourni pour passer les câbles à travers les murs. Je vous conseille de ne jamais utiliser de câbles de catégorie inférieure à 5. Si possible, investissez même dans des câbles de catégorie 6 pour permettre les prochaines mises à jour de votre réseau.

Pour avoir l'air cool, dites « cat 6 » plutôt que « catégorie 6 ».

Combien de paires ?

La plupart des câbles à paires torsadées ont quatre paires de fils, soit huit en tout. L'Ethernet standard n'utilise en réalité que deux de ces paires. Les deux autres sont inutilisées. Vous pourriez par conséquent être tenté d'acheter du câble à deux paires de fils, mais ce serait une mauvaise idée. En effet, si un câble présente un problème, il est parfois possible de le résoudre en passant de la paire défectueuse à une paire inutilisée. Si votre câble est à deux fils, vous ne bénéficierez pas de cette option.

Vous pourriez aussi être tenté d'utiliser les fils inutiles à d'autres fins, comme le *transport de la voix* ou *de données*. Dans ce cas, le bruit électromagnétique produit par les signaux vocaux risquerait d'interférer avec les signaux du réseau.

Blindé ou non ?

Le câble UTP (*Unshielded Twisted-Pair*, câble à paires torsadées non blindé) a été conçu pour un usage bureautique dans un environnement normal. Lorsque vous tirez ce type de câble dans un local, vous devez veiller à ne pas le faire passer trop près des éclairages fluorescents, des climatiseurs ou des moteurs électriques (porte automatique, moteur d'ascenseur...). Le câble UTP est le type de câble le moins cher.

Dans des environnements riches en interférences électromagnétiques (une usine, par exemple), vous opterez pour du câble STP (*Shielded Twisted-Pair*, câble à paires torsadées blindé). Comme il est trois fois plus cher qu'un câble UTP, vous ne l'utiliserez que si c'est nécessaire. En l'installant judicieusement, le câble STP protège même contre de fortes interférences.

La plupart des câbles STP sont protégés par une feuille d'aluminium. Mais si l'environnement est vraiment défavorable, un blindage à base de fils de cuivre tressés assurera une protection encore plus efficace.

Quand utiliser du câble plenum ?

La gaine externe des câbles à paires torsadées est fabriquée en deux matériaux : PVC et plenum.

» **Le câble en PVC** est le plus courant et le moins onéreux.

» **Le câble plenum** est un câble spécial ignifugé, conçu pour être installé dans le plenum d'un immeuble (voir description ci-dessous). Le câble plenum est doublé d'un revêtement en Téflon qui non seulement résiste à la chaleur mais dégage peu de fumées toxiques lors de sa combustion. Le câble plenum est malheureusement deux fois plus cher que du câble ordinaire en PVC.

Les normes de sécurité des immeubles de bureau exigent souvent que du *câble plenum* soit utilisé si les câbles du réseau sont installés dans le *plenum* (espace qui fait partie du système d'aération d'un immeuble, généralement situé au-dessus d'un faux plafond ou sous un plancher surélevé).

Notez que la zone au-dessus du plafond suspendu *n'est pas un plenum*, si les canalisations d'aller et de retour de l'air conditionné ou du système de chauffage sont dans des conduits. Du câble plenum n'est indispensable que si la climatisation ou le système de chauffage ne sont pas dans des conduits. Dans le doute, il est préférable qu'un spécialiste examine votre installation avant de tirer les câbles.

Monobrin ou multibrin ?

Les brins de cuivre qui forment le câble existent en deux variétés : à un seul brin ou à brins multiples. Dans un réseau, vous aurez les deux.

» Dans un **câble multibrin**, chaque conducteur est constitué d'un faisceau de fils minces torsadés. Le câble multibrin est plus souple que le câble monobrin et a moins tendance à se rompre. Il est toutefois plus onéreux et ne transmet pas bien les signaux à longue distance. Le câble multibrin est surtout utilisé pour les raccordements (du panneau de raccordement aux commutateurs, par exemple).

Les câbles d'alimentation de votre unité centrale et de l'écran sont aussi multibrins.

» Dans un **câble monobrin**, chaque conducteur est un épais brin métallique. Ce type de câble est meilleur marché que le câble multibrin et il transporte le signal sur une plus grande distance, mais il n'est pas très souple. Tordu trop souvent, il se rompt. Ce genre de câble est utilisé pour les câblages permanents, dans les murs et les plafonds d'un immeuble.

Conseils d'installation

Le plus dur, lors de l'installation des câbles, est la tâche très physique qui consiste à les tirer à travers les murs, les plafonds et le long du plancher. Ce travail est suffisamment délicat pour que je vous déconseille de le faire vous-même, hormis dans de petits locaux. S'il faut desservir plusieurs bureaux ou s'il faut percer des passages de câbles, faites appel à un professionnel.

Voici quelques recommandations à garder à l'esprit si vous décidez d'installer les câbles vous-même :

» Le câble à paires torsadées peut être acheté en longueur définie (5, 15 ou 25 mètres...). Mais vous pouvez en commander de n'importe quelle dimension. Le sertissage des connecteurs aux extrémités d'un câble acheté en vrac n'est pas très difficile.

Je ne conseille l'achat de câbles prêts à l'emploi que pour de petits réseaux ou s'il n'est pas nécessaire de traverser des cloisons ou des plafonds.

» Prévoyez toujours un peu plus de câble qu'il n'en faut, notamment s'il doit traverser une cloison. S'il traverse un faux plafond, laissez quelques mètres de rab ; vous aurez ainsi du câble en réserve si, par la suite, vous devez effectuer des réparations.

» Quand vous tirez les câbles, évitez les sources d'interférences électromagnétiques comme les éclairages fluorescents, les gros moteurs électriques, les machines émettant des rayonnements, etc.

Les éclairages fluorescents sont les sources d'interférences les plus communes. Faites passer les câbles à au moins un mètre de distance.

» La longueur maximale de câble entre le commutateur et l'ordinateur est de 100 mètres.

» Si le câble doit franchir un lieu très passant, couvrez-le afin que personne ne se prenne les pieds dedans. Vous trouverez des passages de câbles à poser au sol dans les magasins de bricolage.

» Quand vous tirez des câbles à travers des cloisons, étiquetez-les à chaque extrémité. Les magasins d'électricité vendent des étiquettes prédécoupées. C'est beaucoup plus professionnel que de coller un morceau de chatterton vaguement griffonné au marqueur.

Bien sûr, vous pouvez aussi écrire directement sur le câble avec un feutre indélébile.

Si vous installez des câbles dans une construction nouvelle, étiquetez chaque extrémité du câble au moins trois fois et laissez environ 30 centimètres entre les étiquettes. Les artisans risquent de laisser du plâtre ou de la peinture sur les câbles, ce qui rendra les étiquettes illisibles.

» Si plusieurs câbles passent par un même endroit, liez-les avec des liens en plastique (en vente dans les magasins d'électricité). Évitez autant que possible d'utiliser du ruban adhésif ; il ne dure en effet pas très longtemps et laisse des traces de colle. Des années plus tard, ce n'est pas très ragoûtant.

Pour tirer du câble à travers un faux plafond insonorisant, prenez des liens en plastique, des crochets ou des colliers afin de fixer le câble directement sur le plafond ou sur l'armature métallique sur laquelle reposent les panneaux du plafond. Le câble ne doit pas simplement reposer sur les panneaux.

Réunir les outils nécessaires

Bien entendu, un bon ouvrier doit avoir de bons outils :

» Démarrez par la boîte à outils informatique que vous pouvez acheter pour environ 10 à 15 euros dans n'importe quelle boutique d'informatique ou de fournitures de bureau. Ces kits comprennent des tournevis et des clés pour ouvrir vos ordinateurs et y insérer des cartes.

  La boîte à outils informatique contient probablement tout ce dont vous avez besoin si :

  - tous vos ordinateurs sont dans la même pièce ;
  - vous comptez faire courir le câble sur le sol ;
  - vous utilisez des câbles déjà assemblés.

  Si vous n'avez pas de boîte à outils informatique, assurez-vous que vous avez des tournevis plats et cruciformes de diverses tailles.

» Au cas où vous utilisez du câble nu sur lequel vous envisagez de fixer vos propres connecteurs, vous devez avoir les outils suivants, en plus de ceux figurant dans la boîte à outils informatique :

  - **Des pinces coupantes.** Une grosse pour le câble coaxial, une plus petite pour le câble à paires torsadées. Des tenailles en titane pour le câble jaune.
  - **Une pince à sertir adaptée au type de câble.** Vous avez besoin d'une pince à sertir pour attacher les connecteurs à vos câbles.

  N'utilisez pas un modèle bas de gamme à 25 euros. Un modèle digne de ce nom vous coûtera plus de 100 euros, mais à l'usage, il vous évitera bien des problèmes.

  - **Une pince à dénuder.** Vous n'en aurez besoin que si la pince à sertir ne fait pas fonction de pince à dénuder.

» Si vous projetez de faire courir le câble à travers les murs, vous aurez aussi besoin des outils suivants :

  - **Un marteau.**
  - **Une scie à guichet.** Utile si vous envisagez de percer des trous dans les murs pour tirer votre câble.
  - **Une lampe de poche.**
  - **Une échelle.**
  - **Quelqu'un pour tenir l'échelle.**
  - **Un** *guide*, **probablement.** C'est un morceau de métal rigide enroulé sur lui-même. Pour l'utiliser, vous l'insérez dans une ouverture d'un côté du mur et vous le poussez vers la sortie, où quelqu'un se tient prêt à le saisir quand il sort. Votre collègue attache le câble au guide et crie quelque chose comme « C'est parti ! » ou « Go ! ». Vous tirez alors sur le guide et le câble vient avec (vous pouvez trouver ce type de matériel dans le rayon électricité des bonnes quincailleries).

Si vous envisagez de faire courir le câble à travers un sol en béton, vous devrez louer un marteau-piqueur et un compresseur ainsi que les services de quelqu'un qui brandira un drapeau jaune pendant que vous travaillerez.

Brocher un câble à paires torsadées

Dans un câble à paires torsadées, chaque paire de câbles est de l'une de ces couleurs : orange, vert, bleu ou marron. Les deux brins qui forment une paire sont complémentaires : l'un est blanc avec une bande colorée, l'autre coloré avec une bande blanche. Par exemple, la paire orange est constituée d'un brin orange avec une bande blanche (appelé *brin orange*) et d'un brin blanc avec une bande orange (appelé *brin blanc/orange*). De même, la paire bleue est faite d'un brin bleu avec une bande blanche (le *brin bleu*) et d'un brin blanc avec une bande bleue (le *brin blanc/bleu*).

Lorsque vous reliez un câble à paires torsadées à un connecteur modulaire ou à une prise, il est crucial que les bons brins soient connectés aux bonnes broches. C'est moins évident qu'il n'y paraît car, pour le câblage, vous pouvez adopter n'importe lequel des différents standards. Histoire de compliquer les choses, vous avez le choix entre deux standards très répandus : l'un est le standard EIA/TIA 568A, l'autre le standard EIA/TIA 568B, aussi appelé AT&T 258A. Le Tableau 6.2 montre chacun de ces câblages.

Tableau 6.2

Brochage d'un câble à paires torsadées.

Numéro	Fonction	EIA/TIA 568A	EIA/TIA 568B AT&T 258A
Broche 1	Émetteur +	Brin blanc/vert	Blanc/orange
Broche 2	Émetteur -	Brin vert	Orange
Broche 3	Réception +	Brin blanc/orange	Blanc/vert
Broche 4	Inutilisée	Brin bleu	Bleu
Broche 5	Inutilisée	Brin blanc/bleu	Blanc/bleu
Broche 6	Réception -	Brin orange	Vert
Broche 7	Inutilisée	Brin blanc/marron	Blanc/marron
Broche 8	Inutilisée	Brin marron	Marron

Qu'importe le standard de câblage que vous adoptez, choisissez-en un et tenez-vous-y. Car si vous utilisez un standard à une extrémité du câble et un autre standard à l'autre bout, le câble ne servira à rien.

Les câbles n'utilisent en réalité que deux des quatre paires, connectées aux broches 1, 2, 3 et 6. Une paire sert à l'émission des données, l'autre à la réception. La seule différence entre les deux standards de câblage réside dans le choix de la paire pour l'émission et de la paire pour la réception. Dans le standard EIA/TIA 568A, la paire verte sert à l'émission tandis que la paire orange sert à la réception. Dans les standards EIA/TIA 568B et AT&T 258A, la paire orange sert à l'émission et la paire verte à la réception.

Si vous le désirez, vous pouvez vous contenter de ne câbler que les broches 1, 2, 3 et 6. Je vous recommande toutefois d'utiliser toutes les broches, en vous basant sur le Tableau 6.2.

Fixer les connecteurs RJ-45

Les connecteurs RJ-45 d'un câble à paires torsadées ne sont pas difficiles à fixer à condition de posséder la pince à sertir adéquate. La seule précaution importante est de s'assurer que chaque brin sera fixé à la bonne broche puis de serrer la pince suffisamment fort pour assurer une bonne connexion.

Voici comment procéder pour fixer un connecteur RJ-45 :

1. **Coupez le câble à la longueur désirée.**

   Veillez à ce que la coupe soit parfaitement droite et non en diagonale.

2. **Insérez le câble dans la partie de la pince qui sert à dénuder le fil, en calant l'extrémité contre le butoir.**

   Serrez la pince et retirez le câble, toujours bien droit. Cela retire la longueur correcte de revêtement isolant externe sans abîmer l'isolant des brins internes.

3. **Disposez les câbles à plat et dans l'ordre, conformément aux indications du Tableau 6.2.**

   Vous devrez manipuler un peu les brins pour trouver l'ordre correct.

4. **Glissez les brins dans les orifices du connecteur.**

   Vérifiez (plutôt deux fois qu'une) que chaque brin est placé dans l'orifice approprié.

5. **Insérez le connecteur et les brins dans la partie de la pince à sertir prévue à cet effet puis serrez-la.**

   Serrez bien fort !

6. **Ôtez le connecteur de la pince puis vérifiez la qualité du sertissage.**

   C'est terminé !

Voici quelques autres points à garder à l'esprit lorsque vous manipulez des connecteurs RJ-45 et du câble à paires torsadées :

» Les broches d'un connecteur RJ-45 ne sont pas numérotées.

  Vous pouvez identifier la broche 1 en tenant le connecteur de telle manière que les contacts métalliques soient face à vous, comme le montre la Figure 6.3. La broche 1 est à gauche.

» Certains câblent le 10BaseT différemment : ils utilisent la paire vert/blanc pour les broches 1 et 2 et la paire orange/blanc pour les broches 3 et 6. Cela n'a aucune influence sur le réseau (il ne distingue pas les couleurs), *à condition que les connecteurs RJ-45 soient connectés de la même manière aux deux extrémités du câble !*

» Si vous installez du câble pour un réseau Fast Ethernet, vous devez suivre encore plus scrupuleusement les règles de câblage. Cela signifie que vous devez, entre autres choses, vous assurer que vous travaillez tout du long avec du matériel de catégorie 5. Les câbles et les connecteurs doivent être de catégorie 5. Pour le raccordement des connecteurs, vous ne devez pas défaire plus de 1,5 cm de câble. Et ne tirez pas le câble sur plus de 100 mètres. En cas de doute, confiez l'installation d'un système Ethernet 100 Mbps à des professionnels.

Figure 6.3

Brochage du connecteur RJ-45 d'un câble à paires torsadées.

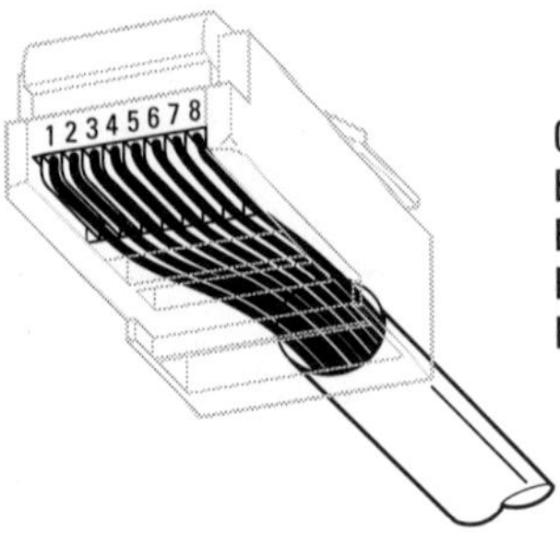

Câbles croisés

Un *câble croisé* sert à relier directement deux périphériques sans passer par un commutateur. Il sert à relier directement deux ordinateurs, mais il est surtout utilisé pour relier en guirlande des commutateurs.

Pour créer vos propres câbles croisés, vous devrez inverser les brins à une extrémité du câble, comme l'indique le Tableau 6.3, qui montre le brochage des deux extrémités A et B d'un câble croisé. Reportez-vous respectivement aux informations des colonnes Connecteur A et Connecteur B pour brocher les deux extrémités du câble.

Notez qu'un câble croisé n'est pas indispensable si l'un des commutateurs que vous comptez connecter comporte un port croisé, généralement indiqué sur le boîtier par la mention Uplink (port croisé) ou Daisy-chain (en guirlande). Si l'appareil est équipé d'un port Uplink, vous pouvez le brancher en guirlande à l'aide d'un câble réseau normal. Pour en savoir plus sur la connexion des commutateurs en guirlande, reportez-vous à la section « Commutateurs », plus loin dans ce chapitre.

En comparant attentivement le Tableau 6.3 avec le Tableau 6.2, vous constaterez qu'un câble croisé n'est en réalité qu'un câble dont le brochage, à une extrémité, est au standard 568A, et à l'autre extrémité au standard 568B.

Tableau 6.3

Brochage d'un câble croisé.

Broche	Connecteur A	Connecteur B
1	Blanc/vert	Blanc/orange
2	Vert	Orange
3	Blanc/orange	Blanc/vert
4	Bleu	Bleu
5	Blanc/bleu	Blanc/bleu
6	Orange	Vert
7	Blanc/marron	Blanc/marron
8	Marron	Marron

Prises murales et panneaux de raccordement

Si vous le souhaitez, vous pouvez faire courir un seul câble depuis le commutateur d'une armoire de câblage et le faire traverser une cloison, monter jusque dans le faux plafond, traverser tout le faux plafond et le faire redescendre à l'autre mur, traverser une autre cloison puis tout le bureau jusqu'à l'ordinateur. Mais, pour une foule de bonnes raisons, ce n'est pas une bonne idée. Entre autres, chaque fois que quelqu'un voudra déplacer l'ordinateur, ne serait-ce que pour nettoyer l'arrière, le câble bougera un peu. La connexion risque même d'être interrompue et la prise RJ-45 devra être remplacée. Dans l'armoire de câblage, les câbles formeront rapidement un beau fouillis.

La solution consiste à tirer le câble entre un *panneau de raccordement* d'une part et une *prise murale* d'autre part. Le câble disparaîtra ainsi dans le mur et au-dessus du faux plafond. Pour connecter un ordinateur au réseau, il suffira de brancher un câble de raccordement entre l'ordinateur et la prise. Passant par l'armoire de câblage, un câble de raccordement relie la prise murale aux commutateurs du réseau, comme le montre la Figure 6.4.

Figure 6.4

Panneau de raccordement et prises murales.

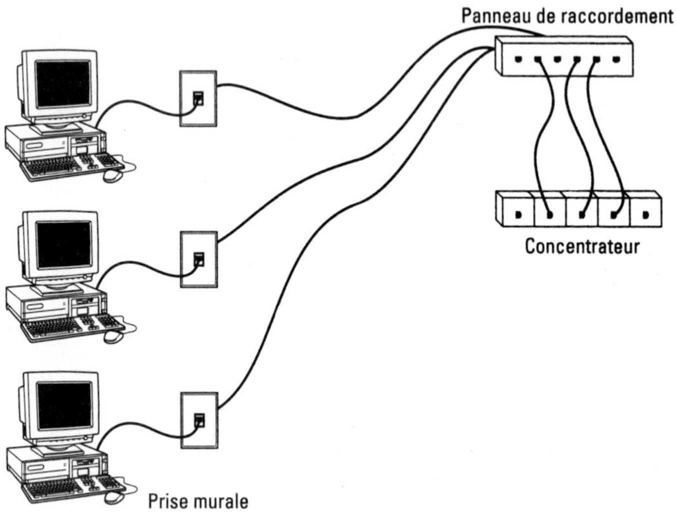

La connexion d'un câble à paires torsadées à une prise murale ou à un panneau de raccordement est semblable à la connexion à une prise RJ-45. Généralement, aucun outil spécial n'est nécessaire. L'arrière de la prise comporte un emplacement pour chaque brin. Il faut ensuite placer un couvercle amovible sur ces emplacements et appuyer dessus. Les brins sont ainsi plaqués contre les lamelles métalliques qui établissent le contact.

Quand vous connectez un câble à une prise ou à un panneau de raccordement, veillez à défaire aussi peu de longueur de brin que possible. Car si vous en défaites trop, le signal qui passe par ces brins risque de ne plus être fiable.

Commutateurs

Lorsque vous utilisez du câble à paires torsadées, vous ne reliez pas les ordinateurs directement les uns aux autres. Vous les connectez en fait à un périphérique spécial appelé *commutateur* ou *switch*.

Un commutateur sait quel ordinateur est connecté à quel port ; donc, si l'ordinateur de Gilbert, connecté au port 1, envoie un paquet à l'ordinateur de Lucien, connecté au port 5, le commutateur reçoit le paquet sur le port 1 et l'envoie seulement vers le port 5. Ce procédé est non seulement rapide, mais il améliore également la sécurité du système, car les autres machines n'ont pas accès aux paquets qui ne leur sont pas destinés.

Voici quelques éléments dont vous devrez tenir compte :

» L'installation d'un commutateur est généralement très simple : il suffit de brancher le cordon d'alimentation puis de connecter les câbles de raccordement du réseau.

» Chaque port du commutateur est une prise RJ-45 à laquelle est associée une diode électroluminescente (LED) marquée *Link* qui s'allume lorsqu'une connexion est établie sur ce port.

Si l'extrémité d'un câble est branchée au port et l'autre à un ordinateur, la LED Link devrait être allumée. Si ce n'est pas le cas, quelque chose ne va pas au niveau du câble, du commutateur ou bien du périphérique à l'extrémité du câble.

» Chaque port est aussi équipé d'une LED qui clignote selon l'activité sur le réseau.

En observant un commutateur pendant un moment, vous finissez par savoir qui utilise le plus le réseau rien qu'en voyant quelle est la LED qui clignote le plus, témoignant d'une activité soutenue.

Les ports peuvent aussi être équipés d'un indicateur de collision qui clignote dès que des paquets de données entrent en collision sur le port. Des flashes sporadiques sont parfaitement admissibles, mais si l'indicateur clignote trop, vous avez peut-être un problème sur le réseau.

- Cela signifie en général que le réseau est surchargé et doit être segmenté par un commutateur afin d'améliorer ses performances.
- Dans certains cas, un indicateur de collision qui flashe trop peut être causé par un nœud fautif qui engorge le réseau avec de mauvais paquets.

Commutateurs connectés en guirlande

Si un seul commutateur ne possède pas suffisamment de ports pour tout le réseau, vous pouvez en relier plusieurs *en guirlande*, comme le montre la Figure 6.5. Pour peu qu'un commutateur soit équipé d'un port croisé, vous pouvez y brancher un câble de raccordement normal vers un autre commutateur. Si aucun de ces périphériques n'est équipé de port croisé, reliez-les par un câble croisé (pour savoir comment confectionner un câble croisé, reportez-vous à la section « Câbles croisés », précédemment dans ce chapitre).

Sur les commutateurs récents, chaque port peut détecter automatiquement s'il est connecté à un autre commutateur. Dans ce cas, vous ne devez pas utiliser de ports ni de câbles croisés. Vous pouvez employer un câble standard pour connecter les commutateurs en utilisant n'importe quel port disponible.

Vous pouvez souvent augmenter la performance globale de votre réseau en utilisant deux connexions (ou plus) entre les commutateurs. Par exemple, vous pouvez employer deux câbles de connexion pour créer deux connexions entre une paire de commutateurs.

Il est possible de contourner ces limitations en utilisant des *commutateurs empilables.* Ils sont équipés d'une connectique qui fait

Figure 6.5

Des commutateurs peuvent être reliés en guirlande.

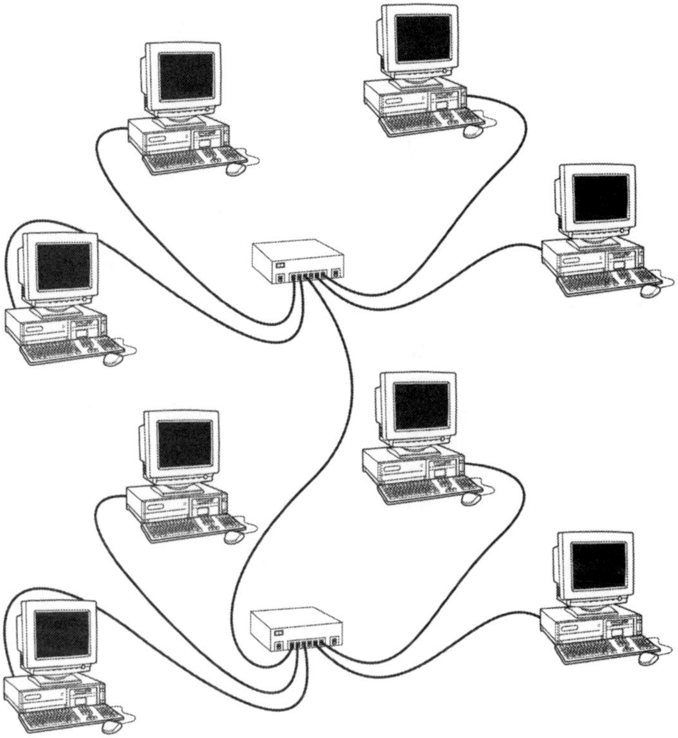

qu'un ensemble de commutateurs empilés fonctionne comme un seul. Ce matériel est conçu pour les réseaux de grande taille.

Si l'immeuble est précâblé et qu'une prise réseau se trouve dans chaque bureau, vous pouvez utiliser un petit commutateur pour relier deux ou trois ordinateurs à une seule prise. Branchez le câble de liaison en guirlande à la prise murale et les ordinateurs au commutateur.

Routeurs

Un *routeur* est une sorte de pont, mais à une grande différence près : un pont utilise une adresse matérielle (appelée « adresse MAC ») pour savoir à quel nœud du réseau est envoyé chaque message afin qu'il puisse le diriger vers le segment approprié. Un pont est cependant incapable d'examiner le contenu du message pour savoir quel type d'information est envoyé. Un routeur peut le faire. C'est pourquoi un routeur fonctionne à un niveau plus élevé que celui d'un pont. Il effectue d'autres tâches, comme le filtrage des paquets selon leur contenu. Notez que beaucoup de routeurs bénéficient en plus de fonctions de pontage intégrées, de sorte qu'ils peuvent aussi servir de pont.

Il est possible de configurer un réseau avec plusieurs routeurs travaillant en coopération les uns avec les autres. Par exemple, certains routeurs sont capables de surveiller le réseau afin de déterminer le chemin le plus rationnel pour envoyer des messages à destination. Si une partie du réseau est particulièrement occupée, le routeur saura choisir automatiquement un chemin moins encombré. Il agit un peu comme un hélicoptère de surveillance du trafic routier : s'il repère des ralentissements sur une branche de l'autoroute, il demandera au centre de régulation du trafic d'inciter les automobilistes à prendre une autre route.

Voici quelques informations complémentaires à propos des routeurs :

- **Les routeurs étaient autrefois onéreux et réservés aux grands réseaux. Ces dernières années, le prix des petits routeurs a substantiellement chuté, ce qui les a banalisés même sur les petits réseaux.**
- **Les disparités fonctionnelles entre ponts et routeurs (et commutateurs) tendent à s'amenuiser. Des** *routeurs multifonctions*, **qui sont à la fois routeur, pont et commutateur, prennent en charge toutes les tâches habituellement confiées à plusieurs périphériques.**

» Certains routeurs ne sont rien de plus que des ordinateurs équipés de plusieurs cartes réseau et de logiciels assurant les fonctions de routage.

» Des routeurs peuvent connecter des réseaux géographiquement éloignés grâce à des lignes téléphoniques (DSL ou RNIS).

» L'une des principales raisons d'être des routeurs est la connexion d'un réseau local à Internet. La Figure 6.6 montre un routeur utilisé à cette fin.

Figure 6.6

Utilisation d'un routeur pour connecter un réseau local à Internet.

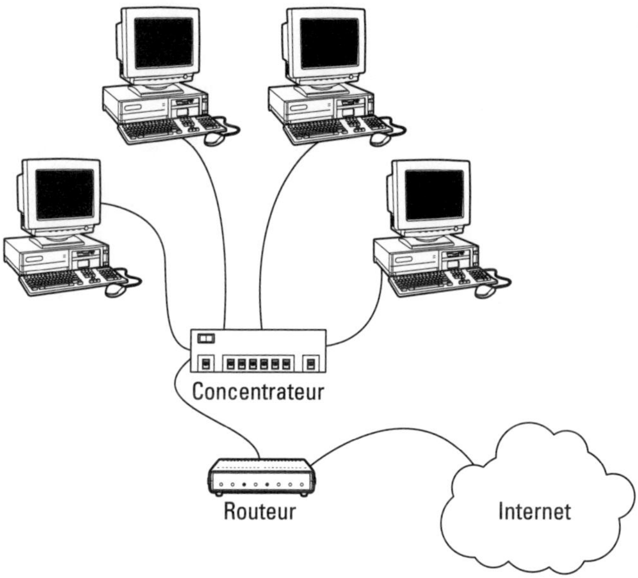

DANS CE CHAPITRE

Configurer les connexions réseau.

•

Configurer l'identité d'un ordinateur client et joindre un domaine.

Chapitre 7
Configurer les clients Windows

Avant que le réseau soit opérationnel, vous devez configurer les ordinateurs clients. Il faut notamment configurer chacune de leurs cartes réseau afin qu'elles fonctionnent correctement et installer les protocoles permettant aux clients de communiquer avec les autres ordinateurs du réseau.

Fort heureusement, sous Windows, ces tâches de configuration sont un véritable jeu d'enfant. En effet, Windows reconnaît automatiquement la carte réseau au moment du démarrage de l'ordinateur. Il ne reste plus qu'à vérifier s'il a correctement installé les protocoles réseau et les logiciels clients.

À chaque nouvelle version de Windows, Microsoft a simplifié les processus de configuration du réseau. Dans ce chapitre, vous découvrirez comment configurer une mise en réseau sous Windows 10.

Configurer des connexions réseau

Windows reconnaît automatiquement votre carte réseau quand vous démarrez votre ordinateur. Normalement, vous n'avez pas à installer manuellement les pilotes, mais il se peut que vous ayez à modifier manuellement la configuration de la connexion réseau.

Les étapes qui suivent expliquent comment configurer votre connexion réseau sous Windows 10 :

❶ **Activez le bouton Démarrer puis la commande Paramètres.**

La fenêtre Paramètres apparaît, comme le montre la Figure 7.1.

Figure 7.1

La fenêtre Paramètres.

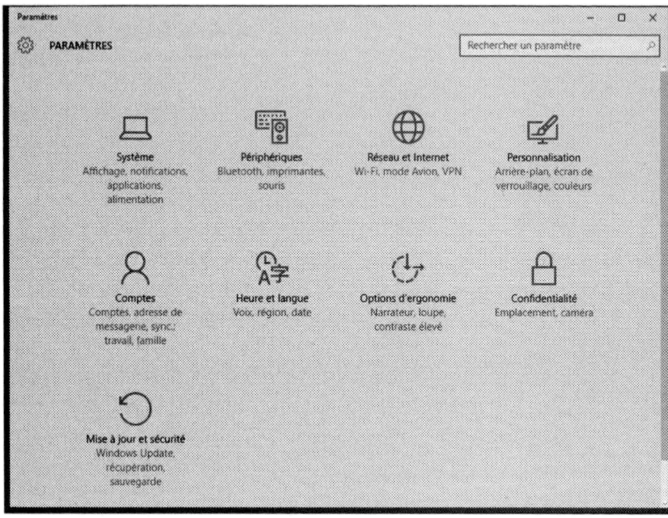

❷ **Cliquez l'icône Réseau et Internet.**

La fenêtre Réseau et Internet illustrée par la Figure 7.2 apparaît.

❸ **Dans le panneau de gauche, choisissez la commande Ethernet.**

La fenêtre Ethernet s'ouvre comme le montre la Figure 7.3.

❹ **Cliquez la commande Modifier les options d'adaptateur.**

La fenêtre Connexions réseau apparaît, comme le montre la Figure 7.4 ; elle affiche une icône pour chacune des cartes réseau du système.

Figure 7.2

La fenêtre Réseau et Internet.

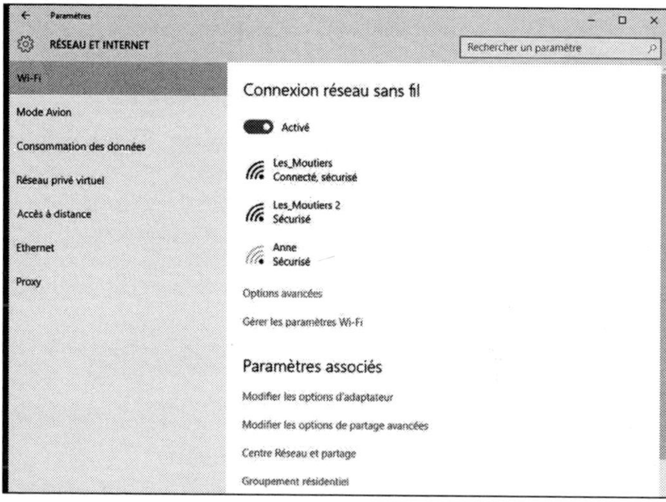

Figure 7.3

La fenêtre Ethernet.

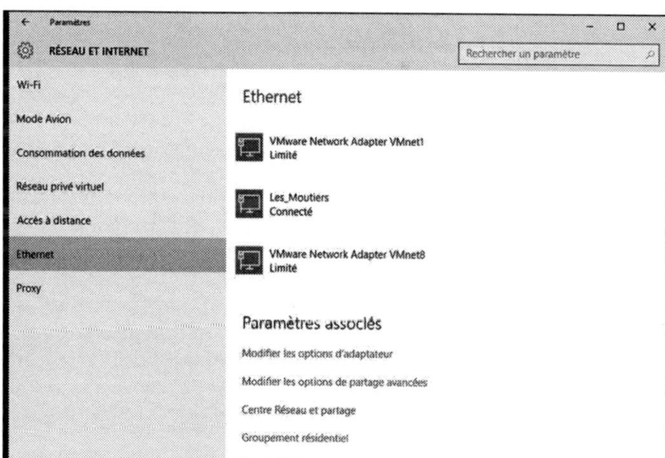

Figure 7.4

La fenêtre Connexions réseau.

❺ **Effectuez un clic droit sur la connexion à configurer et sélectionnez Propriétés dans le menu contextuel qui est affiché.**

La boîte de dialogue Propriétés de Connexion au réseau local apparaît, comme le montre la Figure 7.5.

❻ **Pour configurer les paramètres de la carte réseau, cliquez sur Configurer.**

Cette action ouvre la boîte de dialogue Propriétés de la carte réseau, illustrée par la Figure 7.6. Elle comporte huit onglets qui vous permettent de configurer la carte d'interface réseau ; les plus importants sont les suivants :

- *Général* : cet onglet affiche les informations de base concernant la carte réseau. Par exemple, la carte représentée dans la Figure 7.3 est une Intel® I218-LM au Gigabit installée sur le connecteur PCI 0 de la carte mère.

Figure 7.5

La boîte de dialogue Propriétés de Connexion au réseau local.

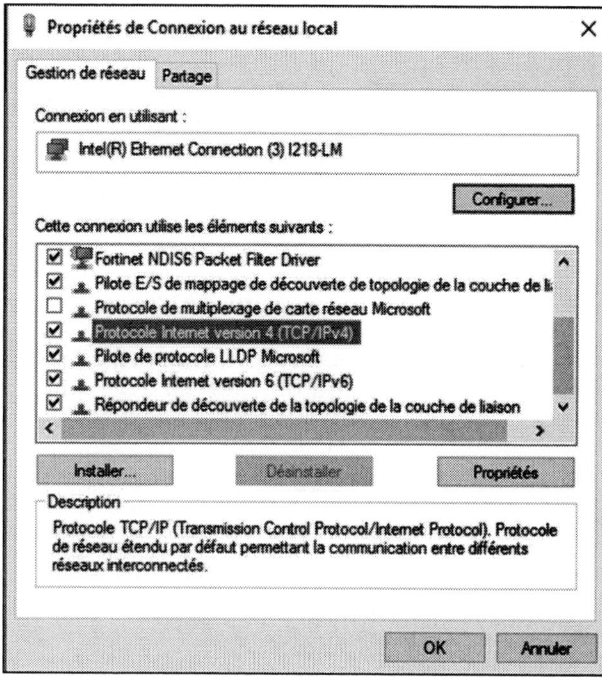

- *Avancé* : cet onglet permet de configurer divers paramètres spécifiques à votre matériel dont dépend le bon fonctionnement de la carte réseau. Par exemple, certaines cartes permettent de définir le débit ou le nombre de tampons alloués à la carte.
- *Pilote* : cet onglet affiche les informations concernant le pilote de la carte et permet de le mettre à jour ou bien, si la nouvelle version n'est pas satisfaisante, de revenir à la version précédente ou de désinstaller le pilote.
- *Ressources* : a partir de cet onglet, vous pouvez limiter manuellement les ressources informatiques requises par la carte,

Figure 7.6

Boîte de dialogue Propriétés d'une carte réseau.

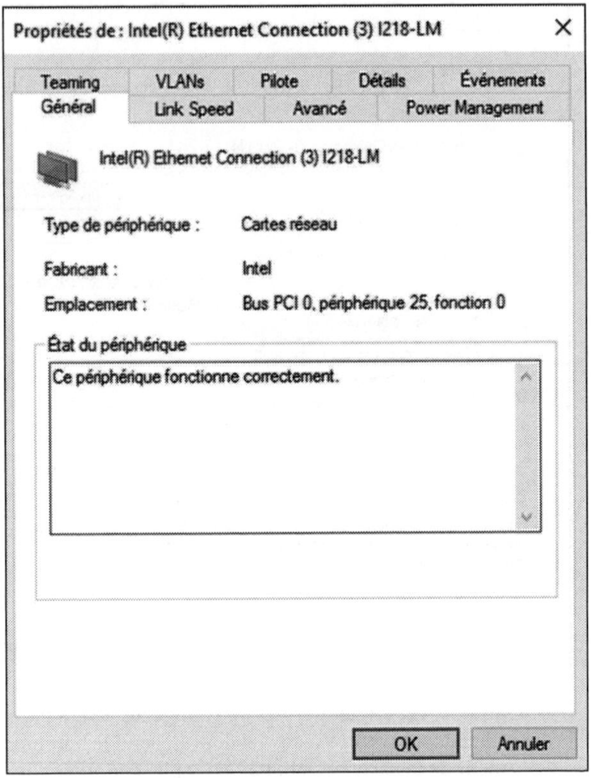

notamment la plage de mémoire, la plage des entrées/sorties, ainsi que l'affectation des IRQ et des canaux DMA.

- *Gestion de l'alimentation* : a partir de cet onglet, vous pouvez spécifier si la carte doit être désactivée lorsque l'ordinateur se met en veille et paramétrer un réveil périodique de l'ordinateur afin de rafraîchir l'état du réseau.

Quand vous cliquez sur OK pour valider les options de la boîte de dialogue des propriétés du réseau, cette dernière se ferme.

Vous devrez cliquer sur le lien Modifier les paramètres de cette connexion pour continuer la procédure.

7. **Passez en revue la liste des éléments répertoriés dans la boîte de dialogue Propriétés de Connexion au réseau local.**

   Les éléments les plus importants que vous voyez souvent sont :

   - *Client pour les réseaux Microsoft* : cet article est nécessaire si vous souhaitez accéder à un réseau Microsoft Windows. Il doit toujours être présent.
   - *Partage de fichiers et d'imprimantes pour les réseaux Microsoft* : cet article permet à votre ordinateur de partager ses fichiers ou des imprimantes avec d'autres ordinateurs du réseau.

     Cette option est généralement utilisée avec les réseaux pair à pair, mais vous pouvez l'utiliser même si votre réseau a des serveurs dédiés. Si vous ne prévoyez pas de partager des fichiers ou des imprimantes sur l'ordinateur client, cependant, vous devez désactiver cet élément.
   - *Internet Protocol Version 4 (TCP/IPv4)* : cet article permet à l'ordinateur client de communiquer en utilisant le protocole TCP/IP standard de la version 4.
   - *Protocole Internet version 6 (TCP/IPv6)* : cet article gère la version 6 du protocole TCP/IP standard. En règle générale, à la fois IPv4 et IPv6 sont activés, même si la plupart des réseaux comptent principalement sur IPv4.

8. **Si un protocole dont vous avez besoin n'y figure pas, cliquez sur le bouton Installer pour l'ajouter.**

   La boîte de dialogue Sélectionner le type de fonctionnalité réseau apparaît, et vous propose d'ajouter un client réseau, un protocole ou un service. Cliquez sur Protocole puis sur Ajouter. Une liste des protocoles disponibles apparaît ; sélectionnez celui que vous voulez ajouter, puis cliquez sur OK.

9. **Pour supprimer un élément de réseau dont vous n'avez pas besoin (comme Partage de fichiers et imprimantes Réseaux**

Microsoft), sélectionnez l'élément, puis cliquez sur le bouton Désinstaller.

Pour des raisons de sécurité, faites un point pour éliminer tous les clients, les protocoles ou les services dont vous n'avez pas besoin.

10. **Pour configurer les paramètres TCP/IP, sélectionnez Protocole Internet version 4 (TCP/IPv4), puis cliquez sur Propriétés pour accéder à la boîte de dialogue Propriétés de : Protocole Internet version 4 (TCP/IPv4). Configurez les paramètres puis cliquez sur OK.**

La boîte de dialogue Propriétés de Protocole Internet (TCP/IP), représentée dans la Figure 7.7, propose les options suivantes :

Figure 7.7

Configuration du protocole TCP/IP.

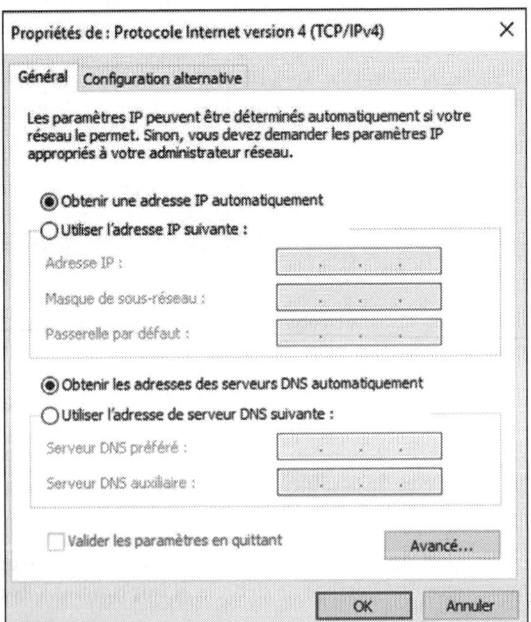

- *Obtenir une adresse IP automatiquement :* choisissez cette option si le réseau est géré par un serveur DHCP qui affecte automatiquement les adresses IP. Ce choix simplifie considérablement l'administration du protocole TCP/IP sur votre réseau (reportez-vous au Chapitre 5 pour en savoir plus sur le DHCP).

- *Utiliser l'adresse IP suivante* : si l'ordinateur doit avoir une adresse IP spécifique, choisissez cette option et tapez l'adresse IP de l'ordinateur, son masque de sous-réseau et l'adresse de la passerelle par défaut (reportez-vous au Chapitre 5 pour en savoir plus sur ces paramètres).

- *Obtenir les adresses des serveurs DNS automatiquement* : le serveur DHCP peut aussi fournir l'adresse DNS (*Domain Name System*, système de nom de domaine) que l'ordinateur doit utiliser. Choisissez cette option si votre réseau est équipé d'un serveur DHCP (reportez-vous au Chapitre 6 pour en savoir plus sur le DNS).

- *Utiliser l'adresse de serveur DNS suivante* : choisissez cette option si aucun serveur DNS n'est disponible. Tapez ensuite l'adresse IP du serveur DNS principal et celle du serveur DNS secondaire.

11. **Cliquez OK lorsque vous avez terminé.**

Configurer l'identité d'un ordinateur client et joindre un domaine

Chaque ordinateur client doit s'identifier pour faire partie du réseau. Son identité est composée du nom de l'ordinateur et d'une description facultative ainsi que du nom de son groupe de travail ou du domaine auquel il appartient. Si l'ordinateur doit joindre un domaine, vous devrez pouvoir accéder, sur le domaine, à un compte Administrateur, à moins que vous ayez déjà créé un compte d'ordinateur sur ce domaine. Lorsque vous installez Windows sur un ordinateur client, le programme d'installation vous demande de définir le nom de l'ordinateur et le nom du groupe de travail ou du domaine.

Chaque utilisateur désireux d'accéder à un réseau basé sur un domaine doit ouvrir une session sur le domaine en faisant appel à un compte utilisateur valide. Ce dernier est créé dans le contrôleur de domaine et non à partir de l'ordinateur client.

La méthode pour joindre un domaine à partir de Windows 10 est la suivante :

❶ **Activez le bouton Démarrer puis la commande Paramètres.**

La fenêtre Paramètres apparaît, comme le montre la Figure 7.1.

❷ **Cliquez l'icône Système.**

La fenêtre Système est affichée sur l'écran.

❸ **Choisissez la commande Informations système.**

La fenêtre Système apparaît, comme le montre la Figure 7.8.

Figure 7.8

La fenêtre Système.

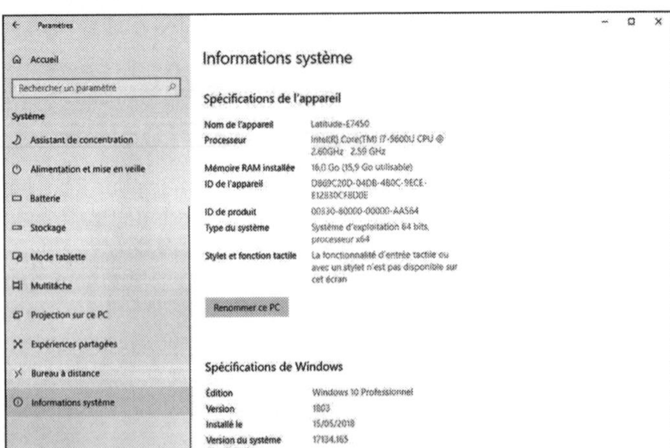

4 **Si vous souhaitez changer le nom de l'ordinateur, cliquez sur le bouton Renommer le PC.**

La boîte de dialogue s'affiche pour vous proposer d'entrer le nouveau nom du PC ; lorsque le nouveau nom a été spécifié, vous êtes invité à redémarrer l'ordinateur pour que les nouveaux paramètres soient validés.

Avant de rejoindre un domaine, vérifiez que le nom que vous avez attribué à votre PC n'est pas déjà affecté à un autre ordinateur du domaine. Si c'est le cas, changez son nom.

5 **Cliquez le bouton Joindre un domaine.**

La boîte de dialogue Joindre un domaine s'affiche, comme le montre la Figure 7.9.

Figure 7.9

La boîte de dialogue Joindre un domaine.

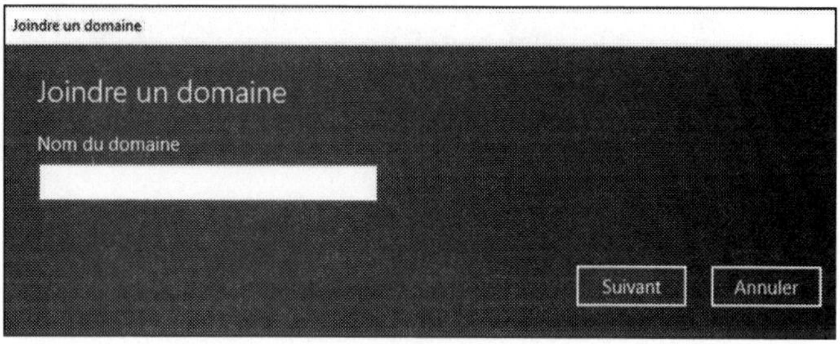

6 **Entrez le nom du domaine et cliquez Suivant.**

Une nouvelle boîte de dialogue est affichée, comme le montre la Figure 7.10 ; elle vous invite à entrer votre nom d'utilisateur pour le domaine ainsi que le mot de passe associé.

7 **Cliquez sur OK.**

8 **Si cela vous est demandé, entrez le nom d'utilisateur et le mot de passe du compte Administrateur.**

Figure 7.10

Saisie de votre nom d'utilisateur pour le domaine ainsi que le mot de passe associé.

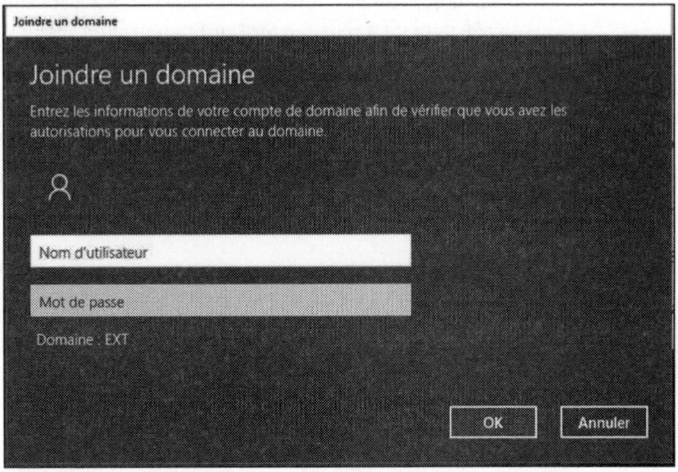

Vous ne devrez fournir ces informations que si un compte d'ordinateur n'a pas encore été créé pour l'ordinateur client.

9. **Dans la boîte de dialogue vous informant que vous devez redémarrer l'ordinateur, cliquez sur OK.**

L'ordinateur est ajouté au domaine !

Chapitre 8

Connecter le réseau à Internet

DANS CE CHAPITRE

Se connecter à Internet.

•

Sécuriser la connexion avec un pare-feu

Ainsi, vous avez décidé de connecter votre réseau à Internet ! Vous n'avez donc plus qu'à courir à la boutique de matériel informatique la plus proche, acheter une box et la brancher, c'est bien ça ? Eh non, malheureusement, ce n'est pas suffisant pour se connecter à Internet ! Pour commencer, vous devez vous assurer que la connexion par modem ADSL est la bonne solution. Il en existe d'autres, plus rapides mais plus chères. Ensuite, vous devez choisir puis installer le logiciel que vous utiliserez pour accéder à Internet. Et finalement, vous devez rester éveillé la nuit, à vous ronger les ongles à l'idée que des *hackers* pourraient faire irruption dans votre réseau via la connexion Internet. Les *hackers* sont des passionnés d'informatique qui s'introduisent illégalement dans des réseaux par curiosité, jeu ou défi.

Se connecter à Internet

La connexion à Internet n'est pas gratuite. Tout d'abord, vous devez acheter le matériel nécessaire pour vous connecter. Ensuite, il vous faut obtenir une connexion auprès d'un *fournisseur d'accès à Internet* ou *FAI*. Le FAI vous facture un abonnement mensuel qui varie en fonction de la vitesse et de la capacité de la connexion.

Les sections suivantes décrivent les méthodes les plus courantes pour connecter les utilisateurs d'un réseau à Internet.

Se connecter par la fibre ou l'ADSL

Pour un usage domestique ou pour une entreprise de taille modeste, vous pouvez opter pour un des deux modes de connexion (si vous en avez la possibilité) les plus populaires : la fibre optique ou l'ADSL. On les appelle *connexions à haut débit* et *connexions à très haut débit*.

L'accès à Internet par la fibre s'effectue via les installations qui vous permettent de recevoir quarante milliards de chaînes de télévision. L'ADSL est pour sa part un service de téléphonie numérique se servant d'une ligne téléphonique classique. Ces deux solutions offrent trois avantages majeurs :

» **La fibre et l'ADSL sont bien plus rapides que les antiques connexions par téléphone.**

  La vitesse d'une ligne ADSL est comparable à celle de la fibre. La connexion ADSL est une connexion dédiée tandis que les connexions par fibre sont partagées par plusieurs abonnés. Le débit d'une connexion peut diminuer lorsque plusieurs abonnés sont connectés simultanément.

» **Avec la fibre et l'ADSL, vous disposez d'une connexion permanente à Internet.**

» **La fibre et l'ADSL ne perturbent pas votre ligne téléphonique lorsque vous êtes connecté à Internet.**

  Avec la fibre, la connexion s'effectue à travers les installations de la télévision et non celles du téléphone. Avec l'ADSL, votre opérateur téléphonique met en place une connexion spécifique pour le service ADSL, totalement indépendante de votre ligne téléphonique normale.

Ces connexions ultrarapides et permanentes qu'offrent la fibre et l'ADSL sont relativement bon marché. Le prix de l'abonnement à la fibre commence à une vingtaine d'euros par mois pour les particuliers ; pour les entreprises, les tarifs sont un peu plus élevés, surtout s'il y a plusieurs utilisateurs. Le coût du service ADSL varie selon le débit choisi. Les particuliers peuvent disposer d'une connexion ADSL pour une quinzaine d'euros par mois. Pour des débits plus élevés ou pour les professionnels, le service ADSL est plus cher.

Cependant, l'accès par fibre ou ADSL n'est pas possible partout en France. Si vous vivez dans une région non raccordée à la fibre ou à l'ADSL, vous pouvez malgré tout acquérir un accès à Internet très rapide grâce à une installation satellite.

Les connexions très haut débit avec les lignes privées

Si vous avez véritablement besoin d'une connexion très haut débit à Internet, contactez votre fournisseur d'accès à Internet pour demander l'installation d'une liaison numérique très haut débit. Ces lignes peuvent vous coûter très cher (de l'ordre de plusieurs centaines d'euros par mois), aussi sont-elles le plus souvent adaptées aux besoins des entreprises au sein desquelles plus de vingt utilisateurs doivent accéder à Internet simultanément.

» **Les lignes T1 et T3 :** la vitesse d'une ligne T1 atteint 1,544 Mbps. Une ligne T3 est plus rapide : elle transmet les données à une vitesse record de 44,736 Mbps. Bien évidemment, les lignes T3 sont considérablement plus chères que les lignes T1.

  Si vous n'avez pas assez d'utilisateurs pour justifier l'installation d'une ligne T3 ou T1, vous pouvez louer une portion de ligne. Avec une *fraction de ligne T1*, vous pourrez effectuer des connexions de 128 Kbps à 768 Kbps et, avec une *fraction de ligne T3*, vous pourrez choisir entre des vitesses allant de 4,6 Mbps à 32 Mbps.

  Installer une connexion T1 ou T3 à Internet est un travail de professionnel. Configurer ce type de connexion est bien plus complexe qu'installer un simple LAN.

  Vous vous demandez peut-être si les lignes T1 ou T3 sont vraiment plus rapides que les connexions par câble ou ADSL. Après tout, les T1 fonctionnent à 1,544 Mbps et les T3 à 44,184 Mbps, ce qui est comparable aux vitesses annoncées pour les connexions par câble et ADSL. Il existe réellement de nombreuses différences qui justifient le coût plus élevé d'une ligne T1 ou T3. Il s'agit en particulier d'une ligne *dédiée* ; vous ne la partagez pas avec d'autres utilisateurs. La connexion est de meilleure qualité, vous bénéficiez réellement de connexions à 1,544 ou 44,184 Mbps, alors qu'avec une connexion par câble ou ADSL, le débit effectif est bien moindre que celui annoncé à cause de la qualité de la connexion.

» **Le câble** : les fournisseurs de télévision par câble (tels que Numéricâble) proposent un accès à Internet à partir de leur réseau câblé. Le prix et la vitesse dépendent de votre localisation ; par exemple, dans les meilleurs cas, vous pouvez atteindre un débit de 200 Mbps pour un coût de 35,90 € par mois.

  Un inconvénient du câble est la vitesse de transfert en émission qui est généralement beaucoup plus lente que la vitesse de téléchargement en réception. Par exemple, si les téléchargements sont réalisés à 100 Mbps, il se peut que les émissions se fassent à 10M bps.

» **La fibre optique** : une fibre optique est un fil en verre ou en plastique très fin qui a la propriété d'être un conducteur de la lumière et sert dans la transmission de données. Parce que les signaux lumineux qui se déplacent dans les fibres optiques ne sont pas soumis aux interférences électromagnétiques, les connexions fibres sont extrêmement fiables, la seule chose qui peut interrompre une connexion fibre est la coupure physique de la fibre.

  La fibre optique offre un débit nettement supérieur à celui des câbles coaxiaux ; pour cette raison, la forme la plus rapide, la plus fiable et la plus coûteuse de la connexion Internet est la fibre optique. Cependant, la connexion est extrêmement fiable, et le temps de réponse aux interruptions de service est mesuré en minutes plutôt qu'en heures.

Partager une connexion Internet

Une fois votre mode d'accès choisi, vous pouvez vous concentrer sur la configuration, de façon à partager la connexion entre plusieurs utilisateurs de votre réseau. Le meilleur moyen consiste à recourir à un périphérique distinct appelé *routeur*. On en trouve à présent à moins de 100 euros. Les modèles conçus pour les grands réseaux professionnels sont évidemment plus onéreux.

Comme toutes les communications entre votre réseau et Internet doivent transiter par le routeur, ce dernier est l'emplacement de choix pour y installer tous les dispositifs de sécurité qui protégeront votre réseau des dangers d'Internet. C'est pourquoi un routeur intègre souvent un pare-feu, comme nous le verrons dans la section « Utiliser un pare-feu », plus loin dans ce chapitre.

Sécuriser la connexion avec un pare-feu

Si votre réseau est connecté à Internet, vous êtes confronté à une foule de problèmes de sécurité. Vous avez sans doute établi cette connexion afin que les utilisateurs du réseau bénéficient d'une fenêtre ouverte sur le monde extérieur. Malheureusement, c'est aussi par cette fenêtre qu'entrent les malfaiteurs.

Ceux qui agissent sur Internet ne s'en priveront pas. Le cyberespace est peuplé de pirates à la recherche de réseaux dans lesquels s'introduire. Ce n'est parfois que pour le plaisir de fureter dans vos affaires, mais parfois aussi pour dérober des numéros de cartes bancaires ou inonder votre serveur de messagerie de milliers de courriers non sollicités. Quelles que soient les motivations, soyez assuré que votre réseau sera visité si vous ne le protégez pas convenablement.

Utiliser un pare-feu

Un *pare-feu* est un routeur sécurisé installé entre Internet et votre réseau. Sa seule tâche est de filtrer tout ce qui entre et sort. C'est une sorte de vigile entre Internet et le réseau. Tout le trafic transite par le pare-feu qui autorise ou interdit les accès.

Un pare-feu est absolument obligatoire dès lors que votre réseau accède à Internet, que ce soit par une connexion à haut débit (ADSL ou modem câble), ligne T1 ou toute autre connexion du même genre. Sans pare-feu, les pirates découvriront tôt ou tard l'existence de votre réseau non protégé, le signaleront à leurs collègues et il en subira les conséquences en quelques heures.

Un pare-feu peut être installé de deux manières :

» **Équipement pare-feu :** la manière la plus simple consiste à acheter un *équipement pare-feu*, qui est en réalité un routeur offrant des fonctionnalités de pare-feu.

  La plupart sont équipés d'une interface de type Web permettant de les connecter directement depuis l'un des ordinateurs du réseau à l'aide d'un navigateur. Vous les configurez ensuite selon vos besoins.

» **Ordinateur serveur :** vous pouvez configurer un ordinateur serveur afin qu'il fasse office d'ordinateur pare-feu.

  Le serveur peut fonctionner sous n'importe quel système d'exploitation réseau. Les plus efficaces tournent cependant sous Linux.

Que vous optiez pour l'équipement pare-feu ou l'ordinateur pare-feu, ce matériel doit être placé entre le réseau et Internet, comme le montre la Figure 8.1. Le pare-feu est connecté d'une part au commutateur, qui est lui-même connecté aux autres ordinateurs du réseau, et d'autre part à Internet. Tout le trafic entre le réseau et Internet doit obligatoirement transiter par le pare-feu.

Le terme *périmètre* est parfois utilisé pour décrire l'emplacement du pare-feu sur le réseau. En fait, un pare-feu est une sorte de périmètre de sécurité qui entoure votre propriété et oblige les visiteurs à s'annoncer à la porte d'entrée.

Sur les réseaux de grande taille, il est parfois difficile de savoir où se trouve le périmètre. Si le réseau bénéficie de plusieurs connexions WAN (*Wide Area Network*, réseau étendu), vérifiez que chacune d'elles est protégée par un pare-feu et n'est pas directe-

Figure 8.1

Un routeur pare-feu sécurise le trafic entre le réseau et Internet.

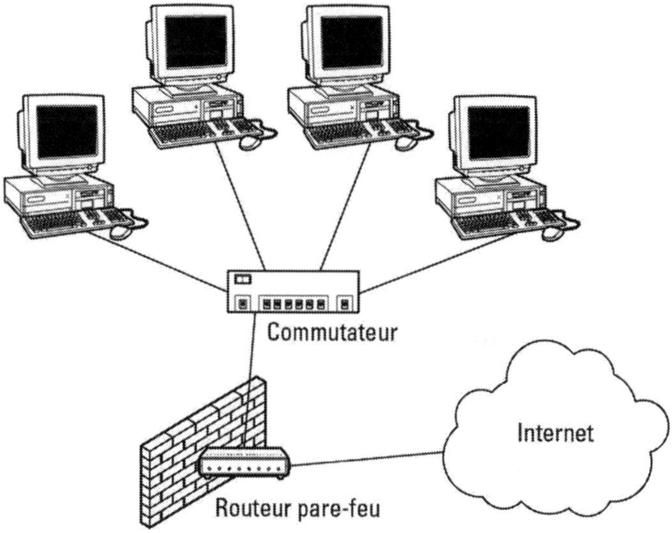

ment reliée à Internet. Cette sécurité est assurée par un pare-feu pour chaque connexion WAN ou par un seul pare-feu équipé de plusieurs ports WAN.

Certains pare-feu renforcent la protection antivirus du réseau. Reportez-vous au Chapitre 20 pour en savoir plus sur ce sujet.

Pare-feu intégré de Windows

Windows possède un pare-feu intégré qui fournit une protection de base en filtrant les données. Cependant, il est recommandé d'utiliser un routeur pare-feu qui offre de meilleures fonctionnalités de sécurité que le pare-feu Windows intégré. Celui-ci convient davantage aux réseaux résidentiels ou aux réseaux d'entreprise de petite taille.

Voici comment activer le pare-feu intégré sous Windows :

1. **Faites un clic droit sur le bouton Démarrer et sélectionnez Panneau de configuration.**

   Le Panneau de configuration s'ouvre.

2. **Cliquez sur l'icône Système et sécurité.**

   La fenêtre Système et sécurité apparaît (voir la Figure 8.2).

Figure 8.2

La fenêtre Système et sécurité.

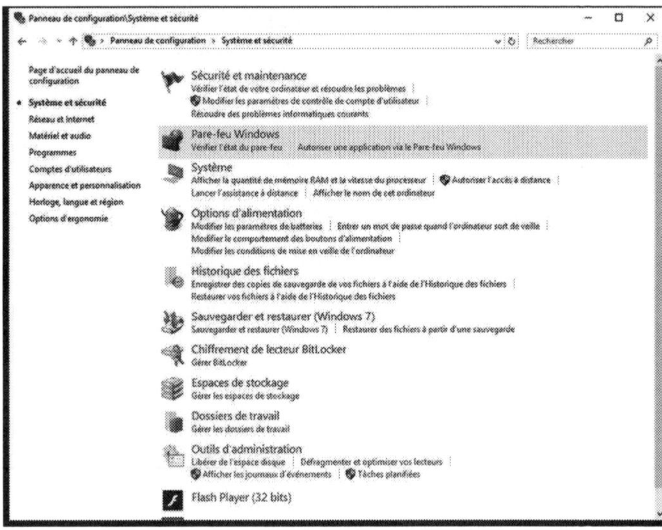

3. **Cliquez sur l'icône Pare-feu Windows.**

   La boîte de dialogue Pare-feu Windows s'affiche, comme le montre la Figure 8.3.

4. **Cliquez sur le lien Activer ou désactiver le pare-feu Windows dans le volet gauche de la fenêtre.**

5. **Cochez l'option Activer le Pare-feu Windows.**

Figure 8.3

La boîte de dialogue Pare-feu Windows.

Notez que vous pouvez activer ou désactiver le pare-feu indépendamment pour le réseau public (c'est-à-dire pour votre connexion à Internet) et pour votre réseau résidentiel ou d'entreprise (c'est-à-dire le réseau qui relie plusieurs ordinateurs à votre domicile ou au bureau). Je vous conseille d'activer ou de désactiver le pare-feu pour les deux. Désactivez le pare-feu si vous utilisez un pare-feu séparé, intégré dans le routeur qui connecte votre ordinateur ou votre réseau résidentiel ou d'entreprise à Internet. Activez le pare-feu si vous ne possédez pas de pare-feu séparé.

Je vous conseille aussi d'activer l'option M'avertir lorsque le Pare-feu Windows bloque une nouvelle application (*a priori* elle est activée par défaut). De cette manière, vous serez averti dès que le pare-feu bloque un programme suspect.

6 **Cliquez sur OK.**

Le pare-feu est activé.

Le pare-feu propose des options supplémentaires que vous pouvez configurer. Cependant, ne vous aventurez dans cette direction que si vous maîtrisez le domaine !

N'activez pas le pare-feu de Windows si vous utilisez un routeur qui protège votre réseau. Comme les autres ordinateurs du réseau sont connectés directement au routeur et non à l'ordinateur, le pare-feu de Windows ne protégerait pas le reste du réseau. Autre effet secondaire : le réseau ne pourrait plus accéder à votre ordinateur.

Chapitre 9
Réseau sans fil

DANS CE CHAPITRE

Plongée dans les réseaux sans fil.

Petite leçon d'électronique.

802 point onze et des poussières.

À portée de maison.

Adaptateurs USB ou cartes réseau sans fil.

Points d'accès sans fil.
Itinérance (*roaming*).

Configurer un point d'accès sans fil.

Se connecter à un réseau sans fil sous Windows.

Ne pas négliger la sécurité des réseaux sans fil.

Depuis le début des réseaux Ethernet, la taille des câbles n'a cessé de diminuer et leur mise en œuvre est devenue de plus en plus simple. À l'origine, les câbles Ethernet avaient un diamètre de la taille d'un pouce, ils pesaient une tonne et il était très difficile de les plier dans les angles des pièces. Ensuite vint le câble coaxial, qui était plus léger et plus facile à travailler. Celui-ci a été supplanté par la paire torsadée non blindée (UTP), qui est le câble utilisé pour la plupart des réseaux actuels.

Bien qu'avec le temps la taille des câbles ait diminué, qu'ils soient devenus moins chers et de plus en plus faciles à travailler, ce sont toujours des câbles. Il est nécessaire de percer les murs pour les faire passer, de tirer des chemins de câbles à travers les faux plafonds et de les intégrer avec plus ou moins de goût à votre décoration intérieure.

L'alternative à la mise en réseau avec des câbles est, bien sûr, la mise en réseau sans câble (plus connue sous le nom de réseau sans fil) ! Avec les réseaux sans fil, plus besoin de câbles pour relier les ordinateurs car ils utilisent des ondes radio pour communiquer. Ainsi, un ordinateur peut être relié à un réseau sans fil, quel que soit l'endroit où il se trouve chez vous ou à votre bureau.

Les réseaux sans fil sont particulièrement utiles pour les ordinateurs portables. Après tout, le principal avantage d'un ordinateur portable n'est-il pas que vous puissiez l'emporter partout avec vous ? Au travail, vous pouvez utiliser votre ordinateur portable à votre bureau, dans la salle de conférence, dans la salle de pause, ou même dans la voiture sur le parking. À la maison, vous pouvez l'utiliser dans la chambre à coucher, la cuisine, le salon, la salle de jeux ou encore au bord de la piscine. Avec un réseau sans fil, votre ordinateur portable peut être connecté au réseau, quel que soit l'endroit où vous vous trouvez.

Les réseaux sans fil sont également devenus extrêmement utiles pour d'autres types d'appareils mobiles comme les smartphones et les tablettes. Bien sûr, ces appareils peuvent se connecter via un réseau cellulaire, avec une carte 3G, mais le coût risque de devenir rapidement prohibitif. Avec un réseau sans fil, vous pouvez connecter votre téléphone intelligent ou votre tablette par exemple sans coût supplémentaire.

Ce chapitre vous présente les tenants et les aboutissants de la mise en place d'un réseau sans fil. Vous découvrirez les normes des réseaux sans fil, la façon de planifier votre réseau sans fil et des indications pour installer et configurer les éléments de votre réseau sans fil. Vous verrez aussi comment mettre en place un réseau hybride, filaire et sans fil.

Plongée dans les réseaux sans fil

Un *réseau sans fil* est un réseau qui utilise non pas des câbles mais des signaux radio pour échanger des informations. Un ordinateur connecté à un réseau sans fil s'apparente à un téléphone portable.

À l'instar des téléphones mobiles, dont vous pouvez vous servir sans être relié à une ligne téléphonique, l'ordinateur connecté à un réseau sans fil fonctionne sans câble réseau.

Les paragraphes suivants résument quelques-uns des principaux concepts et termes à connaître pour installer et utiliser un réseau sans fil basique :

» **WLAN :** les réseaux sans fil sont souvent appelés *WLAN* (*Wireless Local Area Network*, réseau local sans fil). Vous trouverez aussi l'acronyme *LWAN*, pour *Local Area Wireless Network*.

  Wi-Fi : le terme *wifi* s'utilise aussi pour parler des réseaux sans fil bien qu'il désigne en fait des normes de réseau sans fil, 802.11b et 802.11g (voir la section « 802 point onze et des poussières »).

» **SSID :** un réseau sans fil a un nom d'identification, le *SSID* (*Service Set Identifier*, identifiant d'ensemble de service). Chacun des ordinateurs appartenant au même réseau sans fil doit avoir le même SSID. C'est une colle digne de *Questions pour un champion*, vous ne trouvez pas ?

» **Canal :** les réseaux sans fil peuvent transmettre sur plusieurs canaux. Pour que les ordinateurs puissent communiquer, ils doivent être configurés de façon à utiliser le même canal.

» **Ad hoc :** le type de réseau sans fil le plus élémentaire comprend plusieurs ordinateurs dotés d'une carte réseau sans fil. Cette typologie est appelée *mode ad hoc*.

» **Mode infrastructure :** il existe une typologie plus complexe, le *mode infrastructure*. Plusieurs ordinateurs sans fil peuvent non seulement être connectés entre eux, mais également être reliés à un réseau câblé via un appareil spécial, un *point d'accès sans fil* (*WAP*, en anglais). Je vous en dirai plus sur les modes *ad hoc* et *infrastructure* plus loin dans ce chapitre.

Petite leçon d'électronique

J'étais vraiment un passionné d'électronique. J'en ai fait pendant trois ans au lycée. Le cours se trouvait juste à côté de la boutique d'accessoires auto que fréquentaient tous les copains. Je me gavais de diodes et de condensateurs tout au long de la journée tandis qu'eux achetaient des systèmes stéréo de deux gigawatts pour leur voiture.

Quelques connaissances acquises dans mes cours d'électronique me furent bien utiles pour les réseaux sans fil. Très peu, je vous rassure. Quelques notions de radio vous permettront cependant de mieux comprendre ce qu'est un réseau sans fil.

Ondes et fréquences

Une émission radio est basée sur des ondes qui traversent l'atmosphère. Elles ne sont ni visibles ni audibles mais un récepteur est capable de les convertir en sons, en images et, dans le cas des réseaux sans fil, en données informatiques.

Les ondes radio sont en fait des ondes cycliques d'énergie électromagnétique qui se répètent à une *fréquence* donnée. La Figure 9.1 montre des ondes radio à deux fréquences : l'une à un seul cycle par seconde, l'autre à deux cycles par seconde. Les ondes radio ne sont pas émises à des fréquences aussi faibles, mais à des fréquences beaucoup plus élevées, comme 680 000 cycles par seconde ou 2,4 millions de cycles par seconde.

La fréquence est mesurée en *cycles par seconde*. En l'honneur de Heinrich Hertz, qui est le premier à avoir produit et capté des ondes radio (c'était en 1887), un cycle par seconde est usuellement appelé *hertz*, abrégé en *Hz*. Cette mesure est déclinée en kilohertz (kHz, mille cycles par seconde), en mégahertz (MHz, un million de cycles par seconde) et en gigahertz (GHz, un milliard de cycles par seconde). Ainsi, 2,4 MHz est correct, contrairement à 2,4 MHz !

Figure 9.1

Les ondes radio se caractérisent par leur fréquence.

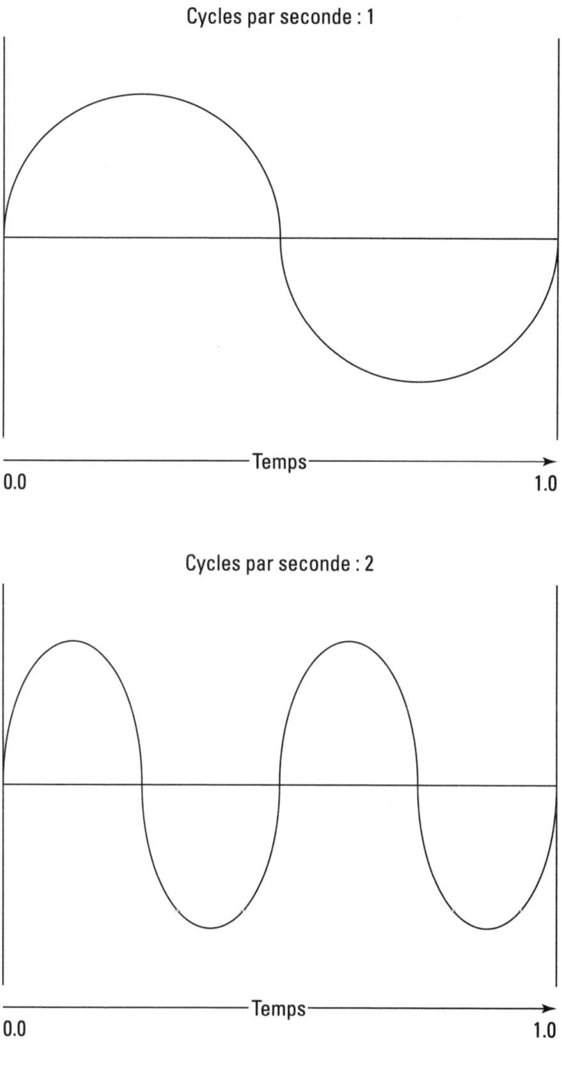

Les émetteurs et les récepteurs peuvent être réglés pour produire et recevoir des ondes à une fréquence bien précise, comme le savent tous ceux qui écoutent de la musique sur un poste de radio.

Longueur d'onde et antennes

La fréquence est liée à la notion de *longueur d'onde*. Les ondes radio voyagent à la vitesse de la lumière. La longueur d'onde indique la distance parcourue par le signal radio en un seul cycle. Par exemple, la vitesse de la lumière étant approximativement de 300 millions de mètres par seconde, la longueur d'une onde radio de 1 Hz est d'environ 300 millions de mètres. Celle d'un signal à 2 Hz est de 150 millions de mètres.

Comme vous le constatez, la longueur d'onde décroît lorsque la fréquence s'accroît. La longueur d'onde d'une station de radio émettant en modulation d'amplitude est de l'ordre de 580 kHz, soit 500 mètres environ. La télévision, elle, émet à 100 MHz, soit environ 3 mètres. En ce qui concerne un réseau sans fil à 2,4 GHz, la longueur d'onde n'est que de 12 centimètres.

Il en résulte que, plus la longueur d'onde est courte, plus l'antenne peut être courte. Les émissions en haute fréquence s'accommodent d'antennes de petite taille. Vous aurez remarqué que les stations de radio émettant sur les grandes ondes (GO) sont surmontées d'une haute antenne souvent placée sur un pylône, alors que les téléphones mobiles sont équipés de toutes petites antennes. C'est tout simplement parce que ces derniers opèrent sur des fréquences beaucoup plus élevées que les stations de radio GO.

Spectre et ART

Le terme *spectre* désigne une plage de fréquences. En France, l'attribution des fréquences pour la téléphonie et le wifi est décidée par l'ART (Autorité de Régulation des Télécommunications, `www.art-telecom.fr`).

Petit retour en arrière

Voici une révélation qui va vous amuser : eh bien, le premier système Ethernet était un réseau sans fil ! Ethernet puise ses racines dans un réseau développé à l'université d'Hawaï en 1970 : l'*Alohanet*. Ce réseau transmettait les données en utilisant de petites radios. Si deux ordinateurs transmettaient des données simultanément, une collision était détectée et ils étaient contraints d'attendre pendant un laps de temps aléatoire avant de retransmettre à nouveau les données. Cette méthode constitue les fondements pour la technique de base d'Ethernet, maintenant appelée Accès multiple avec écoute de la porteuse et détection de collisions (CSMA/CD, abréviation de *Carrier Sense Multiple Access/Collision Detection*). Dans sa thèse de doctorat à Harvard en 1973, Robert Metcalfe a développé son réseau câblé, Ethernet, en s'inspirant en partie du protocole sans fil d'Alohanet.

Pendant les vingt années qui ont suivi, Ethernet n'a été qu'un puissant réseau câblé. Ce n'est que vers le milieu des années 1990 qu'Ethernet est revenu à ses racines, le « sans fil ».

Le Tableau 9.1 présente les bandes de fréquence les plus communément utilisées. Remarquez que certaines plages sont très vastes (la télévision UHF s'étend de 470 à 806 MHz) alors que d'autres sont confinées à des fréquences très précises. La différence entre la fréquence la plus basse et la plus élevée d'une bande est appelée *largeur de bande*.

Deux des bandes du spectre sont attribuées aux réseaux sans fil : 2,4 GHz et 5 GHz. Notez que ces bandes ne sont pas réservées uniquement aux réseaux sans fil. En France, la partie basse de la fréquence à 2,4 GHz est occupée par l'armée, ce qui a posé des problèmes pour l'introduction du wifi (l'armée a cependant cédé la bande haute de la fréquence, au-dessus de 2,4465 GHz). Certains appareils (comme les haut-parleurs sans fil, les transmetteurs TV, les téléphones sans fil, etc.) émettent parfois dans ces fréquences.

Tableau 9.1

Bandes radio les plus connues.

Bande	Utilisation
535 à 1700 kHz	Radio, grandes ondes (GO)
5,9 à 26,1 MHz	Radio, ondes courtes (OC)
26,96 à 27,41 MHz	CB (Citizen Band)
54 à 88 MHz	Télévision VHF (canaux 2 à 6)
88 à 108 MHz	Radio FM
174 à 220 MHz	Télévision VHF (canaux 7 à 13)
470 à 806 MHz	Télévision (canaux UHF)
806 à 890 MHz	Téléphones cellulaires
900 MHz	Téléphones sans fil
1850 à 1990 MHz	Téléphones cellulaires PCS
2,4 à 2,4835 GHz	Téléphones et réseaux sans fil (802.11b et 802.11g)
4 à 5 GHz	Télévision par satellite, grande parabole
5 GHz	Réseaux sans fil (802.11a)
11,7 à 12,7 GHz	Télévision par satellite, petite parabole

802 point onze et des poussières

Les standards de réseaux sans fil les plus connus sont ceux de type IEEE 802.11. Ces standards Ethernet sans fil utilisent les mêmes techniques de transmission que les standards Ethernet câblés (en d'autres termes, 802.3). Surtout, les réseaux 802.11 utilisent la même technique CSMA/CD que l'Ethernet câblé pour éviter les collisions réseau.

Les standards 802.11 adressent les deux couches inférieures du modèle IEEE, qui en compte sept : la couche physique et la couche Media Access Control. Notez que les protocoles TCP/IP agissent sur les couches supérieures du modèle. Ainsi TCP/IP fonctionne parfaitement sur les réseaux 802.11.

Le standard original 802.11 a été adopté en 1997. Deux évolutions de ce standard, appelées 802.11a et 802.11b, ont été entérinées en 1999. Les derniers standards en date sont le 802.11g et le 802.11n.

Le Tableau 9.2 regroupe les caractéristiques des quatre variantes du standard 802.11.

Tableau 9.2

Variantes du standard 802.11.

Standard	Débit max.	Fréquence	Portée (intérieur)
802.11a	54 Mbps	5 GHz	50 m
802.11b	11 Mbps	2,4 GHz	100 m
802.11g	54 Mbps	2,4 GHz	100 m
802.11n	144 Mbps	5 GHz	→ 100 m

Actuellement, la plupart des réseaux sans fil sont basés sur le standard 802.11n.

À portée de maison

La portée maximale d'un réseau sans fil 802.11g est d'environ 100 mètres dans les meilleures conditions. Ce peut être intéressant si vous disposez de tout un tas d'ordinateurs sans fil en réseau dont certains sont à portée de leurs congénères et d'autres non. Par exemple, imaginons que Gilbert, Lucien et Jean-Jacques aient chacun un ordinateur portable sans fil. L'ordinateur de Gilbert est situé à 70 mètres de la machine de Lucien, laquelle est à 70 mètres de celle de Jean-Jacques, dans la direction opposée (voir

Figure 9.2). Avec cette configuration, Lucien est capable d'accéder à la fois aux ordinateurs de Gilbert et de Jean-Jacques, mais Gilbert ne peut accéder qu'à celui de Lucien, et Jean-Jacques seulement à celui de Lucien. Autrement dit, Gilbert ne pourra jamais accéder à l'ordinateur de Jean-Jacques, et inversement, car ils sont situés au-delà de la portée maximale de 100 mètres. Ça commence à ressembler à un problème de maths vicieux. Maintenant, supposons que Gilbert commence à se déplacer vers Lucien à 1,5 km/h, alors que Jean-Jacques se met à courir vers Lucien à 10 km/h...

Figure 9.2

Lucien, Gilbert et Jean-Jacques s'amusent avec leur réseau sans fil.

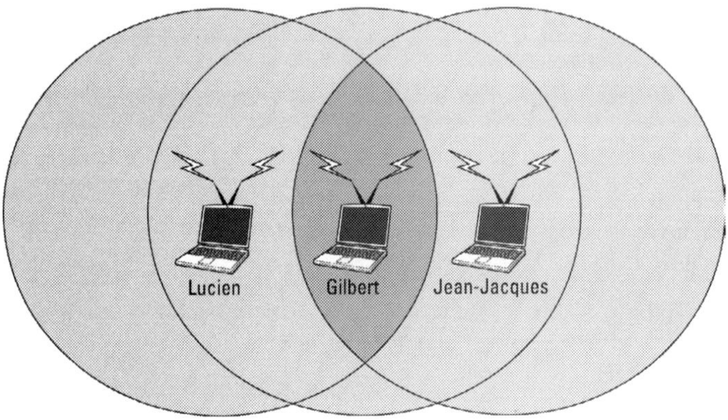

La portée théorique d'une carte réseau 802.11g est de 100 mètres, mais dans la pratique elle peut être moins importante. Des obstacles, tels que les murs, le mauvais temps, les téléphones sans fil, les fours à micro-ondes, les réacteurs nucléaires d'arrière-cour, etc., peuvent se liguer pour diminuer la portée effective d'une carte réseau sans fil. En cas de problème de connexion réseau, le simple fait de réorienter les antennes peut aider.

Les réseaux sans fil ont tendance à être plus lents lorsque la distance augmente. Les cartes réseau 802.11g sont censées fonctionner à 11 Mbps, mais elles n'atteignent ce débit qu'à des portées inférieures à 30 mètres. À 100 mètres, le débit chute souvent à 1 Mbps. Si vous avez atteint la portée limite de la carte, vous courez davantage le risque de perdre la connexion si les conditions météorologiques sont mauvaises.

Adaptateurs USB ou cartes réseau sans fil

Tout ordinateur connecté à votre réseau sans fil doit être équipé d'une *carte réseau sans fil*, qui ressemble à la carte réseau utilisée pour une connexion Ethernet standard. Seule différence, la carte réseau sans fil possède une antenne et non un connecteur relié à un câble.

Il existe plusieurs types de cartes réseau sans fil. Vous les choisirez en fonction de vos besoins et du type d'ordinateur que vous possédez :

» **La carte PCI** sans fil s'installe à l'intérieur d'un ordinateur de bureau. Pour ce faire, il faut démonter la machine. Ne le faites que si vous avez les nerfs suffisamment solides pour plonger dans les entrailles de la bête.

» **L'adaptateur USB** sans fil est un boîtier séparé qui se branche sur un des ports USB de votre ordinateur. Il occupe certes de la place sur votre bureau mais, pour son installation, vous n'avez pas besoin d'ouvrir votre ordinateur.

Points d'accès sans fil

Contrairement à leurs homologues câblés, les réseaux sans fil ne nécessitent pas de commutateur. Si vous souhaitez simplement mettre en réseau un groupe d'ordinateurs sans fil, il vous suffit d'acheter un adaptateur sans fil pour chacun d'entre eux puis de placer les machines à moins de 100 mètres les unes des autres.

Que faire si vous avez déjà un réseau câblé ? Supposons, par exemple, que vous disposiez au bureau de quinze ordinateurs, tous câblés bien comme il faut et que vous vouliez ajouter deux ordinateurs portables au réseau existant. Ou supposez que vous ayez deux ordinateurs chez vous, connectés par un câble réseau mais que vous désiriez aussi relier celui de la chambre à coucher sans tirer un câble à travers le grenier.

C'est là qu'entre en scène le *point d'accès sans fil (WAP*, en anglais, rien à voir avec le WAP des téléphones mobiles, qui est un protocole d'accès). Un point d'accès sans fil assure deux fonctions :

» **Il agit comme point de connexion central pour tous les ordinateurs équipés d'adaptateurs de réseau sans fil. Un point d'accès sans fil est l'équivalent d'un commutateur sur un réseau câblé.**

» **Il connecte vos ordinateurs sans fil au réseau de façon que tout ce beau monde forme une jolie petite famille bien unie.**

Un *point d'accès* est un boîtier muni d'une ou deux antennes et d'un port Ethernet RJ-45. Il suffit d'y brancher le câble réseau et de relier l'autre extrémité du câble à un commutateur et le réseau sans fil est connecté au réseau câblé.

La Figure 9.3 montre un point d'accès jouant le rôle de point de connexion central pour des ordinateurs communiquant sans fil et de pont qui les relie à un réseau câblé.

Mode infrastructure

Lorsque vous configurez un réseau sans fil équipé d'un point d'accès, vous créez un réseau en *mode infrastructure*. Il est appelé ainsi car le point d'accès fournit une infrastructure permanente au réseau. Les points d'accès sont fixés à des emplacements physiques, de sorte que les frontières du réseau sont relativement stables. Chaque fois qu'un ordinateur portable s'aventure à portée d'un des points d'accès, il entre dans la zone d'action du réseau et peut s'y connecter.

Un point d'accès et tous les ordinateurs qui y sont reliés sont appelés BSS (*Basic Service Set*, ensemble des services de base). Chaque BSS est identifié par un SSID (*Service Set Identifier*, identifiant de

Figure 9.3

Un point d'accès sans fil relie un réseau sans fil à un réseau câblé.

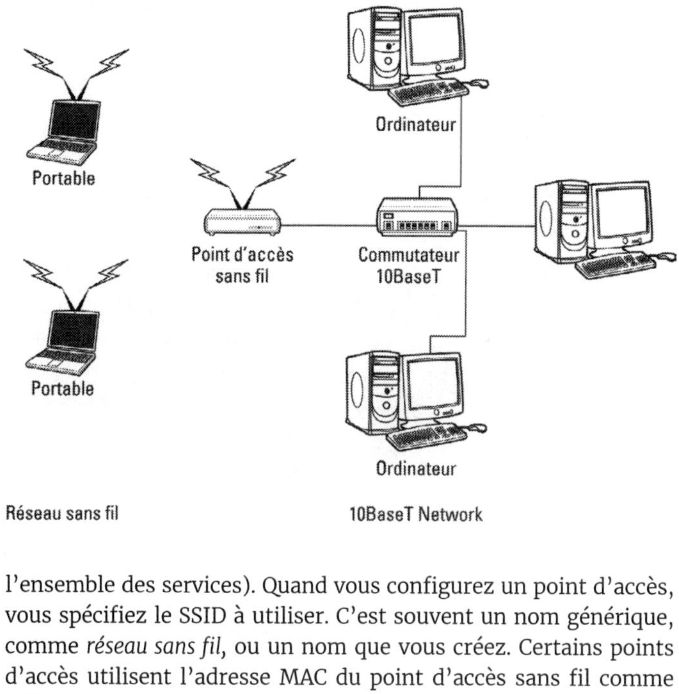

l'ensemble des services). Quand vous configurez un point d'accès, vous spécifiez le SSID à utiliser. C'est souvent un nom générique, comme *réseau sans fil*, ou un nom que vous créez. Certains points d'accès utilisent l'adresse MAC du point d'accès sans fil comme SSID.

Points d'accès sans fil multifonctions

Les points d'accès sans fil offrent souvent d'autres fonctionnalités. Certains, par exemple, sont également des commutateurs Ethernet. Dans ce cas, ils sont dotés de plusieurs ports RJ-45 ; la Figure 9.4 montre un routeur Wi-Fi EA8500 de Linksys. En outre, certains possèdent des routeurs pare-feu câble ou DSL à large bande qui permettent la connexion à Internet :

» **Un point d'accès sans fil 802.11b qui m'a permis de mettre en réseau un portable et un ordinateur de bureau situé à l'autre bout**

Figure 9.4

Un routeur Wi-Fi EA8500 de Linksys.

de la maison car je ne voulais pas tirer des câbles à travers le grenier.

- Un routeur DSL/câble que je connecte à mon modem câblé. Cela permet à tous les ordinateurs du réseau (câblés et sans fil) d'accéder à Internet.
- Un commutateur 10/100 MHz quatre ports sur lequel je peux connecter jusqu'à quatre ordinateurs à l'aide de câbles à paires torsadées.

Un point d'accès multifonction conçu pour servir de passerelle Internet d'un réseau résidentiel est parfois appelé *passerelle résidentielle.*

Itinérance (roaming)

Il est possible d'utiliser plusieurs points d'accès sans fil pour créer un grand réseau sans fil. Les utilisateurs peuvent se déplacer tout en restant connectés. Dès qu'un utilisateur sort de la zone de couverture d'un point d'accès, un autre point d'accès prend automatiquement le relais, sans que la connexion soit interrompue.

Dans cette optique, l'installation de plusieurs points d'accès sans fil nécessite que ceux-ci soient placés de telle sorte que toutes les zones du bureau ou de l'édifice figurent au moins à portée d'un des points d'accès. Ensuite, vérifiez que tous les ordinateurs et points d'accès utilisent le même SSID et le même canal.

Plusieurs points d'accès reliés pour assurer l'itinérance ainsi que les ordinateurs qui y sont connectés forment un ESS (*Extended Service Set*, ensemble de services étendus). Les points d'accès d'un ESS sont généralement connectés à un réseau câblé.

L'une des limites de l'itinérance réside dans le fait que chaque point d'accès d'un ESS doit appartenir au même sous-réseau TCP/IP. Ainsi, l'ordinateur qui passe d'un point d'accès à un autre, dans l'ESS, conserve la même adresse IP. Si les points d'accès appartenaient à des sous-réseaux différents, l'ordinateur itinérant devrait changer d'adresse IP dès qu'il passe d'un point d'accès à un autre.

Ponts sans fil

Supposons que vous ayez deux réseaux distincts à proximité l'un de l'autre dans un bâtiment mais qu'il soit difficile de les relier par câble. Dans ce cas, vous pouvez utiliser deux points d'accès sans fil pour créer un *pont sans fil* entre les deux réseaux. Connectez l'un des points d'accès sans fil au premier réseau et l'autre au second. Ensuite, attribuez le même SSID et le même nom aux deux points d'accès sans fil. Autre solution : vous pouvez utiliser un seul point d'accès sans fil doté d'une antenne plus puissante pour augmenter la portée.

Réseaux ad hoc

Un point d'accès sans fil n'est pas indispensable pour créer un réseau sans fil. En effet, quand deux périphériques sans fil sont à portée l'un de l'autre, ils peuvent se connecter et former un *réseau ad hoc*. Par exemple, si vous et quelqu'un de votre entourage possédez un ordinateur portable équipé d'un adaptateur de réseau sans fil 802.11b/g, vous pouvez vous rencontrer n'importe où, même en pleine nature, et former spontanément un réseau ad hoc.

Tous les ordinateurs situés à portée les uns des autres au sein d'un réseau ad hoc forment un IBSS (*Independent Basic Service Set*, ensemble de services de base indépendant).

Configurer un point d'accès sans fil

La configuration physique d'un point d'accès sans fil est assez simple : vous extrayez la bête de sa boîte, vous la placez sur une étagère ou sur un meuble à proximité d'une prise de courant et (le cas échéant) d'une prise réseau et vous branchez le cordon d'alimentation et le câble de raccordement au réseau.

La configuration du point d'accès est un peu moins simple, mais sans être compliquée. Elle s'effectue généralement au travers d'une interface Web. Pour accéder à la page de configuration du point d'accès, vous devez connaître son adresse IP. Ensuite, il suffit de la taper dans la barre d'adresse du navigateur à partir de n'importe quel ordinateur du réseau. La Figure 9.5 montre la connexion à une Livebox ; pour ce faire, j'ai saisi l'adresse IP 192.168.1.1 dans la barre d'adresse du navigateur.

Les points d'accès multifonctions fournissent habituellement les services DHCP et NAT et font office de routeur. Par conséquent, ils ont typiquement une adresse IP privée située au début de la plage d'adresses IP, telle que `192.168.0.1` ou `10.0.0.1` (consultez la documentation associée au point d'accès).

Si vous utilisez un point d'accès multifonction comme point d'accès sans fil et routeur Internet et si vous avez oublié son adresse IP, exécutez la commande `IPCONFIG /ALL` à partir de l'invite de commande de n'importe quel ordinateur du réseau. L'adresse IP de la passerelle devrait être l'adresse IP du point d'accès.

Figure 9.5

Exemple de page principale d'une box.

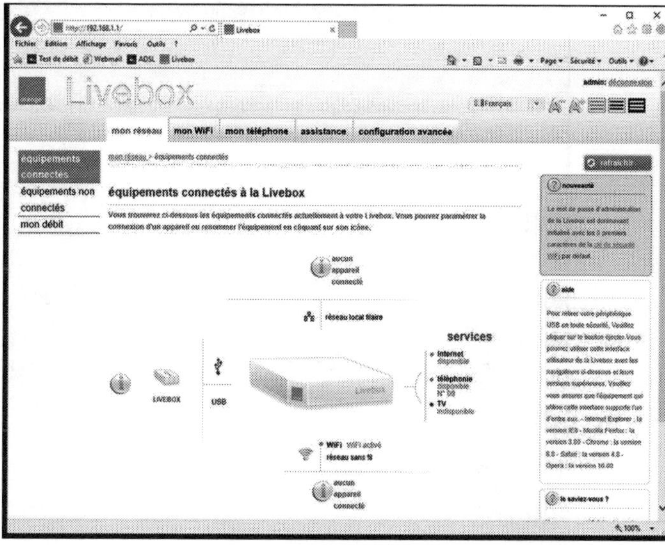

Options de configuration

La Figure 9.6 présente l'écran principal de configuration d'un routeur sans fil. J'ai accédé à cette page en indiquant dans la barre d'adresse du navigateur l'adresse IP (`192.168.1.101`) du routeur puis en entrant le login de l'administrateur et son mot de passe. En général, l'adresse IP du routeur est plutôt `192.168.1.1`.

Cette page de configuration propose les options de configuration ci-dessous. Bien qu'elles soient propres à un certain matériel, vous les retrouverez sur la plupart des autres points d'accès :

» **Activer/désactiver :** active ou désactive les fonctions du point d'accès sans fil.

Figure 9.6

Page principale de configuration d'un routeur sans fil.

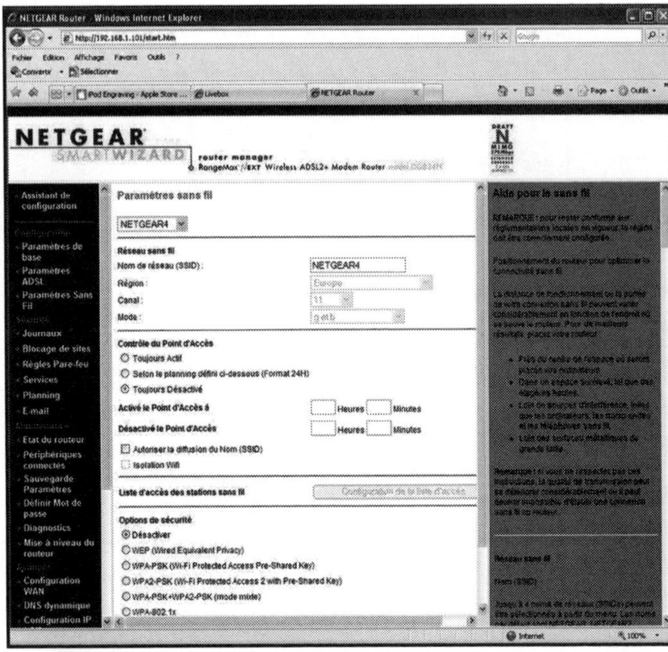

» **SSID** : l'identifiant de l'ensemble des services sert à identifier le réseau. Celui fourni par défaut par la plupart des points d'accès est très connu.

» **Autoriser la diffusion du nom (SSID)** : désactive l'émission périodique du SSID du point d'accès. Normalement, le point d'accès émet régulièrement son SSID afin que les périphériques sans fil qui arrivent à portée puissent détecter le réseau et s'y connecter.

» **Canal** : permet la sélection de l'un des onze canaux de communication (quatre seulement en France). Tous les points d'accès et ordinateurs du réseau sans fil doivent communiquer par le même canal.

» **WEP** : permet d'activer ou de désactiver un protocole de sécurité appelé *wired-equivalent privacy*.

Configurer le serveur DHCP

Vous pouvez configurer les points d'accès multifonctions pour qu'ils soient aussi des serveurs DHCP. En général, cela se fait systématiquement pour les réseaux de petite taille, dans ce cas, vous devez configurer le serveur DHCP. La Figure 9.7 affiche la page de configuration du serveur DHCP pour un routeur NetGear. Pour activer le serveur DHCP, cochez l'option adéquate et spécifiez les autres options de configuration.

Figure 9.7

Configuration du serveur DHCP pour un routeur NetGear.

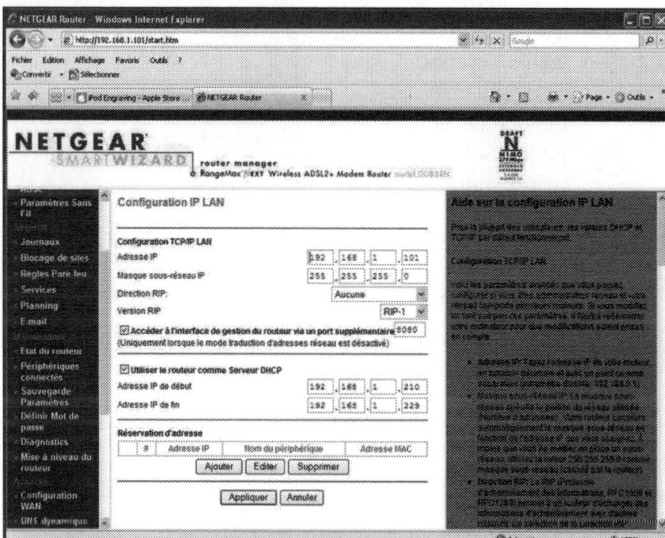

Les réseaux plus étendus qui sont plus exigeants en ressources requièrent un serveur DHCP spécifique. Dans ce cas, vous devez désactiver la fonction de serveur DHCP sur le point d'accès.

Se connecter à un réseau sans fil sous Windows

La connexion à un réseau sans fil sous Windows est très simple ; dès que Windows détecte un réseau sans fil qui est à portée, il affiche une liste des réseaux disponibles pour vous en informer, comme le montre la Figure 9.8.

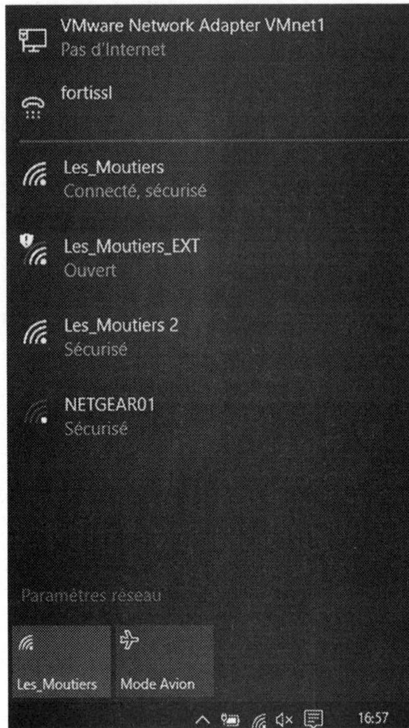

Figure 9.8

Connexion à un réseau sans fil.

Sélectionnez le réseau auquel vous souhaitez vous connecter, puis entrez la clé de sécurité lorsque vous y êtes invité. Si la clé est correcte, vous êtes immédiatement connecté.

Si vous voulez accéder automatiquement à ce réseau chaque fois qu'il sera à portée, cochez la case Se connecter automatiquement. Vous n'aurez plus à sélectionner manuellement ce réseau et la clé sera conservée automatiquement.

Cette possibilité de Windows à mémoriser tous les réseaux auxquels vous êtes susceptible de vous connecter est très pratique. Cependant, si vous avez conservé les caractéristiques d'un réseau auquel vous n'aurez plus l'occasion de vous connecter, voici la marche à suivre pour que Windows l'oublie :

1. **Cliquez sur le bouton Démarrer puis sur Paramètres.**

   La fenêtre Paramètres apparaît.

2. **Choisissez Réseau et Internet puis Wi-Fi.**

   La fenêtre Wi-Fi est affichée, elle présente la liste des réseaux connus.

3. **Faites défiler l'affichage, si besoin, jusqu'au bas de la liste des réseaux connus, puis cliquez sur Gérer les paramètres Wi-Fi.**

   La fenêtre Gérer les paramètres Wi-Fi apparaît.

4. **Accédez à la section Gérer les réseaux connus, cliquez sur le réseau que vous souhaitez oublier.**

   Le réseau est sélectionné, comme le montre la Figure 9.9.

5. **Cliquez le bouton oublier.**

   Le réseau est supprimé de la liste ; pour vous y connecter à nouveau, vous devrez entrer la clé de sécurité.

Ne pas négliger la sécurité des réseaux sans fil

Avant de mettre en service un point d'accès sans fil sur votre réseau, vous devez d'abord examiner les risques de sécurité inhérents aux réseaux sans fil. Si vous ne prenez pas quelques précautions de base, l'ajout d'un point d'accès sans fil risque d'exposer les entrailles de votre réseau à tout le monde !

Reportez-vous au Chapitre 19 pour plus de détails sur la sécurité réseau en général. Les informations présentées dans cette section vous aideront à vous protéger des visiteurs indésirables ; mais les techniques de sécurité décrites dans le Chapitre 19 seront un plus pour l'ensemble de votre réseau.

Figure 9.9

Oublier un réseau sans fil sous Windows 10.

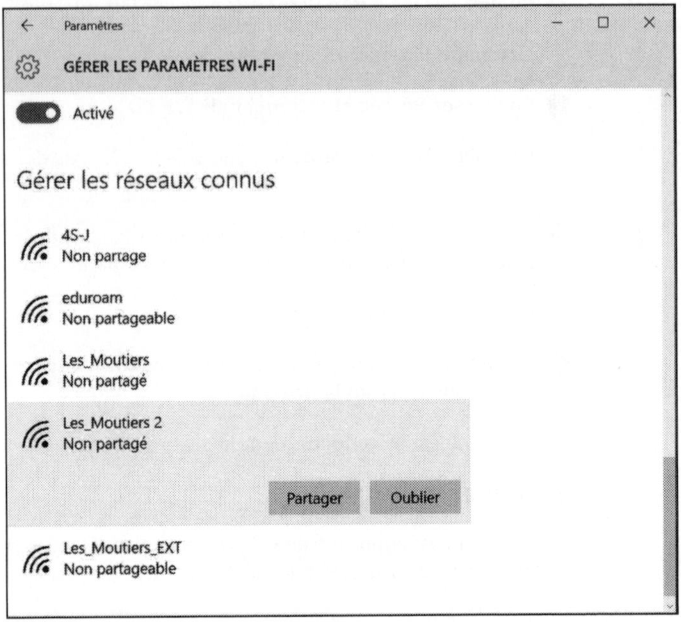

Les paragraphes suivants décrivent les types de menaces de sécurité que les réseaux sans fil sont susceptibles de rencontrer. Vous devez prendre chacun de ces types de menaces en considération lorsque vous planifierez la sécurité de votre réseau :

- **Intrusion :** avec un réseau câblé, un intrus doit généralement avoir accès à votre installation pour se connecter physiquement à votre réseau. Il n'en est pas de même avec un réseau sans fil ; toute personne avec un dispositif sans fil peut arriver à accéder à votre réseau dès l'instant où elle se trouve à portée des signaux radio de votre réseau. À la maison, vos voisins voient probablement votre réseau sans fil ; et dans un bureau, les personnes assises sur un banc à l'extérieur de votre bâtiment détectent de la même manière votre réseau sans fil.

» **Freeloaders** : les freeloaders sont des intrus qui se greffent sur votre réseau sans fil pour obtenir un accès gratuit à Internet. Si elles parviennent à accéder à votre réseau sans fil, elles ne feront rien de malveillant, elles ne feront que l'utiliser pour surfer sur le Web.

Cependant, ces resquilleurs peuvent être une source potentielle de problèmes : ils dégradent votre bande passante, ils peuvent utiliser votre réseau pour télécharger des données ou des applications illicites, ils peuvent arriver à détourner votre serveur de messagerie pour envoyer des spams, et ils peuvent fouiner et consulter des données confidentielles stockées sur votre réseau.

» **Oreilles indiscrètes :** ces intrus ne font qu'écouter votre trafic réseau ; ils ne cherchent pas réellement à avoir accès à votre réseau sans fil, du moins au début. Ils écoutent, ils espionnent les paquets que vous envoyez sur le réseau sans fil, dans l'espoir de trouver des informations utiles telles que les mots de passe ou des numéros de carte de crédit.

» **Spoiler :** un spoiler est un pirate informatique qui tente de brouiller des réseaux afin de les rendre inutilisables. Un spoiler accomplit habituellement cette action en saturant le réseau et en faisant en sorte que le trafic légitime se perde dans le flux. Les spoilers peuvent également essayer de placer des virus ou des programmes avec des vers sur votre réseau via une connexion sans fil non sécurisée.

J'espère vous avoir convaincu que les réseaux sans fil présentent de nombreux risques pour la sécurité ! Mais ne soyez pas désespéré, voici quelques conseils que vous pouvez mettre en œuvre pour sécuriser votre réseau sans fil :

» **Créer un mot de passe sans fil sécurisé.** La première chose à faire lorsque vous configurez un réseau sans fil est de changer le mot de passe par défaut pour accéder au réseau. La plupart des fabricants de routeurs sans fil sécurisent le SSID avec un mot de passe standard qui est connu de tous les internautes. Définissez un mot de passe suffisamment robuste et ne le partagez qu'avec les personnes qui ont accès à votre réseau.

Protéger les points d'accès

Les connexions illicites représentent un des plus grands problèmes que les réseaux professionnels puissent rencontrer ; ce sont des points d'accès qui apparaissent soudainement sur votre réseau, comme surgissant de nulle part. Que risque-t-il de se passer si un utilisateur veut connecter son iPad ou son smartphone à votre réseau d'entreprise, alors que vous refusez de lui donner le mot de passe indispensable ? Il se peut qu'il s'arrête un jour sur le chemin du travail et qu'il achète un routeur sans fil et se branche sur le réseau sans vous demander la permission.

À présent, en dépit de toutes les précautions de sécurité que vous aurez élaborées pour protéger votre réseau, cet utilisateur bien intentionné a ouvert une porte dérobée sur le réseau. Il est peu probable que cet utilisateur dégrade volontairement des ressources du réseau ; il n'est sans doute pas au courant que les dispositifs d'accès sans fil possèdent des caractéristiques de sécurité.

Cependant, si vous n'avez rien fait pour vous protéger contre ces sortes d'installations, vous risquez de les conserver sur votre réseau pendant des mois, voire des années. Vous n'en aurez pas conscience jusqu'à ce qu'un jour vous constatiez que votre réseau a été saccagé par un pirate qui a trouvé son chemin dans votre réseau via un point d'accès sans fil non protégé et dont vous ignoriez l'existence.

Voici quelques mesures à prendre pour réduire le risque d'installation de points d'accès indésirables sur votre système :

» **Mettre en place une politique interdisant aux utilisateurs d'installer eux-mêmes des points d'accès sans fil sur le réseau.** Ensuite, assurez-vous que vous informiez tous les utilisateurs du réseau de cette politique et expliquez-leur pourquoi ces installations présentent un risque majeur.

» **Établissez des outils et une procédure qui accordent rapidement et à moindre coût l'accès sans fil aux utilisateurs qui le souhaitent.** Les points d'accès dérobés apparaissent en premier lieu parce que les utilisateurs qui veulent un accès ne peuvent pas l'obtenir. Si vous proposez aux utilisateurs un accès sans fil légitime, ils n'auront plus besoin de les cacher derrière des classeurs ou des pots de fleurs.

» **Faites de temps en temps une promenade dans les bureaux à la recherche de points d'accès non autorisés.** Jetez un œil à chaque prise réseau dans le bâtiment et regardez à quoi elle est reliée.

» **Arrêtez tous vos points d'accès sans fil, puis promenez-vous dans les locaux avec un dispositif mobile sans fil (comme un smartphone) et recherchez d'éventuels réseaux sans fil pirates.** Si vous détectez un réseau sans fil, cela ne signifie pas que vous avez trouvé un point d'accès non autorisé ; il s'agit peut-être du réseau de l'entreprise voisine ou de ceux des appartements se trouvant à proximité.

» **Changez le mot de passe administrateur.** La plupart des points d'accès ont une page de configuration accessible à partir du Web avec n'importe quel navigateur Web ; celle-ci permet de configurer les paramètres du point d'accès. La page de configuration est protégée par un nom d'utilisateur et un mot de passe, mais ceux-ci sont initialement fixés à des valeurs par défaut qui sont faciles à deviner. Toute personne qui a accès à votre réseau peut alors se connecter à la page administrative et prendre le contrôle du réseau.

» **Cachez le SSID.** La désactivation de la diffusion automatique du SSID de votre réseau et une étape simple pour le sécuriser. De cette façon, seules les personnes qui connaissent l'existence de votre réseau seront en mesure d'y accéder. La sécurisation du SSID n'est pas une solution de sécurité complète ; il faut lui ajouter d'autres mécanismes de sécurité.

» **Désactivez le mode invité.** De nombreux points d'accès proposent un mode invité qui permet aux ordinateurs clients de spécifier un SSID blanc ou de spécifier « tout » comme SSID. Si vous voulez vous assurer que seules les personnes qui connaissent le SSID puissent rejoindre le réseau, vous devez désactiver cette fonction.

» **Utilisez le filtrage d'adresses MAC.** C'est l'un des moyens les plus efficaces pour protéger un réseau sans fil ; le filtrage par adresse MAC permet de spécifier la liste des adresses MAC des périphériques qui sont autorisés à accéder au réseau ou la liste de ceux qui sont interdits d'accès au réseau. Si un ordinateur dont l'adresse MAC est inconnue tente de rejoindre le réseau via le point d'accès, l'accès lui est refusé.

  Le filtrage par adresses MAC est une excellente méthode pour les réseaux sans fil dont les clients sont connus.

  Bien que le filtrage par adresses MAC ne soit pas à l'épreuve des balles, il peut décourager d'éventuels visiteurs indésirables. Malheureusement, le filtrage des adresses MAC est assez contraignant ; chaque fois que vous souhaitez accorder l'accès à un nouveau dispositif, vous devez trouver son adresse MAC et l'ajouter à la liste des appareils autorisés.

» **Placez vos points d'accès à l'extérieur du pare-feu.** La technique de sécurité la plus efficace pour le réseau sans fil consiste à placer tous vos points d'accès sans fil à l'extérieur de votre pare-feu. De cette façon, tout le trafic réseau des utilisateurs sans fil devra traverser le pare-feu pour accéder au réseau.

  Comme vous pouvez l'imaginer, cela peut limiter considérablement l'accès au réseau pour ces utilisateurs. Pour contourner ces limitations, il est possible d'activer un réseau privé virtuel (VPN) pour les utilisateurs sans fil.

  De toute évidence, cette solution nécessite un peu de travail pour la mise en place et risque d'être un peu gênante pour les utilisateurs, mais c'est un excellent moyen de sécuriser totalement vos points d'accès sans fil.

Ne négligez pas les bases

Les techniques de sécurité décrites dans ce chapitre sont spécifiques aux réseaux sans fil. Elles doivent être mises en œuvre en complément des méthodes de sécurité de base qui sont présentées dans le Chapitre 19.

En d'autres termes, n'oubliez pas les bases suivantes :

- » Imposez des mots de passe pour tous les comptes utilisateurs.
- » Appliquez les correctifs de sécurité à vos serveurs.
- » Modifiez les informations de compte d'administration serveur par défaut, en particulier le mot de passe administrateur.
- » Désactivez les services inutiles.
- » Vérifiez régulièrement les journaux du serveur.
- » Installez une protection antivirus.
- » Sauvegardez les données !

Chapitre 10
Virtualisation

La virtualisation est aujourd'hui l'un des sujets les plus importants dans le monde des serveurs et des réseaux. Selon certains experts de l'industrie, la virtualisation est la meilleure chose qui soit arrivée aux ordinateurs depuis l'invention du transistor. Si vous n'avez pas déjà commencé à virtualiser vos serveurs, c'est que vous êtes debout sur le quai à regarder le train partir !

Ce chapitre est une brève introduction à la virtualisation ; il met l'accent sur la manière de tirer parti du matériel afin d'augmenter le nombre de serveurs en utilisant moins de matériel. En complément des concepts généraux de virtualisation, vous expérimenterez la virtualisation à l'aide du produit de virtualisation gratuit de Microsoft, Hyper-V.

Les principes de base de la virtualisation

L'idée de base de la virtualisation consiste à utiliser un logiciel pour simuler l'existence de matériel. Ce concept puissant permet d'exécuter plusieurs systèmes informatiques indépendants sur un serveur physique unique. Supposons que votre organisation nécessite douze serveurs pour répondre à ses besoins. Vous pouvez installer douze serveurs sur douze ordinateurs distincts ou bien vous pouvez utiliser la virtualisation pour répartir l'exécution de ces douze serveurs sur seulement deux machines ; en effet, chacun de ces deux ordinateurs simulerait six systèmes informatiques distincts.

Chacun des systèmes simulés est une machine virtuelle. Chaque machine virtuelle apparaît comme un système complet, ordinateur autonome avec ses propres processeurs, sa mémoire, ses disques durs, ses lecteurs de CD-ROM/DVD, son clavier, sa souris, son moniteur, ses interfaces réseau, ses ports USB, etc.

Comme un véritable ordinateur, chaque machine virtuelle nécessite son système d'exploitation. Dans un environnement de serveur de réseau typique, chaque machine virtuelle exécute sa propre copie de Windows Server 2016 (ou une version antérieure). Le système d'exploitation ne fait aucune différence entre une machine virtuelle et une machine réelle.

Voici quelques termes que vous devez connaître si vous souhaitez discuter de manière intelligente de virtualisation :

- **Hôte :** l'ordinateur physique réel sur lequel une ou plusieurs machines virtuelles sont exécutées.
- **Bare metal** (métal nu) : un autre terme pour l'ordinateur hôte qui exécute une ou plusieurs machines virtuelles.
- **Invité** : une machine virtuelle fonctionnant sur un hôte.
- **Système d'exploitation invité :** un système d'exploitation qui s'exécute sur une machine virtuelle. En soi, un invité est unique-

ment une machine, il nécessite un système d'exploitation pour fonctionner ; le système d'exploitation invité est ce qui amène le client à vie.

En ce qui concerne les licences, Microsoft traite chaque machine virtuelle comme un ordinateur distinct. Ainsi, si vous exécutez six instances sur un hôte unique, et si chaque invité exécute Windows Server, vous êtes redevable de six licences Windows Server.

La longue marche de la virtualisation

De nos jours, les jeunes informaticiens pensent qu'ils ont tout inventé, y compris la virtualisation.

Ils ne savent pas !

La virtualisation a été développée pour les ordinateurs PC dans les années 1990, à l'époque où le capitaine Picard était aux commandes de l'Enterprise dans Star Trek : La Nouvelle Génération.

Mais l'idée est encore plus ancienne que cela.

Les premiers serveurs virtualisés datent des années 70. En 1972, IBM a conçu un système d'exploitation appelé simplement VM, qui avait presque toutes les caractéristiques de base que l'on retrouve dans les produits de virtualisation d'aujourd'hui.

VM a permis aux administrateurs d'ordinateurs IBM mainframe System/370 de faire tourner sur un même système plusieurs machines virtuelles indépendantes ; chacune était appelée (vous l'aurez deviné) une machine virtuelle, ou VM (pour *Virtual Machine*). Cette terminologie est encore en usage aujourd'hui.

Chaque machine virtuelle pouvait exécuter un système d'exploitation invité compatible avec le System/370 avec ses propres cœurs de processeur, sa mémoire virtuelle, ses partitions de disque et ses dispositifs d'entrée/sortie.

Le cœur du système VM lui-même a été appelé l'hyperviseur ; un autre terme qui persiste à ce jour.

Le produit VM qu'IBM a conçu en 1972 était en fait basé sur un produit expérimental expérimenté sur une base limitée en 1967.

» **Hyperviseur** : le système d'exploitation de virtualisation qui crée et exécute les machines virtuelles.

Les deux types de base d'un hyperviseur sont le Type 1 et le Type 2. *Un hyperviseur de Type 1*, ou natif, est un hyperviseur qui s'exécute directement sur l'hôte. *Un hyperviseur de Type 2* est un hyperviseur qui s'exécute dans un système d'exploitation, qui s'exécute à son tour sur l'hôte.

Pour une utilisation en production, vous devriez toujours utiliser les hyperviseurs de Type 1, car ils sont beaucoup plus efficaces que les hyperviseurs de Type 2. Cependant, les hyperviseurs de Type 1 sont beaucoup plus chers que les hyperviseurs de Type 2. En conséquence, de nombreuses personnes utilisent des hyperviseurs de virtualisation Type 2, peu coûteux ou gratuits, pour expérimenter leur modèle avant de s'engager et d'acheter un hyperviseur de Type 1.

» **La couche d'abstraction matérielle** (*Hardware abstraction layer*, HAL) : c'est une couche logicielle qui agit comme un intermédiaire pour séparer le matériel réel du logiciel. Le système d'exploitation fournit une HAL, qui gère des pilotes de périphériques pour communiquer avec les périphériques matériels réels de sorte que le logiciel en cours d'exécution sur le système d'exploitation n'a aucune connaissance de ces détails. Un hyperviseur fournit également une HAL qui permet aux systèmes d'exploitation invités dans les machines virtuelles d'interagir avec le matériel.

Qu'est-ce qu'un hyperviseur ?

Au cœur de la virtualisation, on trouve l'hyperviseur, une couche logicielle qui gère la création et l'exécution de machines virtuelles. Un hyperviseur s'acquitte de plusieurs fonctions essentielles :

» Il fournit une HAL (couche d'abstraction matérielle), qui virtualise toutes les ressources matérielles de l'ordinateur hôte sur lequel il fonctionne. Cela inclut les cœurs du processeur, la mémoire RAM et les dispositifs d'entrée/sortie tels que les disques durs, le clavier, la souris, le moniteur, les périphériques USB, etc.

- Il constitue des pools de ces ressources matérielles pour les allouer à des machines virtuelles.

- Il crée les machines virtuelles ; une machine virtuelle est un système informatique qui dispose des ressources matérielles de l'hôte qui l'abrite. Le matériel associé à chaque machine virtuelle provient des pools de ressources matérielles gérés par l'hyperviseur.

- Il gère l'exécution de ses machines virtuelles, l'allocation des ressources matérielles pour chaque machine virtuelle et le démarrage et l'arrêt des machines virtuelles à la demande des utilisateurs.

- Il s'assure que chaque machine virtuelle est totalement isolée des autres machines virtuelles, de sorte que si un problème apparaît sur une machine virtuelle, aucune autre machine virtuelle ne sera affectée.

- Il gère les communications entre les machines virtuelles sur des réseaux virtuels, afin qu'elles puissent communiquer les unes avec les autres et il les relie à un ou plusieurs réseaux physiques au-delà de l'hôte.

Il existe deux types d'hyperviseurs :

- **Type 1** : un hyperviseur de Type 1 fonctionne directement sur l'ordinateur hôte, sans système d'exploitation intermédiaire. C'est le type d'hyperviseur le plus efficace parce qu'il dispose d'un accès direct aux ressources matérielles du système hôte.

  Les deux exemples les plus connus d'hyperviseurs de Type 1 sont l'ESXi de VMware et l'Hyper-V de Microsoft. ESXi fait partie d'une suite de produits de virtualisation populaires développés par la société VMware et Hyper-V est la plate-forme de virtualisation intégrée qui est incluse avec les versions récentes de Windows Server.

- **Type 2** : un hyperviseur de Type 2 fonctionne comme une application au sein d'un système d'exploitation qui s'exécute directement sur l'ordinateur hôte. Les hyperviseurs de Type 2 sont moins efficaces que les hyperviseurs de Type 1 parce qu'ils imposent d'ajouter une couche d'abstraction matérielle supplé-

mentaire ; la première est fournie par le système d'exploitation qui tourne nativement sur l'hôte et la seconde par l'hyperviseur qui fonctionne comme une application sur le système d'exploitation hôte.

Pour une utilisation en production, vous devez toujours utiliser des hyperviseurs de Type 1 parce qu'ils sont beaucoup plus efficaces que les hyperviseurs de Type 2. Les hyperviseurs de Type 1 sont considérablement plus chers que les hyperviseurs de Type 2 ; en conséquence, la plupart des administrateurs utilisent les hyperviseurs de Type 2, peu coûteux ou gratuits, pour expérimenter leurs modèles avant d'acheter un hyperviseur de Type 1.

Comprendre les disques virtuels

Les ordinateurs ne sont pas les seuls éléments qui sont virtualisés ; la virtualisation permet également le stockage sur des disques virtuels. La virtualisation de disque permet de combiner une variété de dispositifs physiques de stockage sur disque pour créer des pools de stockage disque que vous pouvez ensuite affecter à vos machines virtuelles en fonction des besoins.

La virtualisation du stockage sur disque n'a rien de nouveau. En fait, il y a plusieurs couches de virtualisation impliquées dans un environnement de stockage réel. Au niveau le plus bas se trouvent les lecteurs de disques physiques qui sont généralement regroupés dans des matrices de disques individuels pour créer l'image d'une seule grande unité de disque. Par exemple, quatre unités de disque de 2 To peuvent être combinées dans un tableau pour créer un seul lecteur de disque de 8 To.

Notez que les matrices de disques sont généralement utilisées pour fournir une protection des données par redondance. Cela est communément appelé système RAID (*Redundant Array of Inexpensive Disks*), qui signifie réseau redondant de disques peu coûteux.

Une forme courante de système RAID, appelé RAID-10, permet de créer des paires d'unités de disque en miroir afin que les données soient toujours écrites simultanément sur une paire de disques en miroir. Donc, si l'un des disques est défaillant, l'autre disque conserve l'information. Avec un système en RAID-10, la capacité utilisable des disques est égale à la moitié de la capacité totale des disques de la matrice. Par exemple, une matrice en RAID-10 constituée de quatre disques de 2 To contient deux paires de disques durs de 2 To en miroir, la capacité totale utilisable est donc de 4 To.

Une autre forme courante de système RAID est le RAID-5, dans lequel les unités de disques sont combinées et l'un des disques du groupe est affecté à la redondance des informations. Si l'un des disques du module est défaillant, les disques restants peuvent être utilisés pour régénérer les données qui étaient sur le lecteur hors service. La capacité totale d'une matrice en RAID-5 est égale à la somme des disques individuels, moins un disque. Par exemple, un ensemble de quatre disques de 2 To dans une configuration en RAID-5 a une capacité totale utilisable de 6 To.

Dans un environnement virtuel typique, les ordinateurs hôtes peuvent être connectés aux éléments de stockage de plusieurs manières :

» **Stockage sur disque local :** dans le stockage sur disque local, les disques durs sont montés directement sur l'ordinateur hôte et sont reliés à celui-ci via son contrôleur d'unités de disques internes. Par exemple, un ordinateur hôte peut inclure quatre unités de disque de 1 To montées dans le même châssis que l'ordinateur lui-même. Ces quatre disques peuvent être utilisés pour former une matrice en RAID-10 avec une capacité utile de 2 To.

  Les principaux inconvénients du stockage sur disques locaux sont la limite liée à la capacité physique des ordinateurs hôtes et la disponibilité réservée uniquement à l'ordinateur d'accueil et à ses hôtes.

» **SAN** (*Storage Area Network*) : dans un SAN, les disques durs sont hébergés dans un dispositif séparé qui est connecté à l'hôte via un contrôleur à haut débit. À la différence d'un stockage local, un stockage SAN est un dispositif distinct. La connexion à haut débit avec l'hôte est souvent aussi rapide que la connexion interne avec le stockage sur disque local ; par ailleurs, le SAN comprend

un contrôleur de stockage séparé qui assure la gestion des unités de disques.

Un SAN peut contenir plusieurs douzaines de lecteurs de disque et peut gérer les connexions à haut débit de plusieurs hôtes. Un SAN peut généralement être étendu en ajoutant un ou plusieurs châssis d'extension, qui peuvent contenir des douzaines de lecteurs de disques chacun. Ainsi, un seul SAN peut gérer des centaines de téraoctets de données sur disque.

» **NAS** (*Network Attached Storage*) **: ce type de stockage est similaire à un SAN, mais au lieu de se connecter aux hôtes via un contrôleur à grande vitesse, un NAS se connecte aux ordinateurs hôtes via des connexions Ethernet standard et TCP/IP. Le NAS est le moins cher de toutes les formes de stockage sur disque, mais il est aussi le plus lent.**

Quelle que soit la façon dont le système de stockage est connecté à l'hôte, l'hyperviseur gère son stockage et crée des pools virtuels de stockage généralement appelés magasins de données. Par exemple, un hyperviseur qui a accès à trois baies de 2 To de disques en RAID-5 pourrait les regrouper pour créer un seul magasin de données 6 To.

À partir de ce magasin de données, vous pouvez créer des volumes de disques durs virtuels qui peuvent être affectés à une machine virtuelle particulière. Ensuite, lorsqu'un système d'exploitation est installé dans une machine virtuelle, il peut monter les volumes de la machine virtuelle pour créer des unités auxquelles le système d'exploitation pourra accéder.

Par exemple, considérons une machine virtuelle qui exécute Windows Server. Si vous vous connectez à la machine virtuelle et si vous utilisez l'Explorateur Windows pour voir quelle est la taille du stockage sur disque qui est disponible pour la machine, vous pouvez voir un lecteur C: avec une capacité de 100 Go. Ce lecteur C: est en fait un volume de 100 Go qui a été créé par l'hyperviseur et attaché à la machine virtuelle. Ce volume de 100 Go a été affecté à partir d'un magasin de données, qui pourrait avoir une taille de 4 To. Le stockage de données pourrait avoir été créé à partir d'un stockage sur disque provenant d'un SAN attaché à l'hôte ; lequel pourrait être constitué d'une matrice en RAID-10 de quatre disques physiques de 2 To.

Dans cet exemple, il y a au moins quatre couches de virtualisation nécessaires pour que le stockage brut sur les lecteurs de disques physiques soit disponible au système d'exploitation hébergé :

» **Les lecteurs de disques physiques sont agrégés par le RAID-10 pour créer une image disque unifiée qui a intégré la redondance. Le système en RAID-10 est la première couche de la virtualisation ; celle-ci est entièrement gérée par le SAN.**

» **Le stockage disponible sur le SAN est extrait par l'hyperviseur pour créer des banques de données ; c'est le deuxième niveau de la virtualisation.**

» **Des parties d'un magasin de données sont utilisées pour créer des volumes qui sont ensuite affectés aux machines virtuelles. Les volumes représentent une troisième couche de virtualisation.**

» **Le système d'exploitation invité voit les volumes comme s'ils étaient des dispositifs physiques, qui peuvent être montés et formatés pour constituer le stockage disque disponible pour les utilisateurs ; c'est la quatrième couche de virtualisation.**

Bien qu'elles semblent assez compliquées, ces couches de virtualisation offrent beaucoup de souplesse pour la gestion du stockage. De nouvelles baies de disques peuvent être ajoutées au SAN, ou bien un nouveau NAS peut être connecté au réseau, puis de nouveaux magasins de données peuvent être créés sans perturber les magasins de données existants. Les volumes peuvent être déplacés d'un magasin de données à l'autre sans perturber les machines virtuelles auxquelles ils sont attachés. En fait, on peut augmenter la taille d'un volume à la volée, et la machine virtuelle verra immédiatement l'augmentation de la capacité de stockage, sans même exiger un redémarrage.

Comprendre la virtualisation réseau

Lorsque vous créez une ou plusieurs machines virtuelles sur un système hôte, vous avez besoin de leur fournir un moyen de communiquer non seulement entre elles, mais aussi avec les autres ordinateurs physiques de votre réseau. Pour activer ces connexions, vous devez créer un réseau virtuel au sein de votre environnement ; celui-ci reliera les machines virtuelles les unes aux autres et au réseau physique.

Pour créer le réseau virtuel, vous devez mettre en place un commutateur virtuel qui gère les communications entre les machines virtuelles et le réseau physique via les interfaces réseau de l'ordinateur hôte. Comme un commutateur physique, un commutateur virtuel est doté de ports. Lorsque vous créez un commutateur virtuel, vous connectez le commutateur virtuel à une ou plusieurs des interfaces réseau de l'ordinateur hôte. Ces interfaces sont reliées avec un câble réseau aux commutateurs physiques.

Ensuite, lors de la création des machines virtuelles, chacune est connectée à un port sur le commutateur virtuel. Lorsque toutes les machines virtuelles sont reliées au commutateur, elles peuvent communiquer entre elles et avec des périphériques du réseau physique.

Les avantages de la virtualisation

Vous pourriez penser que la virtualisation est inefficace, car un véritable ordinateur est intrinsèquement plus rapide qu'un ordinateur simulé. Même s'il est vrai que les ordinateurs réels sont plus rapides que les ordinateurs simulés, la technologie de virtualisation est devenue tellement performante que la différence entre une machine virtualisée et une véritable machine physique est seulement de quelques pour cent.

La petite différence imposée par la virtualisation est généralement plus que compensée par le simple fait que même les serveurs les plus sollicités passent le plus clair de leur temps à se tourner leurs pouces numériques, en attente de quelque chose à faire. En fait, de nombreux serveurs passent presque tout leur temps à ne rien faire. Comme les ordinateurs deviennent de plus en plus rapides, ils passent de plus en plus de temps à ne rien faire.

La virtualisation est une excellente façon d'utiliser toute cette puissance de traitement inemployée.

La virtualisation présente plusieurs avantages décisifs :

» **Coût du matériel :** en général, vous pouvez économiser beaucoup d'argent en réduisant les coûts du matériel lorsque vous utilisez la virtualisation. Supposons que vous remplaciez dix serveurs qui coûtent 4 000 euros chacun par un serveur hôte. Certes, vous devrez probablement dépenser plus de 4 000 euros pour ce serveur, car il doit être équipé de multiprocesseurs avec de nombreux cœurs, une quantité de mémoire importante, des interfaces réseau, etc. Donc, vous dépenserez probablement 15 000 à 20 000 euros pour le serveur hôte, 5 000 euros pour le logiciel hyperviseur. Mais c'est beaucoup moins que les 40 000 euros que vous auriez dépensés pour les dix ordinateurs distincts à 4 000 euros chacun.

» **Les coûts d'énergie :** de nombreuses entreprises ont constaté que la virtualisation a permis de réduire leur consommation globale d'électricité de 80 % pour les serveurs. Cette économie est le résultat direct de la réduction du nombre de machines ; un ordinateur hôte exécutant dix serveurs virtuels utilise environ un dixième de l'énergie qui serait utilisée si chacun des dix serveurs était exécuté sur un matériel distinct.

» **La recouvrabilité :** un des plus grands avantages de la virtualisation n'est pas l'économie de coûts, mais la capacité à récupérer rapidement les défaillances matérielles. Supposons que votre entreprise dispose de dix serveurs, chacun fonctionnant sur un matériel distinct. Si l'un de ces serveurs tombe en panne à la suite d'une défaillance matérielle, par exemple une carte mère défaillante, ce serveur restera arrêté jusqu'à ce que vous ayez réparé l'ordinateur. Si ces dix serveurs sont des machines virtuelles qui tournent sur deux hôtes différents, si l'un des hôtes tombe en panne, les machines virtuelles affectées à l'hôte défaillant pourront être dupliquées sur l'autre hôte en quelques minutes.

Certes, les serveurs seront exécutés de manière moins efficace sur un seul hôte plutôt que sur les deux hôtes, mais cette légère dégradation ne durera que le temps de la réparation.

Avec les hyperviseurs les plus avancés, le transfert d'un hôte à un autre hôte peut être réalisé automatiquement et instantanément, ce qui évite toute interruption de service.

» **La reprise après sinistre** : lors de défaillances matérielles, la virtualisation est particulièrement intéressante pour la reprise après sinistre. Supposons que l'infrastructure serveur de votre organisation se compose de vingt serveurs distincts. Dans le cas d'une catastrophe dévastatrice, comme un incendie dans la salle des serveurs qui détruit tout le matériel, combien de temps vous faudrait-il pour remettre les vingt serveurs en service avec un nouveau matériel ? Le temps de récupération serait très probablement mesuré en semaines.

  En revanche, pour des machines virtuelles qui sont en fait rien de plus que des fichiers qui peuvent être sauvegardés sur bande, il suffirait de reconstruire un seul ordinateur hôte, de réinstaller le logiciel hyperviseur, de restaurer les sauvegardes des machines virtuelles à partir des bandes, puis de redémarrer les machines virtuelles. Tout cela au maximum en quelques heures au lieu de quelques semaines.

Présentation d'Hyper-V

La virtualisation est un sujet complexe, et la maîtrise des tenants et des aboutissants pour travailler à part entière avec un système de virtualisation comme Hyper-V ou VMware est un sujet qui va au-delà de la portée de ce livre. Cependant, vous pouvez dès à présent expérimenter ces produits et regarder un peu comment ils fonctionnent, par exemple avec Hyper-V, qui est livré avec toutes les versions serveur de Windows depuis Windows Server 2008 et toutes les versions de postes de travail Windows depuis Windows 8.

La version d'Hyper-V qui accompagne les versions postes de travail de Windows est appelée client Hyper-V. Il est très intéressant de constater que ce client Hyper-V est similaire à la version entreprise d'Hyper-V qui est incluse avec Windows Server. Une grande partie de ce que vous apprendrez avec Hyper-V « poste de travail » s'appliquera à la version serveur.

L'hyperviseur Hyper-V

Bien qu'Hyper-V soit intégré à toutes les versions récentes de Windows, ce n'est pas un hyperviseur de Type 2 qui fonctionne comme une simple application sous Windows. Hyper-V est un hyperviseur de Type 1 qui prend en charge directement le matériel de l'ordinateur hôte, quelle que soit la version de Windows.

Avec Hyper-V, chaque machine virtuelle s'exécute dans un espace isolé appelé « partition ». Chaque partition a accès à son propre processeur, sa mémoire RAM, son disque, son réseau et d'autres ressources virtuelles.

Il existe deux types de partitions dans Hyper-V : une partition parent et une ou plusieurs partitions enfant. La partition parent est une partition particulière qui héberge le système d'exploitation Windows auquel Hyper-V est associé. Les partitions enfant hébergent des machines virtuelles supplémentaires créées au fur et à mesure des besoins.

Lorsque la fonction Hyper-V est activée, l'hyperviseur est installé et le système d'exploitation Windows en cours est déplacé dans une machine virtuelle qui fonctionne dans la partition parent. Ainsi, à chaque fois l'ordinateur hôte est mis en route, l'hyperviseur est chargé, la partition parent est créée et le système d'exploitation Windows démarre dans une machine virtuelle placée au sein de la partition parent.

Bien que l'on puisse croire que l'hyperviseur fonctionne dans Windows, en fait il n'en est rien, c'est l'inverse : Windows s'exécute sous le contrôle de l'hyperviseur.

La partition parent héberge le système d'exploitation Windows et le logiciel qui permet la gestion des machines virtuelles par l'hyperviseur. Cela inclut la création de nouvelles machines virtuelles, le démarrage et l'arrêt des machines virtuelles, la modification des ressources allouées aux machines virtuelles existantes (par exemple, l'ajout de processeurs, de mémoire RAM ou de stockage sur disque), et le déplacement des machines virtuelles d'un hôte à un autre.

Les disques virtuels

Chaque machine virtuelle Hyper-V doit avoir au moins un disque virtuel qui lui est associé. Un disque virtuel n'est rien de plus qu'un fichier du disque associé au système du système d'exploitation hôte. Ce fichier possède l'une des deux extensions de fichier suivantes :

» .vhd : un ancien format qui autorise une taille de disque virtuel limitée à 2 To.

» .vhdx : un nouveau format qui peut supporter des disques virtuels jusqu'à 64 To.

Pour ces deux formats de disques virtuels, Hyper-V permet de créer deux types de disques virtuels différents :

» **Disque de taille fixe :** c'est un disque virtuel dont la taille est définie lors de sa création. Par exemple, si vous créez un disque de taille fixe de 100 Go, avec le format .vhd ou le format.vhdx, les 100 Go seront affectés au disque dès sa création. Cela signifie que même si le lecteur ne contient que 10 Go de données, il occupe un espace de 100 Go sur le disque du système hôte.

» **Disque dynamique** : c'est un disque virtuel dont la taille maximale est définie au moment de la création, mais qui n'occupe que l'espace disque dont il a besoin pour stocker sur le disque les données en cours. Par exemple, si vous créez un disque avec une taille maximum de 100 Go et si seulement 10 Go de données sont occupés, le fichier .vhd ou .vhdx occupera seulement 10 Go de disque sur le système hôte.

Ne soyez pas perturbé par les notions de taille fixe et de taille dynamique. Les deux types de disque peuvent être modifiés ultérieurement si le besoin s'en fait sentir et si vous manquez d'espace disque. La principale différence consiste à savoir si la taille maximum d'espace disque affectée au lecteur l'est à sa création ou plus tard en fonction de l'augmentation du volume de données. Si l'espace disque est affecté de manière fixe dès la création, les performances seront meilleures parce qu'Hyper-V n'aura pas à faire varier l'espace disque au fur et à mesure de l'augmentation des données. Souvenez-vous que les deux types de disque (fixes et dynamiques) peuvent être étendus plus tard si nécessaire.

Activation d'Hyper-V

Hyper-V n'est pas activé automatiquement lorsque vous installez Windows ; vous devez activer cette fonctionnalité pour accéder à la technologie Hyper-V.

À partir d'une version serveur de Windows, accédez au Gestionnaire de serveur et sélectionnez l'Assistant Ajouter des rôles et des fonctionnalités. Puis, activez le rôle Hyper-V ; l'assistant démarre l'hyperviseur de Type 1, Hyper-V, et déplace le système d'exploitation Windows Server en cours dans la partition parent. Vous pouvez ensuite commencer à construire des machines virtuelles.

Pour activer Hyper-V à partir d'une version poste de travail Windows, procédez de la manière suivante :

1. **Ouvrez le Panneau de configuration.**

2. **Choisissez Programmes, puis Programmes et fonctionnalités.**

   La fenêtre Programmes et fonctionnalités apparaît.

3. **Cliquez sur Activer ou désactiver des fonctionnalités Windows.**

   La boîte de dialogue Activer ou désactiver des fonctionnalités Windows apparaît, comme le montre la Figure 10.1.

4. **Sélectionnez la fonctionnalité Hyper-V, puis cliquez sur OK.**

   L'hyperviseur Hyper-V est installé comme une application sur le système d'exploitation Windows en cours.

Figure 10.1

La boîte de dialogue Activer ou désactiver des fonctionnalités Windows.

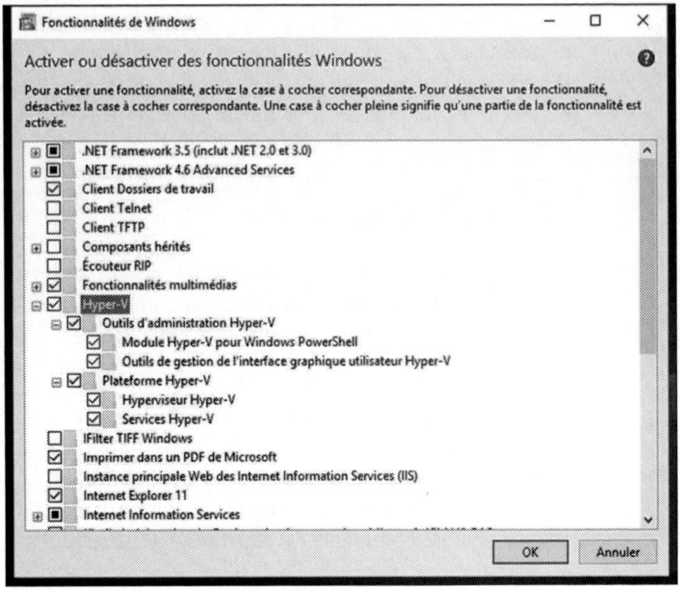

❺ **Lorsque vous y êtes invité, redémarrez l'ordinateur.**

Le redémarrage est nécessaire pour la mise en service de l'hyperviseur Hyper-V. Lorsque votre ordinateur redémarre, l'hyperviseur Hyper-V est exécuté en premier puis il démarre le système d'exploitation Windows dans la partition parent.

Mise en œuvre d'Hyper-V

Le Gestionnaire Hyper-V gère l'application Hyper-V illustrée à la Figure 10.2. Pour accéder au programme, cliquez sur le bouton Démarrer, puis choisissez Gestionnaire Hyper-V.

La fenêtre Gestionnaire Hyper-V est divisée en cinq volets :

Figure 10.2

Le Gestionnaire Hyper-V.

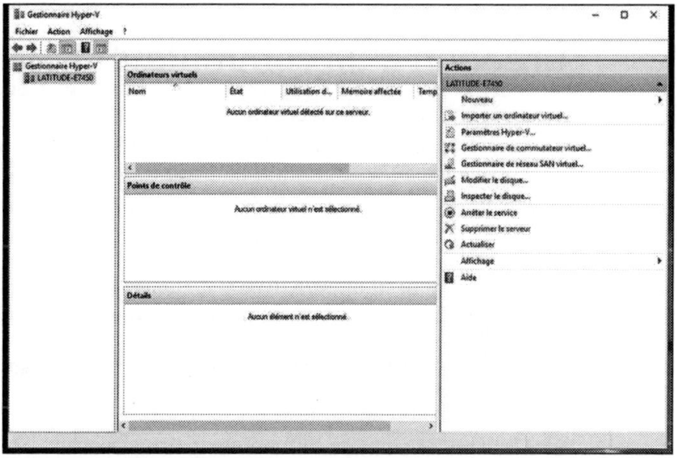

- **Navigation :** sur le côté gauche de la fenêtre se trouve un volet de navigation qui répertorie les hôtes Hyper-V, ce sont les serveurs de virtualisation. Dans un environnement d'entreprise où il y a plus d'un hôte, chacun des hôtes est présenté dans ce volet.

- **Ordinateurs virtuels :** cette fenêtre répertorie les machines virtuelles qui sont définies pour l'hôte sélectionné et affiche des informations sur leur état, l'utilisation du processeur, la mémoire affectée, le temps d'activité et la version de configuration.

- **Points de contrôle :** dans Hyper-V, un point de contrôle est un point de récupération pour une machine virtuelle. Vous pouvez créer un point de contrôle lorsque vous allez faire une modification à une machine virtuelle ; ensuite, si des problèmes apparaissent, vous pouvez revenir à l'état précédent grâce au point de contrôle.

- **Détails :** sous le volet Points de contrôle se trouve un volet qui fournit des informations détaillées sur les machines virtuelles sélectionnées dans le volet Ordinateurs virtuels. Ce volet comporte trois onglets : Résumé, Mémoire et Réseau.

» **Actions** : l'onglet Actions propose des boutons permettant d'exécuter plusieurs actions relatives à l'hôte sélectionné (LATITUDE-E7450 dans la Figure 10.2).

Création d'un commutateur virtuel

Avant de commencer à créer des machines virtuelles avec Hyper-V, il faut mettre en place un commutateur virtuel qui permettra aux machines virtuelles de communiquer entre elles et avec le monde extérieur. Pour ce faire, utilisez le Gestionnaire de commutateur virtuel de la manière suivante :

1. **À partir du Gestionnaire Hyper-V, cliquez sur le menu Action puis sur la commande Gestionnaire de commutateur virtuel.**

   La fenêtre Gestionnaire de commutateur virtuel apparaît, comme le montre la Figure 10.3.

2. **Choisissez le type de commutateur virtuel à créer.**

   Hyper-V propose trois types de commutateurs :

   - **Externe** : c'est un commutateur virtuel lié à une carte réseau physique ; il permet aux machines virtuelles de communiquer les unes avec les autres, ainsi qu'avec d'autres ordinateurs du réseau physique. C'est habituellement le type de commutateur que vous devez créer.

   - **Interne** : c'est un commutateur virtuel qui n'est pas lié à un adaptateur de réseau physique. Ce type de commutateur permet aux machines virtuelles implantées sur l'ordinateur hôte de communiquer les unes avec les autres et avec l'ordinateur hôte ; il ne permet pas de communiquer avec d'autres ordinateurs du réseau physique.

   - **Privé** : c'est un commutateur virtuel qui permet aux machines virtuelles de communiquer entre elles, mais pas avec l'ordinateur hôte ni avec les ordinateurs du réseau physique.

3. **Cliquez sur le bouton Créer le commutateur virtuel.**

Figure 10.3

La fenêtre Gestionnaire de commutateur virtuel.

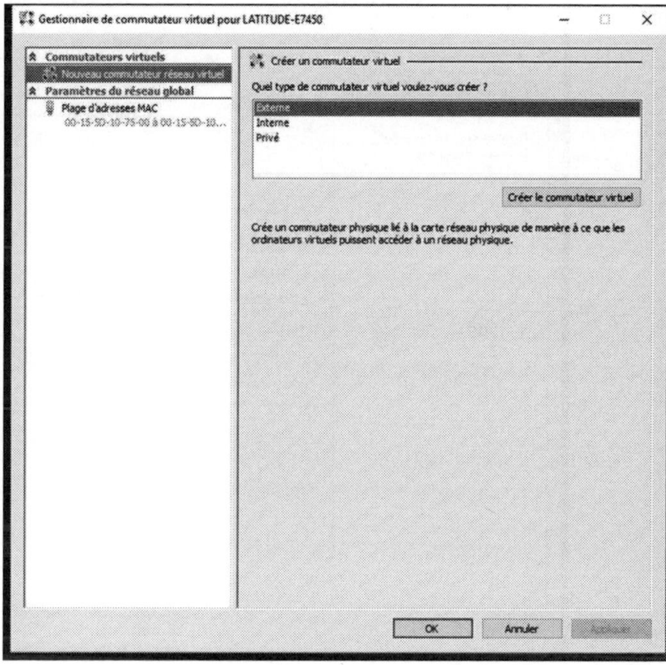

Les paramètres du nouveau commutateur virtuel apparaissent, comme le montre la Figure 10.4.

4. **Saisissez dans le champ Nom un nom pour le nouveau commutateur virtuel.**

   Utilisez le nom que vous voulez.

5. **Sélectionnez la carte réseau physique que vous voulez lier au commutateur virtuel.**

   Si votre ordinateur possède plus d'une carte réseau, sélectionnez celle que vous souhaitez utiliser. La liaison du commutateur virtuel à une carte réseau physique permet aux machines

Figure 10.4

Création d'un nouveau commutateur virtuel.

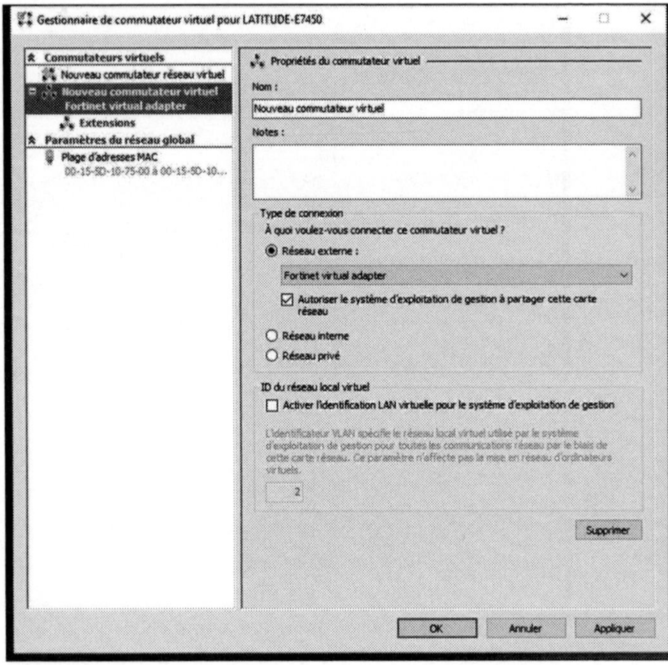

virtuelles de communiquer non seulement entre elles, mais aussi avec d'autres ordinateurs connectés au réseau via l'adaptateur sélectionné.

6. **Si votre réseau comporte plusieurs VLAN, cochez la case Activer l'identification LAN virtuelle pour le système d'exploitation de gestion.**

   Si votre réseau ne dispose pas de plusieurs VLAN, vous pouvez ignorer cette étape.

7. **Cliquez sur OK.**

Le commutateur virtuel est créé. Votre environnement Hyper-V dispose désormais d'un réseau virtuel en place ; vous pourrez bientôt commencer à créer des machines virtuelles.

Création d'un disque virtuel

Avant de créer une machine virtuelle, il est préférable de créer auparavant un disque virtuel pour la future machine. Notez que vous pouvez créer un disque virtuel en même temps que vous créez une machine virtuelle. Toutefois, la création du disque virtuel en préalable apporte une plus grande flexibilité ; il est donc recommandé de créer les disques virtuels et les machines virtuelles séparément. Voici les étapes pour créer un disque virtuel :

1. **À partir du Gestionnaire Hyper-V, cliquez sur le menu Action, sur la commande Nouveau puis sur Disque dur.**

   La fenêtre Assistant Nouveau disque dur virtuel apparaît, comme le montre la Figure 10.5.

2. **Cliquez sur Suivant.**

Figure 10.5

L'Assistant Nouveau disque dur.

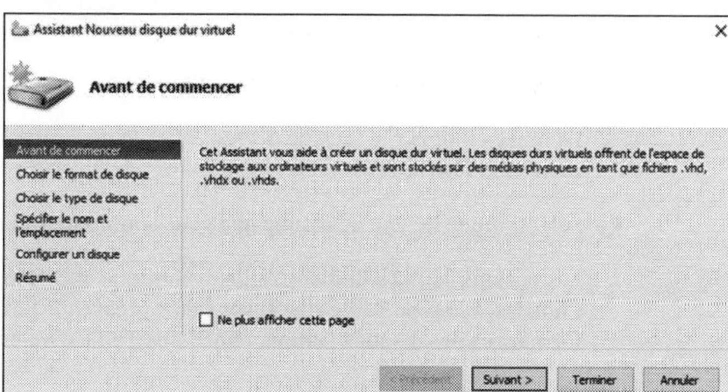

Vous devez à présent choisir le format à utiliser pour le disque, comme le montre la Figure 10.6. Je vous recommande de toujours utiliser le format de VHDX, qui peut prendre en charge des disques d'une taille supérieure à 2 To.

Figure 10.6

Choisissez votre format de disque.

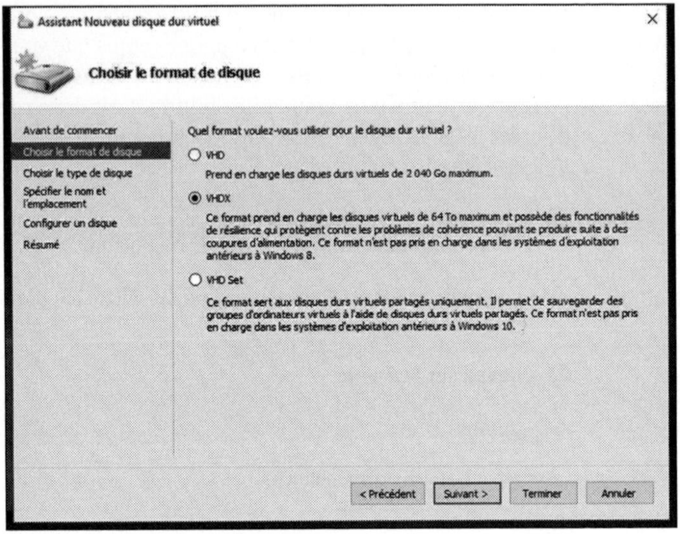

❸ **Sélectionnez VHDX, puis cliquez sur Suivant.**

La fenêtre Choisir le type de disque est affichée, comme le montre la Figure 10.7.

❹ **Sélectionnez le type de disque que vous souhaitez utiliser.**

Les options sont Taille fixe, Taille dynamique et Différenciation. Choisissez le type Taille fixe si vous êtes préoccupé par les performances des disques ; sinon, choisissez Taille dynamique.

❺ **Cliquez sur Suivant.**

Figure 10.7

La fenêtre Choisir le type de disque.

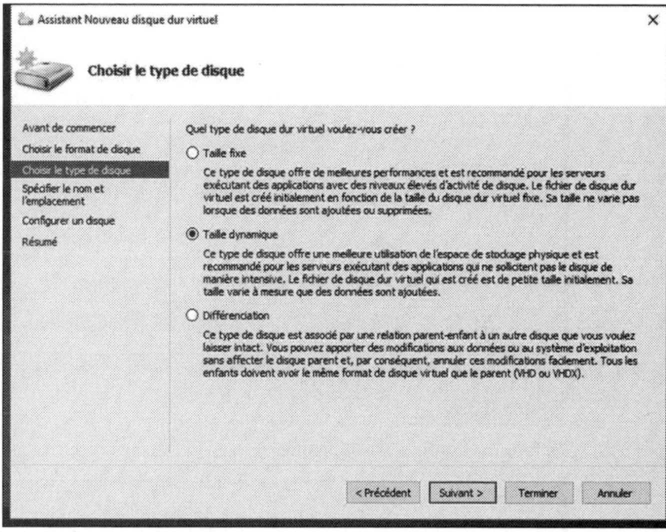

La fenêtre Spécifier le nom et l'emplacement apparaît, comme le montre la Figure 10.8.

6. **Indiquez le nom et l'emplacement du nouveau disque.**

Entrez le nom que vous voulez pour le lecteur de disque virtuel, puis cliquez sur le bouton Parcourir pour naviguer sur le disque jusqu'à l'emplacement où vous souhaitez qu'Hyper-V installe le fichier .vhdx.

Assurez-vous de choisir un emplacement avec suffisamment d'espace disque disponible pour le fichier .vhdx. Si vous créez un disque de taille dynamique, l'emplacement devra être assez important pour accueillir le lecteur lorsque sa taille augmentera.

7. **Cliquez sur Suivant.**

La fenêtre Configurer un disque apparaît, comme le montre la Figure 10.9.

Figure 10.8

La fenêtre Spécifier le nom et l'emplacement.

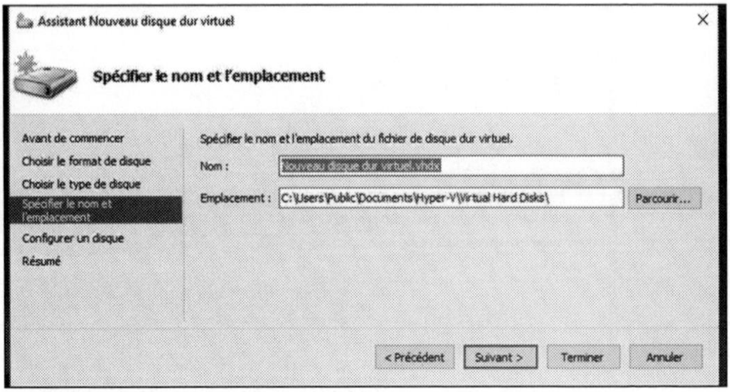

Figure 10.9

La fenêtre Configurer un disque.

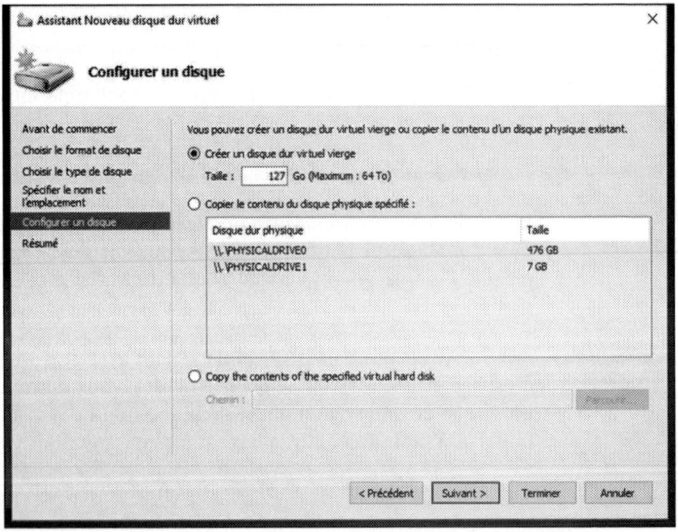

8. **Indiquez la taille maximum pour le lecteur de disque.**

   Cette boîte de dialogue permet de créer un disque virtuel vierge, mais également de copier des données soit à partir d'un lecteur de disque physique existant, soit à partir d'un lecteur de disque virtuel existant. La copie de données à partir d'un lecteur physique existant est un moyen rapide de convertir un ordinateur physique en un ordinateur virtuel ; il suffit de copier le disque physique sur un disque virtuel, puis d'utiliser le nouveau disque virtuel comme base pour une nouvelle machine virtuelle.

9. **Cliquez sur Suivant.**

   Un écran de confirmation apparaît ; il résume les caractéristiques du nouveau disque.

10. **Cliquez sur Terminer.**

    Le nouveau disque est créé. Notez que si vous avez sélectionné le type Taille fixe pour le disque virtuel, sa création peut prendre un certain temps ; soyez patient !

Vous avez terminé. Le disque virtuel est créé, il servira de base pour une nouvelle machine virtuelle.

Création d'une machine virtuelle

Le disque virtuel a été créé, vous pouvez à présent passer à la création d'une machine virtuelle ; pour ce faire, suivez ces étapes:

1. **À partir du Gestionnaire Hyper-V, choisissez Action, Nouveau puis Ordinateur virtuel.**

   L'Assistant Nouvel ordinateur virtuel apparaît, comme le montre la Figure 10.10.

2. **Cliquez sur Suivant.**

   La fenêtre Spécifier le nom et l'emplacement est affichée, comme le montre la Figure 10.11.

Figure 10.10

L'Assistant Nouvel ordinateur virtuel.

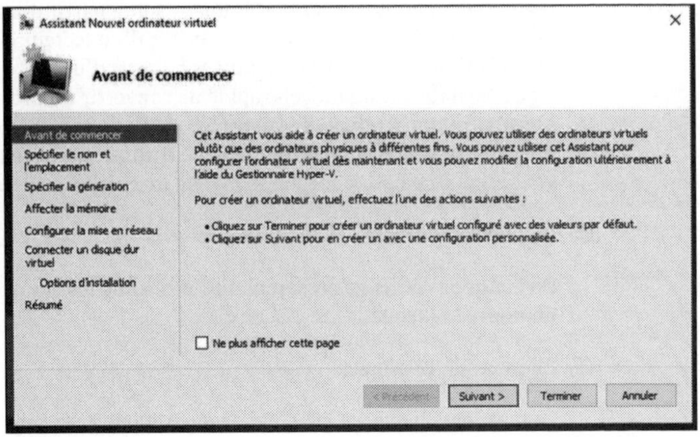

Figure 10.11

La fenêtre Spécifier le nom et l'emplacement.

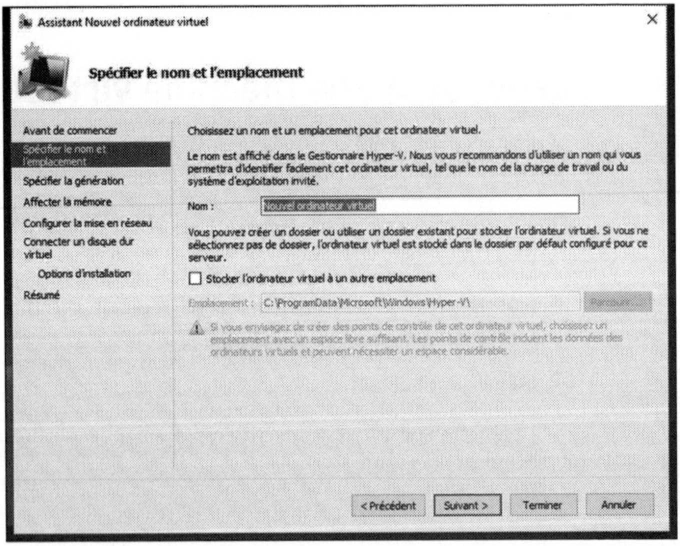

3. **Entrez le nom du nouvel ordinateur virtuel.**

   Saisissez le nom que vous voulez.

4. **Indiquez l'emplacement du fichier de configuration de la machine virtuelle.**

   Chaque machine virtuelle est associée à un fichier XML qui définit sa configuration. Vous pouvez conserver ce fichier à l'emplacement par défaut, ou spécifier le dossier de votre choix.

5. **Cliquez sur Suivant.**

   La fenêtre Spécifier la génération est affichée, comme le montre la Figure 10.12.

6. **Spécifiez la génération que vous souhaitez utiliser pour la nouvelle machine virtuelle.**

Figure 10.12

La fenêtre Spécifier la génération.

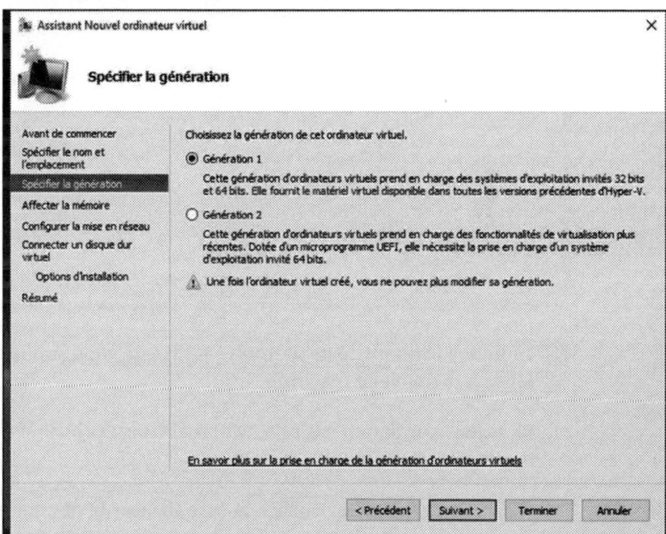

Dans la plupart des cas, vous devrez opter pour le choix Génération 2, qui utilise une technologie plus récente que la Génération 1. Utilisez Génération 1 uniquement si le système d'exploitation invité est antérieur à Windows Server 2012 ou Windows 8.

7. **Cliquez sur Suivant.**

   La fenêtre Affecter la mémoire apparaît, comme le montre la Figure 10.13.

Figure 10.13

La fenêtre Affecter la mémoire.

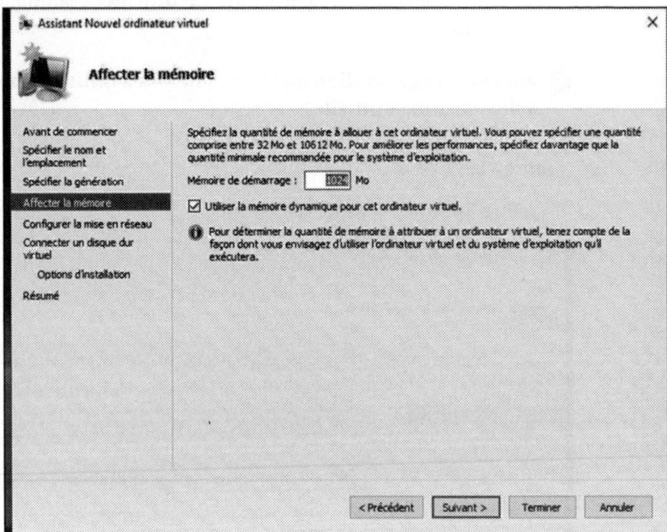

8. **Indiquez la quantité de mémoire RAM que vous souhaitez allouer à la nouvelle machine.**

   La valeur par défaut est 1024 Mo, mais il est probable que vous augmenterez cette taille.

   Il est recommandé de cocher la case Utiliser la mémoire dynamique pour cet ordinateur virtuel, cela améliorera notablement les performances de la mémoire.

9 Cliquez sur Suivant.

La fenêtre Configurer la mise en réseau apparaît, comme le montre la Figure 10.14.

Figure 10.14

La fenêtre Configurer la mise en réseau.

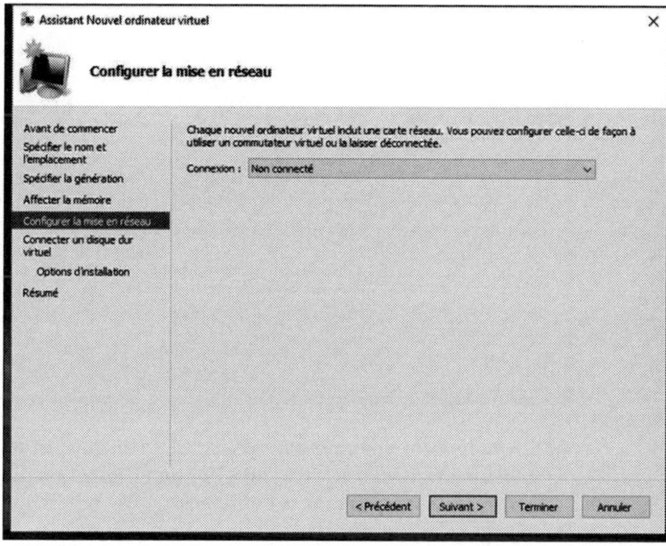

10 Sélectionnez le commutateur virtuel qui sera associé à la machine virtuelle.

Vous comprenez à présent pourquoi il était important de créer un commutateur virtuel avant de commencer la création de machines virtuelles. Utilisez la liste déroulante de la zone de saisie Connexion pour sélectionner le commutateur virtuel qui sera connecté à cette machine virtuelle.

11 Cliquez sur Suivant.

La fenêtre Connecter un disque dur virtuel est affichée, comme le montre la Figure 10.15.

Figure 10.15

La fenêtre Connecter un disque dur.

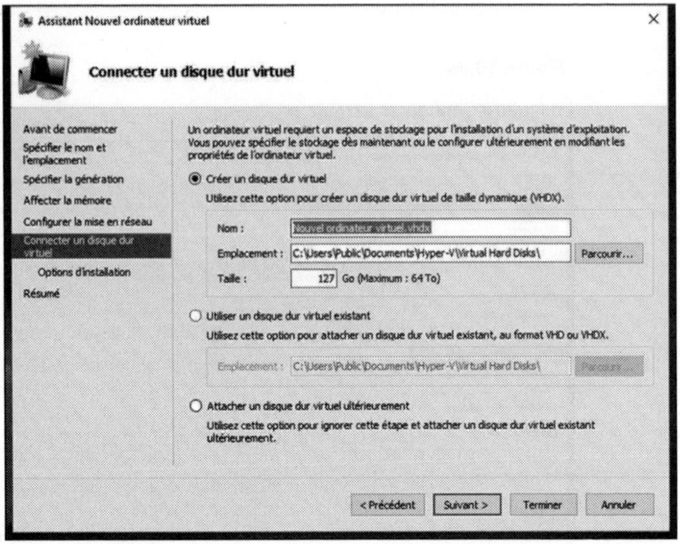

⓬ **En supposant que vous avez déjà créé un disque virtuel pour la machine virtuelle, sélectionnez l'option Utiliser un disque dur virtuel existant, cliquez sur Parcourir, puis recherchez et sélectionnez ce disque virtuel.**

Si vous ne l'avez pas déjà créé, vous pouvez choisir l'option Créer un disque dur virtuel puis le définir à présent.

⓭ **Cliquez sur Suivant.**

La fenêtre Options d'installation apparaît. Le système d'exploitation sera installé dans la section suivante ; conservez la case Installer un système d'exploitation ultérieurement cochée.

⓮ **Cliquez sur Suivant.**

La fenêtre Fin de l'assistant Nouvel ordinateur virtuel est affichée, elle indique les caractéristiques de la nouvelle machine.

⓯ **Cliquez sur Terminer.**

La machine virtuelle est créée.

Installation d'un système d'exploitation

Après avoir créé une machine virtuelle, l'étape suivante consiste à y installer un système d'exploitation. Tout d'abord, vous devez obtenir le support d'installation sous la forme d'un fichier .iso (un fichier .iso est une image disque d'un lecteur CD ou d'un DVD), le mettre en place et procéder de la manière suivante :

❶ **À partir du Gestionnaire Hyper-V, choisissez la nouvelle machine virtuelle et cliquez sur le menu Action puis sur Paramètres.**

La boîte de dialogue Paramètres apparaît, comme le montre la Figure 10.16.

Figure 10.16

La boîte de dialogue Paramètres pour la nouvelle machine virtuelle.

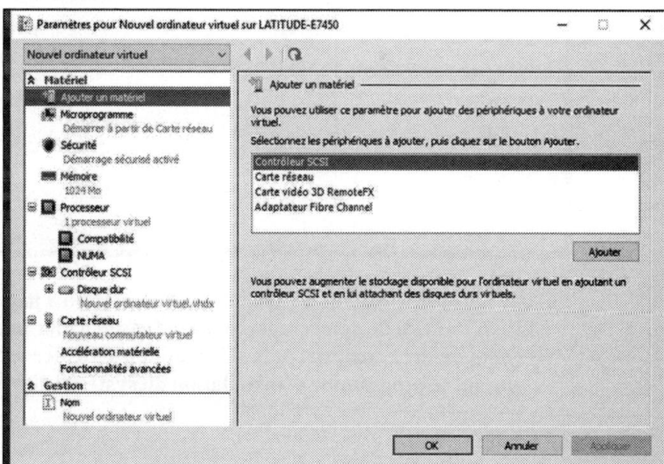

❷ **Dans la liste du matériel cliquez sur Contrôleur SCSI, puis sur Disque dur ou Lecteur DVD, en fonction de l'endroit où se trouve le fichier .iso. Cliquez ensuite sur Ajouter.**

La fenêtre de configuration représentée sur la Figure 10.17 apparaît.

Figure 10.17

La fenêtre de configuration pour un fichier sur disque dur.

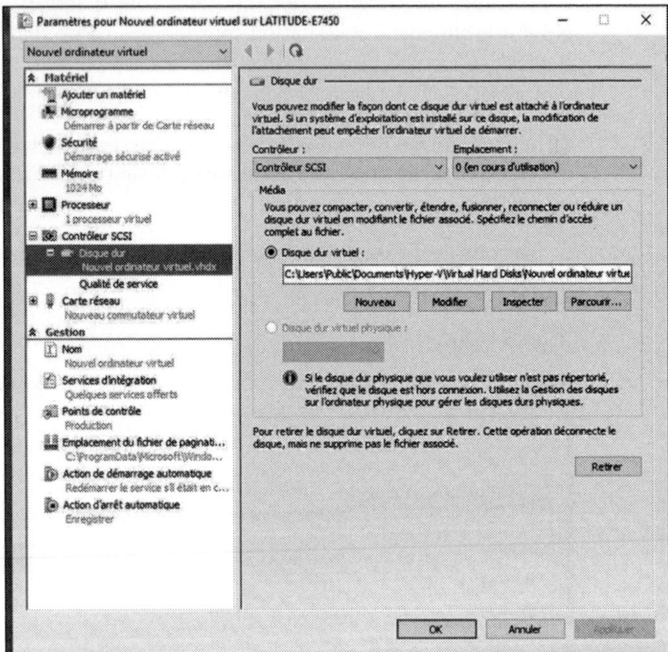

❸ **Dans la zone Installer un système d'exploitation à partir d'un CD/DVD-ROM de démarrage, cochez la case Fichier image (.iso) et cliquez sur Parcourir, puis sélectionnez le fichier .iso qui contient le programme d'installation du système d'exploitation.**

❹ **Cliquez sur OK.**

Vous revenez à l'écran Gestionnaire Hyper-V.

5 La nouvelle machine virtuelle étant toujours sélectionnée, cliquez sur Se connecter.

Une fenêtre de console ouvre, montrant que l'ordinateur virtuel est éteint (voir la Figure 10.18).

Figure 10.18

Affichage d'une machine virtuelle via une console.

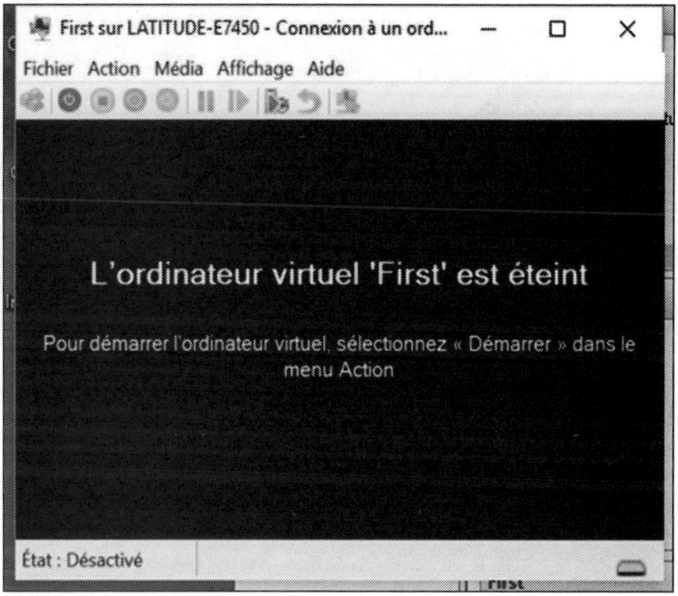

6 Cliquez sur le bouton Démarrer.

Le fichier .iso est chargé et l'installation démarre.

7 Suivez les instructions du programme pour installer le système d'exploitation (voir la Figure 10.19).

Vous avez maintenant créé avec succès une machine virtuelle Hyper-V ; félicitations !

Figure 10.19

Installation d'une distribution Linux.

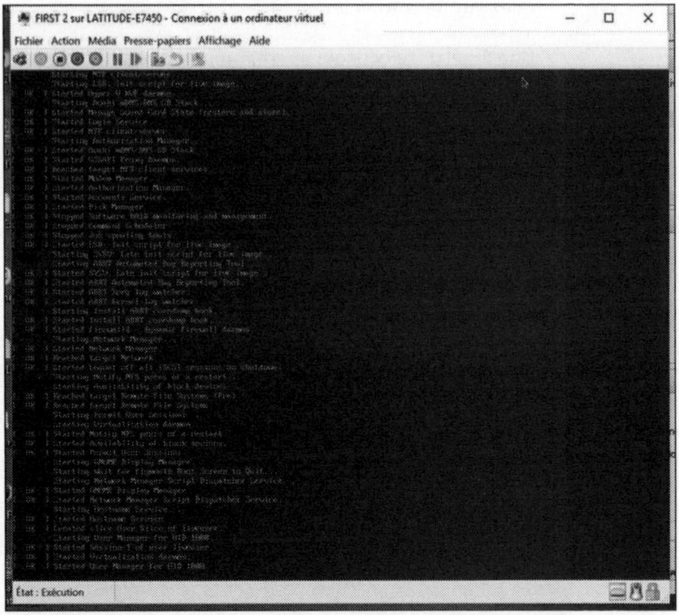

L'installation d'un système d'exploitation sur une machine virtuelle est identique à une installation sur un ordinateur physique, l'affichage des écrans d'installation dans une fenêtre de machine virtuelle est la seule différence. Lorsque le système d'exploitation est installé, tout est terminé ; vous pouvez commencer à utiliser la machine virtuelle.

Partie 3

Jouer dans la cour des grands

Dans cette partie :

Installer et configurer Windows Server 2016

Découvrir et mettre en œuvre Active Directory

Créer et gérer des comptes utilisateurs

Gérer des serveurs de fichiers et de messagerie

Mettre en place un Intranet d'entreprise

Chapitre 11

Installer un serveur

DANS CE CHAPITRE

Fonctions d'un système d'exploitation réseau.

•

Méthodes d'installation d'un système d'exploitation réseau.

•

Inventaire des ressources nécessaires.

•

Prendre les bonnes décisions.

•

Dernières mises au point.

•

Installer un système d'exploitation réseau.

•

Configuration du serveur.

Avant d'aller plus loin, l'un des choix fondamentaux que vous devrez faire est celui du *système d'exploitation réseau (NOS)* car il est la base de votre réseau. Ce chapitre commence par décrire les principales fonctionnalités propres à tous les systèmes d'exploitation réseau. Il indique ensuite les avantages et les inconvénients des plus connus d'entre eux : Windows Server, Linux et l'OS XServer d'Apple.

Naturellement, votre travail ne se limite pas au choix du système d'exploitation réseau. Il consiste à installer puis à mettre en service le système d'exploitation réseau. Ce chapitre fournit une vue d'ensemble sur l'installation et la configuration d'un des systèmes d'exploitation réseau les plus populaires, Windows Server 2016.

Fonctions d'un système d'exploitation réseau

Tous les systèmes d'exploitation, du plus simple au plus complexe, doivent comporter certaines fonctionnalités cruciales telles que la connexion aux autres ordinateurs du réseau, le partage des fichiers et autres ressources, la sécurité, etc. Vous trouverez, dans les sections suivantes, quelques généralités sur ces fonctions.

Support réseau

Il va sans dire qu'un système d'exploitation réseau doit prendre en charge les réseaux. Si vos ordinateurs clients ne peuvent pas se connecter aux serveurs, votre réseau sera inutile. Pour cette raison, il est important de vous assurer que vos serveurs sont équipés de plus d'une interface réseau. De cette façon, s'il apparaît une défaillance sur une des interfaces, l'autre peut prendre le relais et maintenir la connexion du serveur au réseau.

En plus de la connectivité réseau de base, un de vos serveurs aura en charge la fourniture des services logiciels essentiels pour maintenir un réseau opérationnel et efficace. Par exemple le protocole DHCP (*Dynamic Host Configuration Protocol*) ; c'est un service qui répond aux ordinateurs qui souhaitent rejoindre le réseau, il leur fournit une adresse unique pour les identifier sur ce réseau. Tous les systèmes d'exploitation des serveurs modernes sont en mesure de fournir de tels services.

Services de partage de fichiers

Une des fonctions les plus importantes d'un système d'exploitation réseau est le partage des ressources entre les utilisateurs du réseau. La plus commune de ces ressources partagées est le *système de fichiers* du serveur, c'est-à-dire l'espace organisé, sur le disque dur, que le serveur doit pouvoir mettre à disposition (totalement ou partiellement) des autres utilisateurs. Ces derniers peuvent alors considérer que cet espace de stockage, sur le serveur, est une extension de l'espace disque de leur propre ordinateur.

Le système d'exploitation réseau permet à l'administrateur système de définir les parties du système de fichiers du serveur qui seront partagées.

Bien que la totalité du disque dur puisse être partagée, c'est rarement le cas. En fait, ce sont des répertoires et dossiers bien précis qui le sont. L'administrateur peut définir comment chaque utilisateur accède ou n'accède pas à chacun des dossiers partagés.

Le partage des fichiers étant la raison d'être de nombreux serveurs, un système d'exploitation réseau doit disposer de fonctions de gestion du disque dur beaucoup plus sophistiquées que celles des systèmes d'exploitation des ordinateurs de bureau. Par exemple, la plupart des systèmes d'exploitation réseau peuvent gérer plusieurs disques durs comme s'ils n'en faisaient qu'un. De plus, bon nombre d'entre eux savent créer un *miroir* d'un disque dur sur un autre disque, par sauvegardes automatiques.

Multitâche

Un ordinateur n'est utilisé que par une seule personne à la fois. En revanche, de nombreuses personnes peuvent utiliser un serveur simultanément. C'est pourquoi un système d'exploitation réseau doit fournir une prise en charge pour les multiples utilisateurs qui accèdent au serveur à distance, via le réseau.

Le cœur de ce support multiutilisateur est une fonctionnalité appelée *multitâche*. Il s'agit d'une technique qui saucissonne le traitement informatique en fines tranches de temps et jongle à la vitesse de l'éclair avec les programmes en cours. C'est ainsi que le système d'exploitation parvient à exécuter plus d'un programme (appelé *tâche* ou *processus*) à la fois. Le multitâche n'est pas sans rappeler les jongleurs du cirque de Pékin qui font tourner des assiettes sur des bâtons tout en se contorsionnant ou en pédalant sur un monocycle. Remplacez les assiettes par des logiciels et le monocycle par le gestionnaire de fichiers et vous y êtes !

Le multitâche ne fait que donner *l'impression* que plusieurs programmes s'exécutent simultanément. En réalité, un ordinateur monoprocesseur ne peut en exécuter qu'un seul. Le système d'exploitation demande au processeur de passer rapidement d'un programme à un autre pour simuler la simultanéité. Mais à un instant

T, un seul programme est traité. Les autres attendent patiemment leur tour, si tant est que la patience puisse s'évaluer en millisecondes. Notez que si l'ordinateur est équipé de plusieurs processeurs, plusieurs programmes peuvent effectivement être exécutés en même temps, mais c'est là une autre paire de manches.

Services d'annuaire

On trouve des annuaires partout. Vous en utilisez pour trouver un numéro de téléphone. Si vous recherchez les coordonnées d'un client, vous feuilletez l'annuaire de votre Filofax. Un annuaire n'est pas forcément sur papier : la liste des contacts de votre messagerie ou de votre PDA (assistant personnel numérique) est aussi un annuaire.

Les réseaux sont équipés d'annuaires qui recensent les ressources disponibles : utilisateurs, ordinateurs, imprimantes, dossiers partagés et fichiers. Ils jouent un rôle essentiel dans n'importe quel système d'exploitation réseau.

Le service d'annuaire moderne le plus populaire est *Active Directory* (AD). Il est intégré par défaut dans les systèmes d'exploitation serveurs basés sur Windows. Active Directory fournit un annuaire simple de toutes les ressources du réseau. Il abandonne les limites imposées aux anciens noms de domaines et noms d'ordinateurs (15 caractères) utilisés avec Windows NT en faveur des noms autorisés par les DNS et Internet tels que `Marketing.MonEntreprise.com` ou `Achats.MonEntreprise.com`. La Figure 11.1 présente la console Utilisateurs et ordinateurs Active Directory, utilisée pour gérer les utilisateurs et les ordinateurs sous Windows Server 2016.

Services de sécurité

Tous les systèmes d'exploitation réseau doivent proposer des mesures de sécurité qui protègent le réseau des entrées non autorisées. Le piratage étant devenu l'un des passe-temps favoris et la plupart des ordinateurs étant connectés à Internet, n'importe qui

Figure 11.1

La console Utilisateurs et ordinateurs Active Directory.

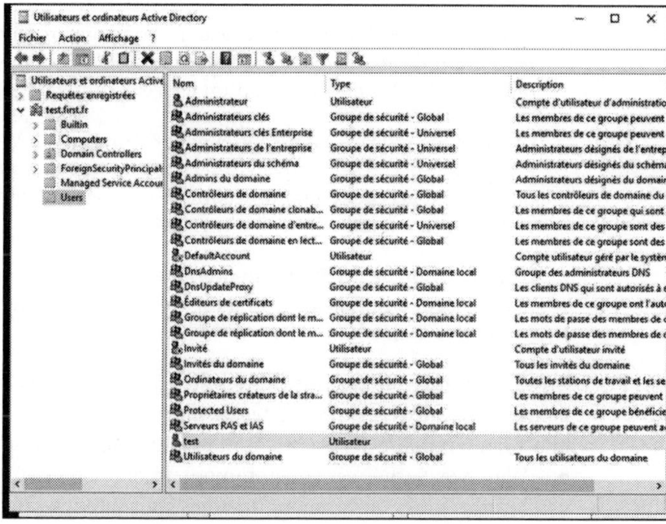

dans le monde est susceptible d'entrer par effraction dans votre réseau.

La sécurité la plus élémentaire est gérée au niveau des *comptes d'utilisateurs* qui garantissent à chacun des utilisateurs des droits d'accès aux ressources du réseau et définissent les ressources auxquelles chaque utilisateur a accès. Les comptes d'utilisateurs sont sécurisés par des mots de passe. C'est pourquoi une bonne politique de mots de passe est la clé de voûte de tout système de sécurité. La plupart des systèmes d'exploitation réseau proposent quelques outils de sécurité standard pour le réseau :

» **L'établissement d'une politique de mots de passe.** Elle est basée sur l'obligation de respecter une longueur minimale et de mêler des lettres et des chiffres.

- **L'expiration des mots de passe après un certain nombre de jours.** Cela oblige les utilisateurs à changer fréquemment de mot de passe.
- **Le cryptage des données du réseau.** Le cryptage brouille les données avant de les envoyer sur le réseau ou de les enregistrer sur disque, ce qui les met à l'abri d'un usage malintentionné.

  Un cryptage efficace est essentiel pour configurer un VPN (*Virtual Private Network*, réseau privé virtuel) permettant aux utilisateurs du réseau d'accéder en toute sécurité à un réseau, depuis un lieu éloigné, grâce à une connexion Internet.

- **La production de certificats numériques.** Ces codes spéciaux garantissent à l'utilisateur qu'il est bien à l'emplacement où il pense être et que les fichiers sont bien ceux qu'il croit.

Un pourcentage important de réseaux professionnels repose sur les versions serveur de Windows (Windows Server). Microsoft publie régulièrement des mises à jour de Windows Server, de sorte que Windows Server est constamment amélioré. Actuellement, les versions les plus couramment utilisées sont Windows Server 2008, Windows Server 2012, Windows Server 2012 Release 2 et la dernière version, Windows Server 2016.

Mais Windows Server n'est pas le seul système d'exploitation serveur à votre disposition. De nombreux serveurs, en particulier ceux dont la tâche principale est d'héberger des sites Web, utilisent Linux. Apple propose également un excellent système d'exploitation serveur, connu sous le nom d'OS X Server.

Méthodes d'installation d'un système d'exploitation réseau

Indépendamment du choix du système d'exploitation réseau, il faut aussi savoir quelle méthode d'installation vous allez choisir ; les sections suivantes présentent plusieurs solutions.

Installation complète ou mise à niveau

Vous pouvez avoir le choix entre une installation complète ou une mise à niveau du système d'exploitation en cours. Dans certains cas, il est plus simple de procéder à une installation complète, même si l'ordinateur utilise une version antérieure du système d'exploitation. Voici les choix qui s'offrent à vous :

» **Installation complète :** si vous installez le système d'exploitation réseau sur un serveur neuf, exécutez une installation complète ; le système d'exploitation sera installé et configuré avec des paramètres par défaut.

» **Mise à niveau :** si vous installez le système d'exploitation réseau sur un serveur ayant déjà un système d'exploitation réseau installé, vous pouvez exécuter une mise à niveau qui remplacera le système d'exploitation mais conservera, dans la mesure du possible, les paramètres de la version antérieure.

» Vous pouvez également effectuer une installation complète sur un ordinateur qui possède déjà un système d'exploitation réseau. Dans ce cas, vous avez ces deux options :

- *Supprimer* le système d'exploitation existant.
- Exécuter une *installation multiboot* qui installera le nouveau système d'exploitation « à côté » du système d'exploitation existant. Lorsque vous démarrerez l'ordinateur, vous aurez le choix entre les deux systèmes d'exploitation réseau.

Bien que l'installation multiboot semble être une bonne idée, elle peut être dangereuse. Je vous conseille d'éviter ce choix, à moins que vous ayez une bonne raison de le faire.

» Vous ne pouvez pas faire évoluer une version de Windows client vers une version serveur. Les choix qui s'offrent à vous sont les suivants :

- Une *installation complète* qui supprime le système d'exploitation Windows existant.
- Une *installation multiboot* qui laisse le client existant Windows intact.

Quel que soit votre choix, pensez à sauvegarder les données existantes sur l'ordinateur lorsque vous installez la version serveur.

Installation réseau

En général, le système d'exploitation réseau est installé à partir des disques de distribution sur le lecteur CD du serveur. Cependant, vous pouvez également installer le système d'exploitation à partir d'un lecteur partagé par un autre ordinateur, si le réseau est accessible. Vous pouvez aussi utiliser un disque dur réseau sur lequel vous aurez copié le contenu des disques de distribution.

Évidemment, l'ordinateur doit avoir accès au réseau ! Si le serveur possède déjà un système d'exploitation, il a probablement accès au réseau. Sinon, vous pouvez démarrer l'ordinateur à partir d'une disquette qui chargera le support de base réseau.

Si vous installez le système d'exploitation réseau sur plus d'un serveur, vous pouvez gagner du temps en copiant d'abord le CD de distribution sur un disque dur partagé. Parce que même les lecteurs de CD les plus rapides sont plus lents que le réseau. Même avec un réseau 100 Mbps, l'accès aux données d'un disque dur partagé est beaucoup plus rapide que l'accès à un lecteur de CD local.

Inventaire des ressources nécessaires

Avant de commencer l'installation du système d'exploitation réseau, vous devez collecter tout le matériel et toutes les informations dont vous aurez besoin de sorte que vous ne soyez pas contraint de rechercher un élément ou une information au milieu de l'installation. Les sections suivantes décrivent les éléments nécessaires.

Un serveur digne de ce nom

Évidemment, vous devez avoir un ordinateur serveur sur lequel installer le système d'exploitation réseau. Chaque système d'exploitation est accompagné d'une liste de prérequis. Le Tableau 11.1 présente la configuration requise pour Windows Server 2016.

Tableau 11.1

Configuration requise pour Windows Server 2016.

Matériel	Windows Server 2016
CPU	1,4 GHz
RAM	512 Mo
Espace disque libre	32 Go

Si vous ne souhaitez pas que Windows Server 2016 se traîne comme un escargot avec ses 512 Mo de mémoire RAM, je vous suggère d'augmenter la mémoire jusqu'à 8 Go, voire 16 Go pour être vraiment à l'aise.

Vous devez également contrôler les composants de votre serveur avec la liste du matériel compatible éditée par le concepteur du système d'exploitation. Par exemple, Microsoft publie une liste de matériels testés et certifiés compatibles avec les serveurs Windows. Cette liste de compatibilité matérielle, ou HCL, est disponible à l'adresse `www.windowsservercatalog.com`. Vous pouvez également tester la compatibilité de votre ordinateur en exécutant l'option de contrôle de la compatibilité système à partir du disque de distribution de Windows.

Le système d'exploitation serveur

Vous avez également besoin du système d'exploitation serveur à installer : soit à partir des CD ou DVD de la distribution, soit à partir d'une ressource réseau. En plus des disques, vous devriez posséder les éléments suivants :

» **Les codes du produit :** le programme d'installation requiert les codes du produit pour s'assurer que vous possédez une copie légale du logiciel.

Si vous avez les disques d'origine, le code produit se trouve sur un autocollant collé sur l'emballage.

» **Les documentations d'installation** : si le système d'exploitation est accompagné d'une version papier des documents d'installation, conservez-la à portée de main.

» **Le type de licence** : vous pouvez acheter des systèmes d'exploitation Microsoft avec des licences serveur ou des licences de site. Vous devez savoir quel a été votre choix quand vous installez le système d'exploitation réseau.

Vérifiez sur le CD de distribution s'il y a une documentation du produit et une information de dernière minute supplémentaire. Par exemple, les CD Windows possèdent un dossier `\docs` avec plusieurs fichiers qui contiennent des informations de configuration utiles.

D'autres logiciels

Dans la plupart des cas, le programme d'installation doit pouvoir configurer automatiquement les dispositifs matériels du serveur et installer des pilotes appropriés. Cependant, il se peut que vous deviez vous procurer les pilotes pour des dispositifs tels que des cartes d'interface réseau, des périphériques SCSI, des lecteurs de CD-DVD, des imprimantes ou des scanners.

Une connexion Internet opérationnelle

Cette condition n'est pas indispensable, mais l'installation sera améliorée si vous avez une connexion Internet opérationnelle dès le début. La procédure d'installation peut utiliser cette connexion Internet pour plusieurs tâches :

» **Téléchargement des dernières mises à jour** : cela évite d'installer un service pack lorsque la procédure d'installation du système d'exploitation réseau est terminée.

» **Localisation des pilotes pour les dispositifs non standard :** c'est indispensable si vous ne retrouvez pas le disque des pilotes de votre carte SCSI.

» **Activation du produit à la fin de l'installation (pour les systèmes d'exploitation Microsoft).**

Un bon livre

Vous passez beaucoup de temps devant l'ordinateur pendant la phase d'installation. Pour vous distraire et ne pas vous ennuyer, munissez-vous d'un bon bouquin !

Prendre les bonnes décisions

Lorsque vous installez un système d'exploitation réseau, vous êtes amené à prendre quelques décisions sur la façon dont vous voulez que le système et les serveurs soient configurés. La plupart de ces décisions ne sont pas gravées dans le marbre, aussi ne vous inquiétez pas si vous n'êtes pas sûr à 100 % de votre choix. Vous pourrez toujours y revenir et modifier la configuration. Cependant, vous pouvez gagner du temps en réfléchissant, avant la phase d'installation, à ce que vous voulez faire et aux questions qui vous seront posées par le programme.

La liste suivante présente la plupart des décisions que vous devrez prendre pour l'installation de Windows Server 2016 :

» **Le système d'exploitation actuel :** si vous voulez conserver le système d'exploitation actuel, le programme d'installation pourra réaliser une installation en multiboot. Vous pourrez choisir le système d'exploitation démarré à chaque mise en marche de l'ordinateur. C'est rarement une bonne idée pour des serveurs ; il est préférable de *supprimer* le système d'exploitation existant.

» **Partitionnement du disque système :** le plus souvent, le disque du serveur conserve une partition unique. Cependant, si vous voulez diviser le disque en deux partitions ou plus, vous devrez le faire pendant l'installation (à la différence de la plupart des autres choix d'installation, il sera difficile de modifier celui-ci plus tard).

- **Système de fichiers :** deux choix sont disponibles pour le système de fichiers utilisé pour formater le disque du serveur : NTFS (*NT File System*) et ReFS (système de fichiers Resilient). NTFS date des années 1990, alors que ReFS est un système de fichiers relativement nouveau (introduit avec Windows Server 2012) qui offre plusieurs améliorations importantes par rapport à NTFS. Cependant, parce qu'il est encore relativement nouveau, la plupart des administrateurs réseau sont réticents à l'utiliser ; NTFS reste le système de fichiers le plus utilisé.

- **Nom de l'ordinateur :** pendant l'installation du système d'exploitation, vous êtes invité à fournir le nom de l'ordinateur pour identifier le serveur sur le réseau. Si votre réseau possède un nombre important de serveurs, suivez une directive de nommage établie pour créer les noms des serveurs.

- **Mot de passe administrateur :** vous ne devez pas entrer quelque chose d'évident comme votre prénom ou votre nom de famille. De plus, vous ne devez pas saisir quelque chose d'aléatoire que vous oublierez rapidement parce que vous serez dans une impasse si vous oubliez le mot de passe administrateur ! Inventez un mot de passe complexe se composant d'un mélange de lettres majuscules et minuscules, de chiffres et d'un ou deux caractères spéciaux. Inscrivez-le ensuite sur un papier et *conservez-le dans un endroit clos où vous savez qu'il ne se perdra pas.*

- **Protocoles réseau :** vous devez presque toujours installer le protocole TCP/IP, le protocole client réseau de Microsoft et le partage de fichiers et d'imprimante. Selon la façon dont le serveur sera utilisé, vous pouvez vouloir installer d'autres protocoles.

- **Configuration TCP/IP :** vous devez connaître l'adresse IP qui sera affectée au serveur. Même si votre réseau possède un serveur DHCP (destiné à assigner dynamiquement des adresses IP aux clients), attribuez aux serveurs des adresses IP statiques.

- **Nom de domaine :** vous aurez besoin de décider si le serveur doit rejoindre un domaine ou tout simplement être membre d'un groupe de travail. Dans les deux cas, vous devez connaître le nom de domaine ou le nom du groupe. Dans la plupart des cas, si vous installez Windows Server, vous allez utiliser un domaine ; les groupes de travail sont principalement utilisés pour les réseaux en pair à pair qui n'ont pas de serveurs dédiés.

Dernières mises au point

Avant de commencer l'installation, voici quelques tâches à réaliser :

- **Nettoyage :** nettoyez le disque du serveur en désinstallant les logiciels dont vous n'avez pas besoin et en supprimant les données qui ne sont plus nécessaires. Cette étape est particulièrement importante si le futur serveur est un ancien poste client. Par exemple, sur le serveur, vous n'aurez pas besoin de Microsoft Office ni des logiciels de jeu.
- **Sauvegarde :** faites une sauvegarde complète de l'ordinateur ; bien que les programmes d'installation du système d'exploitation soient stables et fiables, ce qui limite au maximum les éventuelles pertes de données au cours de l'installation, le risque n'est pas nul et vous n'êtes pas totalement à l'abri d'un incident imprévu.
- **Déconnectez une éventuelle interface série ou une connexion USB :** si l'ordinateur est connecté à une alimentation secourue (onduleur) qui possède une interface série ou une connexion USB à l'ordinateur, débranchez l'interface série ou la connexion USB. Dans certains cas, cette connexion risque d'entrer en conflit avec le programme d'installation lorsqu'il tente de déterminer quels périphériques sont reliés à l'ordinateur.
- **Rejoignez la salle de repos :** allumez quelques bougies votives, prenez quelques calmants et n'oubliez pas votre théière ou votre tisanière.

Installer un système d'exploitation réseau

Les sections suivantes présentent une vue d'ensemble d'une installation typique de Windows Server 2016. Bien que les détails varient, le processus d'installation globale pour d'autres systèmes d'exploitation réseau est similaire.

Dans la plupart des cas, la meilleure méthode pour installer Windows Server 2016 consiste à réaliser une nouvelle installation directement à partir du support d'installation (DVD ou clé USB). Bien qu'une mise à niveau soit possible, le serveur sera plus stable si vous effectuez une nouvelle installation. Pour cette raison, la plupart des administrateurs réseau évitent la mise à niveau vers Windows Server 2016 et profitent de cette opportunité pour remplacer le matériel serveur.

Pour débuter l'installation, insérez le support de la distribution, le DVD dans le lecteur de DVD du serveur, puis redémarrez le serveur. Cela provoque directement le démarrage du serveur à partir du support de distribution, qui initie le programme d'installation.

À mesure que le programme d'installation se déroule, il exécute deux phases d'installation distinctes : la collecte de renseignements et l'installation de Windows. Les sections suivantes décrivent ces étapes de manière plus détaillée.

Phase 1 : collecte des informations

Dans la première phase d'installation, le programme d'installation recueille les informations préliminaires dont il a besoin pour commencer l'installation. Un assistant d'installation vous demande les informations suivantes :

» **Langue :** sélectionnez la langue à installer, le format horaire et monétaire, et le clavier ou la méthode d'entrée.

» **Clé de produit :** entrez la clé de produit de 25 caractères fournie avec le support d'installation. Vu la longueur du code, il est possible de faire des erreurs. Si un message d'erreur vous informe que le code produit est invalide, ne paniquez pas. Recommencez !

» **Type de système d'exploitation :** sélectionnez Windows Server 2016 Standard Edition ou Server Core.

Edition minimale (Server Core) : pour installer la version texte du serveur. Si vous choisissez cette version, vous devez être un expert de l'interface ligne de commandes de Windows Server ; il s'agit de PowerShell.

Edition Standard : pour installer le système d'exploitation serveur complet.

- **Termes du contrat de licence :** l'accord de licence officielle est affiché ; vous devez accepter les conditions pour continuer.
- **Type d'installation :** choisissez une mise à niveau ou une installation complète.
- **Emplacement de l'installation de Windows** : choisissez la partition dans laquelle vous souhaitez installer Windows.
- **Mot de passe administrateur :** choisissez un mot de passe administrateur.

Phase 2 : installation de Windows

Dans cette seconde phase, le processus réel de l'installation de Windows commence :

1. **Copie de fichiers :** les fichiers compressés du logiciel sont copiés sur l'ordinateur serveur.
2. **Expansion des fichiers :** les fichiers d'installation compressés sont développés.
3. **Installation des fonctionnalités serveur :** les fonctionnalités serveur de Windows sont installées.
4. **Installation des mises à jour :** le programme d'installation vérifie sur le site de Microsoft et télécharge les mises à jour critiques pour la mise à niveau du système d'exploitation.
5. **Fin de l'installation :** lorsque les mises à jour sont installées, le programme d'installation redémarre puis termine l'installation du serveur.

Configuration du serveur

Après avoir installé Windows Server 2016, l'ordinateur redémarre automatiquement ; vous accédez alors au Gestionnaire de serveur, comme le montre la Figure 11.2.

Figure 11.2

Le Gestionnaire de serveur de Windows Server 2016.

À partir du Gestionnaire de serveur, vous pouvez effectuer un certain nombre de tâches de configuration du serveur pour sa mise en production. Plus précisément, vous pouvez configurer les rôles de serveurs ; ce sont les fonctionnalités réseau que le serveur fournira (serveur de fichiers, serveur Web, serveur DHCP, serveur DNS, etc.).

Chapitre 12

Gérer des comptes utilisateurs sous Windows

DANS CE CHAPITRE

Comprendre les comptes utilisateurs sous Windows.

Créer un nouvel utilisateur.

Configurer les propriétés utilisateur.

Réinitialiser le mot de passe d'utilisateurs.

Activer et désactiver des comptes utilisateurs.

Supprimer un utilisateur.

Travailler avec des groupes.

Créer un script d'ouverture de session.

Chaque utilisateur qui accède au réseau doit avoir un *compte utilisateur*. Les comptes utilisateurs vous permettent de contrôler l'accès au réseau, de l'autoriser ou de le refuser. Ils vous servent aussi à spécifier les ressources du réseau que chaque utilisateur peut utiliser. Sans comptes utilisateurs, les ressources seraient mises à la disposition de quiconque pénétrerait par hasard dans le réseau.

Comprendre les comptes utilisateurs sous Windows

Les comptes utilisateurs sont l'un des outils de base de la gestion d'un serveur sous Windows. En tant qu'administrateur réseau, vous leur consacrerez une grande partie de votre temps : création de nouveaux comptes utilisateurs, suppression des comptes expirés, réinitialisation des mots de passe des utilisateurs distraits, attribution de nouveaux droits d'accès et ainsi de suite. Mais, avant d'aborder les procédures spécifiques à la création et à la gestion des comptes utilisateurs, voyons d'abord de quoi il s'agit et comment ils fonctionnent.

Comptes locaux et comptes de domaine

Un *compte local* est un compte utilisateur stocké sur un ordinateur et qui ne s'applique qu'à cet ordinateur. Classiquement, chaque ordinateur du réseau a un compte local pour chaque personne qui l'utilise.

En revanche, un *compte de domaine* est un compte utilisateur stocké par Active Directory (AD) qui est accessible depuis n'importe quel ordinateur qui fait partie du domaine. La gestion des comptes de domaine est centralisée. Ce chapitre est principalement consacré à la configuration et à la maintenance des comptes de domaine.

Propriétés des comptes utilisateurs

Chaque compte utilisateur est doté d'un nombre important de *propriétés de compte* qui spécifient ses caractéristiques. Les trois propriétés de compte les plus importantes sont :

» **Le nom d'utilisateur.** C'est un nom unique qui identifie le compte. L'utilisateur doit l'entrer lorsqu'il se connecte au réseau. Le nom d'utilisateur est une information publique. Autrement dit, tous les utilisateurs du réseau peuvent (et devraient) connaître votre nom d'utilisateur.

» **Le mot de passe.** C'est un mot confidentiel qui doit être entré pour accéder au compte. Windows peut être configuré de sorte à imposer des *conventions de mots de passe* comme le nombre minimum de caractères, l'obligation d'utiliser des lettres et des chiffres et sa durée de validité.

- **Appartenance à un groupe.** Indique le ou les groupes auxquels l'utilisateur appartient. L'appartenance à un groupe est primordiale pour assurer les droits d'accès qui permettent à un utilisateur d'accéder à différentes ressources du réseau comme des imprimantes ou des fichiers partagés ou d'exécuter certaines tâches réseau telles que la création de nouveaux comptes ou la sauvegarde du serveur.

Bien d'autres propriétés de compte enregistrent des données concernant un utilisateur comme les renseignements de contact de l'utilisateur, la possibilité pour lui d'accéder au réseau à certaines heures et à partir de certains ordinateurs, etc. Je décris certaines de ces fonctions dans les prochaines sections de ce chapitre.

Créer un nouvel utilisateur

Procédez comme suit pour créer un nouveau compte utilisateur de domaine sous Windows Server 2016 :

1. **À partir du menu Outils du Gestionnaire de serveur, choisissez la commande Utilisateurs et ordinateurs Active Directory.**

   Cette action ouvre la console d'administration Utilisateurs et ordinateurs Active Directory, illustrée par la Figure 12.1.

2. **Effectuez un clic droit sur le domaine auquel vous désirez ajouter l'utilisateur et sélectionnez Nouveau/Utilisateur.**

   L'Assistant Nouvel objet - Utilisateur, représenté dans la Figure 12.2, apparaît.

3. **Saisissez le prénom, les initiales et le nom de l'utilisateur.**

   Au cours de la saisie, l'assistant remplit automatiquement le champ Nom complet.

4. **Modifiez le champ Nom complet, si ce qui y figure ne vous convient pas.**

   Vous pouvez, par exemple, permuter le nom et le prénom.

5. **Entrez le nom d'ouverture de session de l'utilisateur.**

Figure 12.1

La console d'administration Utilisateurs et ordinateurs Active Directory.

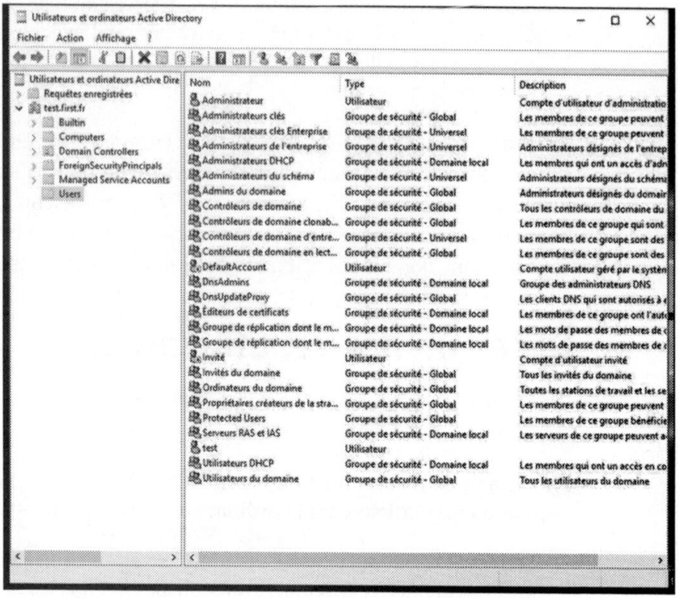

Ce nom doit être unique dans le domaine.

Définissez une convention de création identique pour tous les noms d'ouverture de session : par exemple, la première lettre du prénom suivie du nom ou le nom suivi d'un point puis du prénom, ou toute autre règle à votre convenance.

6. **Cliquez sur Suivant.**

La deuxième page de l'assistant Nouvel objet - Utilisateur apparaît, comme le montre la Figure 12.3.

7. **Saisissez le mot de passe deux fois.**

Si les deux mots de passe ne sont pas identiques, cela signifie que l'un d'eux est erroné. Vous devrez alors corriger l'erreur.

Figure 12.2

Création d'un nouvel utilisateur.

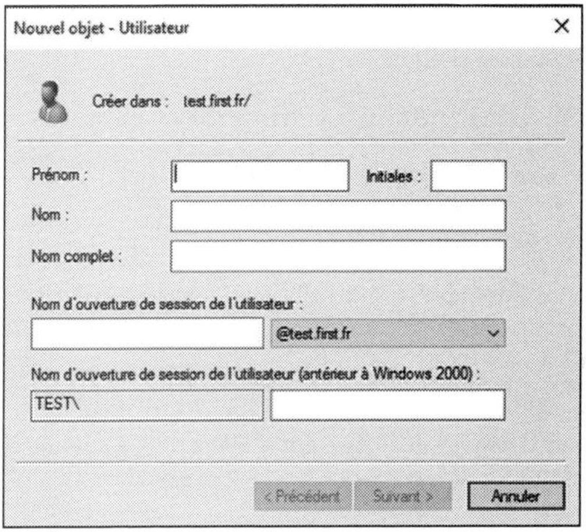

Figure 12.3

Définition du mot de passe de l'utilisateur.

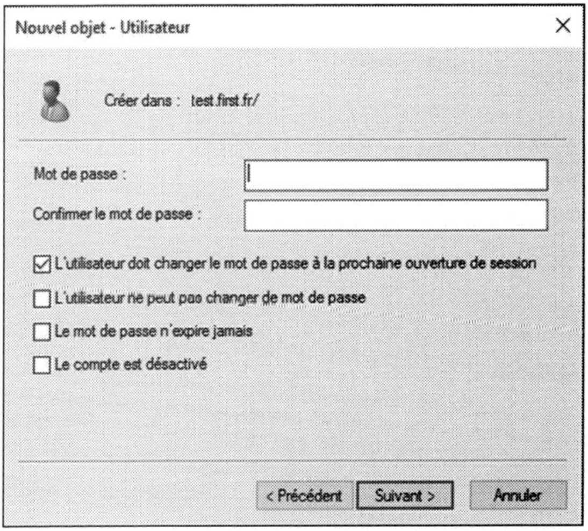

8. Spécifiez les options de mot de passe à appliquer.

Les options disponibles sont :

- L'utilisateur doit changer le mot de passe à la prochaine ouverture de session.
- L'utilisateur ne peut pas changer de mot de passe.
- Le mot de passe n'expire jamais.
- Le compte est désactivé.

Pour en savoir plus sur ces options, reportez-vous à la section « Configurer les options de compte », plus loin dans ce chapitre.

9. Cliquez sur Suivant.

La dernière page de l'assistant s'ouvre. Elle est illustrée par la Figure 12.4.

Figure 12.4

Vérification des informations du compte utilisateur.

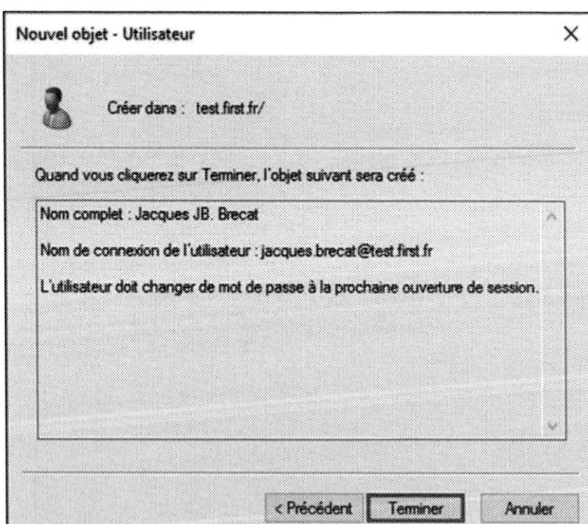

10. **Vérifiez l'exactitude des informations puis cliquez sur Terminer pour créer le compte.**

    Si une information n'est pas correcte, cliquez sur le bouton Précédent et corrigez l'erreur.

C'est fait ! À présent, vous pouvez personnaliser les paramètres du compte utilisateur. Vous pouvez l'ajouter à un ou plusieurs groupes, compléter les renseignements de contact ou définir d'autres options de compte.

Configurer les propriétés utilisateur

Après avoir créé un compte utilisateur, vous pouvez configurer ses propriétés. Pour ce faire, effectuez un clic droit sur le compte et sélectionnez Propriétés. Cette action affiche la boîte de dialogue Propriétés d'utilisateur qui compte de nombreux onglets que vous ouvrez pour définir différentes propriétés. La Figure 12.5 représente l'onglet Général qui contient les informations concernant l'utilisateur comme son nom, l'emplacement de son bureau, son numéro de téléphone, etc.

Les sections qui suivent décrivent certaines des tâches d'administration qui peuvent être effectuées à partir de la boîte de dialogue Propriétés d'utilisateur.

Modifier les renseignements de contact de l'utilisateur

Plusieurs onglets de la boîte de dialogue Propriétés d'utilisateur contiennent des informations concernant l'utilisateur, notamment :

- **Adresse :** vous pouvez y modifier l'adresse de l'utilisateur (rue, boîte postale, ville, code postal...).
- **Téléphones :** vous y spécifiez les divers numéros de téléphone de l'utilisateur.
- **Organisation :** vous y indiquez la fonction de l'utilisateur, le nom de son gestionnaire, etc.

Figure 12.5

Onglet Général.

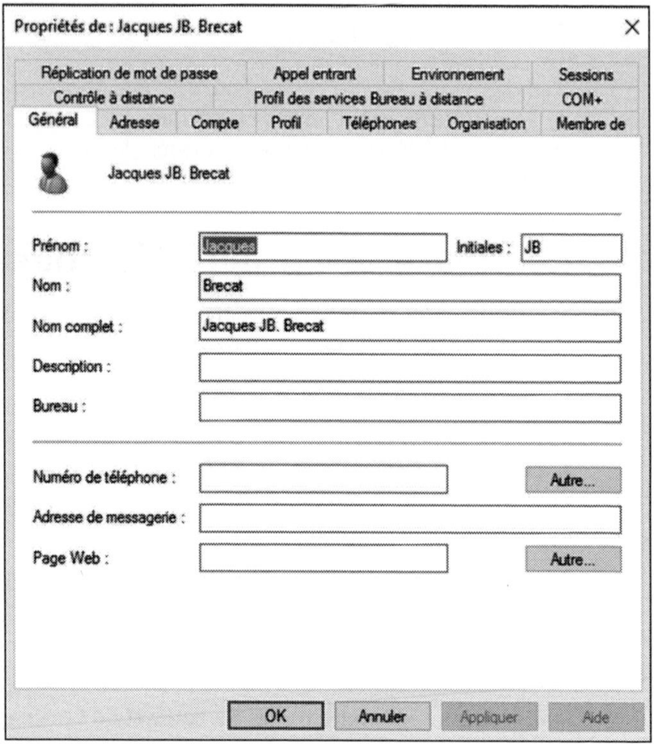

Configurer les options de compte

L'onglet Compte de la boîte de dialogue Propriétés d'utilisateur (Figure 12.6) comporte diverses options intéressantes. C'est là qu'il est possible de modifier le nom d'ouverture de session et les options de mot de passe définies lors de la création du compte.

La zone Options de compte permet de spécifier les options suivantes :

Figure 12.6

Onglet Compte de la boîte de dialogue Propriétés d'utilisateur.

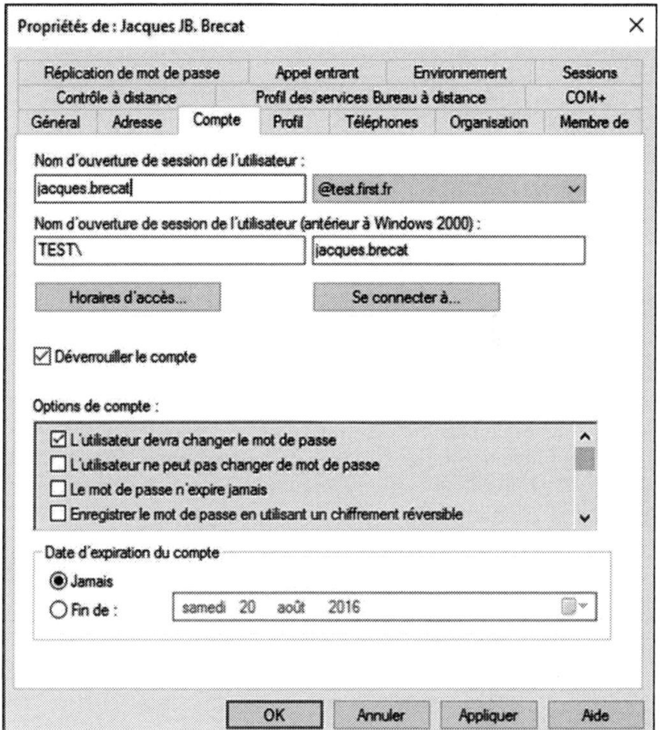

» **L'utilisateur devra changer le mot de passe.** Cette option, qui est activée par défaut, impose à l'utilisateur de modifier son mot de passe à la prochaine ouverture de session. Elle permet d'attribuer à l'utilisateur un mot de passe temporaire. Ainsi, dès que l'utilisateur se connecte au réseau, il est invité à changer de mot de passe.

» **L'utilisateur ne peut pas changer de mot de passe.** Cette option interdit à l'utilisateur de changer son mot de passe (cette option n'est pas compatible avec la précédente).

» **Le mot de passe n'expire jamais.** Cette option annule la stratégie de sécurité imposée par Active Directory. Elle permet à l'utilisateur de ne jamais changer de mot de passe.

» **Enregistrer le mot de passe en utilisant un chiffrement réversible.** Cette option enregistre les mots de passe en utilisant un chiffrement que les pirates peuvent casser facilement. Évitez de cocher cette option.

» **Le compte est désactivé.** Cette option permet de préparer un compte pour une mise à disposition ultérieure. Tant que le compte est désactivé, l'utilisateur ne peut pas ouvrir de session. Consultez la section « Activer et désactiver des comptes utilisateurs », plus loin dans ce chapitre, pour plus d'informations.

» **Une carte à puce est nécessaire pour ouvrir une session interactive.** Cette option implique que l'ordinateur de l'utilisateur possède un lecteur de carte à puce.

» **Le compte est approuvé pour la délégation.** Cette option indique que le compte est digne de confiance et peut établir des délégations. Cette option est habituellement réservée au compte administrateur.

» **Le compte est sensible et ne peut pas être délégué.** Aucun utilisateur ne peut s'approprier ce compte.

» **Utiliser les types de chiffrement DES via Kerberos pour ce compte.** Cette option renforce le chiffrement pour les applications qui exigent plus de sécurité.

» **La préauthentification Kerberos n'est pas nécessaire.** Choisissez cette option si vous utilisez une implémentation différente du protocole Kerberos.

Spécification des horaires d'accès

Il est possible de spécifier la plage horaire au cours de laquelle l'ouverture de session est autorisée ou bien au cours de laquelle elle est interdite. Pour ce faire, cliquez sur le bouton Horaires d'accès à partir de l'onglet Compte de la boîte de dialogue Propriétés de l'utilisateur. La boîte de dialogue Horaires d'accès pour apparaît, comme le montre la Figure 12.7.

Figure 12.7

La boîte de dialogue Horaires d'accès pour.

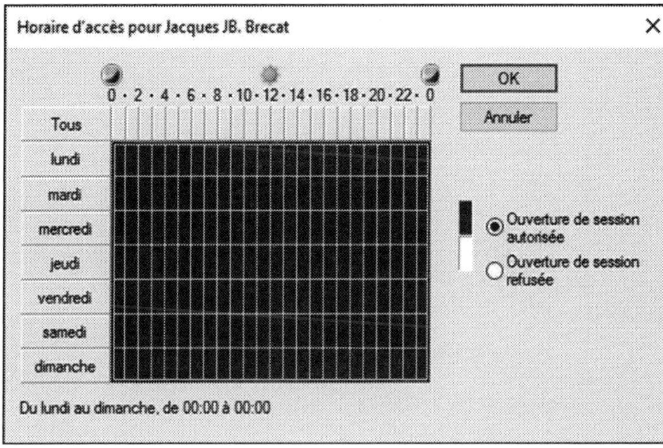

La configuration par défaut autorise une connexion à partir de n'importe quel moment de la journée ou de la nuit. Pour modifier les autorisations de connexion, sélectionnez la plage horaire puis cochez en fonction de votre choix le bouton Ouverture de session autorisée ou Ouverture de session refusée, cliquez sur OK pour valider votre choix.

Restreindre l'accès à certains ordinateurs

En général, un utilisateur peut utiliser son compte pour se connecter à n'importe quel ordinateur du domaine. Cependant, vous pouvez autoriser un utilisateur à se connecter uniquement à certains ordinateurs. Pour ce faire, cliquez sur le bouton Se connecter à, à partir de l'onglet Compte de la boîte de dialogue Propriétés de l'utilisateur. Ce bouton ouvre la boîte de dialogue Stations de travail accessibles, comme le montre la Figure 12.8.

Figure 12.8

La boîte de dialogue Stations de travail accessibles.

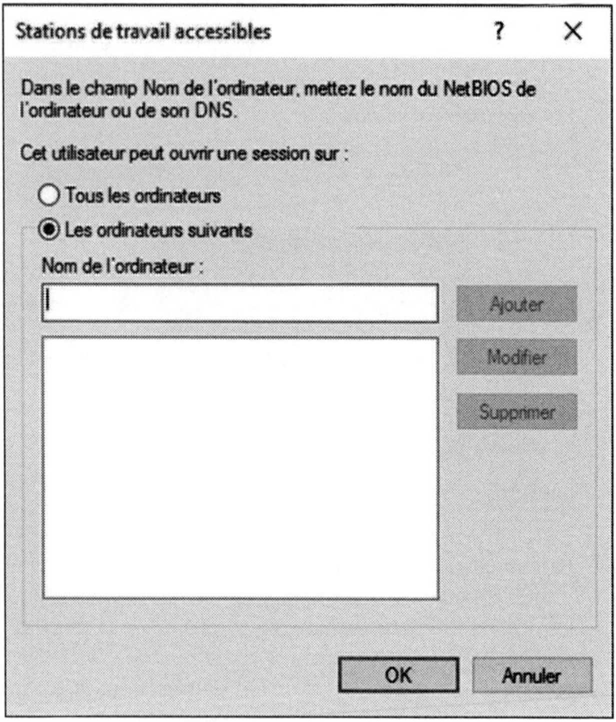

Pour autoriser l'accès à seulement certaines stations de travail, sélectionnez le bouton Les ordinateurs suivants, puis entrez le nom de chacun des ordinateurs auquel l'utilisateur peut se connecter et cliquez sur le bouton Ajouter pour chacun d'eux.

Si vous faites une erreur, sélectionnez le nom de l'ordinateur à corriger et cliquez sur Modifier pour changer le nom ou cliquez sur Supprimer pour le supprimer.

Définir le profil utilisateur

L'onglet Profil, représenté dans la Figure 12.9, permet de configurer les paramètres de profil de l'utilisateur :

Figure 12.9

Onglet Profil d'utilisateur.

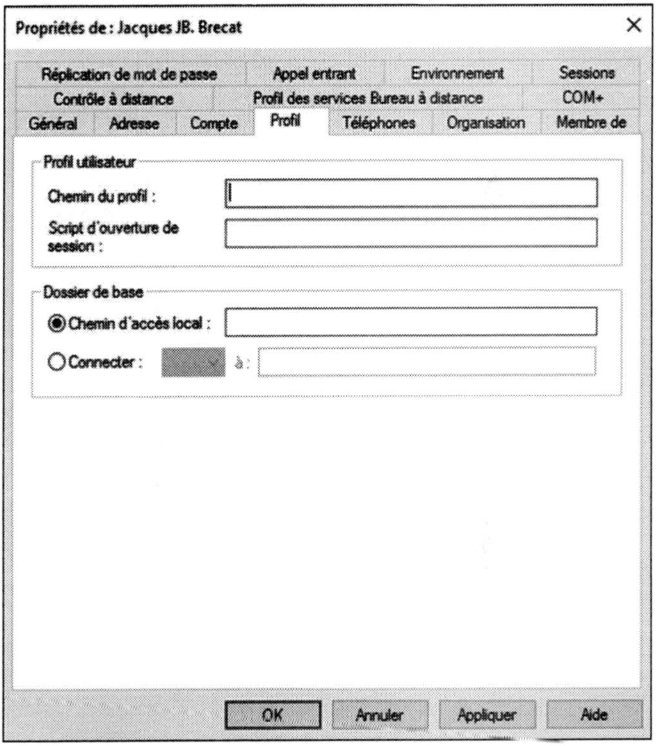

» **Chemin du profil.** Spécifie l'emplacement du profil « itinérant » de l'utilisateur. Comme les profils itinérants ne sont pas souvent utilisés, j'ai décidé de ne pas les traiter dans ce livre.

» **Script d'ouverture de session.** Définit le *script de connexion* : c'est un fichier de commandes qui est exécuté à chaque fois que l'utilisateur ouvre une session. Le but principal du script d'ouverture de session est de connecter automatiquement les ressources réseau dont l'utilisateur a besoin. Les scripts d'ouverture de session sont un souvenir des versions antérieures de Windows NT Server. Sous Windows Server 2016, le chargement du profil est la méthode adoptée pour configurer l'ordinateur de l'utilisateur lorsqu'il ouvre une session et qu'il doit retrouver ses ressources réseau. Cependant, de nombreux administrateurs lui préfèrent encore la simplicité des scripts d'ouverture de session. Pour plus d'informations, voir la section « Créer un script d'ouverture de session », plus loin dans ce chapitre.

» **Dossier de base.** Indique l'emplacement de stockage par défaut pour l'utilisateur.

Réinitialiser le mot de passe d'utilisateurs

D'après quelques estimations, il semblerait que la tâche d'administration qui prend le plus de temps soit la réinitialisation des mots de passe. Il est un peu facile de s'en prendre à un utilisateur lorsqu'il oublie son mot de passe, mais mettez-vous à sa place : vous insistez pour qu'il choisisse un mot de passe incompréhensible, comme `94kD82leL384K`, qu'il est censé changer, une semaine plus tard, par un mot tout aussi biscornu que `dJUQ63DWd8l31` et que bien sûr il ne doit laisser traîner nulle part ni même noter. Il y a vraiment de quoi devenir fou.

Ainsi, lorsqu'un utilisateur vous informe qu'il a oublié son mot de passe, la moindre des choses consiste à le réinitialiser. Car après tout, il a certainement déjà perdu un bon quart d'heure à tenter de retrouver ce mot de passe avant d'admettre son échec.

Voici la procédure à suivre pour réinitialiser le mot de passe d'un compte utilisateur du domaine :

1. **Ouvrez une session en tant qu'administrateur.**

   Vous devez posséder des droits d'administrateur.

2. **Cliquez la vignette Outils d'administration puis choisissez la commande Utilisateurs et ordinateurs Active Directory.**

   La console d'administration Utilisateurs et ordinateurs Active Directory s'affiche.

3. **Dans le volet de gauche, cliquez sur Users.**

4. **Dans le panneau de droite, effectuez un clic droit sur l'utilisateur qui a oublié son mot de passe et sélectionnez Réinitialiser le mot de passe.**

5. **Saisissez le nouveau mot de passe dans les deux champs.**

   Vous devez l'entrer *deux fois* pour minimiser les risques de faute de frappe.

6. **Si vous le souhaitez, vous pouvez activer l'option L'utilisateur doit changer le mot de passe à la prochaine ouverture de session.**

   Si vous cochez cette case, le mot de passe que vous attribuez ne sera valable que pour une seule session. Dès que l'utilisateur tentera de se connecter, il devra changer de mot de passe.

7. **Cliquez sur OK.**

   C'est tout. Le mot de passe de l'utilisateur a été réinitialisé.

Activer et désactiver des comptes utilisateurs

Si vous souhaitez interdire temporairement l'accès au réseau à un utilisateur, vous pouvez désactiver son compte. Vous pourrez ensuite, quand vous le désirerez, le réactiver et lui redonner ainsi l'accès aux ressources du réseau. Voici comment procéder :

1. **Ouvrez une session en tant qu'administrateur.**

   Vous devez posséder des droits d'administrateur.

2. **Cliquez la vignette Outils d'administration puis choisissez la commande Utilisateurs et ordinateurs Active Directory.**

La console d'administration Utilisateurs et ordinateurs Active Directory s'affiche.

3. **Dans le volet de gauche, cliquez sur Users.**

4. **Dans le panneau de droite, effectuez un clic droit sur l'utilisateur dont vous voulez désactiver ou activer le compte et exécutez la commande Désactiver le compte ou Activer le compte.**

Supprimer un utilisateur

La suppression d'un utilisateur ne présente aucune difficulté :

1. **Ouvrez une session en tant qu'administrateur.**

   Vous devez posséder des droits d'administrateur.

2. **Cliquez la vignette Outils d'administration puis choisissez la commande Utilisateurs et ordinateurs Active Directory.**

   La console d'administration Utilisateurs et ordinateurs Active Directory s'affiche.

3. **Dans le volet de gauche, cliquez sur Users.**

4. **Dans le panneau de droite, effectuez un clic droit sur l'utilisateur à supprimer et choisissez Supprimer.**

   Windows vous demande de confirmer la suppression.

5. **Cliquez sur Oui.**

   Le compte de l'utilisateur a été supprimé.

Travailler avec des groupes

Un *groupe* est un compte spécial qui représente un ensemble d'utilisateurs dont les besoins d'accès au réseau sont identiques. Les groupes peuvent simplifier considérablement les tâches d'attribution des droits d'accès. Plutôt que de les affecter séparément à chacun des utilisateurs, ces droits sont attribués à tout le groupe.

Par la suite, ces droits sont automatiquement accordés à tout nouvel utilisateur que vous ajoutez au groupe.

Les sections suivantes décrivent certains des concepts clés que vous devez comprendre pour utiliser des groupes ainsi que les démarches les plus courantes pour configurer des groupes pour votre serveur.

Créer un groupe

Pour créer un groupe, procédez de la manière suivante :

1. **Ouvrez une session en tant qu'administrateur.**

   Vous devez posséder des droits d'administrateur.

2. **Cliquez la vignette Outils d'administration puis choisissez la commande Utilisateurs et ordinateurs Active Directory.**

   La console d'administration Utilisateurs et ordinateurs Active Directory s'affiche.

3. **Effectuez un clic droit sur le domaine auquel vous voulez ajouter un groupe et sélectionnez Nouveau/Groupe.**

   La boîte de dialogue Nouvel objet - Groupe apparaît, comme le montre la Figure 12.10.

4. **Entrez le nom du nouveau groupe.**

   Saisissez le nom dans les deux champs.

5. **Choisissez l'étendue du groupe.**

   Les possibilités sont les suivantes : Domaine local, Globale et Universelle. Optez pour Domaine local pour les groupes qui vont posséder des droits d'accès aux ressources du réseau. Sélectionnez Globale pour les groupes auxquels vous allez ajouter des utilisateurs et des groupes de domaine local. Choisissez Universelle si vous administrez un réseau étendu avec plusieurs domaines.

6. **Indiquez le type de groupe.**

Figure 12.10

La boîte de dialogue Nouvel objet - Groupe.

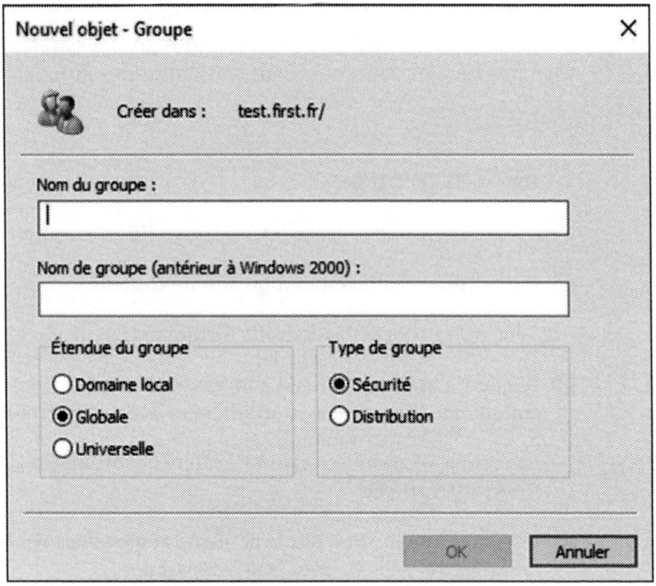

Les choix possibles sont Sécurité et Distribution. Dans la plupart des cas, vous choisirez Sécurité.

7. **Cliquez sur OK.**

Le groupe est créé.

Ajouter un membre au groupe

Les groupes sont des ensembles d'objets appelés *membres.* Les membres d'un groupe peuvent être des comptes utilisateurs ou d'autres groupes. Quand un groupe vient d'être créé, il n'a pas de membre. Un groupe ne devient utile que s'il compte au moins un membre.

Procédez comme suit pour ajouter un membre :

1. **Ouvrez une session en tant qu'administrateur.**

   Vous devez posséder des droits d'administrateur.

2. **Cliquez la vignette Outils d'administration puis choisissez la commande Utilisateurs et ordinateurs Active Directory.**

   La console d'administration Utilisateurs et ordinateurs Active Directory s'affiche.

3. **Ouvrez le dossier contenant le groupe auquel vous désirez ajouter des membres. Double-cliquez ensuite sur le groupe.**

   La boîte de dialogue Propriétés de groupe apparaît.

4. **Cliquez sur l'onglet Membres.**

   Les membres du groupe apparaissent comme le montre la Figure 12.11.

5. **Cliquez sur le bouton Ajouter et entrez le nom d'un utilisateur ou d'un autre groupe que vous désirez ajouter à ce groupe. Cliquez ensuite sur OK.**

6. **Répétez l'étape 5 pour chaque utilisateur ou groupe que vous voulez ajouter.**

   Continuez jusqu'à ce que vous ayez ajouté tout le monde !

7. **Cliquez sur OK.**

   Ce n'est pas plus difficile que ça !

La boîte de dialogue Propriétés de groupe comporte un onglet Membre qui liste chaque groupe dont le groupe courant est membre.

Créer un script d'ouverture de session

Un *script d'ouverture de session* est un fichier de traitement par lots qui est automatiquement démarré à chaque fois qu'un utilisateur

Figure 12.11

La boîte de dialogue Propriétés de groupe.

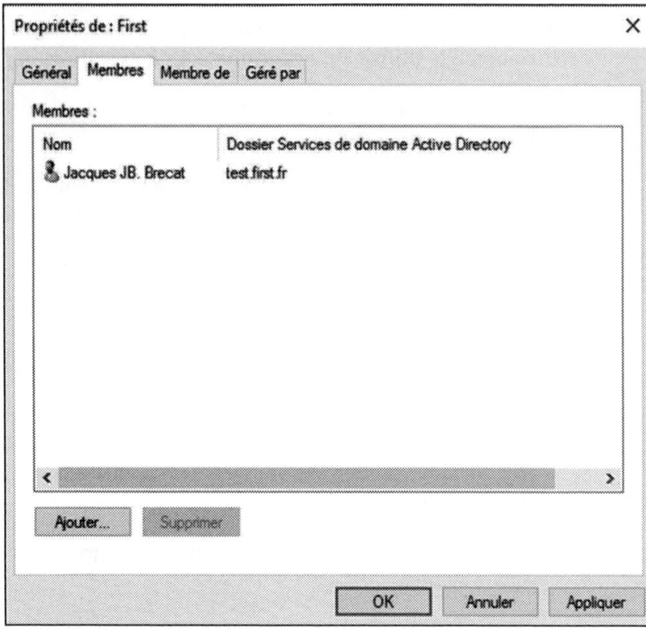

ouvre une session sur le réseau. Un script d'ouverture de session s'utilise principalement pour mapper les partages réseau auxquels l'utilisateur veut accéder. Voici un exemple simple de script d'ouverture de session qui mappe trois partages réseau :

```
echo off
net use m: \\serveur1\partages\admin
net use n: \\serveur1\partages\marketing
net use o: \\serveur2\archives
```

Ici, deux partages de `serveur1` sont mappés aux lecteurs M et N et un partage de `serveur2` est mappé au lecteur O.

La variable `%username` peut être utilisée pour identifier le nom d'utilisateur. Cette variable est particulièrement utile si vous avez créé un dossier pour chaque utilisateur, et si vous voulez mapper un lecteur vers le dossier de chaque utilisateur ; utilisez alors la commande :

```
net use u: \\server1\users\%username%
```

Par exemple, si un utilisateur se connecte avec le nom d'utilisateur `glingot`, le lecteur `U:` sera mappé à `\\serveur1\users\glingot`.

Les scripts d'ouverture de session sont sauvegardés au plus profond des entrailles du répertoire Windows, dans le dossier SYSVOL, à l'adresse `c:\Windows\SYSVOL\Sysvol\nom_de_domaine\Scripts`, où le *nom_de_domaine* est le nom de votre domaine. Si vous devez accéder souvent à ce dossier, créez un raccourci sur le Bureau.

Après avoir créé le script d'ouverture de session, vous pouvez l'assigner à un utilisateur en le spécifiant dans l'onglet Profil de la boîte de dialogue Propriétés d'utilisateur. Pour plus d'informations, consultez l'une des sections précédentes, intitulée « Définir le profil utilisateur ».

DANS CE CHAPITRE

Comprendre le stockage réseau.

•

Comprendre l es autorisations.

•

Comprendre les partages.

•

Configurer le rôle de serveur de fichiers.

Chapitre 13
Gérer le stockage réseau

L'accès partagé à l'espace disque est l'un des buts principaux des ordinateurs en réseau. Dans ce chapitre, vous découvrirez les diverses possibilités qu'un réseau peut offrir pour partager de l'espace disque. Vous apprendrez aussi à configurer Windows Server 2016 comme serveur de fichiers.

Comprendre le stockage réseau

De très nombreux serveurs réseau n'ont pour rôle essentiel que la mise à disposition d'espace disque pour les utilisateurs du réseau. Parce que les réseaux accueillent de plus en plus d'utilisateurs et que ces derniers ont besoin de plus en plus d'espace disque, les administrateurs réseau doivent trouver en permanence des moyens d'augmenter la capacité mémoire de leur réseau. Les sections suivantes présentent quelques concepts clés pour fournir de l'espace disque sur le réseau.

Serveur de fichiers

Un *serveur de fichiers* est simplement un serveur appartenant au réseau et dont le rôle primaire est la mise à disposition de ses disques. C'est le moyen le plus couramment utilisé pour partager des zones de stockage sur le réseau.

Un serveur de fichiers peut aussi bien être un simple ordinateur de bureau auquel on a attribué ce service, qu'un serveur de fichiers dédié (dont le coût peut dépasser 20 000 euros) équipé de composants redondants, de sorte qu'il n'y ait pas d'interruption de service si un élément tombe en panne. Un serveur de fichiers peut même être équipé de baies de stockage dont les disques peuvent être remplacés en ligne sans arrêt du système.

Un des sous-systèmes de stockage disque les plus communs pour les serveurs de fichiers est le système RAID (RAID était à l'origine l'acronyme de *Redundant Array of Inexpensive Disks*, qui signifie « matrice redondante de disques bon marché ». Aujourd'hui, le mot est devenu l'acronyme de *Redundant Array of Independent Disks*, soit « matrice redondante de disques indépendants », car les disques durs sont de bien meilleure qualité qu'à l'époque). Les techniques utilisées s'assurent que si l'un des disques du système de RAID est détruit, aucune donnée n'est perdue. Le disque défectueux peut être retiré et remplacé dans la baie sans qu'un arrêt soit nécessaire et le nouveau disque est reconstruit avec les données que contenait le disque endommagé à partir d'informations stockées sur les autres disques.

La majeure partie de ce chapitre est consacrée à la configuration de Windows Server 2016 comme serveur de fichiers.

Périphérique de stockage

Un *périphérique de stockage* est un dispositif spécifiquement conçu pour fournir une zone de stockage sur le réseau. Également connu sous le nom de *NAS*, acronyme de *Network Attached Storage*, il désigne un périphérique de stockage relié à un réseau dont la principale fonction est le stockage de données en un gros volume centralisé pour des clients réseau. C'est une boîte « noire » préconfigurée et prête à fonctionner. Il suffit de la connecter, de la mettre sous tension et de la configurer.

Le Dell PowerVault NX300 est un NAS d'entrée de gamme typique. C'est un petit châssis pouvant être inséré dans un rack. Il supporte jusqu'à six disques durs d'une capacité totale pouvant atteindre douze téraoctets (soit 12 000 Go). Le Dell NX300 tourne avec une version spéciale de Windows Server appelée *Windows Storage Server*. Cette version de Windows, conçue spécifiquement pour les périphériques NAS, permet de configurer la zone de stockage réseau à partir de n'importe quel ordinateur du réseau à partir d'un navigateur Web.

Notez que certains périphériques de stockage utilisent des versions personnalisées de Linux plutôt que Windows Storage Server. D'autres périphériques intègrent directement le système d'exploitation sur un disque dur externe qui peut être connecté au réseau et partagé pour les utilisateurs.

Comprendre les autorisations

Les *autorisations* sont un concept clé de l'administration du stockage réseau. Elles permettent aux utilisateurs d'accéder aux ressources partagées du réseau. Le simple partage d'une ressource, comme l'accès à un dossier ou à une imprimante, ne garantit en rien que l'utilisateur puisse y accéder. Windows demande qu'une décision soit prise pour chaque ressource. Elle repose sur des autorisations affectées aux différents groupes et à l'état de membre d'un groupe en ce qui concerne un utilisateur. Si l'utilisateur appartient à un groupe auquel des autorisations d'accès aux ressources ont été accordées, l'accès est autorisé ; sinon, il est refusé.

En théorie, tout paraît simple, mais en pratique, cela peut s'avérer assez compliqué. Les paragraphes qui suivent décrivent les nuances entre le contrôle des accès et les autorisations :

- **Chaque objet (c'est-à-dire chaque fichier et dossier) d'un volume NTFS bénéficie d'un ensemble d'autorisations appelé ACL (*Access Control List*, liste de contrôle d'accès).**
- **L'ACL identifie les utilisateurs et les groupes qui peuvent accéder à l'objet et spécifie le niveau d'accès dont bénéficie l'utilisateur ou le groupe. Par exemple, l'ACL d'un dossier spécifiera qu'un groupe d'utilisateurs peut uniquement lire les fichiers contenus**

dans le dossier, qu'un autre groupe peut les lire et les modifier, alors qu'un troisième groupe se verra refuser tout accès au dossier.

» Les objets conteneurs (les fichiers et les volumes) permettent à leurs ACL d'être hérités par les objets qui les contiennent. Ainsi, si vous accordez des autorisations à un dossier, ces dernières s'étendent aux fichiers et sous-dossiers qu'il contient.

Le Tableau 13.1 décrit les six types d'autorisations qui peuvent être appliqués aux fichiers et dossiers sur un volume NTFS.

Tableau 13.1

Autorisations applicables aux fichiers et aux dossiers.

Autorisation	Description
Contrôle total	Accorde l'accès sans restriction au fichier ou au dossier.
Modification	Permet de lire le fichier ou le dossier, de le supprimer, d'en modifier le contenu ou d'en changer les attributs. Il est aussi possible de créer de nouveaux fichiers ou sous-dossiers dans le dossier.
Lecture et exécution	Permet de lire ou d'exécuter le fichier, d'afficher le contenu du dossier ou de lire ou exécuter les fichiers du dossier.
Affichage du contenu du dossier	S'applique uniquement aux dossiers et accorde le droit d'en visualiser le contenu.
Lecture	Accorde l'autorisation de lire le fichier ou le contenu du dossier.
Écriture	Permet de modifier le contenu du fichier ou de ses attributs et de créer de nouveaux fichiers ou sous-dossiers dans le dossier.

Les six autorisations applicables aux fichiers et aux dossiers sont constituées d'autres *autorisations spéciales* qui définissent des permissions plus détaillées sur les fichiers et les dossiers. Le Tableau 13.2 présente ces autorisations spéciales qui s'appliquent à chacune des six autorisations applicables aux fichiers et aux dossiers.

Tableau 13.2

Autorisations spéciales.

Autorisation spéciale	Contrôle total	Modification	Lecture et exécution	Affichage du contenu du dossier	Lecture	Écriture
Traverser dossier/Exécuter fichier	x	x	x	x		
Énumérer dossier/Lire les données	x	x	x	x	x	
Lire les attributs	x	x	x	x	x	
Lire les attributs étendus	x	x	x	x	x	
Créer des fichiers/Écrire des données	x	x				x
Créer des dossiers/Ajouter des données	x	x				x
Écrire des attributs	x	x				x
Écrire des attributs étendus	x	x				x
Supprimer les sous-dossiers et les fichiers	x					
Supprimer	x	x				
Lire les autorisations	x	x	x	x	x	x
Modifier les autorisations		x				

Autorisation spéciale	Contrôle total	Modification	Lecture et exécution	Affichage du contenu du dossier	Lecture	Écriture
Prendre possession	x					
Synchroniser	x	x	x	x	x	x

Il est préférable d'accorder des autorisations à des groupes plutôt qu'à chacun des utilisateurs. Par la suite, si un utilisateur a besoin d'accéder à une ressource particulière, il suffira de l'ajouter à un groupe qui a l'autorisation d'utiliser cette ressource.

Comprendre les partages

Un *partage* est un dossier mis à la disposition de multiples utilisateurs à travers le réseau. Chaque partage se caractérise par les éléments suivants :

» **Le nom de partage :** nom sous lequel le partage est connu sur le réseau. Pour qu'il soit compatible avec les ordinateurs anciens, il est recommandé de s'en tenir, si possible, au nom à huit caractères.

» **Le chemin :** chemin du dossier, sur l'ordinateur local partagé, par exemple : `C:\Compta`.

» **La description :** description en ligne du partage.

» **Les autorisations :** liste d'utilisateurs ou de groupes auxquels l'accès au partage a été accordé.

Lorsque vous installez Windows et configurez les rôles du serveur, des ressources partagées particulières sont créées pour prendre en charge ces rôles. Ne modifiez surtout pas les partages spéciaux, à moins que vous sachiez vraiment ce que vous faites. Le Tableau 13.3 présente les partages spéciaux les plus importants.

Tableau 13.3

Partages spéciaux les plus importants.

Nom de partage	Description
drive$	Le répertoire racine d'un disque.
ADMIN$	Utilisé pour l'administration distante d'un ordinateur. Il pointe sur le dossier du système d'exploitation (habituellement, `C:\Windows`).
IPC$	Employé par des canaux nommés, c'est un élément de programmation qui permet aux processus de communiquer entre eux.
NETLOGON	Requis pour le fonctionnement des contrôleurs de domaine.
SYSVOL	Un partage des contrôleurs de domaine.
PRINT$	Utilisé pour l'administration distante des imprimantes.
FAX$	Utilisé par les clients de fax.

Quelques noms de partages spéciaux se terminent par le symbole dollar ($) ; ce sont des *partages cachés*, invisibles pour les utilisateurs. Cependant, vous pouvez y accéder en spécifiant le nom complet du partage (avec le symbole dollar). Par exemple, le partage `C$` est créé pour permettre une connexion au répertoire racine du disque `C:` d'un client réseau. Les partages tels que `C$` sont protégés par des privilèges, de sorte que si un utilisateur découvre que `C$` est le répertoire racine du disque `C:` du serveur, il ne pourra pas y accéder.

Configurer le rôle de serveur de fichiers

Pour utiliser Windows Server 2016 comme serveur de fichiers, vous devez d'abord activer le rôle de serveur de fichiers. Pour ce faire, à partir du Gestionnaire de serveur, sélectionnez Services de fichiers et de stockage en bas du panneau de gauche, puis cliquez sur Partages (voir la Figure 13.1).

Figure 13.1

La console d'administration des Ressources partagées.

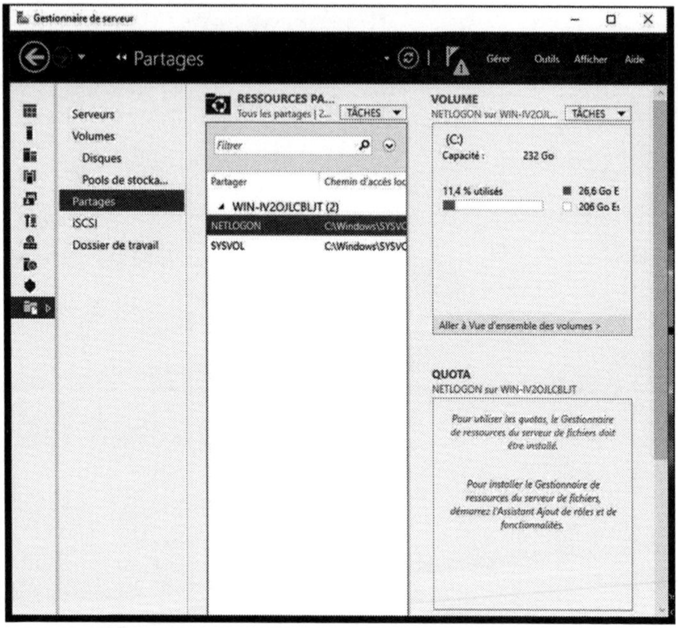

Les sections suivantes décrivent quelques procédures courantes que vous serez amené à utiliser pour administrer votre serveur de fichiers.

Utiliser l'Assistant nouveau partage

Pour être vraiment utile, un serveur de fichiers doit offrir plusieurs *dossiers partagés* configurés pour être accessibles de n'importe où sur le réseau. Pour créer un nouveau partage, utilisez l'Assistant Nouveau partage et suivez les étapes ci-dessous.

❶ **À partir du Gestionnaire de serveur, cliquez sur la flèche à droite de la rubrique Tâches et sélectionnez Nouveau partage.**

La page d'accueil de l'Assistant Nouveau partage s'ouvre, comme le montre la Figure 13.2. Dans un premier temps, l'assistant vous demande de préciser le type de profil du partage de fichiers.

Figure 13.2

La page d'accueil de l'Assistant Nouveau partage.

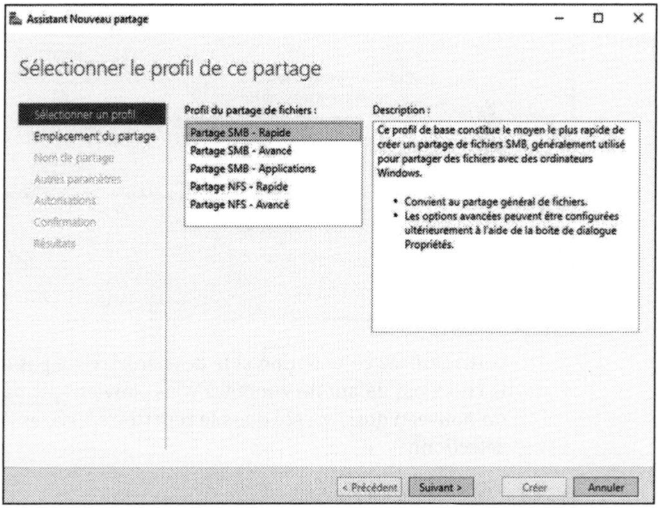

❷ **Sélectionnez Partage SMB - Rapide et cliquez sur Suivant.**

L'Assistant Nouveau partage demande la sélection du serveur et le chemin d'accès au partage, comme le montre la Figure 13.3.

❸ **Si besoin, sélectionnez le serveur qui hébergera le partage.**

❹ **Sélectionnez l'emplacement du partage en choisissant l'une de ces deux options :**

- *Sélectionner par volume* : cette option permet de sélectionner le volume sur lequel le dossier partagé doit résider tout en laissant l'Assistant Nouveau partage créer le dossier pour

Figure 13.3

Sélection du serveur et du chemin d'accès au partage.

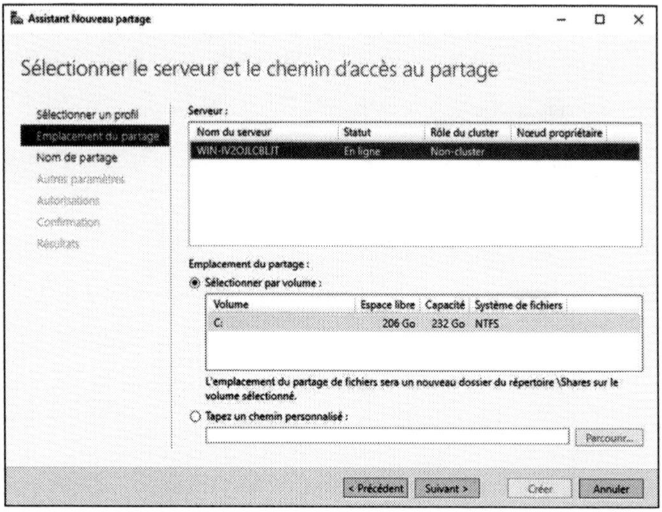

vous. Utilisez cette option si le dossier n'existe pas déjà et si le choix par défaut de Windows vous convient ; le partage sera un nouveau dossier créé dans le répertoire `\Shares` du volume sélectionné.

- *Tapez un chemin personnalisé* : utilisez cette option si le dossier existe ou si vous souhaitez en créer un dans un emplacement autre que le dossier `\Shares`.

❺ **Cliquez sur Suivant.**

La boîte de dialogue de la Figure 13.4 apparaît.

❻ **Entrez le nom que vous souhaitez utiliser pour le partage dans le champ Nom du partage.**

Le nom par défaut est celui du dossier partagé. S'il est trop long, entrez un nom plus bref.

❼ **Entrez une description pour le partage.**

Figure 13.4

Spécification du nom du partage.

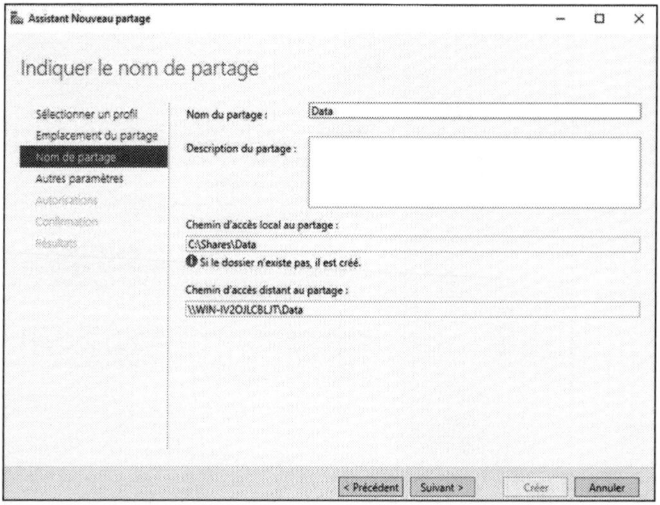

8. **Cliquez sur Suivant.**

   La boîte de dialogue de la Figure 13.5 apparaît.

9. **Cochez les paramètres de partage que vous souhaitez utiliser :**

   - *Activer l'énumération basée sur l'accès* : masque les fichiers et dossiers auxquels l'utilisateur n'a pas la permission d'accéder.
   - *Autoriser la mise en cache du partage* : rend les fichiers disponibles pour les utilisateurs hors ligne.
   - *Chiffrer l'accès aux données* : chiffre les fichiers stockés sur le partage

10. **Cliquez sur Suivant.**

    L'assistant affiche les autorisations par défaut qui seront affectées au nouveau partage, comme le montre la Figure 13.6.

Figure 13.5

Configuration des paramètres du partage.

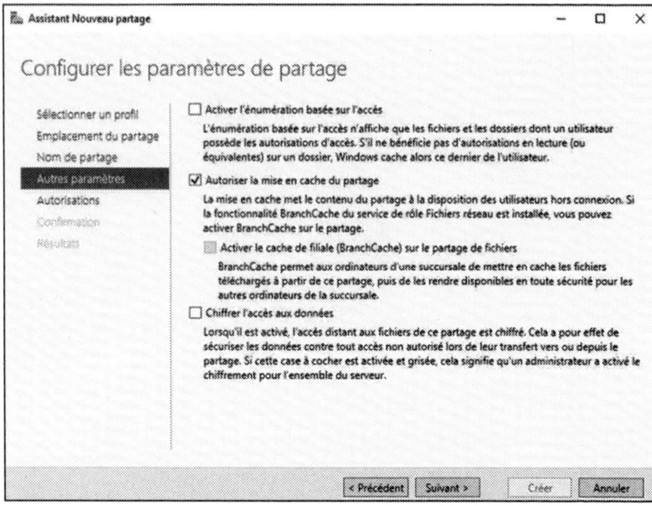

Figure 13.6

Définition des autorisations de partage.

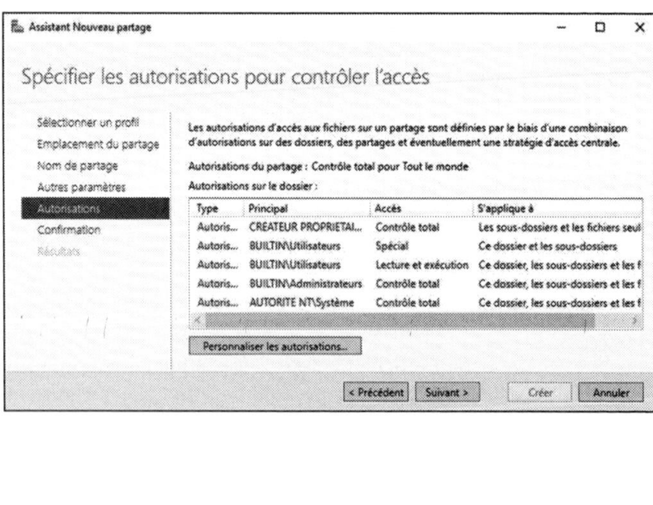

⓫ **(Facultatif) Si vous souhaitez personnaliser les autorisations, cliquez sur le bouton Personnaliser les autorisations.**

Ce bouton permet d'accéder à la boîte de dialogue Paramètres de sécurité avancés pour le partage.

⓬ **Cliquez sur Suivant.**

La page Confirmer les sélections apparaît, comme le montre la figure 13.7.

Figure 13.7

Confirmation des paramètres du partage.

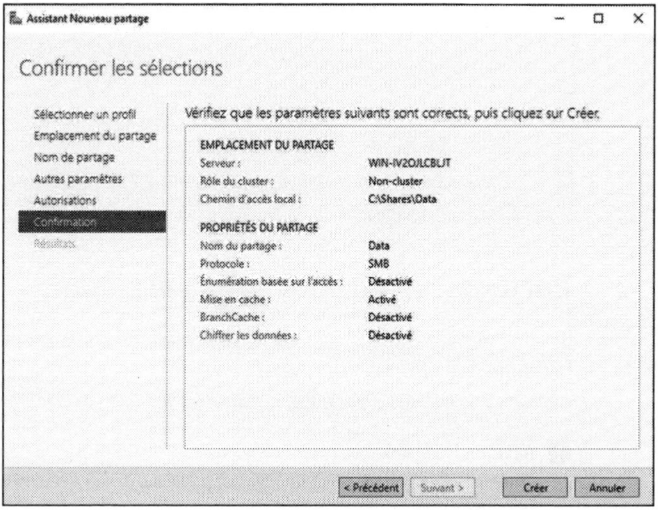

⓭ **Vérifiez que tous les paramètres sont corrects, puis cliquez sur le bouton Créer.**

Le partage est créé et la boîte de dialogue Afficher les résultats s'affiche, comme le montre la figure 13.8.

Figure 13.8

C'est terminé !

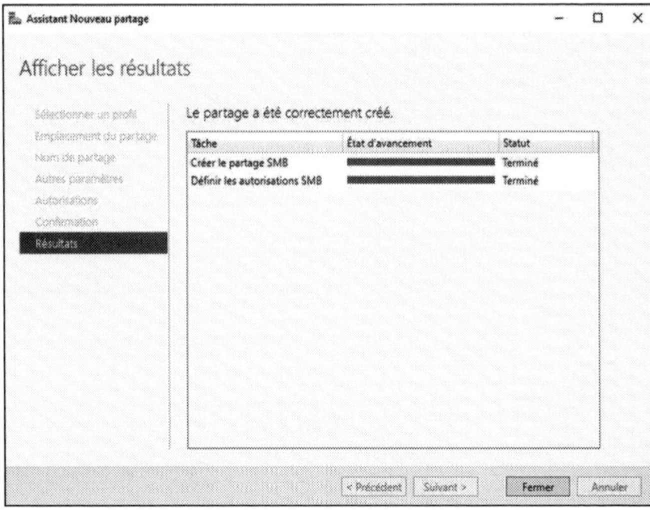

Partager un dossier sans l'assistant

Si vous pensez que les assistants devraient se contenter de faire de la magie dans *Harry Potter*, vous pouvez configurer un partage sans utiliser l'assistant. Procédez comme suit :

1. **Activez l'Explorateur de fichiers à partir de la barre des tâches et repérez le dossier que vous voulez partager ; il se trouve normalement dans le dossier Shares.**

2. **Effectuez un clic droit sur ce dossier et cliquez sur Propriétés.**

   Cette action ouvre la boîte de dialogue Propriétés du dossier.

3. **Ouvrez l'onglet Partage.**

   L'onglet Partage s'ouvre, comme le montre la Figure 13.9.

4. **Cliquez sur le bouton Partage avancé.**

Figure 13.9

Partage manuel d'un dossier.

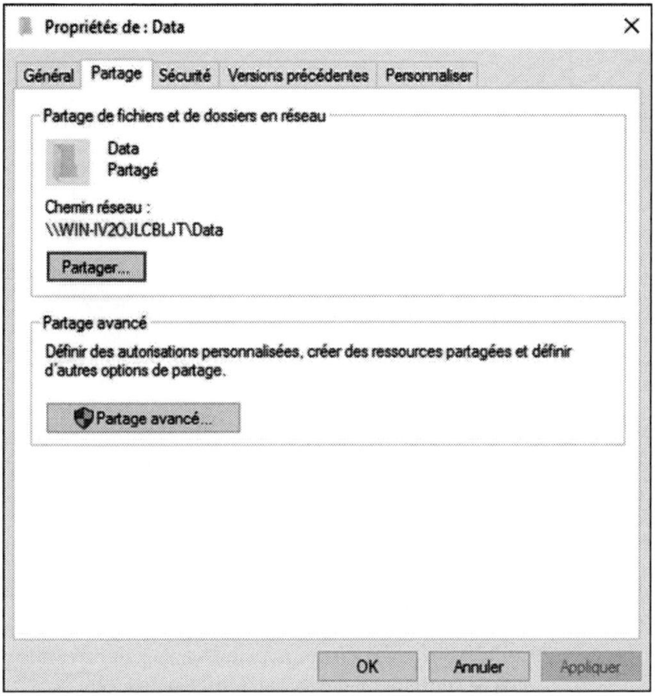

La Figure 13.10 représente la boîte de dialogue qui s'affiche.

5. **Cochez la case Partager ce dossier pour que le dossier soit considéré comme partagé.**

   Les paramètres de cette boîte de dialogue sont grisés tant que vous ne cochez pas cette case.

6. **Entrez le nom du partage dans le champ Nom du partage ainsi qu'une description du partage dans la zone Commentaires.**

   Le nom par défaut est celui du dossier partagé ; s'il est trop long, entrez un nom plus bref.

Figure 13.10

Définition du nom du partage.

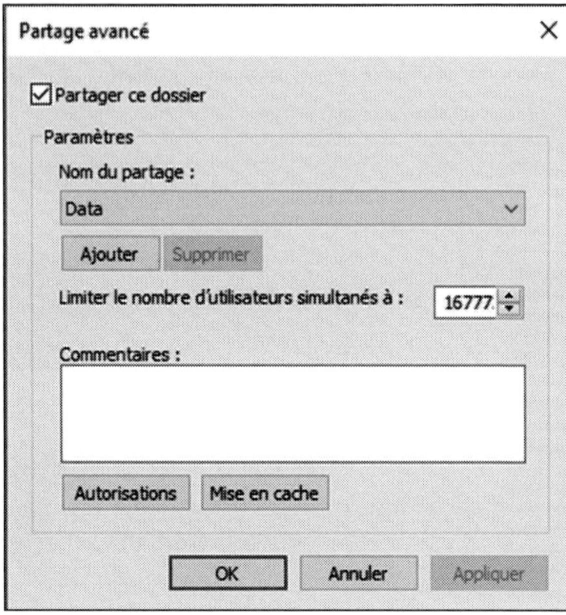

La description est facultative, mais elle peut être utile pour indiquer le contenu du dossier aux utilisateurs.

7. **Si vous voulez définir les autorisations, cliquez sur le bouton Autorisations.**

   Cette action ouvre une boîte de dialogue qui vous invite à créer des autorisations pour le partage. Pour plus d'informations, reportez-vous à la section suivante, « Définir des autorisations ».

8. **Cliquez sur OK.**

   Le dossier est partagé.

Définir des autorisations

Lorsque vous venez de créer un partage de fichiers, les utilisateurs n'y accèdent d'abord qu'en lecture seule. Pour leur permettre de modifier les fichiers ou d'en ajouter de nouveaux, il faut des autorisations supplémentaires. Voici comment procéder à partir de la console Gestion du partage et du stockage :

1. **Activez la touche Windows, cliquez Ordinateur et accédez au dossier dont vous voulez modifier les autorisations.**

2. **Effectuez un clic droit sur le dossier à modifier et sélectionnez Propriétés.**

   La boîte de dialogue Propriétés du partage apparaît.

3. **Cliquez l'onglet Partage, puis le bouton Partage avancé.**

   La boîte de dialogue Partage avancé est affichée.

4. **Cliquez Autorisations.**

   La boîte de dialogue illustrée par la Figure 13.11 s'ouvre. Elle propose une liste de tous les utilisateurs et groupes auxquels vous avez accordé une autorisation pour le dossier. Lorsque vous sélectionnez un utilisateur ou un groupe dans la liste, les cases à cocher au bas de la liste indiquent les autorisations spéciales que vous avez attribuées à chaque utilisateur ou groupe.

   Lorsque vous sélectionnez un utilisateur ou un groupe dans la liste Noms de groupes ou d'utilisateurs, les cases à cocher dans la zone Autorisations spécifient leurs autorisations.

5. **Cliquez sur le bouton Ajouter.**

   La boîte de dialogue de la Figure 13.12 apparaît.

6. **Entrez le nom de l'utilisateur ou du groupe auquel vous souhaitez accorder des autorisations, puis cliquez sur OK.**

   Si vous n'êtes pas sûr du nom, cliquez sur le bouton Avancé ; cela active une boîte de dialogue dans laquelle vous pouvez rechercher des utilisateurs par leur nom.

Figure 13.11

Définition des autorisations.

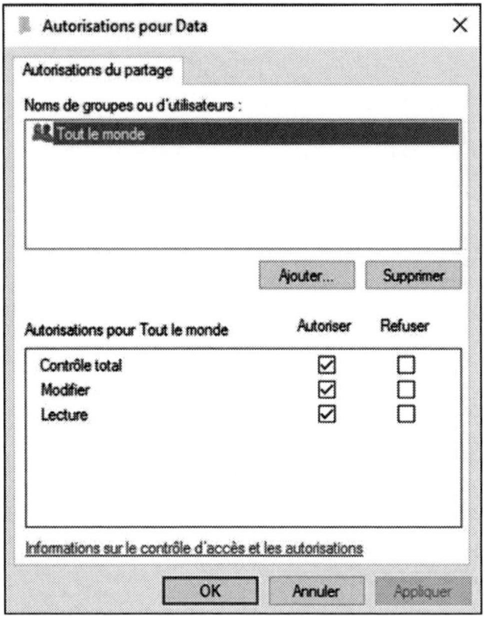

Figure 13.12

Ajout de nouvelles autorisations.

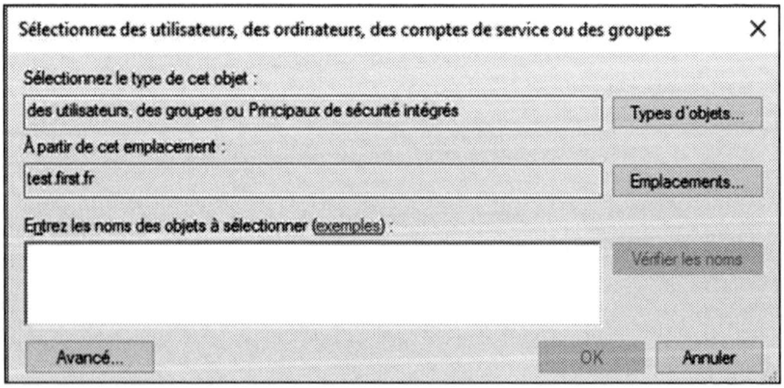

Lorsque vous cliquez sur OK, vous revenez à l'onglet Autorisations de partage (voir la Figure 13.11), avec le nouvel utilisateur ou le groupe ajouté.

7. **Cochez les cases Autoriser ou Refuser pour indiquer les autorisations à attribuer à l'utilisateur ou au groupe.**

8. **Répétez les étapes 5 à 7 pour toutes les autres autorisations que vous souhaitez ajouter.**

9. **Lorsque vous avez terminé, cliquez sur OK.**

Voici quelques remarques concernant l'ajout d'autorisations :

- Si vous désirez accorder un accès total à tous pour ce dossier, ne perdez pas de temps à définir des autorisations. Sélectionnez le groupe Tout le monde et cochez la case Autoriser pour chaque type de permission.

- Pour supprimer une autorisation, sélectionnez-la et cliquez sur Supprimer.

- Si vous ne souhaitez pas travailler avec la console de gestion du partage et du stockage, vous pouvez définir les autorisations dans Ordinateur. Effectuez un clic droit sur le dossier partagé, sélectionnez Partage et sécurité et cliquez sur Autorisations. Appliquez ensuite la procédure décrite précédemment à l'étape 5.

- Les autorisations attribuées dans cette procédure ne s'appliquent qu'au partage lui-même. Les sous-dossiers peuvent eux aussi avoir reçu des autorisations. Si c'est le cas, c'est toujours l'autorisation la plus restrictive qui l'emporte. Par exemple, si dans Autorisations de partage, vous avez opté pour l'autorisation Contrôle total, mais que l'autorisation affectée au dossier ne permet que la lecture à l'utilisateur, ce dernier ne bénéficiera que d'une autorisation en lecture seule pour le dossier.

Chapitre 14

Gérer la messagerie Exchange Server

DANS CE CHAPITRE

Créer des boîtes aux lettres.

•

Gérer des boîtes aux lettres.

•

Configuration d'Outlook pour Exchange.

Bien qu'*Exchange Server* ne fasse pas strictement partie de Windows Server, c'est le serveur de messagerie utilisé sur la plupart des réseaux Windows. Oui, je sais ! Microsoft ne considère pas Exchange Server comme un *serveur de messagerie*. C'est un *serveur de messagerie et de collaboration*. Toutefois, la raison d'être d'Exchange Server est bel et bien la messagerie.

Dans ce chapitre, vous découvrirez comment exécuter les tâches de maintenance les plus courantes sur un serveur Exchange : la création d'une nouvelle boîte aux lettres, l'accès à une boîte aux lettres supplémentaire pour un client et le problème des limites de taille des boîtes aux lettres.

Créer des boîtes aux lettres

Dans les versions précédentes d'Exchange, vous aviez l'habitude de créer les boîtes aux lettres des utilisateurs à partir de la console Utilisateurs et ordinateurs Active Directory (ADUC pour *Active Directory Users and Computers*). Cependant, depuis Exchange 2010, Microsoft a supprimé ces fonctions de gestion d'Exchange ; la création et la gestion des boîtes aux lettres utilisateurs sont réalisées à partir du menu Outils du Gestionnaire de serveur.

La console de gestion d'Exchange permet de créer des boîtes aux lettres pour des utilisateurs d'un Active Directory (AD) ; reportez-vous au Chapitre 11 pour plus d'informations sur la création d'utilisateurs dans un Active Directory. Vous pouvez aussi utiliser la console de gestion d'Exchange pour créer un nouvel utilisateur et lui affecter une boîte aux lettres. La procédure suivante décrit les étapes à suivre pour créer un utilisateur AD et lui créer une nouvelle boîte aux lettres :

1. **À partir du Gestionnaire de serveur, sélectionnez Outils/Microsoft Exchange Server/Exchange Management Console.**

   La console de gestion Exchange apparaît sur l'écran, comme le montre la Figure 14.1.

Figure 14.1

La console de gestion Exchange.

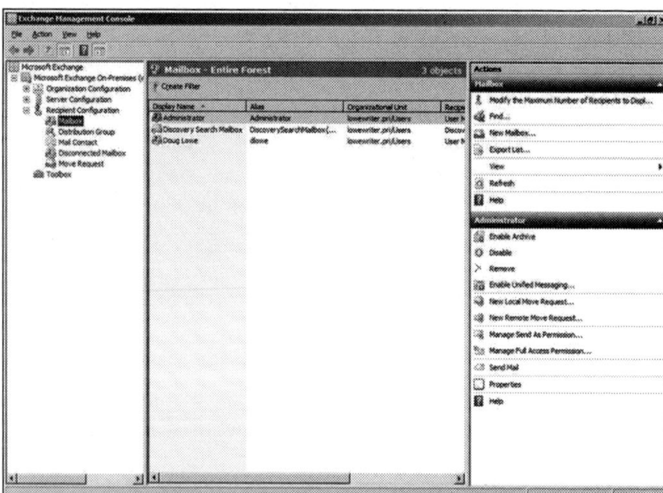

2. **Dans le volet de navigation dans la partie gauche de la fenêtre, accédez à Microsoft Exchange/Microsoft Exchange On-Premises/Recipient Configuration.**

Si vous avez plus d'un serveur Exchange, choisissez le nœud du serveur auquel vous voulez ajouter l'utilisateur.

3. **Faites un clic droit sur le nœud Mailbox dans le volet de navigation, puis choisissez New Mailbox.**

   Cela démarre l'Assistant New Mailbox, comme le montre la Figure 14.2. À partir de la première page de l'assistant, vous pouvez choisir parmi plusieurs types de comptes de boîte aux lettres.

Figure 14.2

La première page de l'assistant de création de nouvelle boîte aux lettres.

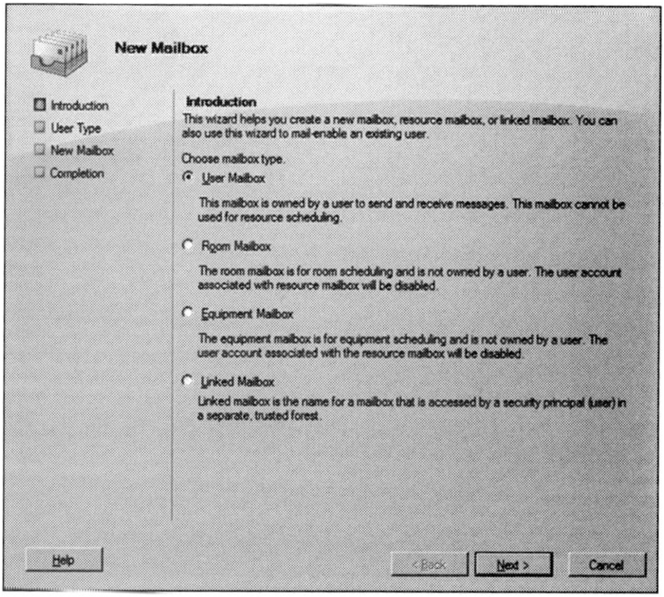

4. **Cochez le bouton User Mailbox puis cliquez sur Next.**

   La page User Type apparaît, comme le montre la Figure 14.3. Vous pouvez indiquer ici si vous voulez créer un nouveau compte utilisateur ou ajouter une boîte aux lettres pour un utilisateur AD existant.

Figure 14.3

La page de choix du type de compte.

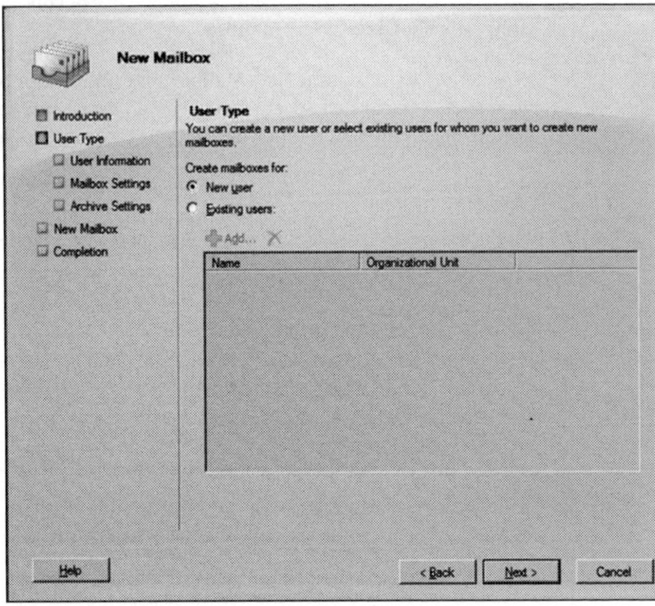

5. **Cochez le bouton New user, puis cliquez sur Next.**

   La page User Information s'affiche, comme illustré à la Figure 14.4.

6. **Entrez le prénom de l'utilisateur, ses initiales et son nom.**

   Lorsque vous tapez le nom, l'assistant complète automatiquement le champ Name.

7. **Modifiez le champ Name si ce qui est proposé ne vous convient pas.**

   Vous voudrez peut-être inverser les noms et prénoms, de sorte que le nom apparaisse en premier.

8. **Entrez le nom de connexion de l'utilisateur.**

Figure 14.4

La page d'informations sur l'utilisateur.

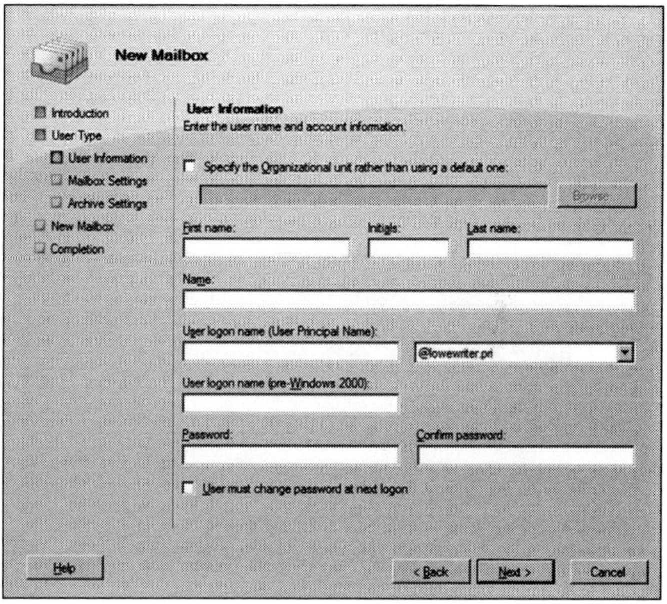

Ce nom doit être unique dans le domaine et sera utilisé pour former l'adresse de messagerie de l'utilisateur.

9. **Saisissez deux fois le mot de passe.**

   Vous êtes invité à taper deux fois le mot de passe ; cette vérification permet de contrôler qu'il est entré correctement. Si vous ne l'avez pas saisi de façon identique dans les deux champs, vous êtes invité à corriger votre erreur.

10. **Si le mot de passe est temporaire, cochez la case spécifiant que l'utilisateur devra changer de mot de passe à la prochaine ouverture de session.**

11. **Cliquez sur Next.**

La page des paramètres de la boîte aux lettres s'affiche, comme illustré à la Figure 14.5 ; vous pouvez créer un alias pour le nom de compte de l'utilisateur et définir diverses options pour des boîtes aux lettres de l'utilisateur.

Figure 14.5

La page des paramètres de la boîte aux lettres.

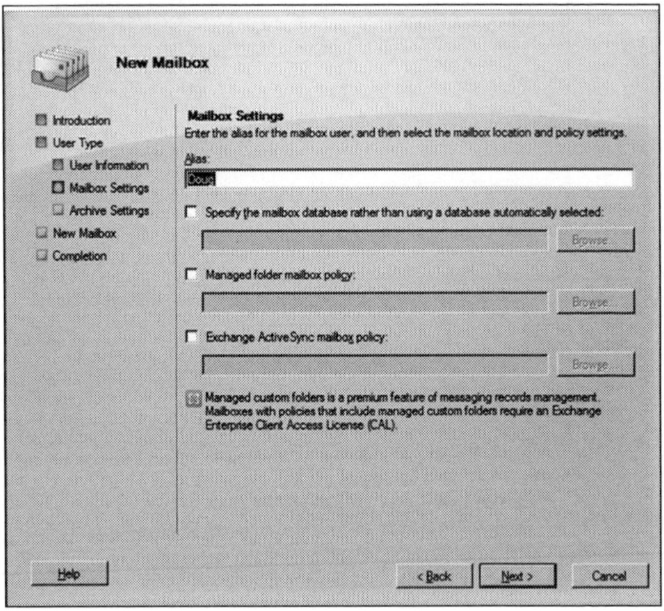

⓬ **Saisissez un alias pour l'utilisateur, puis cliquez sur Next.**

L'alias peut être le nom qui a été utilisé dans le champ Nom de la page précédente.

Lorsque vous cliquez sur Next, la page des paramètres d'archivage apparaît (voir la Figure 14.6).

⓭ **Si vous voulez créer une boîte aux lettres d'archive pour l'utilisateur, sélectionnez l'option Create an Archive Mailbox for This Account, sinon, laissez l'option décochée.**

Figure 14.6

La page des paramètres d'archivage de la boîte aux lettres.

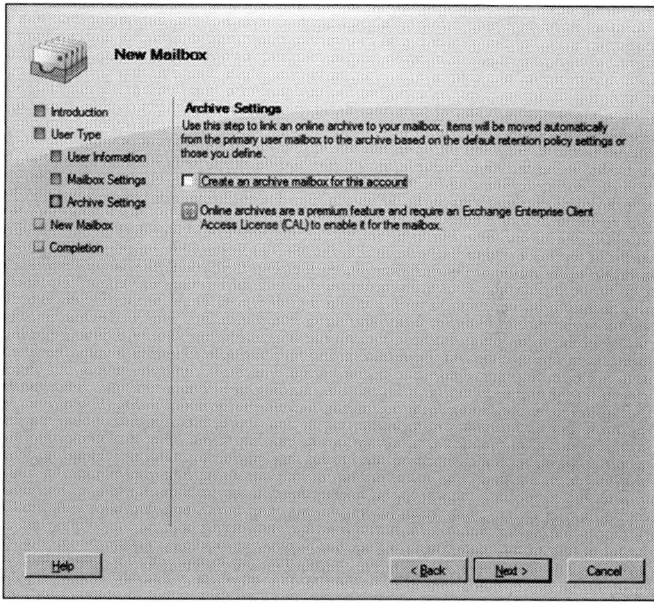

Les boîtes aux lettres d'archive sont disponibles uniquement à partir de l'édition Enterprise d'Exchange Server 2010.

⓮ **Cliquez sur Next.**

Vous accédez à la dernière page de l'assistant de création de nouvelle boîte aux lettres, comme le montre la Figure 14.7.

⓯ **Vérifiez que les informations sont correctes, puis cliquez sur New pour créer la boîte aux lettres.**

Si les informations relatives au compte ne sont pas correctes, cliquez sur le bouton Back et corrigez l'erreur.

Lorsque vous cliquez sur New, la console Exchange Management affiche des messages divers et variés et des barres de progression

Figure 14.7

La dernière page de l'assistant de création de nouvelle boîte aux lettres.

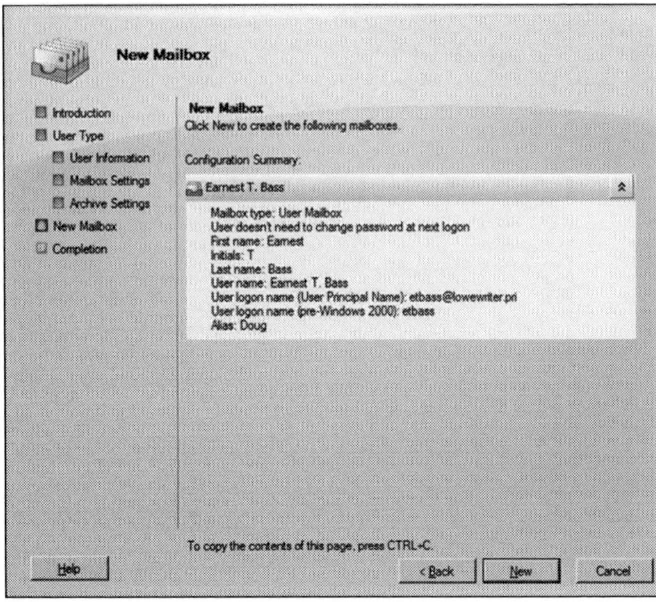

pour indiquer l'évolution de la procédure. Lorsque c'est terminé, la page de félicitations de la Figure 14.8 apparaît.

16 **Félicitez-vous, puis cliquez sur Finish.**

Vous avez terminé !

Gérer des boîtes aux lettres

Lorsque vous avez configuré une boîte aux lettres, vous pouvez utiliser la console de gestion Exchange pour gérer ses paramètres. Pour ce faire, faites un clic droit sur la boîte aux lettres que vous souhaitez gérer, puis choisissez la commande Propriétés dans le menu contextuel. Cette action ouvre la boîte de dialogue Proprié-

Figure 14.8

Félicitations !

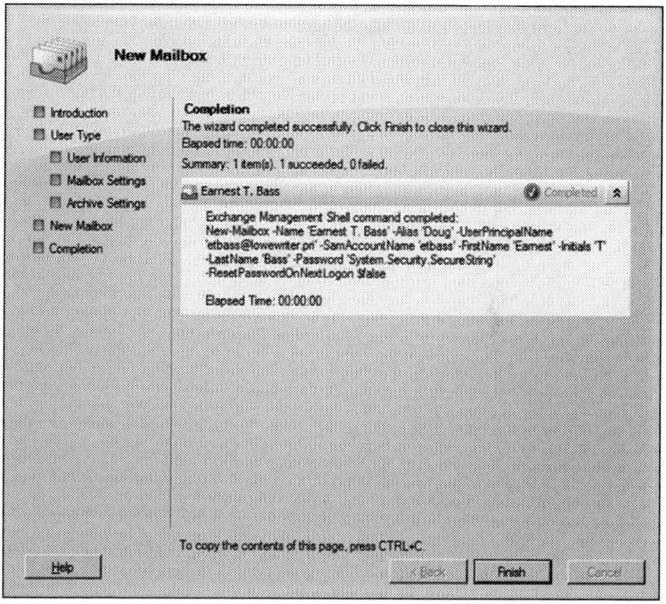

tés, qui est le portail pour accéder aux fonctionnalités les plus fréquemment utilisées d'Exchange.

Les sections suivantes décrivent plusieurs fonctions les plus couramment utilisées.

Activation des fonctions de boîte aux lettres

L'onglet des fonctionnalités de boîte aux lettres gère plusieurs caractéristiques de la boîte aux lettres de l'utilisateur en cours, comme le montre la Figure 14.9.

Voici le détail de ces fonctionnalités :

Figure 14.9

L'onglet des fonctionnalités de boîte aux lettres.

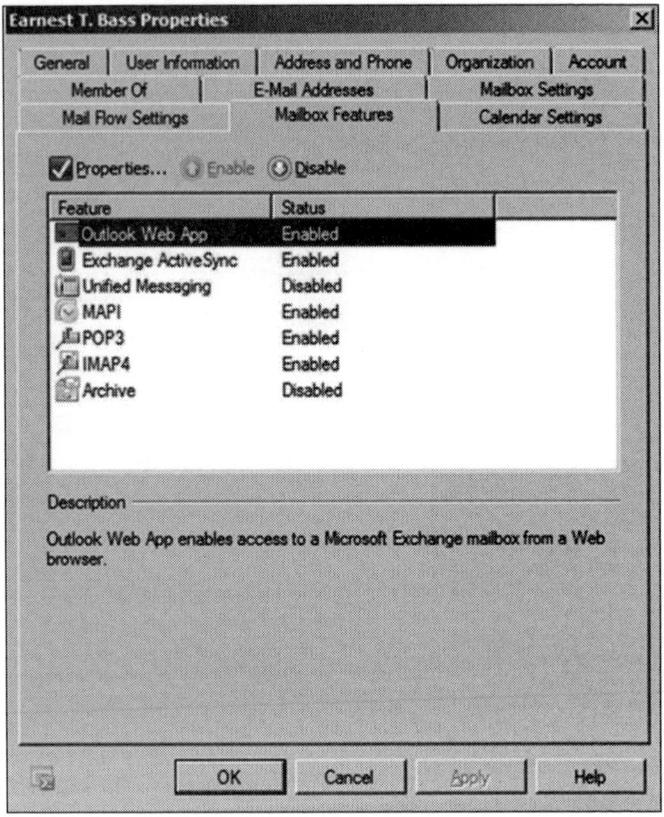

» **Outlook Web App :** cette fonction permet à l'utilisateur d'accéder à sa boîte aux lettres Exchange à partir d'un navigateur Web plutôt qu'à partir d'un client Outlook ; elle est appelée Outlook Web Access.

» **Exchange ActiveSync :** la fonction ActiveSync synchronise les données Exchange avec les appareils mobiles, tels que les iPhone ou les téléphones Windows Mobile.

» **Unified Messaging** : permet une fonction, disponible uniquement avec l'édition Enterprise, intégrant la messagerie vocale et le fax pour les boîtes aux lettres Exchange.

» **MAPI** : active le protocole MAPI avec la boîte aux lettres. Ce protocole est activé par défaut, c'est le moyen le plus courant pour accéder aux courriers électroniques avec Microsoft Outlook.

» **POP3** : active le protocole POP3 avec la boîte. POP3 est désactivé par défaut et doit être activé uniquement si l'utilisateur a besoin d'accéder à son courrier électronique à partir d'un client de messagerie qui nécessite le protocole POP3.

» **IMAP4** : active le protocole IMAP4. IMAP4 est désactivé par défaut et doit être activé seulement dans le cas où l'utilisateur accède à son courrier électronique avec un client de messagerie IMAP4.

» **Archive** : active la fonctionnalité d'archivage Exchange, disponible uniquement avec l'édition Entreprise d'Exchange.

Mise en place d'une redirection

Une redirection est une fonction qui transfère automatiquement tout courrier entrant vers une autre adresse de messagerie. Cette fonction est le plus souvent utilisée lorsque la personne est en congés ou absente et que quelqu'un d'autre doit gérer temporairement son courrier électronique.

Pour configurer une redirection, procédez comme suit :

1. **À partir du Gestionnaire de serveur, sélectionnez Outils/Microsoft Exchange Server/Exchange Management Console.**

   Cette commande démarre la console de gestion Exchange (voir la Figure 14.1).

2. **Dans le volet de navigation, accédez à Microsoft Exchange/ Microsoft Exchange On-Premises/Recipient Configuration.**

❸ **Faites un clic droit sur la boîte aux lettres de l'utilisateur dont le courrier électronique doit être transféré, puis choisissez Propriétés dans le menu contextuel.**

La boîte de dialogue des propriétés de la boîte aux lettres apparaît.

❹ **Cliquez sur l'onglet Mail Flow Settings tab.**

Les paramètres de flux des messages sont affichés, comme le montre la Figure 14.10.

Figure 14.10

Les paramètres de flux des messages.

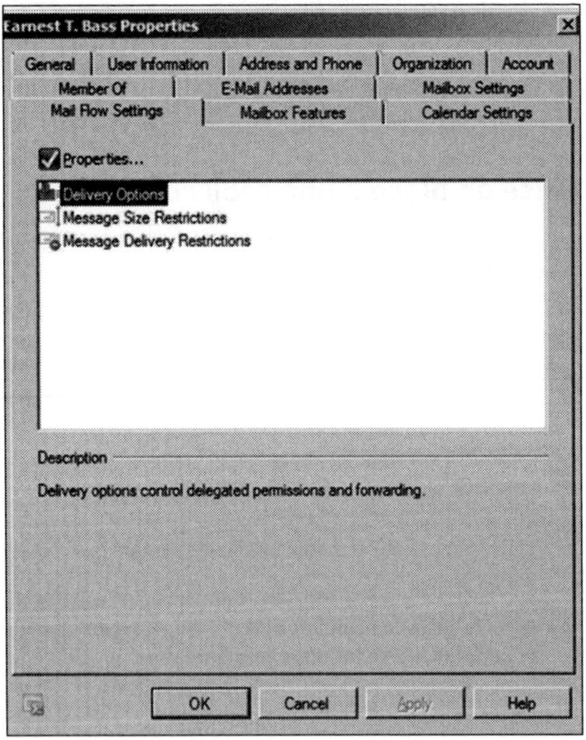

5. **Double-cliquez sur Delivery Options.**

   La boîte de dialogue des options de livraison apparaît.

6. **Sélectionnez la case à cocher Forward To.**

7. **Cliquez sur le bouton Browser.**

   La boîte de dialogue de sélection d'un destinataire apparaît.

8. **Indiquez le destinataire auquel vous souhaitez transférer le courrier électronique, puis cliquez sur OK.**

   Le nom que vous avez sélectionné est affiché à présent dans la zone de texte

9. **Si vous voulez que les courriers redirigés soient conservés dans la boîte aux lettres de l'utilisateur, cochez la case Deliver Message to Both Forwarding Address and Mailbox.**

   Si vous laissez cette option désélectionnée, aucune trace du courrier électronique ne sera conservée dans la boîte aux lettres de l'utilisateur.

10. **Cliquez sur OK pour fermer la boîte de redirection.**

    Vous revenez à la boîte de dialogue des propriétés de la boîte aux lettres.

11. **Cliquez sur OK pour fermer la boîte de dialogue des propriétés.**

Définition des limites de stockage de boîte aux lettres

Exchange permet de fixer une limite sur la taille de la boîte aux lettres de chaque utilisateur. Dans une très petite organisation, vous pouvez probablement vous en sortir sans imposer de limites de taille de boîte aux lettres ; cependant, si votre organisation est constituée de plus d'une vingtaine d'utilisateurs, vous devrez limiter la taille des boîtes aux lettres de chacun pour éviter de saturer le serveur.

Exchange propose trois méthodes pour limiter la taille des boîtes aux lettres :

» **Émettre un avertissement :** lorsque cette limite est atteinte, un avertissement par courrier électronique est envoyé à l'utilisateur pour lui indiquer que sa boîte aux lettres est saturée.

» **Interdire l'émission :** lorsque cette limite est atteinte, l'utilisateur ne peut plus envoyer de courriers, mais il continue à recevoir du courrier. Tant qu'il n'aura pas diminué la taille de sa boîte, il ne sera pas en mesure d'envoyer de courrier.

» **Interdire l'émission et la réception :** lorsque cette limite est atteinte, la boîte aux lettres ne peut plus ni envoyer ni recevoir de courrier.

Il est conseillé de fixer une limite de stockage par défaut pour toutes les boîtes aux lettres de votre organisation. Vous pourrez passer outre ces limites pour des utilisateurs spécifiques. Les limites que vous aurez définies dépendront de nombreux facteurs, notamment le nombre d'utilisateurs dans l'organisation, le type de courriers utilisés habituellement (par exemple, y a-t-il des pièces jointes volumineuses ?), et la quantité d'espace disque disponible sur le serveur Exchange.

Pour configurer les limites de stockage par défaut pour toutes les boîtes aux lettres, procédez comme suit :

1. **À partir du gestionnaire de serveur, sélectionnez Outils/Microsoft Exchange Server/Exchange Management Console.**

   Cette commande démarre la console de gestion Exchange (voir la Figure 14.1).

2. **Dans le volet de navigation, accédez à Microsoft Exchange/Microsoft Exchange On-Premises/Organization Configuration/Mailbox.**

   L'écran de configuration de boîte aux lettres apparaît, comme le montre la Figure 14.11.

Figure 14.11

L'écran de configuration de boîte aux lettres.

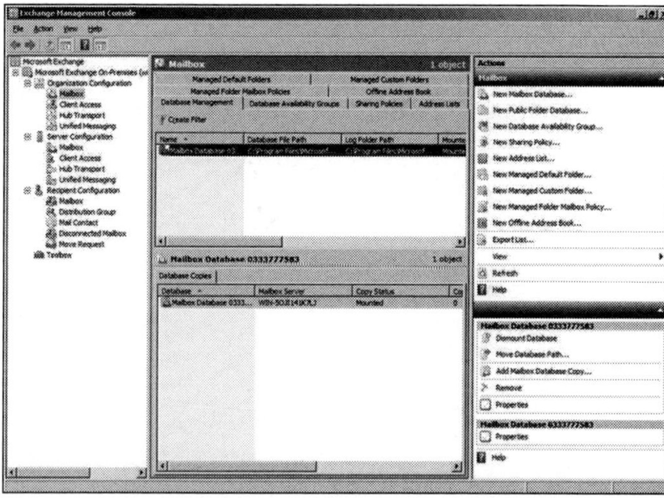

❸ **Dans la liste Mailbox Databases, faites un clic droit sur la base de données de boîtes aux lettres à configurer, puis choisissez Propriétés dans le menu contextuel.**

Habituellement, une seule base de données de boîtes aux lettres est répertoriée, comme vous pouvez le voir sur la Figure 14.11.

La boîte de dialogue des propriétés de la base de données de boîte aux lettres s'affiche.

❹ **Cliquez sur l'onglet Limits.**

L'onglet Limits s'affiche, comme le montre la Figure 14.12.

❺ **Modifiez les paramètres des limites de stockage comme vous le souhaitez.**

Par défaut, les limites de stockage sont assez élevées : les avertissements sont émis à partir de 1,9 Go, l'envoi est bloqué à partir de 2 Go, et l'émission et la réception sont interdites à partir d'environ 2,4 Go. Une limite à 2 Go pour chaque boîte aux

Figure 14.12

Fixer des limites de stockage par défaut.

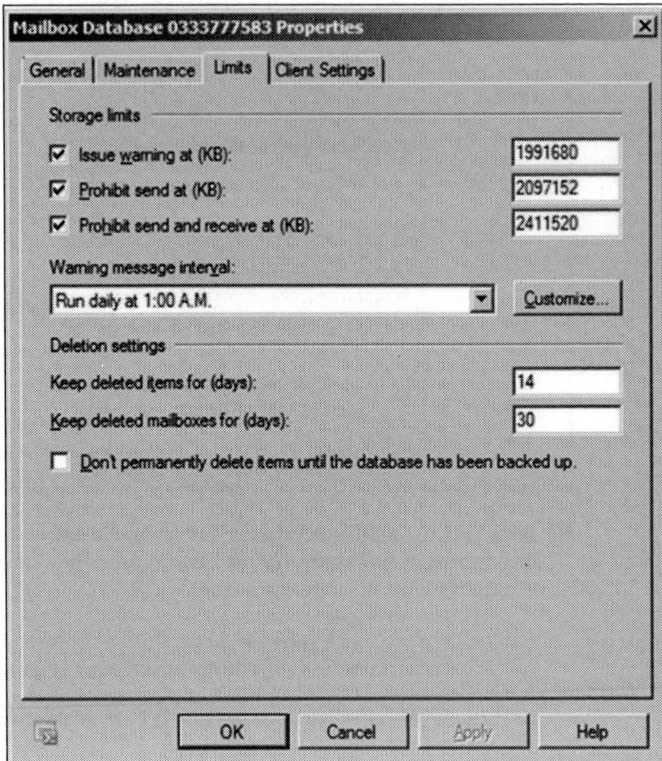

lettres est généreuse ; cependant, gardez à l'esprit que si vous avez 1 000 utilisateurs, la base de données des boîtes aux lettres peut atteindre 2 000 Go !

6. **Cliquez sur OK.**

Les limites que vous avez définies prennent effet immédiatement.

Si vous imposez des limites de stockage par défaut à vos utilisateurs, vous voudrez probablement en autoriser certains à les dépasser. En effet, certains utilisateurs pourront avoir besoin de boîtes aux lettres plus importantes en raison de leur type de travail. S'il s'agit de votre patron, il ne serait pas raisonnable de le limiter !

Heureusement, il est très facile d'outrepasser les limites par défaut pour un utilisateur spécifique. Voici les étapes à suivre :

1. **À partir de la console Exchange Management, exécutez la commande Microsoft Exchange/Microsoft Exchange On-Premises/Recipient Configuration/Mailbox.**

2. **Faites un clic droit sur l'utilisateur pour lequel vous souhaitez modifier les limites et choisissez Propriétés.**

   La boîte de dialogue de propriétés de la boîte aux lettres apparaît.

3. **Cliquez sur l'onglet Mailbox Settings.**

4. **Double-cliquez Storage Quotas.**

   La boîte de dialogue des quotas de stockage apparaît, comme illustré à la Figure 14.13.

5. **Décochez la case Use mailbox database defaults dans la rubrique Storage quotas, pour désactiver les paramètres par défaut.**

   Cette option vous donne la possibilité de personnaliser les valeurs limites pour l'utilisateur en cours.

6. **Définir les limites pour l'utilisateur.**

7. **Cliquez sur OK.**

   Les limites de stockage sont configurées.

Vous pouvez configurer de nombreuses autres fonctionnalités d'Exchange via la console de gestion. Prenez le temps d'explorer tous les nœuds dans le volet de navigation et d'examiner les boîtes de dialogue et les propriétés pour les différents types d'objets Exchange.

Figure 14.13

Personnalisation des quotas de stockage ici.

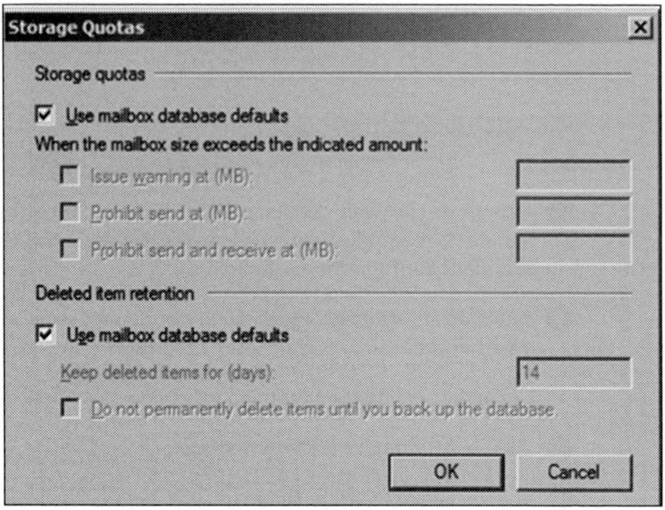

Configuration d'Outlook pour Exchange

Après avoir créé une boîte aux lettres Exchange pour un utilisateur, vous pouvez configurer son client Outlook pour qu'il accède à sa messagerie. Bien que vous puissiez le faire directement à partir d'Outlook, il est préférable de le configurer en dehors d'Outlook, à partir de l'applet Courrier. Voici les étapes à mettre en œuvre :

1. **Ouvrez le Panneau de configuration, puis accédez à l'applet Courrier.**

   La boîte de dialogue représentée à la Figure 14.14 apparaît.

2. **Cliquez sur le bouton Afficher les profils.**

   La boîte de dialogue représentée à la Figure 14.15 apparaît, listant les profils de messagerie qui existent déjà sur l'ordinateur.

Figure 14.14

La boîte de dialogue Configuration de la messagerie.

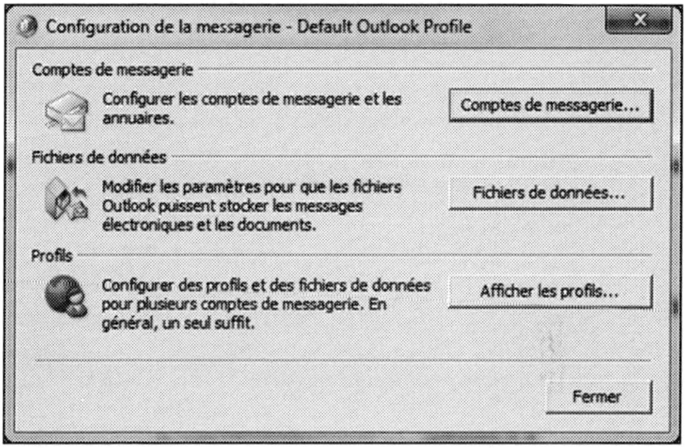

Figure 14.15

La boîte de dialogue Courrier.

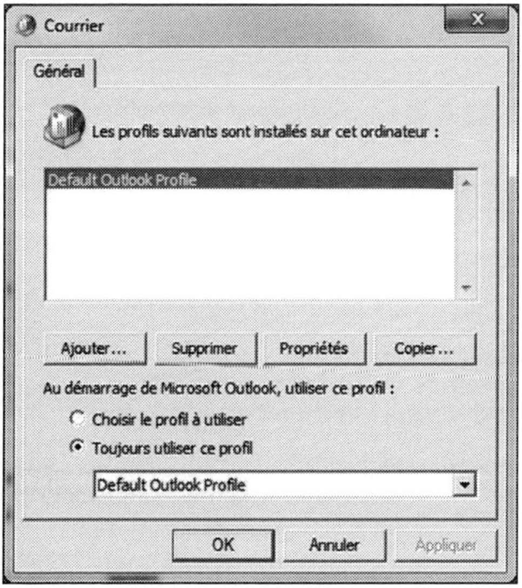

❸ **Double-cliquez sur le profil de l'utilisateur.**

La boîte de dialogue Configuration de la messagerie est affichée sur l'écran, comme le montre la Figure 14.16.

Figure 14.16

La boîte de dialogue Configuration de la messagerie.

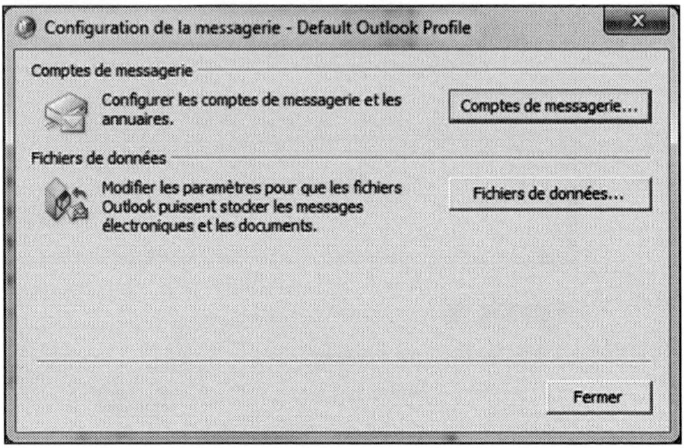

❹ **Cliquez sur le bouton Comptes de messagerie.**

La boîte de dialogue Paramètres du compte apparaît, comme illustré à la Figure 14.17.

❺ **Cliquez sur l'icône Nouveau.**

La boîte de dialogue Ajouter un nouveau compte s'affiche.

❻ **Cliquez sur Suivant.**

N'entrez pas votre adresse de messagerie, suivez l'étape 7.

❼ **Cochez Configurer manuellement les paramètres du serveur ou les types de serveurs supplémentaires, puis cliquez sur Suivant.**

Figure 14.17

La boîte de dialogue Paramètres du compte.

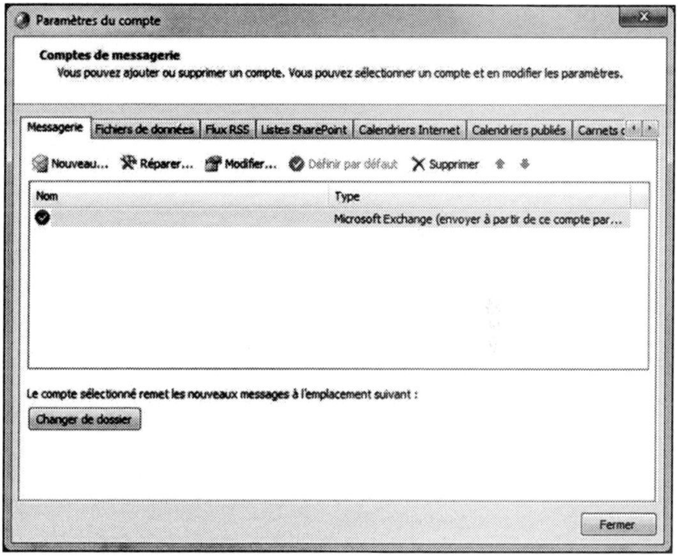

Une boîte de dialogue vous demande quel type de service vous souhaitez créer. Les choix sont Messagerie Internet, Microsoft Exchange, et autres.

8. **Sélectionnez l'option Microsoft Exchange, puis cliquez sur Suivant.**

   La boîte de dialogue de la Figure 14.18 s'affiche.

9. **Entrez le nom du serveur Exchange et le nom d'utilisateur dans les zones de texte appropriées, puis cliquez sur Suivant.**

10. **Dans la nouvelle boîte de dialogue, cliquez sur OK.**

    La boîte de dialogue disparaît et la dernière page de l'assistant de création de comptes de messagerie s'affiche.

11. **Cliquez sur le bouton Terminer.**

Figure 14.18

Vous devez identifier le serveur Exchange et fournir un nom d'utilisateur.

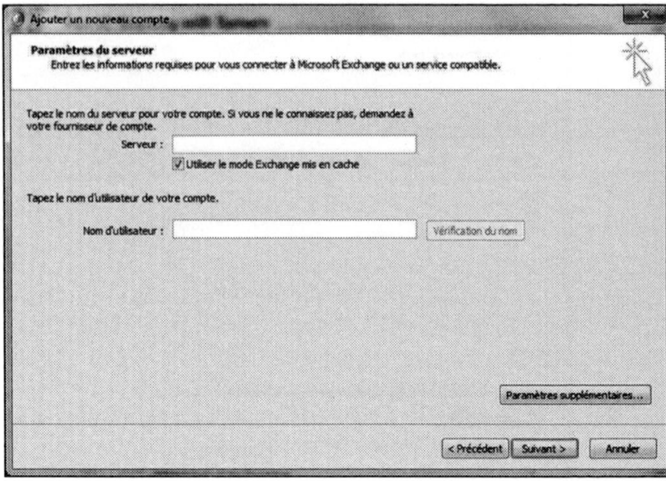

L'assistant disparaît.

⓬ **Démarrez Outlook.**

La boîte aux lettres est à présent opérationnelle.

DANS CE CHAPITRE

Qu'est-ce qu'un intranet ?

•

Pourquoi utiliser un intranet ?

•

Éléments nécessaires pour installer un intranet.

•

Installer un serveur Web IIS.

•

Installer un intranet de base.

•

Créer un site Web.

Chapitre 15

Créer un intranet

Il ne s'agit pas d'Internet mais bien d'intranet ! L'*intranet* est semblable à Internet, à une différence près ; plutôt que de connecter votre ordinateur à la toile mondiale et à ses millions d'ordinateurs, un intranet limite la connexion de votre ordinateur à ceux de votre entreprise. Si vous vous demandez en quoi un intranet diffère de votre réseau, lisez la suite, vous allez comprendre !

Qu'est-ce qu'un intranet ?

Chacun sait qu'Internet, et particulièrement le World Wide Web, est devenu un phénomène auquel personne n'échappe. Des centaines de millions d'utilisateurs surfent chaque jour sur le Web.

Depuis plusieurs années, les architectes réseau des grandes entreprises ont pris conscience que le Web présentait un intérêt inestimable pour la transmission d'informations au public, mais qu'il était encore plus attractif pour les informations qu'il pouvait transférer au sein de l'entreprise. C'est ainsi qu'est née l'idée des intranets ! Un *intranet* est un réseau construit à partir des mêmes outils et protocoles que ceux employés par Internet, mais il est limité au réseau interne de l'entreprise.

En fait, un intranet est une petite version privée du World Wide Web. Toute personne qui peut se connecter à votre réseau local (LAN) peut accéder à votre intranet. L'intranet est consulté en utilisant un navigateur Web comme Internet Explorer ou Firefox. Les utilisateurs n'ont pas besoin d'une connexion Internet puisque les données de l'intranet sont stockées sur les serveurs de l'entreprise.

L'intranet est analogue à un système de télévision qui fonctionne en circuit fermé ; seules les personnes se trouvant dans l'entreprise peuvent le visualiser. En revanche, Internet est semblable à la télévision hertzienne, accessible par toute personne possédant un téléviseur et se trouvant à proximité d'un émetteur.

Voici deux points de vue contradictoires relatifs aux intranets :

» Quelques pandits de l'industrie informatique prétendent que les intranets sont plus populaires qu'Internet. Par exemple, de nombreuses entreprises qui vendent des outils de développement Web gagnent plus d'argent avec les logiciels utilisés pour des intranets qu'avec ceux destinés à Internet.

» D'autres pandits de l'industrie informatique pensent que l'intranet est simplement un phénomène de mode apporté par une nouvelle technologie prometteuse, et que, tel le twist ou le hula-hoop, il n'en subsistera rien d'ici quelques années. Qui vivra verra !

Pourquoi utiliser un intranet ?

Les intranets peuvent distribuer n'importe quel type d'information au sein d'une entreprise. En général, ils font appel à deux types d'applications de base :

» **Les applications de publication :** l'information est diffusée sous forme de pages que vous pouvez consulter à partir de n'importe quel ordinateur ayant un accès à l'intranet. Ce type d'application est utilisé généralement pour les bulletins de l'entreprise, des documentations diverses, des catalogues, des tarifs, etc.

Les applications de publication sont simples à mettre en place et vous pouvez le faire vous-même sans l'aide de consultants extérieurs qui risquent d'entamer fortement votre budget.

» **Les applications de transaction :** les utilisateurs de l'intranet utilisent ce type d'application pour saisir des informations : entrées de dépenses, requêtes pour signaler un problème, inscriptions à une activité, etc.

Vous risquez de dépenser des sommes importantes en logiciels et en consultants pour mettre en œuvre ce type d'application.

Voici la différence principale entre ces deux types d'application :

» **Dans une application de publication, les flux d'informations se propagent dans une seule direction :** de l'intranet vers l'utilisateur. L'utilisateur recherche des informations et le système les lui fournit.

» **Dans une application de transaction, les flux d'informations se déplacent dans les deux directions :** non seulement l'utilisateur interroge le système, mais le système attend de l'utilisateur certaines informations.

Éléments nécessaires pour installer un intranet

Voici ce dont vous avez besoin pour mettre en place un intranet :

» **Un réseau :** un intranet n'exige pas son propre câblage, il peut utiliser un réseau existant.

» **Un serveur dédié à l'intranet :** vous devez vous assurer que cet ordinateur a au moins 4 Go de RAM et au moins 100 Go d'espace disque libre. Naturellement, plus la quantité d'informations et plus le nombre d'utilisateurs seront importants, plus la mémoire RAM et plus l'espace disque disponible devront être importants.

» **Windows Server ou un système d'exploitation Linux :** les logiciels serveur Web tournent sur l'un ou l'autre.

» **Un logiciel serveur Web :** vous devez installer un logiciel serveur Web tel qu'IIS (pour les serveurs Windows) ou Apache (pour les serveurs Linux).

» **Un programme de création de pages Web :** si vous maîtrisez le langage HTML et si vous êtes capable de le manier comme de la

Un intranet sans serveur Web

En général, un intranet est basé sur un serveur Windows exécutant IIS ou un serveur Linux exécutant Apache ou tout autre serveur Web. Cependant, vous pouvez créer un intranet rudimentaire sans vous donner la peine d'installer de serveur Web réel. Voici comment y parvenir :

1. **Définissez un partage sur un serveur de fichiers sur lequel vous regrouperez les fichiers HTML qui composeront votre intranet.**

2. **Créez un fichier HTML pour la page d'accueil (home page) de votre intranet et sauvegardez-le dans le dossier créé à l'étape 1.**

   Nommez-le `index.html`.

3. **Concevez tous les autres fichiers HTML dont votre intranet a besoin.**

   Le fichier `index.html` doit contenir tous les liens vers ces pages.

4. **Indiquez à votre navigateur Web le chemin d'accès au fichier** `index.html`.

   Par exemple, si le serveur est nommé `iserveur` et le partage `intranet`, entrez cette adresse dans votre navigateur : `\\iserveur\intranet\index.html`. Voilà ! C'est un intranet de base qui ne fait pas appel à un serveur Web.

Cet intranet rudimentaire fonctionne sans serveur Web parce qu'un navigateur Web peut afficher directement des fichiers HTML. Cependant, sans serveur Web, votre intranet est limité car toutes ses pages doivent être *statiques* (leur contenu est figé). Pour y insérer un contenu *dynamique*, c'est-à-dire généré en fonction du choix de l'utilisateur, vous avez besoin d'un serveur Web.

prose, créez directement vos pages Web dans des fichiers texte. Dans ce cas, le seul programme dont vous avez besoin est le bloc-notes. Sinon, vous pouvez utiliser un programme spécifiquement conçu pour la création de pages Web comme Microsoft FrontPage ou Adobe Dreamweaver. Si vous envisagez de développer des applications de transaction, vous aurez besoin d'outils supplémentaires.

Installer un serveur Web IIS

Internet Information Services (ou IIS) est intégré à Windows Server 2016, mais n'est pas activé par défaut. Après avoir installé Windows Server, vous devez ajouter le rôle Serveur Web pour activer IIS. La démarche suivante s'applique à Windows Server 2016 (elle est similaire pour Windows Server 2008 et Windows Server 2003) :

1. **Ouvrez le gestionnaire de serveur et sélectionnez Ajouter des rôles et fonctionnalités à partir du Tableau de bord.**

   L'Assistant Ajout de rôles et de fonctionnalités apparaît.

2. **Cliquez sur Suivant pour passer les premières étapes d'installation, puis accédez à la page Sélectionner des rôles de serveurs, comme le montre la Figure 15.1.**

   Cette action active la page d'accueil de l'Assistant Ajout de rôles.

3. **Cochez la case Serveur Web (IIS) puis cliquez sur Suivant.**

   L'Assistant Ajout de rôles et de fonctionnalités accède à la page Ajouter les fonctionnalités requises pour Serveur Web (IIS), comme le montre la Figure 15.2.

4. **Cliquez sur Ajouter des fonctionnalités.**

   La page Sélectionner des rôles de serveurs réapparaît.

5. **Cliquez sur Suivant.**

   La page Sélectionner des fonctionnalités est affichée ; vous n'avez pas besoin d'ajouter d'autres sélections.

Figure 15.1

La page Sélectionner des rôles de serveurs.

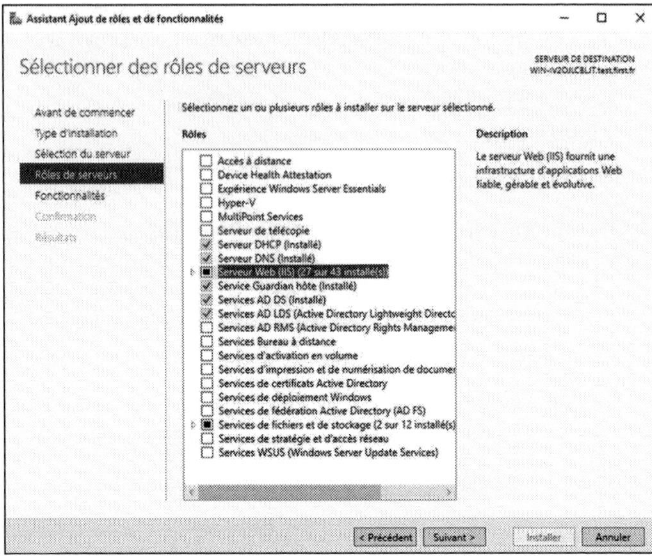

❻ **Cliquez sur Suivant.**

La page Rôle Web Server (IIS) est affichée, comme le montre la Figure 15.3.

❼ **Cliquez sur Suivant.**

La page Services de rôle apparaît, comme le montre la Figure 15.4 ; elle propose une liste de services optionnels pour IIS.

❽ **Sélectionnez les services que vous voulez configurer pour IIS.**

Si vous le souhaitez, vous pouvez étudier cette liste et réfléchir aux fonctionnalités dont vous pensez avoir besoin. Vous pouvez aussi vous contenter des options sélectionnées par défaut.

Figure 15.2

La page Ajouter les fonctionnalités requises pour Serveur Web (IIS).

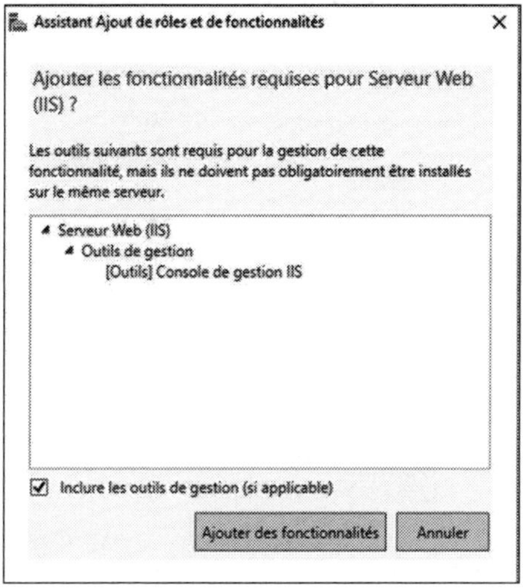

Figure 15.3

La page Rôle Web Server (IIS).

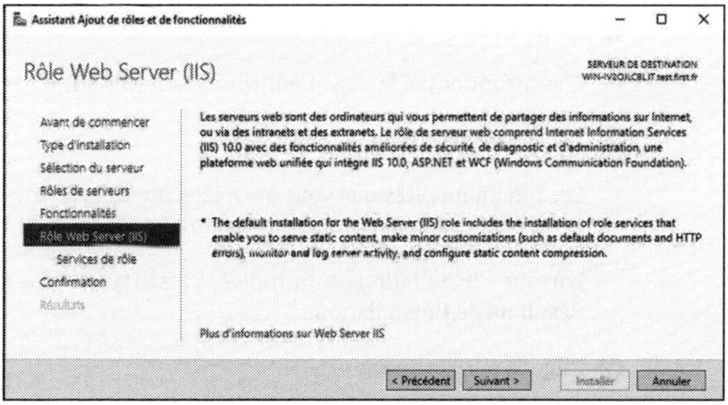

Figure 15.4

La page Services de rôle.

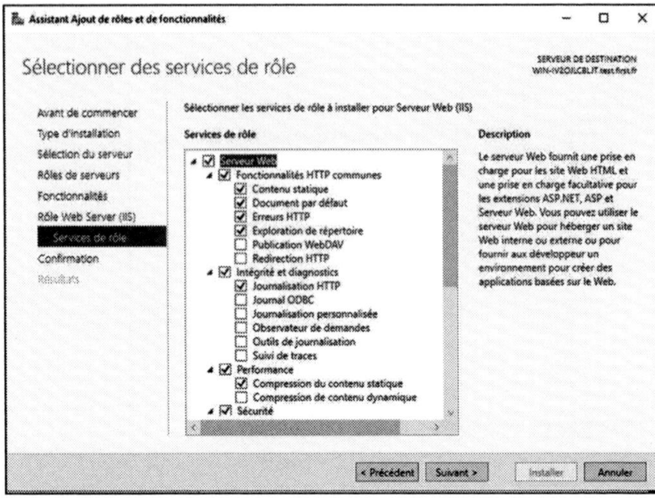

Par la suite, vous pourrez, à tout moment, solliciter l'Assistant Ajout de rôles pour ajouter des fonctionnalités que vous n'avez pas installées initialement.

9. **Cliquez sur Suivant.**

   L'assistant ouvre la page Confirmer les sélections d'installation.

10. **Cliquez sur Installer.**

    Les fonctionnalités que vous avez sélectionnées sont installées. Cette opération peut prendre plusieurs minutes.

    Lorsque l'installation est terminée, l'assistant affiche la page Résultats de l'installation.

11. **Cliquez sur Fermer.**

    Le serveur IIS est installé et opérationnel !

Installer un intranet de base

Au départ, le serveur IIS est configuré avec un seul site Web, appelé *site Web par défaut*. Pour vérifier si le serveur IIS est opérationnel, ouvrez la fenêtre du navigateur et tapez **localhost** dans la barre d'adresse. Autre alternative pour accéder à cette page : entrez votre nom de domaine local dans la barre d'adresse. La Figure 15.5 représente la page d'accueil standard qui s'affiche quand vous parcourez le site par défaut.

Figure 15.5

Le site Web par défaut.

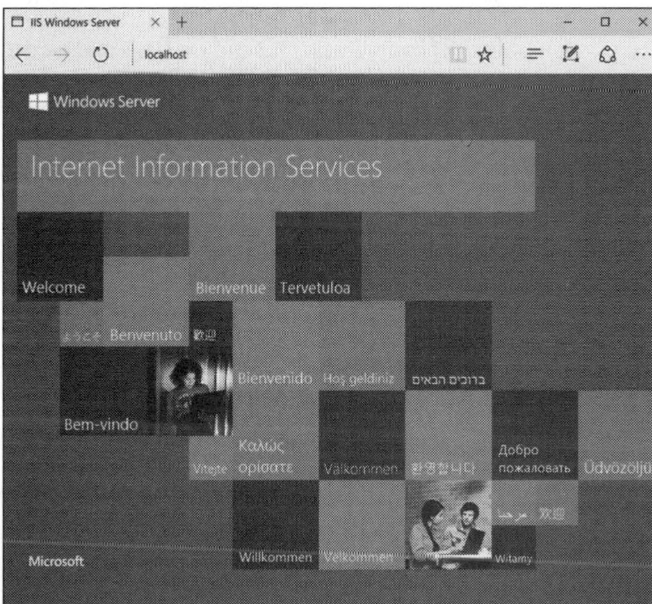

Les fichiers qui forment le site Web par défaut sont stockés sur le disque `C:` du serveur, dans un dossier appelé `inetpub\wwwroot`. Si vous naviguez sur le site Web par défaut sans spécifier de fichier (par exemple, en entrant simplement `localhost` dans la barre d'adresse), IIS recherche les fichiers suivants, dans cet ordre :

```
default.htm
default.asp
index.htm
index.html
iisstart.htm
default.aspx
```

Au départ, `c:\inetpub\wwwroot` contient seulement deux fichiers : `iisstart.htm` et `welcome.png`. Le fichier `iisstart.htm` correspond au fichier affiché quand vous naviguez sur le site Web. Il contient la balise HTML nécessaire pour afficher l'image contenue dans le fichier `welcome.png` qui est l'image que vous voyez sur la page.

Vous avez la possibilité de prédéfinir la page standard du site Web par défaut. Pour ce faire, vous devez fournir votre propre fichier et lui attribuer l'un des noms précités. Par exemple, vous pouvez appliquer les étapes suivantes pour créer un fichier `default.htm` simple qui affiche l'expression « Bienvenue sur l'intranet ! » sur la page de démarrage du site Web par défaut :

1. **Ouvrez la fenêtre de l'Explorateur et allez dans** `c:\inetpub\wwwroot`.

2. **Sélectionnez Fichier/Nouveau/Document texte, tapez** `default.htm` **comme nom de fichier et appuyez sur Entrée.**

3. **Effectuez un clic droit sur le fichier** `default.htm` **que vous venez de créer et exécutez Ouvrir avec/Bloc-notes.**

4. **Saisissez le texte suivant dans la fenêtre du Bloc-notes :**

```
<HTML>
<BODY>
<H1>Bienvenue sur l'intranet pour les nuls !</H1>
</BODY>
</HTML>
```

5. **Sélectionnez Fichier/Enregistrer pour enregistrer le fichier puis cliquez sur Fichier/Quitter pour fermer le Bloc-notes.**

6. **Ouvrez la fenêtre du navigateur.**

7. **Tapez `localhost` dans la barre d'adresse et appuyez sur Entrée.**

   La page illustrée par la Figure 15.6 s'affiche.

Figure 15.6

Bienvenue sur l'intranet pour les nuls !

Créer un site Web

IIS peut héberger plusieurs sites Web. C'est une caractéristique très pratique pour les serveurs Web qui hébergent des sites publics mais aussi pour les serveurs Web qui hébergent des sites internes (intranet). Supposons que vous vouliez créer un site Web intranet indépendant pour les ressources humaines et lui attribuer le nom de site `rh`. Si le nom de domaine est `monentreprise.pri`, les utilisateurs peuvent naviguer sur le site Web en utilisant l'adresse `rh.monentreprise.pri`.

Procédez comme suit :

1. **Dans l'Explorateur Windows, créez un dossier dans lequel vous allez stocker les fichiers pour le nouveau site Web.**

   Pour illustrer mon exemple, je crée un dossier nommé `c:\site-Web-rh`.

2. **À partir du Gestionnaire de serveur, sélectionnez Outils /Gestionnaire des services Internet (IIS).**

   Le gestionnaire des services Internet (IIS) s'ouvre, comme le montre la Figure 15.7.

Figure 15.7

Le gestionnaire des services Internet (IIS).

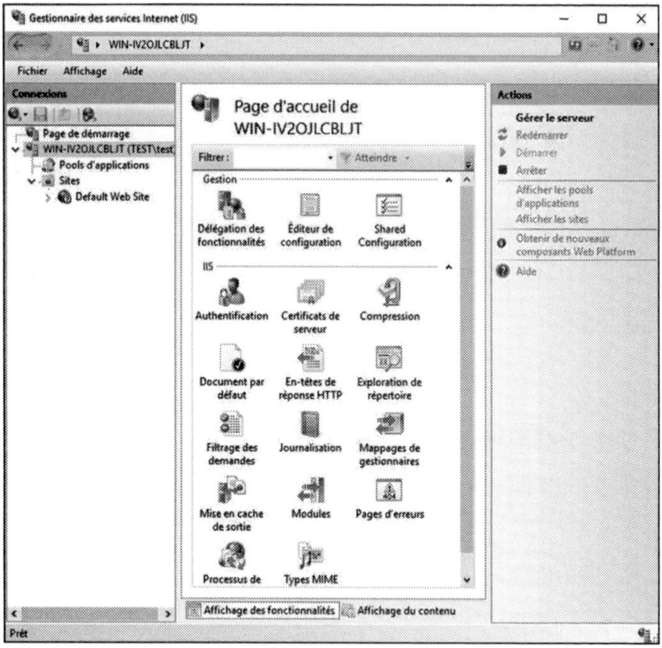

3. **Effectuez un clic droit sur Sites et sélectionnez Ajouter un site Web.**

   La boîte de dialogue Ajouter un site Web apparaît ; elle est illustrée par la Figure 15.8.

4. **Entrez le nom du site dans la zone de texte Nom du site Web.**

   Par exemple, j'utilise RH puisque j'ai créé une page intranet pour le service des ressources humaines.

5. **Cliquez sur le bouton ..., sélectionnez le dossier créé à l'étape 1 et cliquez sur OK.**

   Dans mon cas, il s'agit du dossier `c:\site-Web-rh`.

Figure 15.8

La boîte de dialogue Ajouter un site Web.

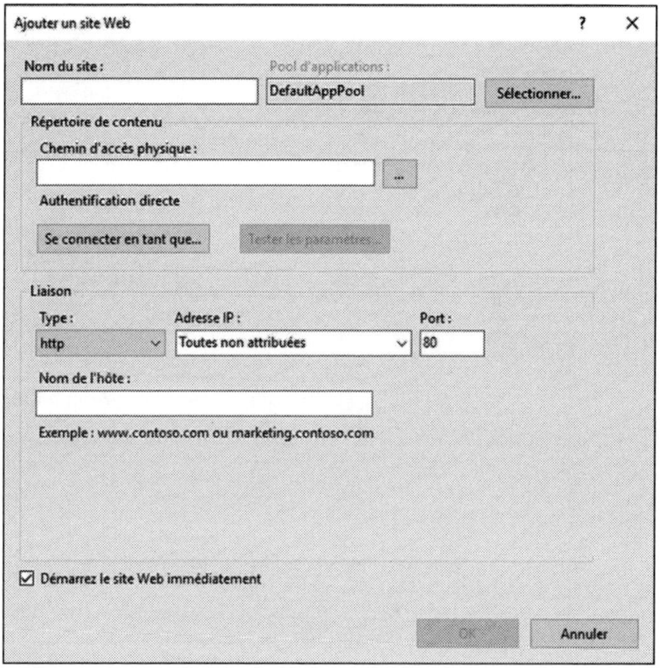

❻ **Dans la zone de texte Nom de l'hôte, entrez le nom DNS complet que vous voulez utiliser pour le site.**

Par exemple, `rh.monentreprise.pri`.

❼ **Cliquez sur OK.**

Le site fraîchement créé prend place sous le nœud Sites, dans le Gestionnaire IIS, comme le montre la Figure 15.9.

❽ **Fermez le Gestionnaire IIS.**

❾ **Créez une page Web à afficher dans le dossier que vous avez créé à l'étape 1.**

Figure 15.9

Le site Web RH figure désormais dans le Gestionnaire IIS.

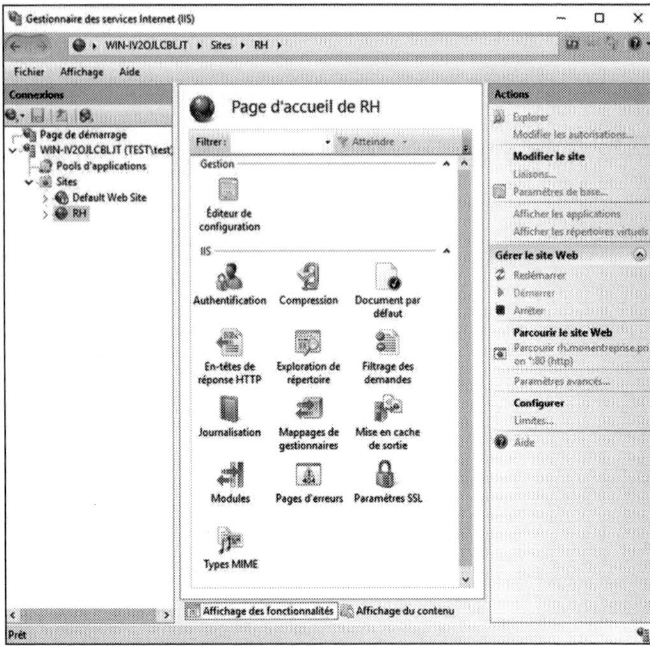

Dans mon cas, j'utilise le Bloc-notes pour créer un fichier texte appelé `default.htm`, contenant le texte suivant :

```
<HTML>
<BODY>
<H1>Bienvenue sur le site Web RH !</H1>
</BODY>
</HTML>
```

10 À partir du Gestionnaire de serveur, exécutez la commande Outils/DNS.

Cette commande ouvre le Gestionnaire DNS, représenté dans la Figure 15.10.

11 Repérez le nœud de votre domaine dans le volet de navigation.

Figure 15.10

Le Gestionnaire DNS.

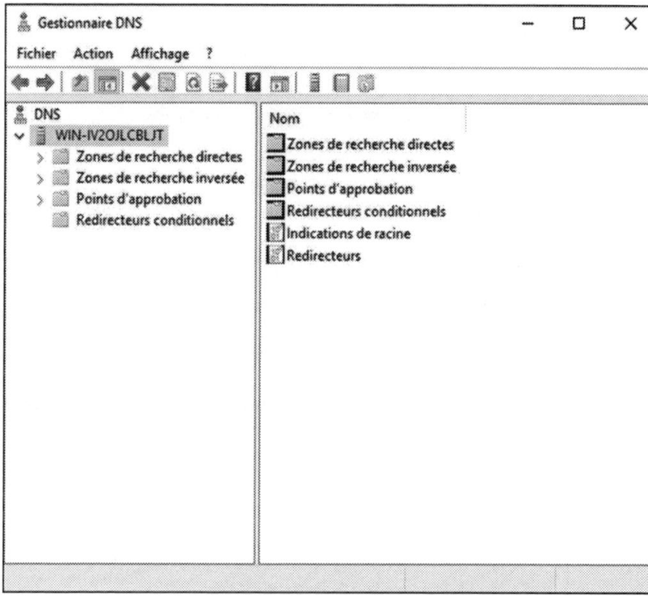

Dans l'exemple, il s'agit du nœud `monentreprise.pri`.

⓬ **Sélectionnez Action/Nouvel alias (CNAME).**

La boîte de dialogue Nouvel enregistrement de ressource s'affiche, comme le montre la Figure 15.11.

⓭ **Saisissez, dans la zone de texte Nom de l'alias, le nom d'alias que vous voulez utiliser.**

Entrez, par exemple, `rh`.

⓮ **Spécifiez le nom d'ordinateur de votre serveur Web dans la zone de texte Nom de domaine pleinement qualifié pour l'hôte de destination.**

Entrez un nom de serveur, par exemple, `1serveur01`.

Figure 15.11

Création d'un enregistrement CNAME.

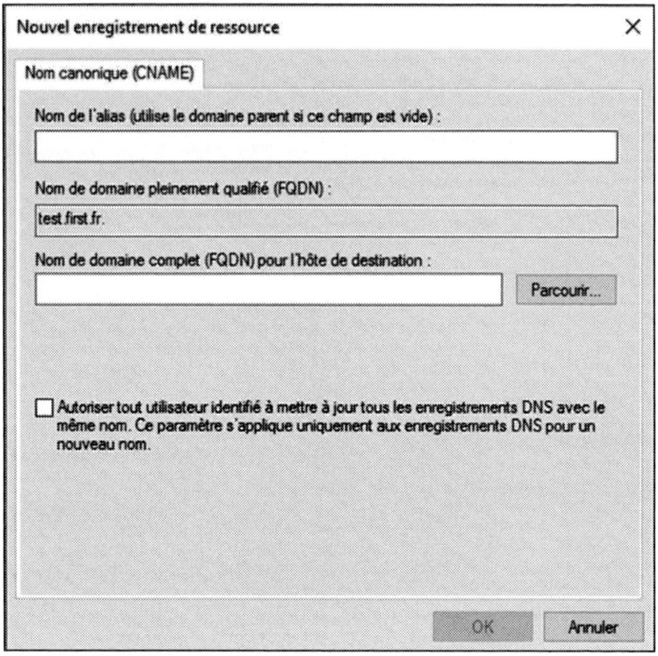

⓯ **Cliquez sur OK.**

L'alias est créé.

⓰ **Fermez le Gestionnaire DNS.**

⓱ **Ouvrez votre navigateur.**

⓲ **Naviguez jusqu'à l'adresse de l'alias que vous venez de créer.**

Dans mon exemple, je visite la page `rh.monentreprise.pri`, illustrée par la Figure 15.12.

Figure 15.12

Aperçu du site Web.

Partie 4

Administrer et protéger le réseau

Dans cette partie :

La gestion d'un réseau n'est pas une mince affaire.

Résoudre les problèmes réseau ennuyeux.

Protéger les données du réseau en les sauvegardant.

Sécuriser le réseau en appliquant des stratégies aux comptes utilisateurs.

Augmenter la sécurité du réseau en installant un logiciel antivirus et en mettant en œuvre un pare-feu.

Chapitre 16

Bienvenue dans l'univers de l'administration réseau

DANS CE CHAPITRE

Tâches de l'administrateur réseau.

Administrateur à temps partiel.

Réaliser les tâches de routine.

Administrer les utilisateurs du réseau.

Choisir les bons outils logiciels.

Documentation technique à portée de main.

Obtenir des certifications.

Quelques boniments et des excuses plus ou moins bidons.

À l'aide ! Recherchons administrateur réseau pour aider petite entreprise à reprendre le contrôle d'un réseau déchaîné. Solide sens de l'organisation et grandes qualités d'administration nécessaires. Petite expérience en informatique souhaitée. Travail à temps partiel.

Cela ressemble-t-il à une petite annonce que devrait publier votre employeur ? Tout réseau a besoin d'un administrateur, qu'il comprenne deux ou deux mille ordinateurs. Bien entendu, administrer un réseau de deux mille machines est un travail à temps plein, pas comme avec un réseau de deux machines, du moins théoriquement !

Ce chapitre vous présente le travail ennuyeux d'administrateur réseau. Oups... Vous êtes sûrement en train de lire ce chapitre parce que vous venez d'être nommé administrateur réseau alors, en d'autres termes :

Ce chapitre vous plonge dans l'univers merveilleux et passionnant de l'administration réseau ! Ça va être génial !

Tâches de l'administrateur réseau

Un administrateur réseau « administre le réseau » : il est chargé d'installer, de configurer, de développer, de protéger, de mettre à jour, d'améliorer et de réparer le réseau.

L'administrateur réseau s'occupe du matériel (câbles, commutateurs, routeurs, serveurs et clients...) ainsi que des logiciels de réseau (systèmes d'exploitation, serveurs de messagerie, logiciels de sauvegarde, serveurs de bases de données et logiciels d'application). Plus important, il est en contact avec les utilisateurs du réseau, prêt à répondre à leurs questions, à écouter leurs problèmes et à proposer des solutions.

Sur un réseau de grande taille, ces responsabilités occupent un ingénieur à plein temps. Les grands réseaux sont évolutifs : les utilisateurs vont et viennent, les équipements tombent parfois en panne, des câbles se rompent. Bref, la vie sur le réseau n'est qu'une succession d'états de crise.

Un petit réseau est plus stable ; après l'avoir mis en place, il n'y a plus grand-chose à faire au niveau du matériel et des logiciels. Un incident peut occasionnellement se produire, mais le nombre d'ordinateurs étant réduit, les problèmes sont rares.

Quelle que soit la taille du réseau, un administrateur réseau est impliqué dans les décisions et les tâches suivantes :

» **Il prend part aux décisions concernant l'achat d'ordinateurs, d'imprimantes et d'autres équipements.**

» **Il doit prendre note de toute modification faite au réseau, notamment la connexion de nouveaux ordinateurs.** Son travail consiste à savoir comment il faut modifier le câblage, quels noms il faut assigner aux nouveaux ordinateurs, comment intégrer les informations concernant le nouvel utilisateur dans le système de sécurité, quels droits lui seront attribués, etc.

» **Lorsqu'une nouvelle version de son système d'exploitation est disponible, l'administrateur réseau doit s'informer, décortiquer ses caractéristiques et déterminer si les améliorations apportées méritent une mise à jour.** Dans la plupart des cas, la tâche la plus ardue consiste à définir une *voie d'évolution*, c'est-à-dire un moyen d'assurer la mise à jour de la totalité du réseau en gênant le moins possible les utilisateurs. La mise à jour d'un système d'exploitation réseau est une véritable corvée. C'est pourquoi il est important d'estimer si elle en vaut la peine.

Entre deux mises à jour, les fournisseurs de logiciels ont la fâcheuse habitude de proposer des correctifs et des *service packs* qui corrigent des problèmes mineurs de leur système d'exploitation de serveurs. Pour en savoir plus, consultez le Chapitre 20.

» **L'administrateur réseau exécute quelques tâches de routine comme sauvegarder des serveurs, archiver des données anciennes, libérer de l'espace sur le ou les disques durs, etc.** La majeure partie du travail d'un administrateur réseau est de veiller à ce que tout fonctionne bien et aussi de découvrir et résoudre les problèmes avant que quelqu'un remarque un éventuel dysfonctionnement. Vu sous cet angle, le travail d'administrateur est un peu ingrat.

» **L'administrateur réseau est aussi responsable de la collecte, de l'inventaire et du suivi de la totalité des logiciels du réseau.** Autrement dit, si un problème se produit sur le vieil ordinateur du service marketing qui tourne encore sous Windows 95 et que la solution réside dans la réinstallation de cet ancien exemplaire de Lotus Approach, il faudra qu'il trouve le logiciel. Où diable le CD peut-il bien se trouver ?

Administrateur à temps partiel

Sur les réseaux de grande taille, un support technique de haut niveau est indispensable. Mais si le réseau ne compte qu'une douzaine d'ordinateurs tout au plus, son administration peut être un travail occasionnel. Dans une petite structure, l'administrateur réseau idéal est un passionné d'informatique, quelqu'un qui porte un intérêt secret aux ordinateurs sans vouloir l'admettre, quelqu'un qui emporte quelques bouquins chez lui pour les lire pendant le week-end et quelqu'un qui adore résoudre des problèmes informatiques juste pour le plaisir de les résoudre.

Le travail d'administrateur réseau requiert quelques compétences informatiques, mais n'est pas un travail entièrement technique. La grosse partie du travail s'apparente à celui, routinier, d'une ménagère. L'administrateur doit dépoussiérer, passer l'aspirateur et éponger le réseau régulièrement pour éviter qu'il ne devienne un capharnaüm.

Voici quelques ressources à avoir pour être administrateur réseau :

» **Accorder le temps nécessaire à l'administration réseau.** Une à deux heures par semaine suffisent pour de petits réseaux (moins de vingt ordinateurs). Au début, il faut prévoir un peu plus de temps pour que l'heureux élu s'habitue à ses fonctions et commence à maîtriser les tenants et les aboutissants de l'administration réseau. Mais une fois qu'il sera formé, il ne devrait pas consacrer plus d'une à deux heures par semaine à l'administration réseau (bien entendu, plus le réseau est grand, plus son administration requiert du temps).

» **Faire connaître et reconnaître sa fonction.** Vous devez faire en sorte que chacun sache qui est l'administrateur réseau et qu'il a le pouvoir de prendre des décisions concernant le réseau, notamment accorder des droits d'accès à chaque utilisateur, déterminer les fichiers qui peuvent et ne peuvent pas être stockés sur le serveur et définir la fréquence des sauvegardes.

» **L'administrateur réseau a besoin d'une doublure,** quelqu'un qui en sait à peu près autant que lui sur les réseaux, désireux de marquer l'histoire de son empreinte et qui sourit quand on lui demande de résoudre les problèmes les plus délicats.

» **L'administrateur a une espèce de titre officiel,** comme Grand Maître du Réseau, tsar du Réseau, vice-président en charge des Opérations réseau ou Dr Réseau. Un badge, un capuchon de stylo personnalisé ou une paire d'oreilles de Spock peuvent aider à l'identifier.

- **L'administrateur réseau doit être organisé.** Faites une inspection surprise de vos locaux et nommez administrateur réseau la personne dont le bureau est le plus propre.

- **L'administrateur réseau doit avoir de l'autorité** et ne pas craindre d'agacer les autres. Un administrateur réseau doit veiller au bon fonctionnement des sauvegardes *avant* la défaillance d'un disque et surveiller que tout le monde se protège correctement des virus *avant* que l'un d'eux ne supprime tout ce qui se trouve sur le réseau.

- **L'administrateur réseau doit savoir installer les logiciels.** Dans la plupart des cas, la personne qui a installé le réseau en est également l'administrateur. C'est idéal car personne ne comprend mieux un réseau que celui qui l'a conçu puis installé.

Réaliser les tâches de routine

La plus grande partie du travail de l'administrateur réseau est un travail de routine, comme passer l'aspirateur, dépoussiérer et éponger. Ou alors, si vous préférez, faire régulièrement les vidanges et changer les pneus quand ils sont usés.

Ces tâches sont ennuyeuses mais nécessaires :

- **L'administrateur réseau doit créer les sauvegardes.** Si un problème survient alors que les données ne sont pas sauvegardées, devinez qui sera tenu pour responsable ? D'un autre côté, s'il se produit un désastre mais que vous êtes capable de récupérer les données à partir de la sauvegarde de la veille sans trop de pertes, devinez qui sera félicité, qui recevra une prime juteuse ou gagnera un séjour aux Bahamas ? Le Chapitre 20 décrit les options de sauvegarde du réseau. Vous feriez bien de le lire rapidement.

- **L'administrateur doit s'occuper de la sécurité.** Il doit aussi protéger le réseau des menaces extérieures, qu'il s'agisse de pirates informatiques ou de virus qui tentent de s'infiltrer par la messagerie.

- **L'administrateur doit nettoyer le serveur.** Les utilisateurs prennent le serveur pour un grenier. Ils y entreposent leurs fichiers et les oublient. L'administrateur réseau a pour mission de faire régulièrement le ménage dans le grenier. Quelle joie ! Le meilleur conseil que je puisse vous donner est de vous plaindre constamment du désordre qui règne sur le serveur et d'avertir vos utilisateurs que le nettoyage de printemps est imminent.

Administrer les utilisateurs du réseau

La gestion du matériel est la partie la plus facile de l'administration réseau. L'informatique peut sembler déroutante au premier abord, mais les ordinateurs ne sont pas aussi incompréhensibles que les êtres humains. Le vrai défi de l'administrateur réseau est d'administrer les utilisateurs du réseau.

La différence entre la gestion du matériel et celle des utilisateurs est évidente : vous pouvez comprendre les ordinateurs, mais pour ce qui est des êtres humains, c'est beaucoup plus dur. Ceux qui utilisent le réseau ont des comportements bien moins prévisibles que le réseau proprement dit. Voici quelques conseils pour administrer les utilisateurs :

- **La formation est une part essentielle du travail de l'administrateur réseau.** Vérifiez que tous ceux qui accèdent au réseau le connaissent et savent s'en servir. S'ils ne comprennent pas le réseau, ils peuvent involontairement faire un tas de choses étranges.

- **Ne prenez jamais vos utilisateurs pour des idiots.** Ce n'est pas de leur faute s'ils ne comprennent pas ce qu'est un réseau. Expliquez-leur. Donnez-leur un cours. Achetez-leur un exemplaire de ce livre et dites-leur de lire les six premiers chapitres. Prenez-les par la main, mais ne les considérez pas comme des idiots.

- **Rédigez, sur une seule page, un document** qui contient toutes les informations que doit connaître un utilisateur. Distribuez-en un exemplaire à chacun.

» **Soyez aussi réactif que possible** quand un utilisateur se plaint d'un problème réseau. Si vous n'intervenez pas rapidement, l'utilisateur peut tenter de résoudre le problème lui-même. Cette solution est à éviter.

Plus vous comprendrez la psychologie des utilisateurs de votre réseau, mieux vous serez préparé pour corriger leurs erreurs et répondre à leurs besoins.

Choisir les bons outils logiciels

Les administrateurs réseau exigent d'avoir certains outils pour leur travail. Les administrateurs de grands réseaux complexes et coûteux ont besoin de gros outils complexes et coûteux. Les administrateurs de petits réseaux ont besoin de petits outils.

Quelques-uns de ces outils sont des outils de bricolage tels que des tournevis, des pinces à sertir et des marteaux. Mais les outils dont je veux parler sont les logiciels. Ils ont déjà été mentionnés dans ce chapitre : Visio (pour concevoir des diagrammes de réseau) est un logiciel d'exploration du réseau. En voici quelques autres :

» **Les commandes TCP/IP intégrées.** Une bonne partie des outils logiciels est livrée avec le réseau. En tant qu'administrateur réseau, vous devez lire les manuels livrés avec vos logiciels réseau pour prendre connaissance des outils disponibles. Par exemple, Windows dispose d'une commande `net diag` qui sert à vérifier que tous les utilisateurs d'un réseau peuvent communiquer entre eux (vous pouvez exécuter `net diag` à partir de l'invite MS-DOS). Pour les réseaux TCP/IP, vous pouvez utiliser les commandes de diagnostic TCP/IP résumées dans le Tableau 16.1.

» **Le programme Informations système**, livré avec Windows, est nécessaire aux administrateurs réseau.

» **Hotfix Checker** est un outil gratuit très pratique proposé par Microsoft. Il scanne votre ordinateur et détermine les correctifs à appliquer. Pour télécharger gratuitement Hotfix Checker, rendez-vous sur le site `www.microsoft.com` puis recherchez **hotfix**.

Tableau 16.1

Commandes de diagnostic TCP/IP.

Commande	Fonction
`arp`	Affiche les informations de résolution d'adresse utilisées par le protocole Address Resolution Protocol (ARP).
`hostname`	Affiche le nom d'hôte de l'ordinateur.
`ipconfig`	Affiche les paramètres TCP/IP courants.
`nbstat`	Affiche l'état de NetBIOS sur les connexions TCP/IP.
`netstat`	Affiche les statistiques de TCP/IP.
`nslookup`	Affiche l'information de DNS.
`ping`	Vérifie si un ordinateur est accessible.
`route`	Affiche la table de routage d'un PC.
`tracert`	Affiche le chemin entre l'ordinateur et un hôte spécifique.

» **Baseline Security Analyzer.** Si vous préférez les outils avec une interface utilisateur, essayez Baseline Security Analyser, un autre outil gratuit proposé par Microsoft. Allez sur le site `www.microsoft.com` et faites une recherche sur **Baseline Security Analyzer**.

» **Un analyseur de protocole.** Il s'agit d'un programme (parfois appelé *renifleur de paquets*) qui surveille et garde une trace écrite de chacun des paquets qui circulent sur le réseau. Il peut être configuré pour suivre certains types de paquets et détecter certains problèmes particuliers. Il fournit aussi des statistiques sur les paquets qu'il a capturés.

Pour la plupart des administrateurs, *Sniffer* est le meilleur outil d'analyse de protocoles (`www.netscout.com`). C'est hélas aussi le plus cher. Si vous préférez une solution gratuite, essayez *Ethereal*, téléchargeable sur le site `www.ethereal.com` ; ou bien Wireshark, disponible sur le site `www.wireshark.org`.

» **Network Monitor**, toutes les versions de Windows sont livrées avec un programme appelé Network Monitor ; il permet une analyse de protocole de base, souvent capable de résoudre les plus difficiles problèmes de réseau.

Documentation technique à portée de main

L'un des grands moments de la série télévisée *Star Trek* est cette séquence où Scotty refuse de descendre à terre pour ne pas abandonner ses journaux techniques. « Tu ne te reposes jamais ?, lui demande Kirk – Mais je me repose ! », répond Scotty.

Un administrateur réseau digne de ce nom lit des ouvrages informatiques. Beaucoup d'ouvrages. Et il aime ça. Si vous êtes du genre à les emporter jusque dans votre lit ou à les lire sur la plage, vous êtes un bon administrateur réseau.

Votre bibliothèque technique doit recouvrir divers sujets. Je ne vais pas vous recommander tel ou tel titre, mais plutôt vous inciter à acquérir des ouvrages approfondis sur les thèmes suivants :

- Sécurité informatique et piratage.
- Réseaux sans fil.
- Matériel et câblage des réseaux.
- Ethernet.
- Windows Server 2008, 2012 et 2016.
- Windows 7, 8, 8.1 et 10.
- Linux.
- TCP/IP.
- DNS et BIND.
- SendMail ou Microsoft Exchange Server, en fonction du serveur de messagerie utilisé.

En plus de ces ouvrages, abonnez-vous à des magazines techniques pour vous tenir informé des dernières évolutions (et révolutions) techniques. Voici quelques adresses Web intéressantes :

» **Le site de la presse micro** : `www.pressemicro.net`.

» *01 Informatique* : `www.01net.com`.

» *IT-expert* : `www.it-expertise.com`.

» *Le Monde informatique* : `www.lemondeinformatique.fr`.

» *PC expert* : `www.pcexpert.fr`.

» *Réseaux & Télécoms* : `www.reseaux-telecoms.net`.

Internet est l'une des meilleures sources d'informations techniques pour les administrateurs réseau. N'hésitez pas à accumuler les favoris ou les signets dans votre navigateur. Beaucoup de sites proposent de s'abonner à leur lettre d'information, ce que je vous recommande vivement. Vous serez ainsi tenu au courant presque en temps réel.

Obtenir des certifications

À mon avis, une certification ne garantit en rien que vous serez capable d'administrer un réseau. Cette compétence naît de l'expérience, pas d'un savoir livresque et d'examens.

Néanmoins, dans un monde du travail régi par la compétitivité, la certification a pris une grande importance. Vous serez donc tenté d'être certifié, non seulement pour améliorer votre savoir-faire, mais aussi pour étoffer votre CV. Pour un particulier, une certification est coûteuse, de l'ordre de plusieurs centaines d'euros par examen. De plus, selon votre niveau, vous devrez acheter des livres et prendre des cours supplémentaires.

Il existe deux types de certifications : celles proposées par un éditeur de logiciels ou un fabricant de matériel et celles qui sont indépendantes. Les grands éditeurs et fabricants comme Microsoft,

Novell et Cisco proposent des certifications pour leurs propres produits. Aux États-Unis, une organisation à but non lucratif comme CompTIA propose les meilleures certifications indépendantes.

Quelques boniments et des excuses plus ou moins bidons

En tant qu'administrateur réseau, vous ne pourrez pas toujours être en mesure de résoudre tous les problèmes immédiatement. Dans de telles situations, vous aurez le choix entre deux types de réponses. La première consiste à expliquer que le problème est particulièrement délicat, que vous pensez à une solution et que vous la mettrez en œuvre dès que possible. La deuxième solution consiste à regarder l'utilisateur dans les yeux et, avec un visage impassible, lui fournir une de ces explications bidons :

» C'est la version du logiciel que vous utilisez qui n'est pas à jour ; vous en êtes encore à la version 39.112.48.

» Nous n'aurions pas dû acheter ces barrettes mémoire en promotion ; on ne sait pas d'où elles viennent, ni si elles ont été testées sérieusement.

» C'est à cause de la crise et ce sont les financiers qui sont responsables.

» Les compagnies pétrolières sont responsables de tout.

» Il est probable que ça soit dû au réchauffement climatique.

» En tout état de cause, tout vient de l'électricité statique parasite. Ce type de problèmes est très difficile à mettre en évidence. Il est probable que ce problème vienne des utilisateurs qui ne se sont pas déchargés correctement avant d'utiliser leurs ordinateurs ; ces charges d'électricité statique génèrent toutes sortes de problèmes.

» Il faudrait augmenter la mémoire.

» Votre disque dur sature, il faudrait installer un plus gros disque dur.

» Vous avez besoin d'un processeur plus rapide.

» C'est la faute à Jar-Jar Binks.

» Vous ne pouvez pas faire cela avec Windows 10.

» Vous ne pouvez le faire qu'avec Windows 10.

» C'est sans doute à cause d'un virus.

» Ce sont les taches solaires qui sont responsables.

» Etc.

Chapitre 17

Résoudre des problèmes réseau

DANS CE CHAPITRE

Quand les ordinateurs en bonne santé rencontrent des problèmes.

Ressusciter un ordinateur qui semble mort.

Tester la connexion réseau.

Perdu dans une nuée de messages d'erreur !

Revérifier les paramètres du réseau.

Utiliser l'outil de résolution de problème réseau.

Expérimenter, en désespoir de cause.

On commence par qui ?

Redémarrer un ordinateur client.

Démarrage en mode sans échec.

Mettre en œuvre la restauration du système.

Redémarrer des services.

Redémarrer un serveur.

Consulter les journaux d'événements.

Documenter les interventions sur le réseau.

Reconnaissons-le : les réseaux ont une fâcheuse tendance à tomber en panne.

Ils comportent beaucoup trop d'éléments « qui commencent par un *c* » : *câbles*, *connecteurs*, *commutateurs*, *cartes*. Tous ces éléments doivent être maintenus ensemble dans un certain équilibre, sachant que l'équilibre d'un réseau est très facile à rompre. Même les réseaux informatiques les mieux conçus se comportent parfois comme s'ils étaient faits de fils de fer reliés par du chewing-gum et du ruban adhésif.

Comme si les choses n'étaient pas assez compliquées, les réseaux suscitent la suspicion. Une fois que vous avez connecté votre ordinateur au réseau, vous avez tendance à blâmer ce dernier à chaque fois que quelque chose ne va pas, que votre problème soit lié ou non au réseau. Pourquoi ces colonnes ne peuvent-elles pas s'aligner dans Word ? Ça doit être le réseau. Les totaux de vos feuilles de calcul ne tombent pas juste ? C'est encore ce #$?@ de réseau.

Le pire avec les problèmes de réseau, c'est qu'ils peuvent affecter toute une entreprise. Ce n'est pas si grave si un seul utilisateur ne peut pas accéder à un dossier partagé sur un serveur de fichiers. En revanche, si un serveur critique tombe en panne, les utilisateurs du réseau peuvent être privés d'accès à leurs fichiers, applications, messages électroniques et tout ce dont ils ont besoin pour travailler comme d'habitude. Quand cela se produit, ils défoncent la porte de votre bureau et vous menacent jusqu'à ce que le réseau soit de nouveau opérationnel.

Dans ce chapitre, je décris les causes les plus fréquentes, à l'origine de problèmes de réseau, et propose quelques solutions que vous pouvez utiliser quand votre réseau tombe en panne.

Quand les ordinateurs en bonne santé rencontrent des problèmes

Les conseils de dépannage suivants vous indiquent comment réagir face aux premiers signes de problème réseau. Dans la plupart des cas (voire tous), les solutions proposées peuvent relancer votre réseau :

1. **Vérifiez que votre ordinateur et tous ses périphériques sont bien branchés.**

   Les férus d'informatique sont pliés quand un utilisateur les appelle à l'aide et qu'ils doivent lui expliquer que l'ordinateur n'était pas branché. Ils l'écrivent dans leur journal pour pouvoir le raconter plus tard à leurs amis. Ils peuvent même demander à vous prendre en photo pour pouvoir vous montrer à leurs amis geeks.

2. **Vérifiez que votre ordinateur est correctement connecté au réseau.**

3. **Notez tous les messages d'erreur qui s'affichent sur l'écran.**

4. **Essayez de redémarrer votre ordinateur.**

   Un nombre incroyable de problèmes sont résolus par un simple redémarrage. Bien sûr, dans bien des cas, le problème se manifestera de nouveau, mais comme il a montré le bout de son nez, vous pourrez en identifier la cause et le résoudre. Quelques problèmes ne sont qu'occasionnels ; un simple redémarrage est alors suffisant.

5. **Faites quelques essais pour vérifier si le problème vient du réseau ou de votre ordinateur.**

   La section « Expérimenter, en désespoir de cause » de ce chapitre vous indique quelques astuces simples pour identifier l'origine du problème.

6. **Contrôlez l'espace disque libre sur votre ordinateur et sur le serveur.**

   Quand un ordinateur n'a plus ou peu d'espace disque, des choses bizarres peuvent se produire. Un message d'erreur s'affiche parfois pour vous tenir au courant de la situation, mais pas toujours. Quelquefois l'ordinateur marque une pause : les opérations qui prenaient quelques secondes durent désormais plusieurs minutes.

7. **Essayez de voir si le problème est lié au réseau ou s'il est dû uniquement à l'ordinateur lui-même.**

   Consultez la section relative à l'expérimentation plus loin dans ce chapitre, pour des opérations simples que vous pouvez essayer pour isoler un problème réseau.

8. **Essayez de redémarrer le serveur du réseau.**

   Reportez-vous à la section « Redémarrer un serveur », plus loin dans ce chapitre.

Ressusciter un ordinateur qui semble mort

Si votre ordinateur semble mort, vérifiez les points suivants :

- **Prise électrique.** Est-il branché ?
- **Protection électrique.** Si votre ordinateur est connecté à une prise multiple ou à une barrette d'écrêtage, assurez-vous que la prise ou la barrette est branchée et allumée. Si la prise multiple ou la barrette d'écrêtage est équipée d'un témoin lumineux, celui-ci devrait briller.
- **Interrupteur.** Vérifiez que le bouton On/Off de votre ordinateur est bien positionné. Cela semble idiot à dire, mais beaucoup d'ordinateurs sont configurés de telle manière que l'interrupteur de courant est toujours positionné sur « On ». L'ordinateur s'allume ou s'éteint avec l'interrupteur de la prise multiple ou de la barrette d'écrêtage. Nombreux sont les utilisateurs qui découvrent avec surprise l'existence d'un interrupteur On/Off à l'arrière de leur machine.

  Pour compliquer les choses, les ordinateurs récents sont capables de dormir. Ils semblent éteints, mais en fait pas du tout. Pour les réveiller, il suffit de bouger la souris. Il est facile de penser que l'ordinateur est éteint : on appuie sur le bouton Marche, on se demande pourquoi il ne se passe rien puis on appuie une nouvelle fois sur le bouton Marche, en maintenant le doigt dessus, en pensant que ça va… marcher. Mais si vous maintenez le doigt appuyé sur le bouton Marche/Arrêt assez longtemps, l'ordinateur s'éteint et, lorsque vous le rallumez, vous voyez apparaître un message disant qu'il n'a pas été éteint correctement. Moralité : si vous avez l'impression que l'ordinateur est endormi, bougez la souris.

- **Ventilateur.** Si vous pensez que votre ordinateur n'est pas branché, bien qu'il semble l'être, écoutez le bruit du ventilateur. Si celui-ci fonctionne, l'ordinateur est alimenté en électricité et le problème est donc plus sérieux qu'un simple câble mal branché (si l'ordinateur est branché, que le ventilateur ne fonctionne pas et que son interrupteur est sur « On », c'est qu'il est peut-être sorti déjeuner).

» **Prise sans électricité.** Si l'ordinateur est branché, allumé mais ne fonctionne pas, branchez une lampe sur la prise pour vérifier que le courant arrive bien. Peut-être devrez-vous alors réenclencher un disjoncteur ou remplacer une barrette d'écrêtage défectueuse. Ou encore, il vous faudra appeler EDF.

» **Les barrettes d'écrêtage ont une durée de vie limitée**. Après quelques années d'utilisation, elles continuent d'alimenter votre ordinateur, mais elles ne le protègent plus contre les surtensions. Si la vôtre a plus de deux ou trois ans, remplacez-la.

» **Moniteur.** Le moniteur dispose de son propre interrupteur et de sa propre prise. Vérifiez qu'il est bien branché et allumé. Deux câbles doivent être connectés au moniteur. L'un va de l'arrière de l'ordinateur à l'arrière du moniteur, l'autre est un cordon d'alimentation qui part de l'arrière du moniteur et doit être connecté à une prise de courant.

» **Câbles.** Votre clavier, votre souris, votre moniteur et votre imprimante sont tous connectés à l'arrière de l'ordinateur par des câbles.

Assurez-vous que ces câbles sont bien branchés. Vérifiez que les autres extrémités des câbles du moniteur et de l'imprimante sont, elles aussi, bien connectées.

Réglages du moniteur. La plupart des moniteurs sont équipés de boutons qui permettent d'ajuster le contraste et la luminosité de l'affichage. Essayez de tourner ces boutons si votre ordinateur fonctionne mais que l'affichage est sombre. Il se peut qu'ils soient réglés au minimum.

» **Composants internes.** Si vous êtes compétent et audacieux, arrêtez l'ordinateur, débranchez-le, ouvrez la tour puis retirez et réinsérez soigneusement les composants tels que les barrettes mémoire et les cartes vidéo. S'ils sont mal fixés, ces composants sortent de leur logement. Les retirer puis les réinsérer peut parfois faire revivre un ordinateur qui semblait mort.

Tester la connexion réseau

Les câbles qui connectent des ordinateurs clients au reste du réseau sont fragiles. Ils peuvent se casser. N'entendez pas par là qu'ils se cassent physiquement en deux. Bien sûr, un problème de câble est parfois l'œuvre du fouineur de service et de ses cisailles. Mais généralement, ce type de problème n'est pas visible à l'œil nu.

» **Câble à paire torsadée** : si votre réseau utilise du câble à paires torsadées, vous pouvez rapidement dire si la connexion au réseau est bonne en regardant à l'arrière de votre ordinateur. Une petite lumière se trouve à côté de l'endroit où se branche le câble. Si cette lumière brille, le câble est bon. Si la lumière est éteinte ou si elle scintille de manière intermittente, vous avez un problème de câble. Si la lumière ne brille pas, essayez de déconnecter le câble de votre ordinateur puis de l'y reconnecter. Cela peut résoudre un problème de mauvaise connexion.

» **Câble court** : certains réseaux sont câblés de telle sorte que votre ordinateur est connecté au réseau via un câble très court (environ deux mètres). Une extrémité de ce câble est reliée à votre ordinateur tandis que l'autre est connectée à une prise murale. Essayez de débrancher puis de rebrancher rapidement ce câble. Si cela ne produit aucun résultat, trouvez un câble de rechange que vous pouvez utiliser.

» **Commutateur** : le commutateur est souvent sujet à des problèmes, notamment les commutateurs qui sont câblés d'une manière si « professionnelle » qu'ils sont noyés dans un sac de nœuds. Ne touchez pas au sac de nœuds. Laissez ce problème au marin de service, c'est-à-dire au spécialiste réseau.

Perdu dans une nuée de messages d'erreur !

Avez-vous remarqué des messages d'erreur sur l'écran de votre ordinateur quand vous l'avez démarré ? Si oui, notez-les. Ce sont de précieux indices qui peuvent aider le gourou du réseau à résoudre le problème.

Si vous voyez des messages d'erreur quand vous démarrez votre ordinateur, gardez à l'esprit ce qui suit :

» **Ne paniquez pas si vous voyez beaucoup de messages d'erreur défiler.** Un problème simple à résoudre peut parfois générer une pléthore de messages d'erreur quand vous démarrez votre ordinateur. Les messages peuvent laisser penser que votre ordinateur part en morceaux, mais la solution est peut-être toute simple.

» **Si les messages défilent si vite que vous ne pouvez pas les noter, appuyez sur la touche Pause.** Votre ordinateur s'arrête dans un crissement de pneus, ce qui vous donne une chance de pouvoir lire les messages. Quand vous en avez lu assez, appuyez à nouveau sur la touche Pause pour que les choses reprennent leur cours. La touche Pause est nommée « Arrêt Defil » sur certains ordinateurs. Utilisez la combinaison Ctrl + Verr Num ou Ctrl + S sur les ordinateurs qui n'ont pas de touche Pause.

» Si vous avez manqué les messages d'erreur la première fois, redémarrez votre ordinateur et regardez plus attentivement.

» **Mieux, appuyez sur la touche F8 dès que vous voyez le message Démarrage de Windows à l'écran.** Cette opération ordonne au système d'exploitation de traiter les lignes de `CONFIG.SYS` une par une, avant que la commande suivante ne soit exécutée.

Revérifier les paramètres du réseau

Je soupçonne des petits hommes verts de s'introduire dans le bureau la nuit, d'allumer les ordinateurs et de mettre la pagaille dans les configurations TCP/IP rien que pour rigoler.

Bizarrement, il arrive que les paramètres de configuration réseau d'un ordinateur soient modifiés sans que personne n'y ait touché. Résultat : un ordinateur qui moulinait sans histoire dans son coin depuis des mois ou des années est tout à coup incapable d'accéder au réseau. L'une des premières choses à faire, après avoir vérifié que l'ordinateur est allumé et que les câbles sont en bon état, est d'examiner attentivement ses paramètres réseau. Vérifiez les points suivants :

- **Paramètres TCP/IP** : à l'invite de commande MS-DOS, démarrez `ipconfig` afin de vous assurer que le protocole TCP/IP est actif sur l'ordinateur et que l'adresse IP, les paramètres de masques de sous-réseau et de passerelle sont valables.
- **Protocoles** : ouvrez la boîte de dialogue Propriétés de Connexions réseau et assurez-vous que les protocoles requis sont correctement installés.
- **Nom de l'ordinateur** : ouvrez la boîte de dialogue Propriétés système (double-cliquez sur l'icône Système du Panneau de configuration) et vérifiez les paramètres de l'onglet Nom de l'ordinateur. Assurez-vous que le nom de l'ordinateur est unique et que le nom du groupe de travail ou du domaine est correctement orthographié.
- **Autorisations** : vérifiez (plutôt deux fois qu'une) le compte utilisateur afin de vous assurer qu'il a l'autorisation d'accéder aux ressources dont il a besoin.

Utiliser l'outil de résolution de problème réseau de Windows

Windows est livré avec un outil de dépannage intégré qui peut souvent vous aider à cerner la cause d'un problème réseau. Celui-ci est organisé en quatre grandes catégories :

- **Programmes** : résout les problèmes de compatibilité avec les anciens programmes.
- **Matériel et audio** : résout les problèmes matériels de compatibilité, de configuration de périphérique incorrecte, d'impression et de lecture audio.
- **Réseau et Internet** : résout les problèmes de connexion à Internet ou ceux qui sont liés aux fichiers et aux dossiers partagés. La Figure 17.1 montre l'outil de résolution des problèmes réseau.
- **Système et sécurité** : résout les problèmes liés à Windows Update ou au système.

Figure 17.1

L'outil Résoudre les problèmes - Réseau et Internet.

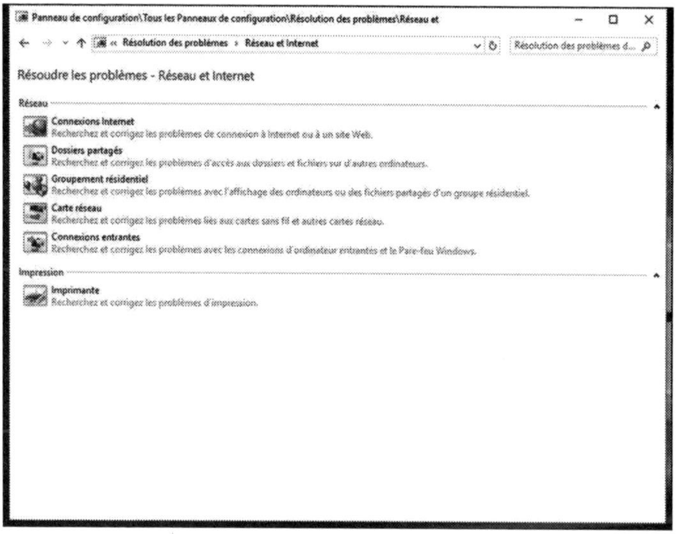

L'outil de résolution des problèmes pose des questions et fait des suggestions pour les corrections ; il arrive fréquemment qu'il propose de corriger lui-même les dispositifs mal configurés. Répondez aux questions et cliquez sur Suivant pour passer d'un écran à l'autre. Le logiciel de résolution des problèmes réseau ne peut pas résoudre tous les problèmes réseau, mais il signale les causes des problèmes les plus courants.

Les étapes suivantes permettent de mettre en œuvre l'outil de résolution pour les versions de Windows 8 à Windows 10es :

1. **Ouvrez le Panneau de configuration.**

2. **Cliquez sur Sécurité et maintenance puis sur Dépannage.**

   Cette fenêtre affiche une liste des catégories de dépannage.

3. **Cliquez sur la catégorie que vous souhaitez résoudre.**

La fenêtre Résoudre les problèmes liés à l'ordinateur est affichée.

4. **Faites un clic droit sur l'icône de l'outil qui semble le plus directement lié au problème que vous rencontrez et choisissez Exécuter en tant qu'administrateur.**

   L'exécution de la résolution des problèmes avec des privilèges d'administrateur est mieux adaptée à la résolution des problèmes.

Expérimenter, en désespoir de cause

Si vous ne parvenez pas à trouver d'explications évidentes (comme un ordinateur débranché) à vos problèmes, vous devrez vous livrer à quelques expériences pour restreindre le champ des possibilités. Axez vos expériences autour d'une question de base : est-ce un problème de réseau ou un problème lié à l'ordinateur ?

Voici quelques suggestions pour restreindre le champ des hypothèses possibles :

» **Essayez d'effectuer la même opération sur un autre ordinateur.** Si personne sur le réseau ne peut accéder à un disque ou à une imprimante réseau, quelque chose cloche peut-être avec le réseau. En revanche, si vous êtes le seul à rencontrer ce problème, il ne peut provenir que de votre ordinateur. Ce dernier dialogue peut-être mal avec le réseau ou n'est pas bien configuré. Le problème peut aussi ne pas être lié au réseau.

» **Si vous arrivez sans problème à effectuer la même opération sur l'ordinateur de quelqu'un d'autre, essayez de vous connecter au réseau avec votre ID utilisateur depuis cet ordinateur.** Voyez alors si vous pouvez répéter l'opération sans rencontrer d'erreur. Si vous le pouvez, le problème provient probablement de votre ordinateur plutôt que de l'ordinateur serveur. Si vous n'y parvenez pas, le problème est peut-être dû à la configuration de votre compte utilisateur.

» **Si vous ne pouvez pas vous connecter depuis un autre ordinateur, attendez quelques instants.** Votre compte est peut-être temporairement bloqué, pour diverses raisons, dont la plus courante est plusieurs tentatives successives de connexion avec un mot de passe erroné. Si au bout d'une heure le problème persiste, appelez l'administrateur réseau et offrez-lui un biscuit.

On commence par qui ?

Quand il s'agit de résoudre un problème de réseau, il est souvent utile de savoir qui est actuellement connecté au serveur. Par exemple, si un utilisateur est incapable d'accéder à un fichier présent sur le serveur, commencez par vérifier s'il est connecté. Si oui, vous saurez que le compte de l'utilisateur est valide mais que cet utilisateur n'a peut-être pas l'autorisation d'accéder au fichier ou au dossier en question. Par ailleurs, si l'utilisateur n'est pas connecté, le problème est probablement dû au compte lui-même ou à la manière dont l'utilisateur tente de se connecter au serveur.

Il est aussi utile de savoir qui est connecté, au cas où vous pourriez avoir besoin de redémarrer le serveur. Pour plus d'informations sur cette opération, reportez-vous à la section « Redémarrer un serveur », plus loin dans ce chapitre.

Pour savoir qui est actuellement connecté à un serveur Windows, faites un clic droit sur l'icône ordinateur sur le bureau et sélectionnez Gérer dans le menu qui s'affiche. Cela ouvre la fenêtre Gestionnaire de serveur ; accédez au Services de fichiers et de stockage dans le volet de droite, puis sélectionnez Partage ; une liste des utilisateurs qui sont connectés apparaît pour chaque ressource partagée.

Vous pouvez immédiatement déconnecter tous les utilisateurs en faisant un clic droit sur la ressource et en choisissant Cesser de partager. Cependant, n'oubliez pas que cela peut entraîner des pertes de données des utilisateurs.

Redémarrer un ordinateur client

Il arrive parfois qu'un problème bloque l'ordinateur à un point tel que la seule solution consiste à le redémarrer. Dans certains cas, l'ordinateur se met soudain à se comporter étrangement. Des caractères bizarres apparaissent à l'écran ou Windows s'embrouille et ne vous permet pas de quitter un programme. Votre ordinateur est parfois si déboussolé qu'il ne peut plus rien faire. Il reste planté là, comme une borne kilométrique. Il ne veut pas bouger, même si vous appuyez sur la touche Echap ou Entrée. Vous avez beau déplacer la souris dans tous les sens ou même la jeter à travers la pièce, son pointeur reste parfaitement immobile sur l'écran.

Quand un ordinateur commence à se comporter de la sorte, vous devez le redémarrer. Si vous êtes contraint de le redémarrer, faites-le aussi proprement que possible. Je sais que cette procédure va vous sembler élémentaire mais il n'est jamais vain de répéter la technique permettant de redémarrer un ordinateur client en toute sécurité, même si elle est simplissime :

1. **Essayez de sauvegarder votre travail, si vous le pouvez.**

   Si cela est possible, utilisez la commande Fichier/Enregistrer pour sauvegarder les documents ou fichiers sur lesquels vous étiez en train de travailler quand les choses ont commencé à aller de travers. Si vous ne pouvez pas accéder aux menus, essayez de cliquer sur le bouton Enregistrer de la barre d'outils. Si ça ne marche pas, essayez d'utiliser la combinaison de touches Ctrl + S, le raccourci clavier standard pour la commande Enregistrer.

2. **Fermez les programmes en cours, si vous le pouvez.**

   Exécutez la commande Fichier/Quitter ou cliquez sur le bouton Fermer dans l'angle supérieur droit de la fenêtre du programme. Autre alternative : appuyez sur Alt + F4.

3. **Redémarrer l'ordinateur.**

   Windows 7 : cliquez sur le bouton Démarrer, puis sur la flèche à droite du cadenas et choisissez Redémarrer.

   Windows 8 : curieusement, l'arrêt de Windows 8 est un peu difficile ; vous pouvez rechercher sur le bureau de Windows 8 toute la journée et ne pas trouver un moyen intuitif d'arrêter l'ordinateur. Le secret réside dans la barre d'icônes, que vous faites apparaître en passant la souris sur le coin inférieur droit de l'écran. Ensuite, cliquez sur l'icône Paramètres, puis sur l'icône Redémarrer.

La boîte de dialogue Arrêter l'ordinateur apparaît.

Windows 8.1 et 10 : heureusement, avec Windows 8.1, Microsoft a réintroduit, dans certaines régions de Windows, les boutons de commandes les plus élémentaires. Pour arrêter un ordinateur Windows 8.1 ou Windows 10, cliquez sur le bouton Démarrer, puis sur le bouton d'alimentation et choisissez Redémarrer.

Si redémarrer votre ordinateur ne résout pas le problème, vous pouvez tenter de l'éteindre complètement puis de le rallumer. Pour ce faire, suivez les étapes 1 à 3 de la procédure ci-dessus. Choisissez l'option Arrêter plutôt que l'option Redémarrer et cliquez sur OK.

Voici quelques actions que vous pourriez tenter si vous rencontrez des problèmes pour redémarrer votre ordinateur :

1. **Si votre ordinateur refuse de répondre à la commande Démarrer/Arrêter, essayez d'appuyer sur les touches Ctrl, Alt et Suppr simultanément.**

   Quand vous appuyez sur Ctrl + Alt + Suppr, Windows affiche une boîte de dialogue qui vous permet de fermer n'importe quel programme en cours d'exécution ou d'éteindre tout simplement votre ordinateur.

2. **Si Ctrl + Alt + Suppr ne fonctionne pas, vous n'avez plus d'autres solutions que d'appuyer sur le bouton de réinitialisation (*Reset*) de votre ordinateur pendant une dizaine de secondes.**

   Appuyer sur le bouton de réinitialisation est un moyen radical auquel vous ne devez avoir recours que si votre ordinateur ne répond plus du tout. Tout le travail que vous n'aurez pas encore sauvegardé sur le disque sera perdu. Si votre ordinateur ne dispose pas d'un bouton de réinitialisation, éteignez-le, attendez quelques minutes puis rallumez-le.

Si possible, sauvegardez votre travail avant de redémarrer votre ordinateur. Tout travail non sauvegardé sera irrémédiablement perdu. Malheureusement, si votre ordinateur est dans un état irrécupérable, vous ne pourrez rien faire. Pour limiter les dégâts, pensez à sauvegarder votre travail régulièrement.

Démarrage en mode sans échec

Windows propose un mode de démarrage spécial appelé *mode sans échec* qui est conçu pour aider à réparer le dysfonctionnement des ordinateurs. Lorsque vous démarrez votre ordinateur en mode sans échec, Windows ne charge que les parties les plus essentielles du système d'exploitation dans la mémoire ; c'est-à-dire le minimum requis pour que Windows puisse fonctionner. Le mode sans échec est particulièrement utile lorsque le problème qui est apparu sur votre ordinateur ne lui permet plus de démarrer normalement.

Pour démarrer votre ordinateur en mode sans échec, remettez-le sous tension, puis dès qu'il commence à démarrer, appuyez sur la touche F8 jusqu'à ce qu'un menu intitulé Options de démarrage avancées s'affiche. L'une des options de ce menu est le démarrage en mode sans échec, utilisez les touches flèche vers le haut ou flèche vers le bas pour sélectionner cette option, puis appuyez sur Entrée.

Avec Windows 8, 8.1 et 10, vous pouvez démarrer en mode sans échec en maintenant la touche Maj enfoncée après avoir cliqué la commande Redémarrer.

Mettre en œuvre la restauration du système

La restauration du système est une fonctionnalité de Windows qui enregistre régulièrement des informations importantes de configuration de Windows et permet de revenir ultérieurement à une configuration préalablement sauvegardée. Cela peut souvent résoudre les problèmes en restaurant l'ordinateur dans une configuration qu'il avait et qui était opérationnelle.

Par défaut, Windows enregistre des points de restauration chaque fois que vous installez un nouveau logiciel sur votre ordinateur ou lorsque vous appliquez une mise à jour du système. Les points de restauration sont également sauvegardés automatiquement tous les sept jours.

Bien que la restauration du système soit activée par défaut, vous devez vérifier que la restauration du système est potentiellement active et que les points de restauration du système sont régulièrement créés. Pour cela, faites un clic droit sur le bouton Démarrer, choisissez Système, puis cliquez sur la rubrique Protection du système dans le volet de gauche. La boîte de dialogue de la Figure 17.2 apparaît ; vérifiez l'état de la protection de votre ordinateur, la fonction doit être Activée. Si ce n'est pas le cas, sélectionnez le lecteur C:, puis cliquez sur le bouton Configurer pour configurer la restauration du système pour le lecteur.

Si un problème apparaît sur votre ordinateur, vous pouvez restaurer le système à un point de restauration précédemment enregistré en cliquant sur l'onglet Protection du système, puis en cliquant le bouton Restauration du système. La Figure 17.3 montre la mise en œuvre de l'assistant Restauration du système ; il propose de sélectionner le point de restauration à utiliser.

Voici quelques idées supplémentaires à retenir à propos de la restauration du système :

» **La restauration du système ne supprime pas les fichiers de données de votre système ; les fichiers de votre dossier Documents ne seront pas perdus.**

» **La restauration du système supprime les applications et les mises à jour du système postérieures à la date à laquelle le point de restauration a été réalisé. Vous devrez donc réinstaller ces applications et ces mises à jour du système à moins, bien sûr, qu'une mise à jour du système ou une application soit la cause de votre problème.**

Figure 17.2

L'onglet Protection du système de la boîte de dialogue Propriétés système.

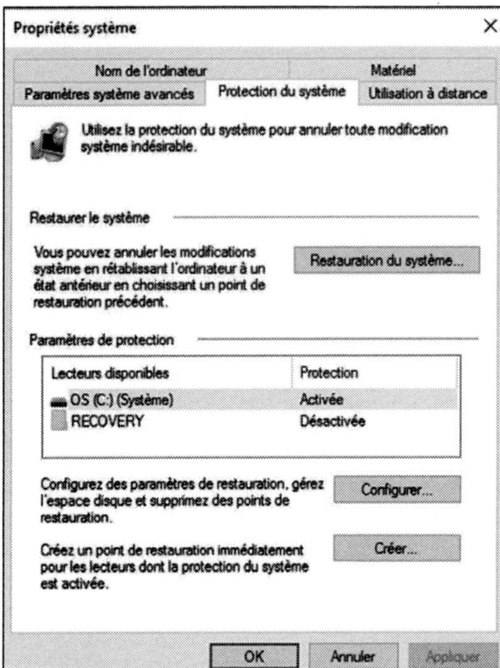

» La restauration du système redémarre automatiquement votre ordinateur ; cependant, le redémarrage peut être lent parce que certaines des modifications apportées par la restauration du système se produisent après le redémarrage.

N'éteignez pas ou ne coupez pas l'alimentation de votre ordinateur lors de la restauration du système ; cela peut conduire à un état irrécupérable de votre ordinateur.

Figure 17.3

Sélection du point de restauration à utiliser.

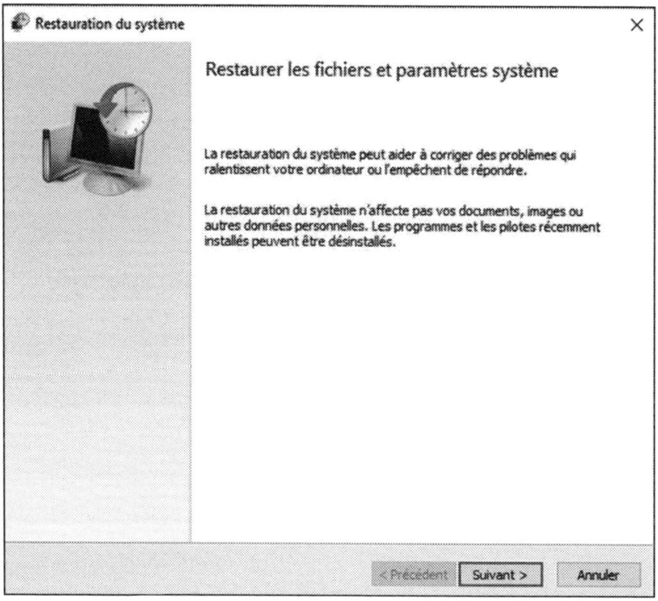

Redémarrer des services du réseau

De temps en temps, le service du système d'exploitation réseau, qui gère la tâche à l'origine d'un problème, s'arrête ou se bloque. Si l'utilisateur ne peut pas accéder au serveur, c'est probablement parce qu'un service clé vient de se bloquer.

L'état des services peut être consulté à l'aide de l'outil Services, illustré par la Figure 17.4. Pour l'afficher, cliquez sur Outils/Services à partir de l'outil Gestion de l'ordinateur. Parcourez la liste et assurez-vous que tous les services clés sont démarrés. Si l'un d'eux est en pause ou arrêté, redémarrez-le.

Figure 17.4

Outil d'administration Services.

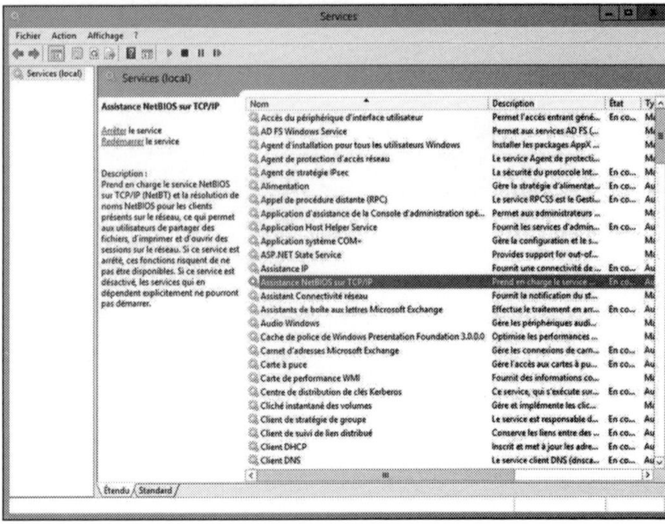

Le service que nous qualifions de « clé » dépend du rôle que vous lui avez défini sur le serveur. Le Tableau 17.1 répertorie les services les plus courants dans les systèmes d'exploitation réseau Windows. Cependant, beaucoup de serveurs exigent, outre ceux-ci, des services supplémentaires.

Généralement, les services clés ont une bonne raison de s'arrêter. C'est pourquoi se contenter de redémarrer un service ne résoudra probablement pas le problème de réseau ou pas durablement. Vous devez examiner le journal Système à la recherche de tout message d'erreur qui expliquerait l'arrêt du service.

Redémarrer un serveur

Si vous pensez que le réseau est à l'origine du problème, vous pouvez redémarrer le serveur pour voir si cela met fin à vos ennuis.

Tableau 17.1

Services clés de Windows.

Service	Description
Explorateur d'ordinateur	Gère la liste des ordinateurs accessibles sur le réseau. Si ce service est désactivé, les ordinateurs ne pourront pas utiliser les services d'exploration, comme les Favoris réseau ou l'Explorateur de réseau.
Client DHCP	Permet à l'ordinateur d'obtenir son adresse IP d'un serveur DHCP. Si ce service est désactivé, les adresses IP des ordinateurs ne seront pas correctement configurées.
Client DNS	Permet à l'ordinateur d'accéder au serveur DNS afin de résoudre les noms DNS. Si ce service est désactivé, l'ordinateur n'est plus capable de déchiffrer les noms DNS, notamment ceux des adresses Internet et d'Active Directory.
Serveur	Fournit au serveur un service de partage de fichiers et d'imprimantes de base. Si ce service est désactivé, les clients ne pourront pas se connecter au serveur pour accéder aux fichiers ou aux imprimantes.
Station de travail	Permet à l'ordinateur d'établir des connexions clients avec d'autres serveurs. Si ce service est désactivé, l'ordinateur ne pourra pas se connecter à d'autres serveurs.

Redémarrer un serveur est une solution de dernier recours. Les systèmes d'exploitation réseau sont conçus pour fonctionner des mois ou des années sans jamais redémarrer. Le redémarrage d'un serveur entraîne inévitablement un arrêt temporaire du réseau. Si vous devez vraiment redémarrer un serveur, faites-le si possible pendant les heures creuses.

Avant de redémarrer un serveur, vérifiez si un service requis n'est pas en pause ou arrêté. Peut-être suffit-il simplement de redémarrer un service plutôt que la totalité du serveur. Pour en savoir plus, reportez-vous à la section précédente « Redémarrer des services du réseau ».

Voici la démarche à suivre pour redémarrer un serveur :

1. **Assurez-vous que personne n'est connecté au réseau.**

   Le plus sûr est de redémarrer le serveur après les heures de travail, quand tout le monde est parti. Ainsi, vous ne risquez pas de pénaliser quelqu'un qui serait resté sur le réseau.

   Pour vérifier si des utilisateurs sont encore connectés, reportez-vous à la section « On commence par qui ? », plus haut dans ce chapitre.

2. **Une fois que vous êtes certain que plus aucun utilisateur n'est connecté au réseau, mettez le serveur hors tension.**

   Comportez-vous en citoyen responsable et faites les choses proprement. Pour les serveurs Windows, exécutez la commande Arrêt de Windows/Arrêter.

   Windows Server ne vous laissera pas éteindre le serveur sans lui donner une bonne raison de le faire. Quand vous appuyez sur Ctrl + Alt + Suppr, une boîte de dialogue s'affiche et vous demande de fournir une raison.

3. **Redémarrez l'ordinateur serveur ou éteignez-le puis remettez-le sous tension.**

   Observez le serveur quand il redémarre pour vérifier qu'aucun message d'erreur ne s'affiche.

4. **Demandez à tous les utilisateurs de se reconnecter et vérifiez que tous peuvent maintenant accéder au réseau.**

Avant de redémarrer un serveur, souvenez-vous des règles suivantes :

» **Il est bien plus radical de redémarrer un serveur que de redémarrer un ordinateur client.** Vérifiez auparavant que chaque utilisateur a sauvegardé son travail et s'est déconnecté du réseau ! Vous pouvez provoquer de graves problèmes si vous éteignez le serveur tandis que des utilisateurs y sont connectés.

» **Bien sûr, le fait de redémarrer un serveur peut perturber tous les utilisateurs du réseau.** C'est pourquoi il est préférable de le faire en dehors des heures de travail.

Consulter les journaux d'événements

L'une des techniques les plus efficaces pour diagnostiquer les problèmes de réseau et les dépanner est de consulter les journaux d'événements. Ils contiennent des informations intéressantes concernant tous les dysfonctionnements qui auraient pu se produire, au jour le jour, lors des opérations sur le réseau. Ordinairement, ces journaux travaillent en tâche de fond, consignant tranquillement ce qui se passe sur le réseau. Si quelque chose ne va pas, vous pouvez consulter les journaux pour voir si le problème a généré un événement significatif. Dans bien des cas, les journaux d'événements contiennent une entrée qui met en évidence la cause exacte du problème et suggère une solution.

Pour afficher les journaux d'événements d'un serveur Windows, utilisez l'Observateur d'événements, disponible dans les Outils d'administration. La Figure 17.5 représente l'Observateur d'événements d'un système Windows Server 2016. Le volet de gauche liste les catégories d'événements qui font l'objet d'un suivi : Application, Sécurité, Installation, Système Événements transférés. Sélectionnez l'un de ces journaux afin d'accéder à celui qui vous intéresse. Pour obtenir des détails sur un événement spécifique, double-cliquez sur cet événement. S'ouvre alors une boîte de dialogue contenant des informations détaillées sur l'événement.

Documenter les interventions sur le réseau

Pour un réseau de grande taille, vous investirez sans doute dans un logiciel de résolution des problèmes de gestion, capable de suivre l'évolution d'un problème, de son signalement initial à sa résolution finale. Pour des réseaux de taille petite ou moyenne, quelques classeurs à spirale et des formulaires seront suffisants. Ou alors vous pouvez consigner les incidents dans un document Word ou une feuille Excel.

Figure 17.5

L'Observateur d'événements.

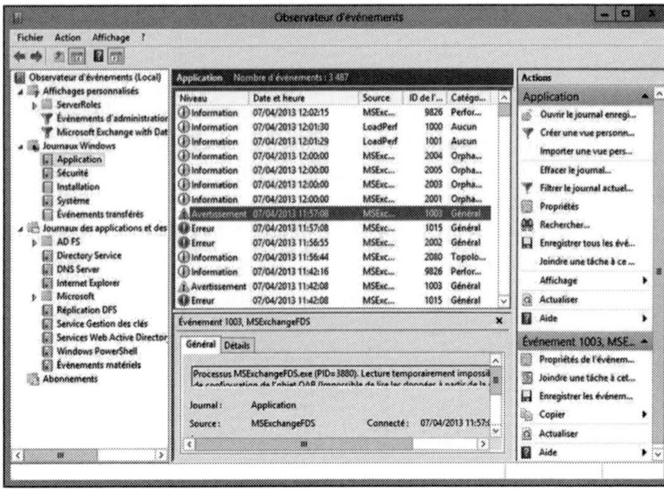

Quelle que soit votre manière de gérer les problèmes du réseau, le journal de suivi doit contenir les informations suivantes :

» **Le nom réel et le nom d'utilisateur de la personne qui signale le problème.**

» **La date du premier signalement du problème.**

» **Une évaluation de la gravité du problème.**

S'agit-il d'un simple inconvénient ou d'un incident qui empêche un utilisateur de travailler ? Existe-t-il une solution provisoire ?

» **Le nom de la personne chargée de résoudre le problème.**

» **Une description du problème.**

» **Une liste des logiciels impliqués, y compris leur version.**

» **Une description des diverses étapes mises en œuvre pour résoudre le problème.**

- **Une description de chacune des étapes intermédiaires, y compris l'annulation de celles qui n'ont servi à rien pour résoudre le problème.**
- **La date à laquelle le problème a été résolu.**

Chapitre 18

Sauvegarder les données

DANS CE CHAPITRE

Sauvegarder les données.

•

Choisir le support de sauvegarde des données.

•

Sauvegarder sur bande.

•

Logiciels de sauvegarde.

•

Types de sauvegarde.

•

Sauvegardes locales ou sauvegardes sur le réseau.

•

Combien de jeux de sauvegardes faut-il conserver ?

•

Un mot sur la fiabilité des bandes.

•

Garder l'équipement de sauvegarde propre et fiable.

•

Sécurité des sauvegardes.

Si vous êtes administrateur réseau, pas de chance, la sauvegarde des données du réseau vous incombe ! Vous êtes payé pour vous faire un sang d'encre, à ne pas pouvoir en dormir la nuit. Vos données seront-elles toujours là demain ? Sinon, serez-vous en mesure de les récupérer ? Et (plus important) si vous n'y parvenez pas, serez-vous encore là vous-même ?

Ce chapitre traite de la conduite à adopter pour être un bon administrateur réseau, responsable et digne de confiance. Personne ne vous donnera de médaille pour ce travail et c'est dommage.

Sauvegarder les données

Des sauvegardes effectuées régulièrement sont un rempart efficace contre tout désastre informatique. Sans elles, une simple défaillance du disque dur peut renvoyer votre entreprise des jours ou des semaines en arrière, sans que vous ayez la garantie de pouvoir reconstituer les données manquantes. En fait, sans sauvegarde, l'existence même de votre société est livrée au hasard.

Le principal objectif des sauvegardes est simple : vous assurer que, quoi qu'il puisse se produire, vous ne perdrez jamais plus d'une journée de travail. Même si la Bourse s'effondre, vous ne perdrez jamais plus d'une journée de travail si vous veillez à toujours bien effectuer vos sauvegardes.

Pour cela, il faut bien sûr que les données soient sauvegardées quotidiennement. Sur bon nombre de réseaux, cette opération est effectuée chaque nuit pour chacun des disques durs. Mais, si des sauvegardes nocturnes ne sont pas envisageables, vous adopterez néanmoins des techniques qui garantissent qu'aucune copie de sauvegarde d'un fichier n'ait plus d'un jour.

Choisir le support de sauvegarde des données

Vous aurez besoin d'un support si vous projetez de sauvegarder les données stockées sur les disques de votre serveur. Vous pourriez copier les données sur des CD, mais il en faudrait 750 pour sauvegarder le contenu d'un disque de 500 Go ; vous pourriez aussi utiliser des DVD, il en faudrait alors une bonne centaine et passer une heure pour chacun d'eux.

En raison de la capacité limitée des CD et des DVD, les administrateurs réseau sauvegardent les données réseau sur un autre type de périphérique de stockage. Les trois options les plus courantes sont :

» **Sauvegarde sur bandes :** les bandes magnétiques constituent le moyen le plus ancien et le plus couramment utilisé pour les sauvegardes. Un des plus grands avantages des sauvegardes sur bande, c'est que les cartouches sont de petite taille et peuvent donc être facilement transportées vers un emplacement extérieur au site.

» **Network Attached Storage** (NAS) : le NAS est un dispositif de stockage qui se connecte directement à votre réseau. Les périphériques NAS sont souvent utilisés comme périphériques de sauvegarde, parce qu'ils sont peu coûteux. En outre, ils sont relativement petits et faciles à démonter, ce qui permet de les transporter à l'extérieur du site.

» **Sauvegarde dans les nuages** (Cloud backup) : c'est une option de plus en plus populaire qui consiste à utiliser un service tiers pour la sauvegarde des données à un emplacement distant via Internet. Ce type de sauvegarde a l'avantage d'être déjà à l'extérieur du site.

Sauvegarder sur bande

La sauvegarde sur bande ne requiert pas la présence de l'administrateur. Elle peut être programmée et s'exécuter automatiquement, en particulier pendant les heures creuses, celles où aucun utilisateur n'est connecté. Pour que les sauvegardes puissent s'exécuter automatiquement, vous devez vous assurer que la capacité des bandes est suffisante et qu'il n'y aura pas besoin de les permuter. Si les données des disques réseau représentent quelques centaines de gigaoctets, elles tiendront sans problème sur une seule bande. Si elles représentent plusieurs téraoctets (1 téraoctet = 1 000 Go), il faudra investir dans un robot de sauvegarde équipé d'un magasin de bandes.

Voici quelques informations supplémentaires sur les sauvegardes sur bande :

» **Lecteurs Travan :** pour les petits réseaux, les lecteurs Travan sont le type de bandes le plus répandu. Il en existe plusieurs modèles, dont la capacité va de 20 Go à 40 Go. Vous pouvez acheter un lecteur de 20 Go pour environ 200 euros.

» **DAT, DLT et LTO** : pour de plus grands réseaux, vous pouvez utiliser un lecteur plus rapide et de plus grande capacité que les lecteurs Travan. Les lecteurs DAT (*Digital Audio Tape*, bande audionumérique) peuvent sauvegarder jusqu'à 80 Go sur une seule bande et les lecteurs DLT (*Digital Linear Tape*, bande linéaire numérique), jusqu'à 800 Go. Les lecteurs LTO stockent, quant à eux, jusqu'à 6 To sur une simple bande. Vous trouverez des lecteurs DAT, DLT et LTO à partir de 1 000 euros.

» **Robots de sauvegarde** : si vous devez sauvegarder des centaines de gigaoctets, vous pouvez acquérir des robots de sauvegarde qui vont chercher les cartouches dans une bibliothèque et les chargent automatiquement dans le lecteur. Ils vous permettent d'effectuer des sauvegardes complètes sans avoir à manipuler les bandes. Les plus petits, avec une bibliothèque pouvant contenir huit cartouches et une capacité de sauvegarde supérieure à 5 000 Go, sont vendus à partir de 4 000 euros.

Logiciels de sauvegarde

Toutes les versions de Windows possèdent un programme de sauvegarde intégré. En outre, la plupart des lecteurs de bandes sont livrés avec des programmes de sauvegarde plus souples que celui de Windows.

Vous pouvez également acheter des programmes de sauvegarde sophistiqués, particulièrement conçus pour les réseaux et les serveurs multiples. Pour un serveur de fichiers sous Windows, vous pouvez utiliser le programme de sauvegarde livré avec Windows Server. Les sauvegardes peuvent être planifiées, après quoi le programme s'occupe de tout.

Les programmes de sauvegarde font bien plus que de copier les données de votre disque dur sur des bandes. Ils utilisent une technique de compression particulière qui permet de stocker davantage de données sur moins de bandes. Des facteurs de compression 2:1 sont courants. Ainsi, vous pouvez stocker 100 Go sur une bande qui ne peut contenir que 50 Go de données non compressées. Les fabricants de lecteurs de bandes tendent à exprimer la capacité de leurs lecteurs compression comprise. Avec un facteur de 2:1, un lecteur de 200 Go a donc une capacité de 100 Go sans la compression.

L'obtention d'un facteur de compactage de 2:1 dépend de la nature des données que vous sauvegardez :

» **Documents :** si les données à sauvegarder sont essentiellement constituées de documents Office tels que Word et Excel, vous obtiendrez probablement plus qu'un compactage de 2:1.

» **Images et graphiques :** si les données à sauvegarder sont essentiellement constituées de fichiers images et graphiques, vous n'obtiendrez probablement qu'un très faible compactage. En effet, la plupart des formats images sont déjà compressés et les méthodes de compression des logiciels de sauvegarde n'ont pratiquement aucun effet.

Les programmes de sauvegarde vous aident également à distinguer les données sauvegardées des données non sauvegardées. En outre, ils offrent des options de sauvegarde incrémentielle et différentielle qui peuvent simplifier les procédures. La section suivante vous en dit plus sur le sujet.

Si votre réseau comporte plusieurs serveurs, n'hésitez pas à investir dans un bon logiciel de sauvegarde. Yosemite est l'un des plus populaires. Pour plus d'informations, consultez le site de son fournisseur, BarracudaWare : `www.barracuda.com`. Outre la sauvegarde de serveurs multiples, la possibilité de sauvegarder les données d'un serveur Microsoft Exchange à chaud (c'est-à-dire sans devoir interrompre le service) est l'un des principaux avantages des logiciels de sauvegarde tels que Yosemite.

Types de sauvegarde

Il existe cinq types de sauvegarde. Quelques administrateurs exécutent quotidiennement une sauvegarde complète mais, pour certains réseaux, il est plus commode d'adopter une démarche mettant en œuvre plusieurs types de sauvegarde.

La différence entre ces cinq types de sauvegarde repose sur un petit détail technique connu sous le nom de *bit d'archive*. Il indique si un fichier a été modifié depuis la dernière sauvegarde. Le bit d'archive est un petit drapeau stocké avec le nom de fichier, sa date de création, l'entrée de répertoire et d'autres informations. Lorsqu'un programme modifie le fichier, le bit d'archive est mis à 1 (état actif). Le logiciel d'archivage sait ainsi que le fichier a été modifié et qu'il doit être sauvegardé.

La différence entre les divers types de sauvegarde dépend de la manière dont ils exploitent le bit d'archive pour savoir si un fichier doit être sauvegardé et la façon dont ils basculent ensuite le bit à la valeur 0 (état inactif). Ces différences sont récapitulées dans le Tableau 18.1 et expliquées dans les prochaines sections.

Tableau 18.1

Utilisation du bit d'archive selon les types de sauvegarde.

Type de sauvegarde	Sélection des fichiers en fonction de l'état du bit d'archive ?	Désactivation du bit d'archive après la sauvegarde ?
Normal	Non	Oui
Copie	Non	Non
Quotidien	Non*	Non
Incrémentiel	Oui	Oui
Différentiel	Oui	Non

*Sélection des fichiers selon la date de la dernière modification.

Un programme de sauvegarde permet de sélectionner n'importe quel agencement de lecteurs et de dossiers à archiver. C'est pourquoi il est possible de personnaliser la sélection des fichiers à prendre en compte. Par exemple, une sauvegarde pourra être paramétrée afin d'archiver tous les dossiers partagés ainsi que le contenu des serveurs de courrier, en omettant les dossiers dont le contenu change rarement (c'est le cas des fichiers du système d'exploitation qui peuvent être sauvegardés moins fréquemment). Les lecteurs et dossiers sélectionnés pour la sauvegarde sont globalement appelés *sélection de sauvegarde.*

S'il avait été connu à l'époque, le bit d'archive aurait pu inspirer Laurel et Hardy : « Bien, je veux savoir qui a modifié le bit d'archive – Quoi ? – Qui ? – Non, quoi ? – Attends un peu... Dis-moi juste quel est le type qui a modifié le bit d'archive ! – OK. »

Sauvegardes normales

Une *sauvegarde normale*, appelée aussi *sauvegarde complète* ou encore *sauvegarde totale,* est le type d'archivage le plus élémentaire. Lors d'une sauvegarde normale, tous les fichiers de la sélection de sauvegarde sont archivés, quel que soit l'état de leur bit d'archive. Autrement dit, les fichiers sont sauvegardés même s'ils n'ont pas été modifiés depuis la dernière sauvegarde. Au cours de l'opération d'archivage, le bit est réinitialisé à zéro (état inactif). Ainsi, toute sauvegarde qui sélectionnerait les fichiers selon l'état du bit d'archivage n'archiverait pas ces fichiers.

À la fin d'une sauvegarde normale, plus aucun des fichiers de la sélection de sauvegarde n'a son bit d'archive à l'état actif. De ce fait, si vous démarrez aussitôt une sauvegarde de type incrémentiel ou différentiel, aucun fichier ne sera pris en compte car son bit d'archive est inactif.

Ce type de sauvegarde gagne à être planifié chaque nuit. Au besoin, vous pourrez restaurer des fichiers à partir de la ou des bandes. La restauration des fichiers est plus compliquée lorsque d'autres types de sauvegarde sont impliqués.

Par conséquent, je vous recommande de procéder à des sauvegardes normales chaque nuit si la capacité des bandes magnétiques permet de les laisser sans surveillance, c'est-à-dire sans devoir les changer lorsqu'elles sont pleines. Si ce n'est pas possible, faute de capacité de stockage suffisante, vous opterez pour un autre type de sauvegarde, combiné à la sauvegarde normale.

Si une seule bande est insuffisante pour une sauvegarde normale et si vous n'avez pas les moyens de vous offrir un second lecteur de bande, examinez de près les données incluses dans la sélection de sauvegarde. Il m'est récemment arrivé de rencontrer des problèmes pour sauvegarder un réseau sur une seule bande. Après avoir examiné les données, j'ai découvert près de 10 Go de données statiques qui étaient essentiellement des archives en ligne de projets anciens. Ces données étaient indispensables, car les utilisateurs du réseau en avaient besoin pour leurs recherches, mais elles étaient en lecture seule. Bien qu'elles ne puissent pas être modifiées, elles n'en étaient pas moins sauvegardées chaque nuit, d'où la nécessité de recourir à deux bandes. Après les avoir retirées de la sauvegarde nocturne, une bande s'est avérée suffisante pour l'archivage.

Si vous retirez des données statiques d'une sauvegarde, assurez-vous qu'elles ont été enregistrées sur une autre bande, un CD ou tout autre support.

Copies de sauvegarde

Une *copie de sauvegarde* est identique à une sauvegarde normale, sauf que le bit d'archive des fichiers n'est pas remis à zéro. Par conséquent, les copies de sauvegarde n'interrompent pas le cycle des sauvegardes normales, incrémentielles ou différentielles.

Les copies de sauvegarde ne sont généralement pas incorporées à des sauvegardes normales planifiées. Elles sont, au contraire, utilisées pour des sauvegardes ponctuelles. Par exemple, si vous êtes sur le point de mettre le système d'exploitation à jour, vous devrez sauvegarder le contenu du serveur. Si vous effectuez une sauvegarde complète, tous les bits d'archives seront remis à zéro et vos sauvegardes habituelles seront faussées. Mais, si vous effectuez une copie de sauvegarde, les bits d'archives des fichiers modifiés restent inchangés. Par la suite, la sauvegarde normale, incrémentielle ou différentielle n'en pâtira pas.

Si vous n'incorporez pas de sauvegarde incrémentielle ou différentielle dans vos routines d'archivage, la différence entre une sauvegarde normale et une copie de sauvegarde est discutable.

Sauvegardes journalières

Une *sauvegarde journalière* ou *sauvegarde du jour* ne concerne que les fichiers modifiés le jour où la sauvegarde est effectuée. Une sauvegarde du jour examine la date de modification stockée dans l'entrée de répertoire de chaque fichier et en déduit si le fichier doit être sauvegardé ou non. Les sauvegardes du jour ne remettent pas le bit d'archive à zéro.

Je ne suis pas fan de cette option bien que le risque que des fichiers passent entre les mailles du filet soit très faible. Si quelqu'un travaille tard le soir et modifie un fichier après la sauvegarde de la nuit mais avant minuit, ce fichier échappera à la sauvegarde car le lendemain il ne sera plus « du jour ». Les sauvegardes incrémentielles ou différentielles, qui se basent sur l'état du bit d'archive plutôt que sur la date de modification, sont plus fiables.

Sauvegardes incrémentielles

Une *sauvegarde incrémentielle* n'archive que les fichiers modifiés depuis la dernière sauvegarde. Ce type de sauvegarde est beaucoup plus rapide qu'une sauvegarde complète car les utilisateurs du réseau ne modifient sans doute quotidiennement qu'assez peu de fichiers du serveur. Par conséquent, si une sauvegarde complète exige trois bandes, une sauvegarde incrémentielle parviendra sans doute à faire tenir les sauvegardes de toute la semaine sur une seule bande.

Lors d'une sauvegarde incrémentielle, les bits d'archives des fichiers sont remis à zéro. De cette manière, un fichier n'est sauvegardé avant la prochaine sauvegarde normale que s'il est de nouveau modifié par un utilisateur.

Voici quelques remarques concernant les sauvegardes incrémentielles :

» **Le moyen le plus facile de procéder à des sauvegardes incrémentielles consiste à effectuer** :

  - une sauvegarde *normale* tous les lundis ;

    Si la sauvegarde totale dure plus de 12 heures, vous pouvez la commencer le vendredi de sorte qu'elle puisse déborder sur le week-end.

  - puis des sauvegardes *incrémentielles* le mardi, le mercredi, le jeudi et le vendredi.

» **Quand vous faites des sauvegardes incrémentielles, la sauvegarde complète est constituée de la totalité des bandes auxquelles s'ajoutent les sauvegardes incrémentielles effectuées depuis la sauvegarde complète.**

  Si le disque dur tombe en panne et que vous devez restaurer les données sur un nouveau disque, vous restaurerez d'abord la sauvegarde normale du lundi puis toutes les sauvegardes incrémentielles réalisées depuis.

» **Les sauvegardes incrémentielles compliquent la tâche de restauration de tel ou tel fichier car la copie la plus récente peut se trouver dans la bande de la sauvegarde complète ou dans n'importe quelle sauvegarde incrémentielle.**

  Fort heureusement, les logiciels de sauvegarde savent où se trouve la version la plus récente de chaque fichier, ce qui simplifie la vie.

» **Lors des sauvegardes incrémentielles, vous avez le choix entre :**

  - Le *stockage* de chaque sauvegarde incrémentielle sur sa propre bande.

  - L'*ajout* de chaque sauvegarde à la suite d'une autre.

Dans bien des cas, une seule bande est suffisante pour la totalité des sauvegardes incrémentielles de la semaine.

Sauvegardes différentielles

Une *sauvegarde différentielle* est identique à une sauvegarde incrémentielle, sauf qu'elle ne remet pas à zéro le bit d'archive des fichiers sauvegardés. De ce fait, chaque sauvegarde différentielle correspond à la différence entre la dernière sauvegarde normale et l'état courant du disque dur.

Pour procéder à une restauration à partir d'une sauvegarde différentielle, vous devez d'abord restaurer la dernière sauvegarde normale puis la sauvegarde différentielle la plus récente.

Par exemple, supposons que vous effectuiez une sauvegarde normale le lundi et des sauvegardes différentielles le mardi, le mercredi et le jeudi, et que votre disque dur tombe en panne le vendredi matin. Le vendredi après-midi, vous installez le nouveau disque dur. Pour récupérer les données, vous restaurez d'abord la sauvegarde normale du lundi puis la sauvegarde différentielle du jeudi. Celles du mardi et du mercredi ne sont pas nécessaires.

La principale différence entre les sauvegardes incrémentielles et différentielles réside dans le fait que :

» Les **sauvegardes incrémentielles** produisent des sauvegardes moins nombreuses et plus rapides.

» Les **sauvegardes différentielles** sont plus faciles à restaurer.

Si les utilisateurs vous demandent fréquemment de restaurer des *fichiers isolés*, vous choisirez plutôt la sauvegarde différentielle.

Sauvegardes locales ou sauvegardes sur le réseau ?

Lorsque vous sauvegardez des données du réseau, le logiciel de sauvegarde vous propose deux choix :

» Une *sauvegarde locale*, au cours de laquelle le logiciel de sauvegarde situé sur le serveur enregistre les données sur une bande reliée au serveur.

» Une *sauvegarde sur le réseau*, au cours de laquelle un des ordinateurs du réseau se charge de sauvegarder les données d'un autre ordinateur. Dans ce cas, les données doivent voyager sur le réseau entre les deux ordinateurs.

Si la sauvegarde est régie par le serveur de fichiers, vous accaparerez le serveur au cours de l'opération. Les utilisateurs se plaindront de la lenteur des accès au serveur. Par ailleurs, si la sauvegarde est faite sur le réseau, d'un ordinateur client ou d'un serveur d'archivage dédié, vous inonderez le réseau avec les gigaoctets de données en cours de sauvegarde. Là, c'est de la lenteur de tout le réseau que se plaindront les utilisateurs.

Le maintien des performances du réseau justifie les sauvegardes en dehors des heures de travail, lorsque le réseau est peu fréquenté. Autre avantage : les sauvegardes peuvent être plus minutieuses. En effet, lorsqu'une sauvegarde est en cours alors que des utilisateurs accèdent à des fichiers, ces derniers risquent d'être ignorés et donc exclus de l'archivage. Paradoxalement, les fichiers les plus utilisés et modifiés échapperont à la sauvegarde.

Voici quelques remarques supplémentaires au sujet des sauvegardes depuis le serveur :

» **Vous pourriez penser que sauvegarder directement sur le serveur plutôt que depuis un client est plus rapide car les données n'ont pas à circuler sur le réseau.** Ce n'est pas toujours le cas car la plupart des réseaux sont plus rapides que les lecteurs de bandes. Le réseau ne ralentira probablement pas les sauvegardes, à moins que vous ne sauvegardiez à l'heure de pointe, quand des hordes d'utilisateurs déboulent par les portes du réseau.

» **Afin d'accélérer les sauvegardes et de réduire leurs effets sur le reste du réseau, connectez le serveur au client de reprise à l'aide d'un commutateur à 1 000 Mbps plutôt qu'un commutateur à 100 Mbps.** De cette manière, le trafic entre le serveur et le client de reprise ne ralentira pas trop le réseau.

» **Tout fichier ouvert au moment de la création des sauvegardes ne sera pas sauvegardé.** Cela ne pose généralement pas de problème car les sauvegardes sont effectuées en dehors des heures de travail, lorsque tout le monde a déserté les bureaux. Cependant, si quelqu'un a laissé son ordinateur allumé, avec un document Word ouvert, ce dernier ne sera pas sauvegardé. Pour remédier à cela, il existe une solution : programmer le serveur pour qu'il déconnecte automatiquement tous les utilisateurs du réseau avant l'exécution des sauvegardes.

» **Certains logiciels de sauvegarde sont dotés de fonctions spéciales qui leur permettent de sauvegarder des fichiers ouverts.** Par exemple, Windows Server depuis la version 2003 le fait en créant un instantané du volume au début de la sauvegarde, générant ainsi des copies temporaires de tous les fichiers modifiés pendant la sauvegarde. La sauvegarde archive ces copies temporaires plutôt que les versions modifiées. La sauvegarde terminée, les copies temporaires sont supprimées.

Combien de jeux de sauvegardes faut-il conserver ?

Ne cherchez pas à faire des économies en achetant une seule bande et en la réutilisant chaque jour. Que se passera-t-il si vous supprimez accidentellement un fichier important un mardi et que vous ne réalisiez votre erreur que le jeudi ? Le fichier n'existant plus le mercredi, il ne sera donc pas présent sur la sauvegarde du mercredi. Vous avez intérêt à être plutôt chanceux si vous ne disposez que d'une bande réutilisée tous les jours.

Il est plus sûr de prendre une nouvelle bande chaque jour et de garder toutes vos vieilles bandes dans une cave. Il se peut que très bientôt votre cave commence à ressembler à l'entrepôt où est stockée l'Arche d'alliance à la fin des *Aventuriers de l'Arche perdue*.

La plupart des administrateurs choisissent une solution intermédiaire : ils se servent de plusieurs bandes et les font tourner. De cette manière, vous pouvez toujours chercher sur plusieurs bandes précédentes au cas où un fichier dont vous auriez besoin ne serait pas disponible sur la sauvegarde la plus récente. Cette technique est nommée *rotation des bandes* et il en existe plusieurs variantes :

» **L'approche la plus simple consiste à acheter trois bandes et à les étiqueter A, B et C.** Vous utilisez ces bandes quotidiennement selon la séquence suivante : A, B, C, A, B, C, et ainsi de suite. Vous aurez chaque jour trois générations de bandes : aujourd'hui, hier et avant-hier. Les experts informatiques aiment appeler ces bandes *grand-père*, *père* et *fils*.

» **Une autre approche triviale consiste à acheter cinq bandes et à en choisir une pour chaque jour de la semaine.**

» **Une variante de cette méthode consiste à acheter huit bandes.** Prenez-en quatre et écrivez *lundi* sur l'une, *mardi* sur une autre, *mercredi* sur la troisième et *jeudi* sur la quatrième. Sur les quatre autres bandes, écrivez *vendredi 1*, *vendredi 2*, *vendredi 3* et *vendredi 4*. Accrochez maintenant un calendrier sur le mur, à côté de l'ordinateur et numérotez tous les vendredis de l'année : 1, 2, 3, 4, 1, 2, 3, 4, et ainsi de suite.

  Du lundi au jeudi, vous vous servez de la bande qui porte le nom du jour. Quand vous devez effectuer la sauvegarde du vendredi, consultez le calendrier pour identifier la bande à utiliser. Vous pourrez ainsi conserver quatre bandes contenant les sauvegardes de quatre vendredis, en plus des bandes de sauvegarde des cinq derniers jours.

» **Si des données comptables figurent sur le réseau, il est conseillé de faire une copie de sauvegarde de tous vos fichiers (ou au moins des fichiers comptables), avant de clore l'exercice mensuel et de conserver ces sauvegardes mensuelles durant toute l'année.** Cela signifie-t-il que vous devez acheter douze autres bandes ? Pas nécessairement. Si vous ne sauvegardez que vos fichiers comptables, vous pourrez sans doute faire tenir les douze mois sur une seule bande. Vérifiez simplement que vous sélectionnez bien l'option « ajouter à la bande » et non « effacer la bande » afin que les données de la dernière version ne soient pas détruites. Cette sauvegarde des données comptables doit être complètement indépendante de votre sauvegarde quotidienne.

Vous devriez aussi conserver au moins la plus récente des sauvegardes à un autre endroit. De cette manière, si votre bureau est victime d'un missile Scud égaré ou d'un astéroïde, vous pourrez récupérer les données de la bande que vous aurez conservée en lieu sûr.

Un mot sur la fiabilité des bandes

Je parle en connaissance de cause. Bien que les lecteurs de bandes soient très fiables, j'ai remarqué qu'ils perdent parfois la tête, sans vous prévenir. Un lecteur de bandes (et plus particulièrement les lecteurs Travan les moins chers) peut tourner pendant de longues heures sans sauvegarder vos données. Autrement dit, un lecteur de bandes peut vous tromper et vous risquez de découvrir que les bandes sont inutilisables seulement à la suite d'un désastre.

Ne paniquez pas ! Vous n'avez qu'à vous assurer par vous-même que votre lecteur de bandes fonctionne bien. Activez tout simplement l'option Comparer après la sauvegarde de votre logiciel de sauvegarde. Aussitôt que le programme aura fini de sauvegarder vos données, il rembobinera la bande, lira chaque fichier sauvegardé et le comparera avec la version originale sur le disque. Si toutes les comparaisons sont validées, vous saurez que vos sauvegardes sont dignes de confiance.

Voici quelques notes supplémentaires sur la fiabilité des bandes :

» La fonction de comparaison double le temps nécessaire pour effectuer une sauvegarde, ce qui a peu d'incidence si une seule bande vous suffit car vous pouvez simplement laisser tourner le lecteur après les heures de travail. Peu importe que cela prenne une heure ou dix heures, du moment que la sauvegarde est terminée le lendemain matin quand vous revenez au bureau.

» Si vos sauvegardes tiennent sur plusieurs bandes, vous n'activerez peut-être pas l'option de comparaison à chaque fois. Cependant, utilisez-la périodiquement pour vérifier que votre lecteur fonctionne bien.

» Si votre programme de sauvegarde vous signale une erreur, jetez la bande et prenez-en une nouvelle.

» À vrai dire, à propos du dernier point, vous ne devriez même pas attendre que le logiciel de sauvegarde signale une erreur et mettre la bande au rebut bien avant. Selon la plupart des experts, une bande ne devrait être utilisée que vingt fois. Si vous l'utilisez quotidiennement, remplacez-la chaque mois. Si vous avez une bande pour chaque jour de la semaine, remplacez-les deux fois par an. Si vous avez un grand nombre de bandes, essayez de déterminer des cycles de vingt utilisations et pensez aussi à nettoyer les têtes de lecture.

Garder l'équipement de sauvegarde propre et fiable

Eh oui, la fiabilité des sauvegardes repose aussi sur un bon entretien des lecteurs de bandes. Chaque fois que vous procédez à une sauvegarde, de microscopiques fragments de bande sont attirés par les têtes de lecture et d'écriture. S'ils sont trop nombreux, ils peuvent compromettre la lecture et l'écriture des données.

C'est pourquoi vous devez entretenir régulièrement les têtes. Le meilleur moyen consiste à utiliser une cartouche de nettoyage que vous insérez dans le lecteur. Le lecteur reconnaît qu'il s'agit d'une cartouche de nettoyage et exécute aussitôt une routine spéciale qui fait aller et venir la bande contre des tampons. Le nettoyage terminé, la bande est éjectée. La procédure complète ne dure qu'une trentaine de secondes.

Comme les exigences d'entretien varient d'un équipement à un autre, reportez-vous au manuel pour savoir comment le nettoyer (l'équipement, pas le manuel !). En règle générale, un lecteur doit être nettoyé chaque semaine.

Le seul ennui, avec les cartouches de nettoyage, est leur durée de vie très limitée. Même si la cartouche est encrassée, le lecteur ne refusera jamais de l'utiliser. C'est pourquoi il est recommandé de noter le nombre de fois qu'elle est utilisée puis de la jeter lorsque vous avez dépassé le nombre d'utilisations préconisé par le fabricant.

Sécurité des sauvegardes

Les sauvegardes soulèvent des problèmes de sécurité qui sont souvent mésestimés. Quel que soit le soin avec lequel vous configurez les comptes utilisateurs et renforcez les conventions de mots de passe, si un utilisateur (y compris un visiteur) est capable d'exécuter une sauvegarde sur le système, il peut aussi exécuter une sauvegarde non autorisée. De plus, les bandes et les lecteurs amovibles sont exposés au vol. Vous devez donc prendre les mesures suivantes :

- **Définissez un compte utilisateur pour les personnes qui effectuent des sauvegardes.** Comme ce compte bénéficiera d'une autorisation de sauvegarde de la totalité du serveur, le mot de passe doit être soigneusement protégé. Car quiconque connaît le nom d'utilisateur et le mot de passe pourra ouvrir une session et outrepasser toutes les restrictions sécuritaires.
- **Vous pouvez contrer les problèmes de sécurité en restreignant l'identifiant (ID) de l'utilisateur qui fait les sauvegardes à un certain ordinateur client et à des moments précis de la journée.** Si vous y tenez, il est même possible de faire en sorte que le seul programme que cet utilisateur puisse exécuter soit le programme de sauvegarde.
- **Cryptez les sauvegardes enregistrées sur les bandes.**
- **Rangez les bandes en lieu sûr, dans un coffre ignifugé par exemple.**

Chapitre 19

Sécuriser le réseau

DANS CE CHAPITRE

Besoin de sécurité ?

•

Deux approches de la sécurité.

•

Sécurité physique : fermer la porte.

•

Sécuriser les comptes utilisateurs.

•

Garantir la sécurité des utilisateurs.

•

Sécuriser les utilisateurs.

Avant l'apparition des réseaux, la sécurité informatique était une question très simple. Vous n'aviez qu'à fermer votre porte quand vous quittiez le travail en fin de journée. Vous pouviez dormir tranquille, sachant que les malfaiteurs devaient fracturer votre porte pour accéder à votre ordinateur.

Le réseau a tout changé. Maintenant, n'importe qui peut accéder à un ordinateur du réseau et voler *vos* fichiers. Vous devez non seulement fermer votre porte, mais également vous assurer que les autres en font autant.

Heureusement, presque tous les systèmes d'exploitation réseau disposent de fonctionnalités de sécurité intégrées. Cette situation rend plus difficile le vol de vos fichiers, même si l'on fracture votre porte. Ces mesures de sécurité sont plus qu'appropriées pour tous les utilisateurs, exception faite des paranoïaques.

Quand je dis *plus* qu'appropriées, je veux dire presque trop. Ne sécurisez pas votre système au point que même les personnes autorisées ne puissent plus accéder à leurs travaux !

Si des ordinateurs de votre réseau sont connectés à Internet, vous devrez prendre en considération une nouvelle dimension de la sécurité. Reportez-vous au Chapitre 20 pour plus d'informations sur la sécurité Internet. En outre, si votre réseau comprend du matériel sans fil, vous devez prendre en compte des problèmes spécifiques de sécurité. Pour en savoir plus sur la sécurité des réseaux sans fil, lisez le Chapitre 9.

Besoin de sécurité ?

La plupart des petits réseaux se trouvent dans de petites structures où tout le monde se connaît et se fait confiance. Personne ne verrouille son bureau pour aller prendre un café, et bien que chacun sache où se trouve la caisse, l'argent ne disparaît jamais.

Sécuriser le réseau ne semble pas nécessaire dans une situation aussi idyllique, n'est-ce pas ? Erreur ! Voici pourquoi le réseau doit être configuré en respectant un minimum de sécurité :

» Même dans le plus convivial des environnements de travail, il y a toujours une information qui doit rester confidentielle. Si cette information est stockée sur le réseau, elle doit être placée dans un répertoire auquel seuls les utilisateurs autorisés ont accès.

» Les atteintes à la sécurité ne sont pas toutes malveillantes. Un utilisateur du réseau peut être machinalement en train de passer en revue ses fichiers et tomber sur un fichier dont le nom ne lui est pas familier. Il peut alors rapatrier le fichier sur son disque et découvrir qu'il contient une information personnelle et confidentielle, un gros ragot de bureau ou votre CV. La curiosité, plus que la volonté délibérée de nuire, est souvent à l'origine des atteintes à la sécurité.

» Bien entendu, tous vos collègues de bureau sont aujourd'hui dignes de confiance. Mais que se passe-t-il si quelqu'un est mécontent, « pète les plombs » et décide de détruire les fichiers du réseau avant de donner sa démission ? Et si la même personne décide plutôt d'imprimer plusieurs chèques de 1 000 euros avant de faire ses bagages pour Tahiti ?

» Pour certaines personnes, la tentation de voler ou de frauder est parfois trop forte pour résister. Donnez accès au fichier des feuilles de paie à tout le monde et il se pourrait que le personnel décide de s'accorder une augmentation quand personne ne regarde.

- Si vous estimez que votre réseau ne contient aucune donnée qui puisse intéresser quelqu'un, pensez-y à deux fois. Vos données personnelles contiennent sans doute suffisamment d'informations pour permettre une usurpation d'identité : votre nom, votre adresse, vos numéros de téléphone, de sécurité sociale, voire celui de votre carte bancaire.

- Les intrus qui pénètrent par effraction dans votre réseau peuvent installer sur le serveur un *cheval de Troie*, qui leur permet ensuite d'en disposer à leur guise. Par exemple, ils pourront utiliser votre serveur pour envoyer par messagerie des milliers, voire des millions de messages. Il sera impossible de faire un lien entre ce spam et les intrus. C'est vous qui endosserez toute la responsabilité.

- Pour finir, rappelez-vous que beaucoup d'utilisateurs n'en savent pas assez long sur le fonctionnement de Windows et du réseau pour qu'il soit raisonnable de leur accorder des droits d'accès complets à vos disques réseau. Un clic de souris malheureux peut faire disparaître un répertoire entier du réseau. L'une des meilleures raisons pour activer la sécurité réseau, c'est de protéger les utilisateurs contre des erreurs commises par d'autres utilisateurs qui ne savent pas ce qu'ils font.

Deux approches de la sécurité

Lorsque vous envisagez l'implémentation de mesures de sécurité dans votre réseau, vous devez d'abord considérer laquelle de ces deux approches vous adopterez :

- **Porte ouverte :** une sécurité de type **porte ouverte**, dans laquelle, par défaut, tout le monde accède à tout, après quoi vous placez des restrictions aux ressources dont l'accès doit être limité.

- **Porte fermée :** une sécurité de type **porte fermée** où vous commencez par refuser l'accès à tout, après quoi vous accordez des

accès aux ressources au coup par coup, à des utilisateurs spécifiques.

Dans la plupart des cas, le système « porte ouverte » est le plus simple à mettre en œuvre. Classiquement, seule une petite partie des données qui circulent sur le réseau (fiches signalétiques des employés, formule de l'extrait de base du Coca-Cola…) nécessite d'être sécurisée. Les autres informations peuvent circuler au vu et au su de tout le monde.

Si vous choisissez l'approche « porte fermée », vous commencez par faire en sorte qu'aucun utilisateur n'ait accès à quoi que ce soit. Ensuite, au fil des demandes, vous accordez l'accès aux fichiers et aux dossiers dont chacun a besoin.

L'approche « porte fermée » est plus sûre, mais les utilisateurs peuvent se plaindre qu'ils n'ont jamais accès aux informations dont ils ont besoin. Vous passerez donc votre temps à distribuer des droits d'accès. N'optez pour cette approche que si le réseau contient énormément d'informations très sensibles et si vous êtes d'accord pour investir beaucoup de votre temps dans l'administration de la sécurité du réseau.

L'approche « porte ouverte » peut être considérée comme un droit acquis, dans lequel vous partez du principe que tout le monde est autorisé à accéder à tous les recoins du réseau, tandis que l'approche « porte fermée », à base de permissions, est fondée sur l'idée que nul ne peut accéder à quoi que ce soit s'il n'y a pas été autorisé.

Sécurité physique : fermer la porte

Le premier niveau de toute sécurité informatique est la sécurité physique. Je suis toujours étonné de voir que dans le hall de réception d'un cabinet de comptabilité des ordinateurs sont laissés sans surveillance. Trop souvent, le réceptionniste s'est connecté au système puis a quitté son poste un moment, laissant l'ordinateur seul.

La sécurité physique est certes primordiale pour les stations de travail, mais elle est vitale pour les serveurs. S'il bénéficie d'un accès physique à un serveur, n'importe quel pirate ou personne malintentionnée peut outrepasser les mesures de sécurité les plus drastiques. Pour protéger un serveur :

» **Fermez à clé la pièce où il se trouve.**

» **Ne confiez la clé qu'à des personnes sûres.**

» **Notez le nom des personnes qui ont la clé.**

» **Montez les serveurs dans des boîtiers ou des racks qui peuvent être verrouillés.**

» **Désactivez le lecteur de disquette et le lecteur de CD-DVD du serveur.**

  Une technique de piratage très courante consiste à démarrer le serveur à partir d'une disquette ou d'un CD, ce qui outrepasse les fonctions de sécurité du système d'exploitation réseau.

» **Installez un pitbull dressé et affamé à proximité du serveur.**

Il y a une grande différence entre une porte fermée à clé et une porte avec une serrure : si la clé n'est pas utilisée, la serrure ne sert à rien.

Les ordinateurs clients doivent aussi être physiquement sécurisés :

» **Exigez du personnel qu'il ne laisse jamais un ordinateur sans surveillance lorsqu'il est connecté au réseau.**

» **Dans les lieux de passage (comme un hall de réception), les ordinateurs doivent pouvoir être verrouillés.**

» **Les bureaux doivent être fermés à clé lorsque plus personne ne s'y trouve.**

Voici quelques autres risques dont vous devez vous méfier :

» **L'équipe de nettoyage de nuit a très certainement accès à l'installation informatique. Qui vous dit que parmi les personnes** chargées de l'entretien ne se trouve pas quelqu'un qui travaille pour la concurrence ou dont le passe-temps favori consiste à pirater des ordinateurs ? Si vous ne connaissez pas personnellement l'équipe, vous devez la considérer comme une menace potentielle.

» Et la corbeille à papier ? Les déchiqueteuses à papier ne sont pas uniquement destinées aux comptables véreux de chez Enron. Une corbeille peut contenir toutes sortes d'informations intéressantes : des rapports d'activité, des journaux de sécurité, des exemplaires imprimés du règlement de sécurité de la société, voire des mots de passe griffonnés sur des bouts de papier. Pour plus de sécurité, tout papier qui quitte l'immeuble via la corbeille doit passer par la déchiqueteuse.

» Où stockez-vous les bandes de sauvegarde ? Ne vous contentez pas de les empiler à proximité du serveur. Non seulement elles sont faciles à voler, mais ce comportement va aussi à l'encontre d'une des règles élémentaires de la sécurité : la sécurité physique contre des risques comme l'incendie. Si le feu se déclare dans la salle informatique et que les sauvegardes s'y trouvent, votre société ne s'en remettra pas et vous perdrez certainement votre gagne-pain. Stockez les sauvegardes dans un coffre ignifugé et conservez des copies dans un local éloigné.

» J'ai déjà vu des réseaux dont les serveurs se trouvaient dans une salle informatique fermée à clé, mais dont les commutateurs étaient dans un local non sécurisé. Rappelez-vous que tout commutateur est une porte d'entrée au réseau. Ces périphériques doivent être en lieu sûr au même titre que les serveurs.

Sécuriser les comptes utilisateurs

Après la sécurité physique, l'une des principales mesures de sécurité réseau est la création de *comptes utilisateurs* qui ne permettent qu'aux utilisateurs accrédités d'accéder au réseau. Sans compte, l'utilisateur d'un ordinateur ne peut pas se connecter et ne peut donc pas utiliser le réseau. Les sections suivantes proposent quelques conseils que vous pouvez mettre en œuvre pour renforcer la sécurité relative aux comptes utilisateurs.

Brouiller les noms d'utilisateurs

La plupart des administrateurs réseau affectent des noms d'utilisateurs formés par une combinaison des nom et prénom de chaque utilisateur, comme `DupontJ` ou `jDupont`. Un pirate peut alors facilement découvrir ce genre d'identifiant pour peu qu'il connaisse le nom et le prénom d'au moins un employé. Une fois qu'il l'a obtenu, il peut se consacrer à la découverte du mot de passe.

Pour ralentir les recherches d'un pirate, utilisez des noms obscurs. Voici quelques suggestions :

» **Ajoutez un nombre à trois chiffres après le nom. Exemples :** `DupontJ320` **ou** `jDupont320`.

» **Placez des chiffres au milieu du nom. Exemples :** `Du3pontJ` **ou** `jDu2pont5`.

» **Assurez-vous que les noms d'utilisateurs sont différents de ceux de l'adresse électronique. Par exemple, si l'adresse électronique d'un utilisateur est** `xMartin@mondomaine.com`**, n'utilisez pas** `xMartin` **comme nom d'utilisateur. Choisissez un nom plus obscur.**

Ne comptez pas sur le brouillage pour tenir les gens à l'écart du réseau. Il ne procure aucune sécurité. Un pirate déterminé peut découvrir un nom d'utilisateur aussi obscur soit-il. Le brouillage ne sert qu'à ralentir les intrus, pas à les arrêter. En les gênant, vous avez plus de chances de découvrir leurs tentatives de forcer le réseau et de les contrecarrer avant qu'ils y parviennent.

Utiliser des mots de passe robustes et efficaces

Un des aspects essentiels de la sécurité d'un réseau est l'emploi de mots de passe.

Les identifiants ou « ID utilisateurs » ne sont généralement pas tenus secrets. Même s'ils sont obscurs, un pirate moyennement doué parviendra à les deviner.

En revanche, les mots de passe sont secrets. Votre mot de passe réseau est la barrière qui empêche un imposteur de se connecter au réseau avec votre ID utilisateur et donc de se voir conférer les mêmes droits que vous. *Alors, veillez bien sur votre mot de passe !*

Voici quelques conseils pour créer de bons mots de passe :

» Ne prenez pas des mots de passe évidents comme votre prénom, le nom de votre enfant ou celui de votre chien.

» Ne choisissez pas un mot de passe en vous inspirant de vos passe-temps. Un de mes amis est passionné de bateaux. Eh bien, son mot de passe est le nom de son bateau. Qui le connaît peut deviner son mot de passe en quelques essais. Cinq coups de fouet si vous choisissez le nom de votre bateau !

» Gardez votre mot de passe dans votre tête et non sur un papier.

À éviter : écrire son mot de passe sur un billet autocollant et le coller sur l'écran ou sous le clavier de l'ordinateur.

» La plupart des systèmes d'exploitation réseau vous permettent de fixer la date d'expiration d'un mot de passe. Par exemple, vous pouvez spécifier que les mots de passe doivent changer tous les trente jours. Passé ce délai, l'utilisateur doit modifier son mot de passe. Vos utilisateurs peuvent trouver ce procédé pénible, mais il permet de limiter le risque de voir quelqu'un voler un mot de passe puis tenter de s'introduire ultérieurement dans votre système informatique.

» Il est également possible de configurer les comptes utilisateurs de sorte qu'au moment où l'utilisateur change de mot de passe, il ne puisse pas réutiliser un mot de passe *récent*. Par exemple, vous pouvez indiquer qu'un nouveau mot de passe ne peut être identique aux trois derniers choisis par l'utilisateur.

» Vous pouvez également définir une politique de sécurité et faire en sorte que les mots de passe comportent un mélange de lettres majuscules et minuscules, des chiffres et des symboles spéciaux. Ainsi, des mots de passe comme `DIMWIT` ou `DUFUS` seraient interdits tandis que `87dIM@wit` ou `duF39&US` seraient autorisés.

» Certains administrateurs réseau s'opposent à l'utilisation de mots de passe car ils considèrent que la sécurité n'est pas essentielle pour leur réseau. Ou alors ils choisissent des mots de passe évidents, attribuent le même à tous les utilisateurs ou les inscrivent sur de grandes pancartes qu'ils accrochent dans tout le bâtiment. Je pense que, même sur les petits réseaux, les mesures de sécurité élémentaires à base de mots de passe sont importantes. Vous pouvez vous en passer uniquement si votre réseau est très petit (disons deux ou trois ordinateurs), si aucune donnée sensible n'est conservée sur le serveur de fichiers ou si le principal objectif du réseau est de permettre le partage de l'imprimante et non le partage de fichiers. Même sans avoir recours aux mots de passe, il reste possible de mettre en place des mesures de sécurité permettant notamment de limiter l'accès à certains répertoires. Rappelez-vous simplement que sans mot de passe, rien ne vous empêche de vous connecter avec l'ID d'un autre utilisateur.

Générer des mots de passe pour les Nuls

Comment trouver des mots de passe que personne ne pourra deviner mais dont vous vous souviendrez ? La plupart des experts en sécurité disent que les meilleurs mots de passe ne correspondent à aucun mot du langage naturel, mais sont des séquences de lettres, de chiffres et de caractères spéciaux. Comment diable pouvez-vous retenir un mot de passe tel que `DKS4%DJ2` ? Et plus particulièrement si vous devez le remplacer dans trois semaines par `3PQ&X(D8`.

Voici une solution de compromis qui vous permet de créer des mots de passe formés de deux mots de quatre lettres juxtaposés. Prenez votre livre favori (vous venez de gagner une vie si c'est ce livre) et choisissez une page au hasard. Recherchez le premier mot de quatre lettres dans cette page. Supposons que ce soit `VOUS`. Répétez le processus pour trouver un autre mot de quatre lettres ; supposons que ce soit `PLUS`. Combinez maintenant les mots pour former votre mot de passe : `VOUSPLUS`. Je pense que vous serez d'accord sur le fait que `VOUSPLUS` est plus facile à retenir que `3PQ&X(D8` et qu'il est tout aussi difficile à deviner. Je ne pense pas que les gars des services secrets se servent un jour de cette méthode, mais elle est assez fiable pour la plupart d'entre nous.

Voici quelques précisions supplémentaires sur la façon de choisir des mots de passe à partir de votre livre favori :

- » Si les mots sélectionnés se trouvent être les mêmes, choisissez un autre mot et prenez des mots dont la combinaison ne semble pas trop commune.
- » Variante intéressante : sélectionnez un mot de quatre lettres et un mot de trois lettres puis choisissez au hasard un des caractères spéciaux du clavier (comme *, & ou >) pour séparer ces deux mots. Vous obtiendrez ainsi des mots de passe tels que `MOT!PAGE`, `EST#GARS` ou `ELLE*VIE`.
- » Pour semer encore plus le trouble chez vos amis et vos ennemis, préférez des mots médiévaux extraits de *Gargantua*, de Rabelais. Rabelais est une excellente source de mots de passe car il vivait bien avant que ne soient inventés le traitement de texte et la correction automatique. Il écrivait `mousches` au lieu de `mouches`, `beaulx` à la place de `beaux`, `senestre` plutôt que `gauche`. Et surtout, il employait beaucoup de mots de huit lettres pouvant servir de mot de passe : `soubdain` (soudain), `traicter` (traiter), `boulletz` (boulets).
- » Ne venez pas vous plaindre si vous utilisez l'un de ces systèmes de génération de mots de passe et que quelqu'un réussit à prendre le contrôle de votre compte. Qui est le feignant qui n'a pas voulu retenir `D#SC$H4%` ?
- » Si vous décidez d'opter pour des mots de passe du genre `KdI22UR3xdkL`, vous trouverez des générateurs sur Internet. Il suffit d'utiliser un moteur tel que Google (`www.google.fr`) et de lancer une recherche sur l'expression « générateur de mots de passe ». Vous trouverez des pages Web qui vous permettront de générer des mots de passe aléatoires à partir de critères que vous aurez précisés (longueur, emploi de lettres, chiffres, signes de ponctuation, minuscules, majuscules, etc.).

Sécuriser le compte administrateur

Il va de soi qu'un utilisateur qui gère le réseau doit pouvoir l'utiliser sans aucune des restrictions imposées aux autres utilisateurs. Cet utilisateur est appelé *administrateur*. Il est responsable de la configuration du système de sécurité du réseau. À ce titre, il doit être exempté de toutes les restrictions.

Beaucoup de réseaux créent automatiquement un compte administrateur lorsque vous installez le logiciel de réseau. Le nom d'utilisateur de cet administrateur initial se trouve dans la documentation du réseau et il est le même pour tous les réseaux basés sur le même système d'exploitation. L'une des premières choses à faire, juste après avoir créé le réseau, est de *modifier le mot de passe de ce compte d'administrateur standard*. Sinon, toutes les mesures de sécurité élaborées par la suite, aussi sophistiquées soient-elles, seraient faites en pure perte. Quiconque connaissant le nom d'utilisateur attribué par défaut à l'administrateur pourrait accéder au système avec tous les droits et privilèges, ce qui lui permettrait d'outrepasser toutes les sécurités.

N'oubliez jamais le mot de passe du compte administrateur ! Si un utilisateur oublie son mot de passe, vous pouvez vous connecter comme superviseur et changer son mot de passe. Mais si vous oubliez le mot de passe d'administrateur, vous êtes planté !

Garantir la sécurité des utilisateurs

La sécurité au niveau des utilisateurs est le pilier de l'ensemble de la sécurité informatique. Grâce à des comptes utilisateurs, vous pouvez savoir qui accède au réseau et définir les ressources auxquelles tel ou tel utilisateur peut accéder. Vous pouvez restreindre l'accès à tels ordinateurs et à telle plage horaire. De plus, il vous est possible de verrouiller l'accès au réseau pour les utilisateurs qui n'ont pas ou plus de raison de s'y connecter. Les sections qui suivent décrivent les principes de base de la sécurité du réseau.

Comptes utilisateurs

Chaque personne accédant au réseau doit avoir un compte utilisateur. Il permet à l'administrateur du réseau de déterminer qui peut accéder au réseau et de quelles ressources il peut disposer. De plus, un compte utilisateur peut être personnalisé afin de fournir diverses commodités comme un menu Démarrer personnalisé ou l'affichage des documents récemment utilisés.

À chaque compte utilisateur est associé un *nom d'utilisateur*, souvent appelé *ID utilisateur*, que l'utilisateur doit entrer lorsqu'il se connecte au réseau. À chaque compte sont aussi liées les informations suivantes :

» **Le mot de passe de l'utilisateur.** Cette information comprend aussi les conventions de mot de passe, notamment la fréquence à laquelle il doit être changé, la complexité du mot de passe, etc.

» **Les coordonnées du contact.** Son nom complet, son numéro de téléphone, son adresse postale et son adresse électronique ainsi que d'autres informations utiles.

» **Les restrictions de compte.** Ce sont notamment les heures auxquelles un utilisateur peut se connecter. Par exemple, il sera impossible à un utilisateur de s'introduire dans le réseau en dehors des heures de travail. Cette fonction est appréciable car elle décourage les heures supplémentaires. Vous pouvez aussi n'autoriser l'accès qu'à certains ordinateurs.

» **L'état du compte.** Un compte utilisateur peut être temporairement désactivé, empêchant l'utilisateur de se connecter.

» **Le répertoire d'accueil.** C'est un dossier partagé dans lequel l'utilisateur peut stocker ses documents.

» **Les autorisations de connexion distante.** Elles permettent à l'utilisateur d'accéder au réseau à distance, via une connexion par modem.

» **L'appartenance à un groupe.** Elle garantit à l'utilisateur certains droits selon le groupe auquel il appartient.

Pour plus d'informations, reportez-vous à la section « Thérapie de groupe », plus loin dans ce chapitre.

Comptes intégrés

La plupart des systèmes d'exploitation sont préconfigurés avec deux comptes : Administrateur et Invité. De plus, certains services, comme les serveurs Web ou de bases de données, créent leurs propres comptes utilisateurs. Voici les caractéristiques des différents comptes :

- **Le compte Administrateur.** Le compte Administrateur est le seigneur et maître du réseau. Il ne connaît aucune des restrictions imposées au commun des mortels. Lorsque vous êtes connecté en tant qu'administrateur, vous avez tous les pouvoirs. C'est pourquoi ce compte ne doit pas être attribué à n'importe qui. Ne le proposez que si c'est vraiment nécessaire.

  Étant donné qu'un compte d'administrateur procure un accès illimité au réseau, il est impératif que vous le sécurisiez immédiatement après son attribution. Lorsque le programme de configuration du système d'exploitation réseau demande le mot de passe du compte Administrateur, choisissez un mélange aléatoire de caractères majuscules et minuscules, de chiffres et de symboles. Ne choisissez pas un mot facile à mémoriser en vous promettant de le changer plus tard. Si vous oubliez de le faire et que quelqu'un l'utilise, rien ne l'empêchera de formater le disque C: du serveur ou de s'approprier des numéros de cartes bancaires.

- **Le compte Invité.** Autre compte communément créé par défaut, le compte Invité est configuré avec un mot de passe vide et, le cas échéant, des droits d'accès. Ce compte permet à quiconque de se connecter au réseau, sans qu'il puisse y faire grand-chose. Je n'en vois pas tellement l'intérêt ; c'est pourquoi je vous suggère de le désactiver.

- **Les comptes de service.** Certains utilisateurs du réseau ne sont pas des personnes en chair et en os mais des processus logiciels qui demandent un accès à des ressources sécurisées et qui, de ce fait, nécessitent un compte utilisateur. Ces comptes sont généralement créés automatiquement lorsque vous installez ou configurez un serveur.

Par exemple, lorsque vous installez le serveur Web de Microsoft (IIS), un compte utilisateur nommé `IUSR` est créé. Le nom complet de ce compte est `IUSR_<nomDuServeur>`. Par conséquent, si un serveur est nommé `WEB1` et son compte `IUSR_WEB1`, ISS se servira de ce compte pour permettre à des utilisateurs Internet anonymes d'accéder aux fichiers présents sur le site Web.

En règle générale, vous ne devriez pas toucher à ces comptes si vous ne savez pas exactement ce que vous faites. Par exemple, si vous supprimez ou renommez le compte IUSR, vous devrez reconfigurer ISS afin qu'il prenne la modification en compte. Sinon ISS refusera l'accès à quiconque tentera d'atteindre votre site. Notez qu'à condition de savoir ce que vous faites, renommer ces comptes peut augmenter la sécurité du réseau, mais ne faites rien tant que vous ne connaissez pas ce sujet à fond.

Droits d'utilisateurs

Les comptes utilisateurs et les mots de passe ne constituent que la première ligne de défense du réseau. Une fois qu'un utilisateur a réussi à accéder au réseau en tapant son ID et son mot de passe, une seconde ligne de défense entre en jeu : les *droits.*

Dans la dure réalité de la vie du réseau, tous les utilisateurs sont égaux, mais certains le sont plus que d'autres. Le préambule de la Déclaration d'indépendance du réseau stipule que « nous tenons les vérités suivantes pour évidentes : *quelques* utilisateurs sont dotés par l'administrateur réseau de certains droits inaliénables... ».

Les droits spécifiques que vous pouvez accorder aux utilisateurs dépendent de votre système d'exploitation réseau. Voici une liste partielle des droits disponibles sous Windows Server :

» **Se connecter localement :** l'utilisateur peut se connecter directement à l'ordinateur serveur depuis le clavier de ce dernier.

» **Changer l'heure système :** l'utilisateur peut changer l'heure et la date que gère le serveur.

- **Arrêter le système :** l'utilisateur peut purement et simplement arrêter le serveur.
- **Sauvegarder des fichiers et des répertoires :** l'utilisateur peut effectuer la sauvegarde des fichiers et répertoires du serveur.
- **Récupérer des fichiers et des répertoires :** l'utilisateur peut restaurer des fichiers sauvegardés.
- **Devenir propriétaire de fichiers et autres objets :** l'utilisateur peut prendre le contrôle de fichiers et de ressources réseau qui appartiennent à d'autres utilisateurs.

NetWare propose plus ou moins les mêmes droits d'utilisateurs.

Droits réseau à étudier pour l'avenir

Les droits réseau accordés par la plupart des systèmes d'exploitation réseau sont plutôt ennuyeux. En voici quelques-uns dont je voudrais bien disposer :

- **Tricher :** vous permet de voir les cartes des autres joueurs quand vous jouez à la « Dame de pique ».
- **Espionner :** surveiller clandestinement les accès Internet des utilisateurs afin de connaître les sites Web auxquels ils se connectent.
- **Se plaindre :** envoi automatique d'un courrier électronique aux autres utilisateurs pour leur expliquer combien vous êtes occupé, fatigué ou énervé.
- **Modifier la feuille de paie :** vous donne des droits d'accès spéciaux au système de calcul de la paie pour que vous puissiez vous accorder une augmentation.
- **Porter plainte :** aux États-Unis, chacun a le droit de porter plainte. Ce droit devrait donc être automatiquement donné à tous les utilisateurs.
- **Mettre le feu :** ne serait-il pas agréable de pouvoir mettre le feu à vos collègues devenus insupportables ?

Droits du système de fichiers (qui peut faire quoi)

Les droits utilisateurs déterminent ce que ces derniers peuvent faire sur l'ensemble du réseau. Les droits du système de fichiers vous permettent d'affiner votre sécurité réseau en contrôlant certaines opérations de fichiers spécifiques pour des utilisateurs donnés. Par exemple, vous pouvez configurer les droits du système de fichiers de sorte que les utilisateurs du service comptabilité puissent accéder aux fichiers stockés dans le répertoire `\COMPT`. Ces droits peuvent aussi autoriser des utilisateurs à lire des fichiers précis sans toutefois pouvoir les modifier ou les supprimer.

Chaque système d'exploitation réseau gère les droits du système de fichiers selon des principes qui lui sont propres. Mais, dans tous les cas, il en résulte que vous pouvez donner à chaque utilisateur la permission d'accéder de diverses manières à certains fichiers, dossiers ou lecteurs. Par exemple, vous pouvez attribuer à un utilisateur un accès total à quelques fichiers et lui allouer uniquement un accès en lecture seule à d'autres fichiers.

Tous les droits du système de fichiers que vous octroyez à un dossier s'appliquent automatiquement à tous ses sous-dossiers, à moins que vous n'ayez explicitement accordé des droits différents pour ces sous-dossiers.

Vous ne pouvez appliquer les autorisations de Windows qu'aux fichiers et dossiers créés sur des lecteurs formatés en NTFS. Si le système de fichiers des lecteurs partagés est au format FAT ou FAT32, vous ne pourrez pas protéger tel ou tel de leurs fichiers ou dossiers. C'est une des raisons principales qui justifient l'utilisation du format NTFS sur les serveurs Windows.

Thérapie de groupe

Un *compte de groupe* est un compte qui ne représente pas un utilisateur individuel mais un ensemble d'utilisateurs qui utilisent le réseau de la même manière. Au lieu d'octroyer des droits à chacun d'eux séparément, vous pouvez les octroyer au groupe et affecter également des utilisateurs individuels à ce groupe. Dans ce cas, le nouveau venu hérite des droits spécifiques au groupe.

Supposons, par exemple, que vous ayez créé un groupe nommé Comptabilité pour le service comptable et que vous autorisiez tous les membres de ce groupe à accéder aux fichiers et applications de la comptabilité. Au lieu d'octroyer ces droits à chacun des employés du service, vous faites de chacun d'eux un membre du groupe Comptabilité.

Voici quelques détails supplémentaires concernant les groupes :

» **Les groupes facilitent considérablement la gestion du réseau. Vous devriez éviter autant que possible de gérer individuellement les utilisateurs du réseau. Intégrez-les plutôt à des groupes. Quand cinquante utilisateurs du service Comptabilité doivent pouvoir accéder à un nouveau dossier partagé, il est plus rapide de mettre un groupe à jour que chacun des cinquante comptables.**

» **Un utilisateur peut faire partie de plusieurs groupes. Il hérite alors des droits de chacun de ces groupes. Par exemple, si vous avez configuré des groupes nommés Comptabilité, Ventes, Marketing et Finances, un utilisateur qui doit accéder aux données comptables et financières deviendra membre des groupes Comptabilité et Finances. De même, un utilisateur qui doit accéder aux données des ventes et du marketing fera partie des groupes Ventes et Marketing.**

» **Vous pouvez octroyer des droits spécifiques à tel ou tel utilisateur ou restreindre ses droits. Par exemple, vous pourriez attribuer quelques autorisations spéciales au directeur du service comptable et imposer des restrictions à certains utilisateurs.**

Profils d'utilisateurs

Les *profils d'utilisateurs* sont une fonctionnalité Windows conservant la trace des préférences individuelles des utilisateurs en ce qui concerne la configuration de Windows. Les profils d'utilisateurs permettent à deux utilisateurs (ou plus) d'employer un même ordinateur quand ce dernier n'est pas relié au réseau, chaque utilisateur spécifiant ses propres paramètres de Bureau dont l'arrière-plan, les couleurs, les options du menu Démarrer, etc.

Le véritable intérêt des profils d'utilisateurs ne se révèle que sur un réseau. Le profil d'un utilisateur peut être stocké sur l'ordinateur serveur et utilisé dès que cet utilisateur se connecte au réseau depuis n'importe quel ordinateur Windows du réseau.

Voici quelques-unes des fonctionnalités de Windows contrôlées par les paramètres d'un profil d'utilisateur :

» **Les paramètres du Bureau de la boîte de dialogue Propriétés d'affichage, dont l'arrière-plan, les économiseurs d'écran et les couleurs.**

» **Les programmes du menu Démarrer et les options de la barre d'outils de Windows.**

» **Les favoris, qui permettent d'accéder facilement aux fichiers et aux dossiers fréquemment utilisés.**

» **Les paramètres du réseau dont les lecteurs associés à des disques réseau, les imprimantes réseau et les emplacements du réseau récemment visités.**

» **Les paramètres d'applications comme ceux de Microsoft Word.**

» **Le dossier Mes documents.**

Scripts d'ouverture de session

Un *script d'ouverture de session* est un fichier de traitement par lots qui est automatiquement démarré lorsqu'un utilisateur ouvre une session sur le réseau. Un script d'ouverture de session peut effectuer plusieurs tâches importantes comme mapper des lecteurs réseau, démarrer des applications, synchroniser les horloges des ordinateurs clients, etc. Les scripts d'ouverture de session résident sur le serveur. Chaque compte utilisateur peut spécifier si un script d'ouverture de session doit être démarré et si oui lequel.

Voici un exemple de script d'ouverture de session qui mappe quelques lecteurs réseau et les synchronise :

```
net use m: \\MONSERVEUR\Compta
net use n: \\MONSERVEUR\Admin
net use o: \\MONSERVEUR\R&D
net time \\MONSERVEUR /set /yes
```

Les scripts d'ouverture de session sont quelque peu tombés en désuétude car la plupart de leurs actions peuvent être effectuées par des profils d'utilisateurs. Cependant, beaucoup d'administrateurs apprécient la simplicité des scripts d'ouverture de session, de sorte qu'ils sont encore utilisés, même sous Windows Server 2016.

Sécuriser les utilisateurs

Les techniques de sécurisation (comme la sécurité physique, la sécurité des comptes utilisateurs et des serveurs, le verrouillage de l'accès aux serveurs) sont un jeu d'enfant par rapport à la tâche la plus ardue qui vous attend : la sensibilisation des utilisateurs du réseau à la sécurité. Vos mesures de sécurité les plus élaborées seront vaines si les utilisateurs laissent traîner leur mot de passe sur un Post-It collé sur l'ordinateur.

La règle de base de toute sécurité au niveau de l'utilisateur consiste à imprimer un règlement de sécurité affiché au vu et au su de tout le monde. Organisez une réunion afin de vous assurer que chacun a bien pris conscience des enjeux et compris le règlement. N'hésitez pas à prévoir des sanctions dissuasives en cas de manquement.

Voici quelques règles qui pourraient figurer dans le règlement sur la sécurité informatique :

- **N'écrivez jamais votre mot de passe sur papier et ne le communiquez à personne.**
- **Ne partagez pas vos comptes. N'utilisez jamais le compte de quelqu'un d'autre pour accéder à des ressources qui vous sont interdites. Si ces ressources vous sont indispensables, vous devez en demander officiellement l'accès sous votre propre compte.**

- De même, ne communiquez jamais vos informations de compte à un collègue désireux d'accéder à des ressources auxquelles il n'a pas droit. Ce collègue doit demander un accès à ces ressources sous son propre compte.
- N'installez aucun logiciel ou matériel sans avoir préalablement obtenu l'autorisation. Cela concerne notamment les périphériques d'accès sans fil ou les modems.
- N'activez jamais le partage de fichiers et d'imprimantes sur une station de travail sans en avoir obtenu l'autorisation.
- Ne tentez jamais de désactiver ou d'outrepasser les fonctions de sécurité du réseau.

Chapitre 20

Renforcer la sécurité du réseau

DANS CE CHAPITRE

Pare-feu.

Types de pare-feu.

Pare-feu intégré de Windows.

Se protéger contre les virus.

Installer des correctifs.

Si votre réseau est connecté à Internet, vous êtes confronté à une foule de problèmes de sécurité. Vous avez sans doute établi cette connexion afin que les utilisateurs du réseau bénéficient d'une fenêtre ouverte sur le monde extérieur. Malheureusement, c'est aussi par cette fenêtre qu'entrent les malfaiteurs.

Ceux qui agissent sur Internet ne s'en priveront pas. Le cyberespace est peuplé de pirates à la recherche de réseaux dans lesquels s'introduire. Ce n'est parfois que pour le plaisir de fureter dans vos affaires, mais parfois aussi pour dérober des numéros de cartes bancaires ou inonder votre serveur de messagerie de milliers de courriers non sollicités. Quelles que soient les motivations, soyez assuré que votre réseau sera visité si vous ne le protégez pas.

Ce chapitre présente une vue d'ensemble de trois techniques de base pour renforcer la sécurité de votre réseau vis-à-vis d'Internet : contrôle d'accès par l'intermédiaire d'un pare-feu, détection des virus avec un logiciel antivirus et correction des failles de sécurité avec les mises à niveau de sécurité.

Pare-feu

Un *pare-feu* est un routeur sécurisé interposé entre Internet et votre réseau. Sa seule tâche est de filtrer tout ce qui entre et sort.

C'est une sorte de vigile entre Internet et le réseau. Tout le trafic transite par le pare-feu qui autorise ou interdit les accès.

Un pare-feu est absolument obligatoire dès lors que votre réseau accède à Internet, que ce soit par une connexion à haut débit (DSL ou modem câble), ligne T1 ou toute autre connexion haut débit. Sans pare-feu, les pirates découvriront tôt ou tard l'existence de votre réseau non protégé, le signaleront à leurs collègues et il en subira les conséquences en quelques heures.

Un pare-feu peut être installé de deux manières. La plus simple consiste à acheter un *équipement pare-feu*, qui est en réalité un routeur offrant des fonctionnalités de pare-feu. La plupart sont équipés d'une interface de type Web permettant de les connecter directement depuis l'un des ordinateurs du réseau à l'aide d'un navigateur. Vous les configurez ensuite selon vos besoins.

Autre solution : vous pouvez configurer un ordinateur serveur afin qu'il fasse office d'ordinateur pare-feu. Le serveur peut fonctionner sous n'importe quel système d'exploitation réseau. Les plus efficaces tournent cependant sous Linux.

Que vous optiez pour l'équipement pare-feu ou l'ordinateur pare-feu, ce matériel doit être placé entre le réseau et Internet, comme le montre la Figure 20.1. Le pare-feu est connecté d'une part au commutateur, qui est lui-même connecté aux autres ordinateurs du réseau, et d'autre part à Internet. Tout le trafic échangé entre le réseau et Internet doit obligatoirement transiter par le pare-feu.

Le terme *périmètre* est parfois utilisé pour décrire l'emplacement du pare-feu sur le réseau. Un pare-feu est en effet une sorte de périmètre de sécurité qui entoure votre propriété et oblige les visiteurs à s'annoncer à la porte d'entrée.

Sur les réseaux de grande taille, il est parfois difficile de savoir où se trouve le périmètre. Si le réseau bénéficie de plusieurs connexions WAN (*Wide Area Network*, réseau étendu), vérifiez que chacune d'elles est protégée par un pare-feu et n'est pas directement reliée à Internet. Cette sécurité est assurée par un pare-feu

Figure 20.1

Un routeur pare-feu sécurise le trafic entre le réseau et Internet.

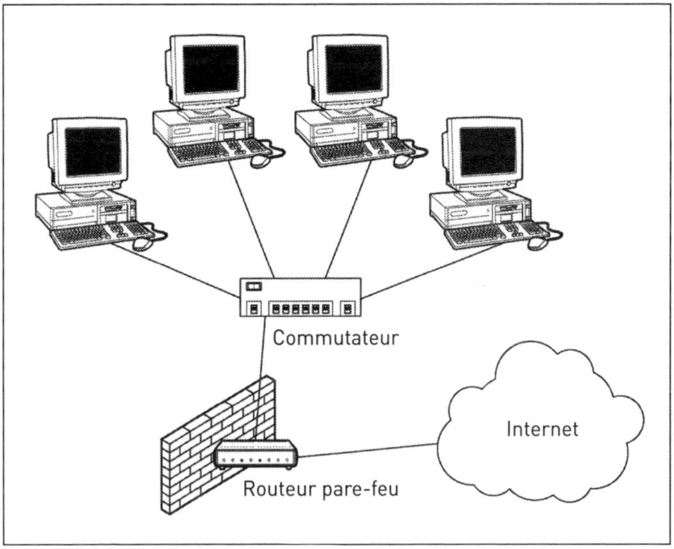

pour chaque connexion WAN ou par un seul pare-feu équipé de plusieurs ports WAN.

Types de pare-feu

Les pare-feu utilisent quatre techniques de base pour protéger les réseaux. Elles sont décrites dans les sections suivantes.

Filtrer les paquets

Un pare-feu utilisant le *filtrage de paquets* examine chaque paquet qui transite par le pare-feu et le teste selon un ensemble de règles qui ont été définies. Si le paquet subit un test positif, il peut passer. Si le test est négatif, il est rejeté.

Les pare-feu utilisant le filtrage de paquets sont les moins chers. Par conséquent, ils sont très courants. Cependant, le filtrage de paquets conserve un certain nombre d'imperfections que les pirates bien informés peuvent exploiter. En fait, les pare-feu par filtrage de paquets ne sont pas les plus puissants.

Le filtrage de paquets consiste à examiner les adresses IP des sources et des destinations et les numéros de ports contenus dans chaque paquet TCP/IP. Les *ports TCP/IP* sont des nombres assignés aux services spécifiques qui aident à identifier à quel service chaque paquet est destiné. Par exemple, le numéro de port du protocole HTTP est 80. Ainsi, tous les paquets entrants destinés à un serveur HTTP spécifieront le port 80 comme port de destination.

Les numéros de ports sont souvent spécifiés avec des deux-points après l'adresse IP. Par exemple, le service HTTP sur un serveur dont l'adresse IP est 192.168.10.133 sera 192.168.10.133:80.

Des milliers de ports sont utilisés. Le Tableau 20.1 présente quelques-uns des ports les plus connus.

Les règles que vous définissez pour le filtrage des paquets autorisent ou bloquent ces derniers en fonction de l'adresse IP ou du numéro de port. Par exemple, vous pouvez laisser passer les paquets qui sont destinés à votre serveur de messagerie ou à votre serveur Web et refuser tous les autres. Vous pouvez aussi configurer une règle qui refuse spécifiquement tous les paquets qui sont destinés aux ports NetBIOS. Cette règle empêche des intrus d'Internet d'accéder à des ressources NetBIOS telles que des fichiers ou des imprimantes.

Une des plus grandes faiblesses du filtrage de paquets est qu'il considère que les adresses d'origine et les adresses de destination des paquets sont vraies. Les pirates exploitent cette faiblesse en utilisant la technique d'*usurpation d'adresse IP* (*IP spoofing*), dans laquelle ils spécifient des adresses IP d'origine fausses dans les paquets qu'ils envoient sur votre réseau.

Tableau 20.1

Ports TCP/IP les plus utilisés.

Port	Description
20	File Transfer Protocol (FTP)
21	File Transfer Protocol (FTP)
22	Secure Shell Protocol (SSH)
23	Telnet
25	Simple Mail Transfer Protocol (SMTP)
53	Domain Name Server (DNS)
80	World Wide Web (HTTP)
110	Post Office Protocol (POP3)
119	Network News Transfer Protocol (NNTP)
137	Service de noms NetBIOS
138	Service de datagramme NetBIOS
139	Service de session NetBIOS
143	Protocole de messagerie IMAP (IMAP)
161	Simple Network Management Protocol (SNMP)
194	Internet Relay Chat (IRC)
389	Protocole LDAP (LDAP)
396	NetWare sur IP
443	HTTP sur TLS/SSL (HTTPS)

Une autre faiblesse importante du filtrage de paquets est l'examen isolé de chaque paquet, sans tenir compte des paquets précédents et suivants. En d'autres termes, le filtrage des paquets est *sans état*.

Soyez sûr que les pirates savent comment exploiter la nature sans état du filtrage de paquets pour tromper les pare-feu.

Malgré ces faiblesses, les pare-feu par filtrage de paquets présentent plusieurs avantages qui expliquent pourquoi ils sont si souvent utilisés :

» **Les filtres de paquets sont très efficaces.** Ils ne mettent que quelques millisecondes pour analyser dans les paquets la destination, les ports et les adresses de la source. Les adresses d'origine, de destination et les numéros de ports sont déterminés, les règles sont appliquées et, en fonction du résultat, le paquet est transmis ou rejeté. La plupart des autres techniques de filtrage requièrent un temps de traitement plus important.

» **Les filtres de paquets sont pratiquement transparents pour les utilisateurs.** Le seul cas où un utilisateur se rend compte qu'un pare-feu avec filtrage de paquets est utilisé, c'est lorsque les paquets sont rejetés. Les autres techniques de pare-feu exigent que les clients et/ou les serveurs soient spécialement configurés pour pouvoir travailler.

» **Le filtrage de paquets est très bon marché.** La plupart des routeurs proposent le filtrage de paquets intégré.

Inspection dynamique des paquets (SPI)

L'*inspection dynamique des paquets*, également connue sous le nom de *SPI (Stateful Packet Inspection)*, est une évolution du filtrage de paquets. Un pare-feu avec inspection dynamique des paquets traite des groupes de paquets plutôt que des paquets individuels. Il maintient les paquets dans le pare-feu, ce qui permet la détection des accès non autorisés. Dans certains cas, le pare-feu bloque les paquets jusqu'à ce qu'il ait recueilli suffisamment d'informations pour décider s'ils doivent être transmis ou rejetés.

Jusqu'à présent, l'inspection dynamique des paquets ne se trouvait que sur les routeurs haut de gamme et les routeurs utilisés dans les entreprises. À présent, les pare-feu avec inspection dynamique des paquets sont plus abordables et on les utilise fréquemment dans les réseaux de petite taille ou de taille moyenne.

Passerelle de niveau circuit (circuit-level gateway)

Une *passerelle de niveau circuit* contrôle les connexions entre les clients et les serveurs en se basant sur les adresses TCP/IP et les numéros de ports. Une fois que la connexion a été établie, la passerelle de niveau circuit n'interfère pas sur les paquets qui circulent entre les systèmes.

Par exemple, vous pouvez utiliser une telle passerelle pour permettre les connexions Telnet (port 23) à un serveur particulier et pour interdire tout autre type de connexion à ce serveur. Une fois que la connexion est établie, la passerelle laisse les paquets circuler librement entre les machines connectées. Par conséquent, la passerelle de niveau circuit ne peut pas empêcher un utilisateur Telnet de lancer des programmes spécifiques ou d'utiliser des commandes spécifiques.

Passerelle applicative

Une *passerelle applicative* est un système de pare-feu qui est plus intelligent qu'un filtrage de paquets, une inspection dynamique des paquets ou une passerelle de niveau circuit. Les filtrages de paquets traitent tous les paquets TCP/IP de la même manière tandis que les passerelles applicatives sont informées sur la nature des paquets en fonction des applications auxquelles ils sont destinés ou desquelles ils proviennent. Par exemple, une passerelle applicative Web a une connaissance détaillée des paquets HTTP. Ainsi, elle peut analyser plus que la source, les adresses et les ports de destination pour déterminer si les paquets sont autorisés à traverser le pare-feu.

Par ailleurs, les passerelles applicatives fonctionnent comme *serveurs mandataires* ou *proxy*. Un *serveur mandataire* est un serveur interposé entre l'ordinateur client et le serveur réel. Il intercepte les paquets destinés au serveur et les traite. Il peut ensuite décider de les transmettre au serveur ou de les rejeter. Le serveur mandataire peut aussi répondre lui-même à un client sans impliquer le serveur.

Par exemple, les serveurs mandataires enregistrent en mémoire des copies des pages Web au fur et à mesure de leur consultation sur le serveur. Ensuite, lorsqu'un client souhaite accéder à une page Web du serveur, le serveur mandataire intercepte la demande et s'il possède une copie de la page en mémoire, il la transmet directement au client ; sinon, il transfère la requête au serveur.

Les passerelles applicatives analysent en détail la manière dont les serveurs manipulent les séquences de paquets TCP/IP. Elles peuvent ainsi décider si un paquet entrant est légitime ou s'il constitue une attaque. Pour cette raison, les passerelles applicatives sont beaucoup plus sûres que les pare-feu utilisant le filtrage de paquets qui ne peuvent traiter qu'un seul paquet à la fois.

Cependant, le niveau de sécurité apporté par les passerelles applicatives a un prix. Ces dernières sont beaucoup plus chères que les systèmes à filtres de paquets, en termes de prix d'achat et de coûts de configuration et de maintenance. De plus, les passerelles applicatives diminuent les performances du réseau parce qu'elles contrôlent de manière plus détaillée les paquets avant de leur permettre de passer.

Pare-feu intégré de Windows

Depuis Windows XP, toutes les versions de Windows possèdent un pare-feu par filtrage de paquets intégré. Si vous ne possédez pas de pare-feu sur votre routeur, vous pouvez activer celui de Windows. Il procure une protection de base en filtrant les données. Reportez-vous au Chapitre 8 pour savoir comment configurer le pare-feu Windows.

N'activez pas le pare-feu de Windows si vous utilisez un routeur qui assure déjà cette fonction. Comme les autres ordinateurs du réseau sont connectés directement au routeur et non à l'ordinateur, le pare-feu de Windows ne protégerait pas le reste du réseau. Autre effet secondaire : le reste du réseau ne pourrait plus accéder à votre ordinateur.

Se protéger contre les virus

De nos jours, les virus sont l'un des phénomènes informatiques les moins bien compris. Qu'est-ce qu'un virus ? Comment fonctionne-t-il ? Comment se répand-il d'ordinateur en ordinateur ? Je suis heureux que vous posiez la question.

Qu'est-ce qu'un virus ?

Ne vous méprenez pas, les virus sont bien réels. Avec l'explosion du nombre d'internautes, les virus prolifèrent. Chaque utilisateur d'un ordinateur peut être victime d'un virus informatique et l'utilisation d'un réseau ne fait qu'augmenter cette vulnérabilité car il court le risque d'être infecté par un virus qui réside sur la machine d'un autre utilisateur du réseau.

Les virus n'apparaissent pas spontanément de nulle part. Ce sont des programmes informatiques créés par des programmeurs détraqués et malintentionnés qui devraient être internés.

Un virus se caractérise par sa capacité à se reproduire afin de se répandre sur les autres ordinateurs. Ces copies font à leur tour encore plus de copies qui se répandent sur d'autres ordinateurs et ainsi de suite, à l'infini.

Ensuite, le virus attend patiemment d'être activé, quand vous taperez une commande particulière, appuierez sur une touche précise ou lorsqu'une date donnée sera atteinte, selon le but que s'est fixé le créateur du virus. Alors, le virus frappe de différentes manières, toujours en fonction de l'objectif de son géniteur, quelquefois en affichant un message inoffensif comme « je vous ai bien eu » ou bien en détruisant toutes les données de votre disque dur.

Il y a quelques années, les virus se déplaçaient d'ordinateur en ordinateur, accrochés à des disquettes. Si vous empruntiez une disquette à un copain, vous risquiez de contaminer votre ordinateur à cause d'un virus embarqué clandestinement sur ce support. À présent, ce sont les clés USB qui ont remplacé les disquettes pour ce type de contamination.

Aujourd'hui, les créateurs de virus ont constaté que le courrier électronique était un vecteur bien plus efficace. Généralement, le virus se fait passer pour une pièce jointe très intéressante : instructions pour gagner une fortune sans rien faire, photos de célébrités nues ou message de votre amour perdu pour la Saint-Valentin. Lorsqu'un utilisateur curieux mais pas méfiant double-clique sur le fichier joint, le virus sort de sa coquille, se copie sur l'ordinateur de la victime puis, parfois, envoie son clone à toutes les personnes figurant dans le carnet d'adresses de l'utilisateur.

Une fois que le virus a pénétré dans un ordinateur du réseau, il peut ensuite attaquer tous les ordinateurs du réseau.

Voici quelques informations précieuses sur la façon de protéger un réseau contre des attaques de virus :

» **Le terme *virus* est souvent employé pour désigner non seulement de vrais programmes virus (qui sont capables de se reproduire), mais aussi un autre type de programme conçu pour faire des dégâts sur votre ordinateur. Le cheval de Troie est l'un de ces programmes qui ressemblent généralement à des jeux, mais sont en fait des formateurs de disques durs.**

» **Un *ver* ressemble à un virus, à la différence qu'il n'infecte pas les autres fichiers. En fait, il se contente de se copier dans tous les ordinateurs du réseau. Ensuite, il peut faire n'importe quoi. Par exemple, un ver peut analyser le contenu de votre disque dur à la recherche d'informations intéressantes, comme un mot de passe ou des numéros de cartes bancaires et les transmettre à son créateur par courrier électronique.**

» **Les experts en virus informatiques ont identifié plusieurs milliers de « variétés » de virus. La plupart d'entre eux ont des noms hauts en couleur tels que I Love You, Stoned et Michelangelo.**

» **Les programmes antivirus peuvent identifier les virus connus et les supprimer de votre système. Ils sont également capables de détecter les signes révélateurs de la présence de virus inconnus. Malheureusement, les imbéciles qui écrivent les virus ne sont pas des idiots (au sens intellectuel du terme), si bien qu'ils développent sans cesse de nouvelles techniques pour tromper les programmes antivirus. De nouveaux virus sont fréquemment découverts et les programmes antivirus sont donc régulièrement mis à jour pour les détecter et les supprimer.**

Programmes antivirus

Le meilleur moyen de protéger votre réseau contre l'attaque de virus est d'avoir recours à un programme antivirus. Ces programmes recensent des milliers de virus connus qu'ils peuvent détecter et supprimer. De plus, ils peuvent repérer les modifications que les virus apportent aux fichiers de votre ordinateur, augmentant la probabilité de débusquer des virus inconnus.

Depuis la version 8, Windows est livré avec des fonctions antivirus intégrées. Mais pour les versions antérieures à la version 8, vous devrez donc acheter un logiciel antivirus à part. Les plus connus sont Norton AntiVirus, Webroot SecureAnywhere Antivirus et Kapersky Antivirus.

Les éditeurs de programmes antivirus proposent, sur leur site Web, des mises à jour qui permettent aux programmes de détecter les virus récemment découverts. Consultez la documentation livrée avec votre programme antivirus pour savoir comment obtenir ces mises à jour.

Voici quelques conseils pour protéger votre réseau contre les virus :

» **Installez un logiciel antivirus sur chacun des ordinateurs du réseau. Cette technique n'est efficace que si vous avez la certitude que chaque utilisateur effectuera régulièrement les mises à jour (le téléchargement des nouvelles définitions de virus est souvent automatisé). En cas de doute, il existe des solutions plus sûres.**

- Configurez un service antivirus qui place des logiciels antivirus sur chaque ordinateur client du réseau, la mise à jour étant assurée par le serveur.
- Les antivirus serveurs protègent les serveurs du réseau contre les virus. Par exemple, vous pouvez en installer un dans le serveur de messagerie afin qu'il analyse tous les courriers entrants et supprime les virus s'il en trouve, sans même que les utilisateurs s'en aperçoivent.
- Certains pare-feu sont équipés de fonctions antivirus qui interdisent aux utilisateurs d'accéder à Internet si leur logiciel antivirus n'est pas à jour. Ce type de pare-feu fournit la protection la plus efficace contre les virus.

Travailler en toute sécurité

En dehors de l'utilisation d'un programme antivirus, il existe quelques précautions à prendre pour éviter les infections « virales ». Si vous n'avez pas enseigné à vos enfants les précautions à prendre en matière de sécurité informatique, il est temps de le faire.

- Sauvegardez régulièrement vos données. Si vous êtes frappé par un virus, vous aurez peut-être besoin de récupérer des données. Assurez-vous que votre sauvegarde date d'avant l'attaque !
- Si vous achetez un logiciel et si vous découvrez que l'emballage a déjà été ouvert, rapportez-le. N'essayez surtout pas de l'installer sur votre ordinateur. Il se peut qu'il ne corresponde pas à la version d'origine et qu'il contienne un virus.
- Utilisez votre programme antivirus pour vérifier si votre disque n'est pas infecté lors d'une éventuelle réparation dans un magasin ou dans le cas où un consultant l'aurait manipulé. Ces personnes ne vous veulent pas de mal, mais ils répandent parfois des virus accidentellement, tout simplement parce qu'ils sont amenés à travailler sur des ordinateurs parfois étranges.
- N'ouvrez pas les pièces jointes envoyées par des inconnus ou celles que vous n'attendiez pas.

» Utilisez votre antivirus pour scanner un CD ou une clé USB qui ne vous appartient pas avant d'ouvrir les fichiers qu'il/elle contient.

Installer des correctifs

L'installation de correctifs (*patches*, en anglais) sur le système d'exploitation ou les autres logiciels du réseau est l'une des opérations pénibles auxquelles tout administrateur réseau est confronté. Un *correctif* est une mise à jour mineure de logiciel destinée à résoudre les petits pépins qui surviennent de temps à autre comme des baisses de performances ou des problèmes de sécurité. Ces pépins ne sont pas assez sérieux pour entraîner la sortie d'une nouvelle version du logiciel, tout en méritant d'être résolus. La plupart des correctifs remédient aux failles de sécurité dans lesquelles les pirates informatiques (*hackers*, en anglais) se sont récemment engouffrés, avec la volonté de prouver qu'ils sont plus calés que les programmeurs de Microsoft ou Novell.

Périodiquement, tous les correctifs récemment sortis sont regroupés dans des *service packs*. Les administrateurs réseau consciencieux installent les correctifs dès leur sortie, mais nombreux sont ceux qui attendent les *service packs*.

» Pour toutes les versions de Windows, vous pouvez aller sur le site Windows Update afin de mettre à jour votre système d'exploitation et vos logiciels Microsoft à l'aide de ces correctifs. Windows Update scanne votre disque automatiquement, repère les logiciels installés sur votre ordinateur et crée une liste de correctifs et d'autres composants que vous pouvez ensuite télécharger puis installer.

  Windows Update peut également être configuré de façon à vous avertir automatiquement de l'existence de nouvelles mises à jour. Ainsi, vous n'avez pas besoin d'aller vérifier vous-même.

» Vous pouvez vous abonner à un service de notification par courrier électronique qui vous informe automatiquement des nouveaux correctifs et mises à jour disponibles.

Maintenir à jour un grand réseau peut être l'un des défis majeurs de l'administrateur réseau. Si vous avez quelques douzaines d'ordinateurs sur votre réseau, investissez dans un logiciel de mise à jour comme Lumension (`www.lumension.com`). C'est un programme qui rassemble les correctifs logiciels d'une série de constructeurs et vous permet de créer les distributions qui sont automatiquement attribuées aux ordinateurs clients. Avec un logiciel comme Lumension, vous n'aurez plus à vous appuyer sur les utilisateurs pour télécharger et installer les mises à jour et vous n'aurez plus à vous connecter sur chaque ordinateur pour les installer.

Chapitre 21

Optimiser les performances du réseau

DANS CE CHAPITRE

Pourquoi les administrateurs ont horreur des problèmes de performances ?

•

Qu'est-ce qu'un goulet d'étranglement ?

•

Les cinq goulets d'étranglement les plus courants.

•

Améliorer les performances du réseau : la méthode maniaque.

•

Surveiller les performances du réseau.

•

Quelques conseils supplémentaires.

Le terme *performances du réseau* se rapporte à l'efficacité avec laquelle le réseau répond aux besoins de l'utilisateur. Il va sans dire que tout accès à des ressources s'effectuant au travers du réseau sera plus lent que ce même accès n'impliquant pas le réseau. Par exemple, il sera plus long d'ouvrir un document Word situé quelque part sur le réseau que de l'ouvrir depuis le disque dur d'un ordinateur. La différence est *minime*, mais si elle est gênante, c'est à cause d'un problème de performances du réseau.

Ce chapitre est une introduction aux techniques d'amélioration du réseau afin qu'il fonctionne aussi efficacement que possible. Gardez à l'esprit le fait que de nombreux conseils d'optimisation sont dispersés dans ce livre. Dans ce chapitre, vous découvrirez des techniques d'analyse des performances du réseau, avec les actions à entreprendre en cas de problème et la manière de garder une trace de vos améliorations.

Pourquoi les administrateurs ont horreur des problèmes de performances ?

Les problèmes de performances du réseau sont parmi les plus difficiles à détecter et à résoudre. Si un utilisateur ne parvient pas à se connecter, l'administrateur ne met pas longtemps avant de trouver l'origine du problème : un câble rompu, le dysfonctionnement d'un commutateur ou d'une carte réseau, une autorisation qu'il n'a pas, etc. Après quelques recherches, le problème est rapidement identifié et corrigé et vous pouvez passer au suivant.

Il n'en va malheureusement pas de même avec les problèmes de performances, qui sont plus délicats. Voici quelques raisons pour lesquelles les administrateurs réseau en ont horreur :

» **Les problèmes de performances sont difficiles à quantifier.** Dans quelle mesure le réseau est-il plus lent qu'une semaine auparavant, un mois auparavant, voire un an auparavant ? Parfois, le réseau donne l'impression d'être lent, mais il est impossible de savoir pourquoi.

» **Les problèmes de performances se développent généralement progressivement.** Il arrive qu'un réseau ralentisse soudain beaucoup. Mais le plus souvent, le ralentissement est progressif, un peu plus chaque jour, jusqu'au moment où l'utilisateur s'en rend compte.

» **Les problèmes de performances ne sont souvent pas signalés.** Ils alimentent les discussions oiseuses autour de la machine à café, mais personne ne vient vous dire que le réseau semble 10 % plus lent que d'habitude. Tant que les utilisateurs parviennent à accéder au réseau, ils pensent que le problème n'est que temporaire ou que c'est subjectif.

» **De nombreux problèmes de performances sont intermittents.** Parfois, un utilisateur se plaint que certaines opérations traînent et, quand vous allez voir sur place ce qu'il en est, la même opération s'exécute instantanément. Il arrive parfois de découvrir un indice : le ralentissement se produit plutôt le matin que l'après-midi ou alors au moment de la sauvegarde ou quand une imprimante fonctionne. Mais parfois, vous ne trouvez rien : parfois ça rame, parfois pas.

» **La recherche des performances n'est pas une science exacte.** Elle est souvent très empirique, basée sur des suppositions. La segmentation du réseau améliorera-t-elle les performances ? Peut-être… L'augmentation du débit, le passage de 100 Mbps à 1 Gbps supprimera-t-elle les goulets d'étranglement ? Une augmentation de 4 Go pour la mémoire du serveur le fera-t-elle travailler plus vite ? Allez savoir…

» **La solution à un problème de performances est parfois difficile à faire passer.** Si l'utilisateur ne parvient pas à se connecter au réseau à cause du dysfonctionnement d'un composant, la question ne se pose pas : il faut remplacer l'élément défectueux. Mais si vous pensez que la seule solution au ralentissement du réseau consiste à répartir la charge de travail sur deux serveurs au lieu d'un, vous aurez du mal à convaincre la direction de la nécessité d'acheter un second serveur.

Qu'est-ce qu'un goulet d'étranglement ?

Le terme *goulet d'étranglement* ne se réfère pas au physique d'un fou d'informatique (même si je pense que ce pourrait parfois être le cas). En fait, l'expression a été utilisée pour la première fois par des mordus d'informatique quand ils ont découvert que la forme de la bouteille de Coca limitait la vitesse à laquelle ils pouvaient absorber le breuvage. « Eh ! dit un jour un fondu d'informatique, l'étroitesse de ce goulet limite la vitesse à laquelle je peux consommer ce breuvage goûteux et caféiné contenu dans cette bouteille. Cela me conduit à faire une analogie évidente avec les effets qu'un seul élément d'un système informatique peut avoir sur les performances du système. »

« Fascinant », répondirent les autres fondus d'informatique qui avaient la chance d'être présents en cet instant historique.

L'expression est restée et permet aujourd'hui d'attirer l'attention sur le simple fait qu'un système informatique n'est jamais plus rapide que le plus lent de ses éléments. C'est l'équivalent informatique d'un vieux truisme qui veut qu'une chaîne ne soit jamais plus solide que le plus faible de ses anneaux.

Pour une simple démonstration de ce concept, voyons ce qui se passe quand vous imprimez un document sur une imprimante très lente. Votre traitement de texte lit les données du disque et les envoie à l'imprimante. Vous vous asseyez et attendez que le document soit imprimé.

Le document ne s'imprimerait-il pas plus vite si vous achetiez un processeur plus rapide ou ajoutiez de la mémoire ? Non. Le processeur est déjà plus rapide que l'imprimante et votre ordinateur dispose déjà de plus de mémoire qu'il n'en faut pour imprimer le document. L'imprimante est le goulet d'étranglement. Le seul moyen d'imprimer le document plus vite est donc de remplacer votre imprimante par une autre plus rapide ou d'augmenter sa mémoire.

Voici quelques autres notions sur les goulets d'étranglement :

» **Un système informatique présente toujours un goulet d'étranglement.** Prenons un exemple : vous avez découvert que sur votre serveur le goulet d'étranglement est un disque SCSI à 10000 TPM (tours par minute) particulièrement lent. Vous décidez donc de le remplacer par un disque à 15000 TPM. Dorénavant, le disque n'est plus le goulet d'étranglement, il traite les informations plus rapidement que la carte contrôleur à laquelle il est relié. Cela ne signifie pas que vous avez réglé le problème, c'est la carte contrôleur qui est devenue le goulet d'étranglement à la place du disque. Quoi que vous fassiez, l'ordinateur aura toujours un élément qui ralentira l'ensemble du système.

» **Un moyen de limiter les effets d'un goulet d'étranglement est d'éviter d'attendre qu'il se présente.** Par exemple, le spooling d'impression vous permet de ne pas attendre pendant l'impression. Le spooling ne rend pas l'imprimante plus rapide mais il vous donne la possibilité de vous libérer pour un autre travail pendant que l'imprimante bosse. Dans le même ordre d'idée, la mise en mémoire cache sur disque vous évite d'attendre si vous disposez d'un disque dur lent.

Les cinq goulets d'étranglement les plus courants

Vous trouverez ici les cinq types de goulets d'étranglement qui peuvent pénaliser le réseau.

Le matériel intégré dans les serveurs

Les serveurs doivent être des ordinateurs puissants, capables de prendre en charge toutes les tâches que le réseau leur confie. Ne comptez pas sur un ordinateur bas de gamme acheté au supermarché du coin.

Voici les quatre éléments les plus importants d'un serveur :

» **Le processeur.** Il doit être puissant. Un processeur soldé à quelques centaines d'euros à la boutique d'à côté ne fera pas l'affaire. Autrement dit, évitez les processeurs destinés aux ordinateurs résidentiels.

» **La mémoire.** Il n'y en a jamais trop. Son prix ayant baissé, ne lésinez pas ; un serveur ne saurait avoir moins de 16 à 32 Go de RAM.

» **Le ou les disques durs.** Pas question d'installer des disques durs IDE bon marché. Pour obtenir des performances respectables, il vous faut des disques durs SCSI ou SAS (*Serial Attached* SCSI, c'est l'utilisation du SCSI et du SATA pour améliorer les performances). Et si les performances du système de disque le nécessitent, optez pour des disques plus rapides, à 15 000 tours par minute ou encore des disques SSD (*Solid-State Drive*) ; rien de moins !

» **La carte réseau.** Les cartes réseau bon marché, à une dizaine d'euros, sont parfaites pour un réseau résidentiel. En revanche, n'espérez pas les utiliser efficacement sur un serveur de fichiers desservant deux cents utilisateurs. Rappelez-vous que le serveur utilise le réseau bien plus que n'importe lequel des ordinateurs clients. C'est pourquoi il doit être équipé d'une bonne carte ; n'utilisez pas de carte réseau ayant un débit inférieur à un Gigabit. En fait, pour de bonnes performances, vous devrez installer plusieurs cartes réseau.

Les options de configuration du serveur

Tous les systèmes d'exploitation réseau sont équipés d'options permettant de les configurer. Certaines suffisent pour faire la différence entre un réseau qui se traîne et un réseau ultra rapide. Il n'existe malheureusement pas de règle établie pour configurer ces options. D'ailleurs, si elles existaient, on n'aurait pas besoin d'options.

Voici les principales :

» **Les options de mémoire virtuelle.** La *mémoire virtuelle* est définie par un fichier de pagination créé temporairement sur le disque dur que le serveur utilise lorsqu'il ne dispose plus de suffisamment de mémoire vive (RAM). Comme peu de serveurs possèdent suffisamment de mémoire vive, la mémoire virtuelle joue un rôle important. Il est possible de spécifier la taille et l'emplacement du fichier de pagination utilisé comme mémoire virtuelle.

  Pour de meilleures performances, la taille du fichier doit être d'au moins 1,5 fois la quantité de mémoire vive. Par exemple, si l'ordinateur est équipé de 16 Go de RAM, il faudra lui allouer au moins 16 à 24 Go de mémoire virtuelle. Au besoin, il sera possible de l'augmenter par la suite.

» **La répartition sur plusieurs disques.** Utilisez le défragmenteur pour optimiser le stockage des données sur le disque dur du serveur.

  Si le serveur est équipé de plusieurs disques durs, vous pouvez créer des volumes entrelacés qui permettront aux opérations d'entrée/sortie de s'exécuter simultanément sur chacun des disques.

» **Les protocoles réseau.** Assurez-vous que les protocoles réseau sont configurés correctement et supprimez tous ceux qui ne sont pas nécessaires.

» **L'espace disque libre sur les serveurs.** Il doit toujours rester beaucoup de place sur le disque dur des serveurs.

Si cette place se réduit considérablement, le serveur est pénalisé et les opérations de lecture/écriture sur les disques commencent à s'éterniser. Quelques gigaoctets libres offrent une bonne marge de manœuvre.

Les serveurs surmenés

Une des raisons classiques de la baisse des performances d'un serveur est la surcharge des tâches. Le fait que les systèmes d'exploitation réseau modernes soient livrés avec des dizaines de services différents ne signifie pas que vous deviez les activer tous et les utiliser en même temps sur le même serveur. Si un serveur fonctionnant seul rame parce que la charge de travail est trop élevée, ajoutez-en un second qui délestera le premier de certaines corvées. Rappelez-vous du vieil adage : « Plus on est nombreux, plus ça va vite. »

Par exemple, si le réseau a besoin de plus d'espace disque, envisagez l'ajout d'un second serveur de fichiers plutôt que d'ajouter un disque dur à un serveur qui en a déjà quatre, tous bien remplis. Ou mieux, achetez un ordinateur dont la seule tâche sera de servir des fichiers.

Le bénéfice secondaire de la répartition des tâches sur plusieurs serveurs est un réseau plus facile à administrer et plus fiable. Par exemple, si un seul serveur fait office de serveur de fichiers et de serveur de messagerie, vous perdrez momentanément ces deux services s'il tombe en panne ou si vous devez le mettre à niveau. Si chacune de ces tâches est prise en charge par un serveur dédié, un seul service sera interrompu en cas d'incident.

L'infrastructure du réseau

L'*infrastructure* est composée de tous les câbles, commutateurs, routeurs et autres composants qui se trouvent entre les serveurs et les clients.

Les éléments d'infrastructure suivants peuvent ralentir le réseau :

» **Les concentrateurs.** Si vous avez encore des concentrateurs (hub) sur votre réseau, courrez vite chez un revendeur pour les remplacer par des commutateurs ; vous ne dépenserez pas plus que quelques dizaines d'euros par appareil. Vous résoudrez ainsi beaucoup de problèmes de performances et vous réduirez la charge globale sur le réseau.

» **La taille des segments.** Faites en sorte que sur chacun des segments du réseau le nombre d'ordinateurs et autres périphériques reste dans les limites du raisonnable, c'est-à-dire une vingtaine.

» **La vitesse du réseau.** Si votre réseau est ancien, vous découvrirez probablement que beaucoup d'utilisateurs, voire tous, sont encore connectés à 100 Mbps (et peut-être certains malchanceux encore à 10 Mbs !). La mise à niveau à 1 Gbps augmentera considérablement la vitesse du réseau.

» **La vitesse de la dorsale.** Si les segments du réseau sont reliés à une dorsale, envisagez la mise à niveau de cette dernière à 10 Gbps.

Le plus difficile lors d'une recherche d'amélioration des performances du réseau est de découvrir l'emplacement des goulets d'étranglement. Avec du matériel de test sophistiqué et des années d'expérience, les spécialistes des réseaux parviennent à les localiser par déduction. Même sans équipement ni expérience, vous pouvez vous aussi vous en sortir.

Les dysfonctionnements matériels

Une carte réseau ou un autre composant qui fonctionne mal peut ralentir le réseau. Par exemple, un commutateur peut mal fonctionner par intermittence : il laisse passer des paquets de temps en temps, mais en perd suffisamment pour que le réseau ralentisse. Après avoir identifié le composant fautif, son remplacement restaurera les performances du réseau.

Améliorer les performances du réseau : la méthode maniaque

Vous avez deux moyens d'améliorer les performances de votre réseau. Le premier consiste à réfléchir un peu, à penser à ce qui pourrait améliorer les performances, à faire des tests et à vérifier si le réseau fonctionne plus vite. C'est l'approche choisie par la plupart.

Il y a ensuite la méthode maniaque, idéale pour les personnes qui trient leurs chaussettes par couleur et rangent leurs placards par catégories d'aliments ou par ordre alphabétique. Cette approche ressemble à celle qui suit :

1. **Élaborez une méthode pour tester objectivement les performances d'un des aspects du réseau.**

   Il s'agit de la méthode du *banc d'essai*. Par exemple, si vous voulez améliorer les performances de l'impression en réseau, ayez recours à un chronomètre pour mesurer le temps que prend l'impression de documents volumineux.

2. **Changez une variable de la configuration de votre réseau et procédez de nouveau au test.**

   Par exemple, si vous pensez qu'augmenter la taille de la mémoire cache du disque peut améliorer les performances, modifiez-la, relancez le serveur et lancez la mesure des performances. Notez si les performances s'améliorent, restent les mêmes ou se détériorent.

3. **Répétez l'étape 2 pour chacune des variables que vous voulez tester.**

Voici quelques points importants qu'il convient de garder à l'esprit si vous voulez améliorer les performances de votre réseau avec cette méthode :

» **Si possible, testez chaque variable séparément.** Autrement dit, revenez à la configuration d'origine avant le test de la variable suivante.

» **Écrivez le résultat de chaque test de sorte que vous disposiez d'un enregistrement précis de l'impact de chaque modification sur les performances du réseau.**

» **Veillez à ne modifier qu'une option de la configuration à chaque fois que vous démarrez le banc d'essai.** Si vous effectuez plusieurs modifications, vous ne saurez pas laquelle a influencé les performances. Il se peut aussi qu'une modification ait entraîné une amélioration des performances mais qu'une autre ait eu l'effet inverse, si bien que les modifications s'annulent entre elles (comme au football, lorsque l'arbitre siffle une faute).

» **Réalisez vos tests pendant les heures de travail, quand le réseau est soumis à sa charge habituelle.**

» **Pour mesurer les performances, exécutez votre banc d'essai deux ou trois fois afin d'être sûr que les résultats obtenus sont constants.**

Surveiller les performances du réseau

Chronométrer la durée nécessaire pour accomplir une tâche sur le réseau comme ouvrir un document ou imprimer un rapport est une manière de surveiller les performances du réseau.

Une approche plus technique consiste à utiliser un programme de surveillance qui collecte en permanence des statistiques sur le fonctionnement du réseau. Tapi dans l'ordinateur, il espionne discrètement l'activité sur le réseau et enregistre tout ce qui s'y passe dans un journal des performances. Vous pouvez à tout moment consulter ce journal pour savoir comment se porte le réseau.

Si le réseau est de grande taille, vous pouvez utiliser un programme de surveillance sophistiqué qui tourne sur son propre serveur dédié. Pour des réseaux petits à moyens, vous aurez plutôt recours à un utilitaire livré avec le système d'exploitation. La Figure 21.1 représente l'analyseur de performances fourni avec Windows Server. D'autres systèmes d'exploitation sont équipés du même genre d'utilitaire.

Figure 21.1

L'analyseur de performances sous Windows Server.

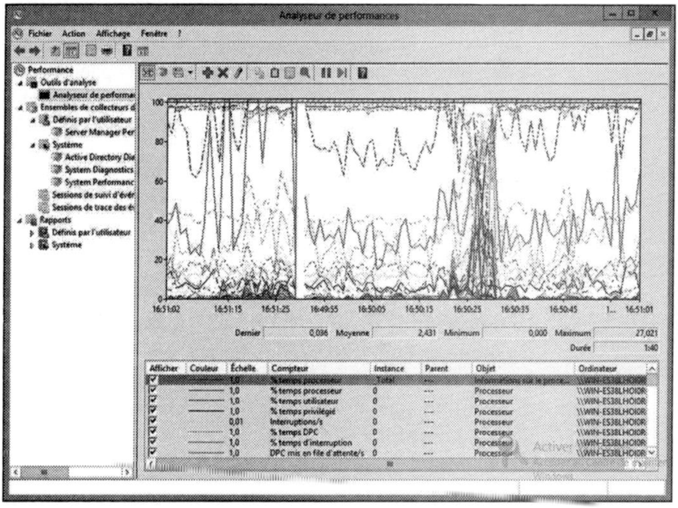

Le moniteur de fiabilité et de performances de Windows permet de surveiller différents paramètres en même temps. Chacun de ces paramètres est défini par un compteur. Le Tableau 21.1 montre les plus communément utilisés, mais il en existe des dizaines. Notez que chaque compteur se réfère à un objet du serveur comme le disque physique, la mémoire ou le processeur.

Voici quelques autres points à prendre en considération lors du suivi des performances :

Tableau 21.1

Compteurs de performances communément utilisés.

Objet	Compteur	Description
Disque physique	% espace libre	Pourcentage d'espace libre sur les disques physiques du serveur. Doit être d'au moins 15 %.
Disque physique	Longueur moyenne de la file d'attente	Nombre d'opérations disque en attente pendant que le disque est occupé à effectuer d'autres opérations disque. Doit être de 2 au maximum.
Mémoire	Pages par seconde	Nombre de pages extraites chaque seconde du fichier de pagination de la mémoire virtuelle. Le seuil moyen se situe à environ à 2 500 pages par seconde.
Processeur	% temps processeur	Indique le pourcentage du temps pendant lequel le processeur est occupé à des tâches au lieu d'être en attente. Doit être de 85 % au maximum.

» **Le moniteur de fiabilité et de performances permet de surveiller les données en temps réel ou de voir celles qui ont été enregistrées dans un fichier du journal.** Les données en temps réel donnent un aperçu de ce qui se passe sur le réseau à un moment donné. Les informations les plus utiles sont toutefois celles consignées dans le journal.

» **Il est possible de planifier l'inscription dans le journal afin qu'elle démarre à une certaine heure, pendant un intervalle donné.** Par exemple, des données seront inscrites dans le journal toutes les quinze secondes de 9 h à 9 h 30 puis de 15 h à 15 h 30.

» **Même si vous n'avez pas de problème de performances, il est recommandé de consigner les performances dans le fichier journal et ce pendant quelques semaines afin de collecter des données de fonctionnement normal.** Si des problèmes surgissent par la suite, ces données vous seront extrêmement précieuses.

Ne configurez pas la journalisation non stop. La collecte des données de performances ralentit le serveur. Consultez-les de temps en temps pour obtenir des données de base ou si vous décelez un problème au niveau des performances.

Quelques conseils supplémentaires

Voici quelques conseils de dernière minute concernant les performances :

» **Il suffit parfois d'observer les commutateurs pendant quelques minutes pour déceler la source d'un ralentissement.** Ils sont équipés de témoins vert et rouge. Le témoin vert clignote dès que des données sont transmises. Le témoin rouge clignote à chaque fois qu'une collision de données se produit. Il est normal que la lumière rouge clignote de temps en temps, mais si elle le fait tout le temps, la carte réseau est sans doute défectueuse. En outre, les lumières sur la plupart des commutateurs indiquent la vitesse de connexion qui a été établie pour le port. Par ailleurs, portez une attention particulière à tous les ports qui montrent une connexion 100 Mbps plutôt qu'une connexion 1 Gbps.

» **Si vos commutateurs possèdent une interface de gestion, utilisez-la pour détecter les problèmes.** Les commutateurs gérables peuvent surveiller les performances et attirer votre attention sur les problèmes de configuration ou de trafic excessif sur un port. Certains commutateurs peuvent même fournir des statistiques sur les applications qui transitent sur chaque port. De tels commutateurs vous permettront de découvrir la raison pour laquelle votre réseau ralentit toujours à un certain moment de la journée ; par exemple, si l'un de vos utilisateurs regarde en streaming son émission de télévision préférée.

» **Vérifiez les tâches planifiées comme les sauvegardes, les mises à jour de données par lots ou les rapports de tâches.** Si c'est possible, planifiez-les pour qu'elles se déroulent en dehors des heures de travail, la nuit par exemple, quand les bureaux sont déserts. Ces tâches tendent à ralentir le réseau à cause des nombreux accès aux disques durs du serveur.

» **Il arrive parfois qu'une application dégrade les performances.** Par exemple, certains logiciels produisent ce que l'on appelle de la *mémoire non allouée* : ils utilisent de la mémoire mais oublient de la libérer une fois qu'ils sont fermés. Les programmes qui quittent sans libérer la mémoire peuvent accaparer une bonne partie de la mémoire vive du serveur, qui finit par ramer lamentablement et même se bloquer. Si vous soupçonnez un programme de ne pas libérer la mémoire, contactez l'éditeur pour voir s'il n'existe pas un correctif.

» **Un** *spyware* **peut contribuer à ralentir le système.** Il s'agit d'un programme qui s'installe subrepticement dans l'ordinateur, surveille ce que vous faites et transmet périodiquement un rapport de vos activités à un autre ordinateur connecté à Internet. Heureusement, il existe de nombreux outils gratuits ou peu chers qui suppriment les spywares. Pour plus d'informations, utilisez Google ou un autre moteur de recherche pour trouver un tel outil.

Index

D

J

K

L

M

N

O

P

R

S

T

Notes

Notes

Notes

Notes

Notes

Notes

Notes

Notes

Notes

Notes